DAS BUCH VOM REICH

DIE BOTSCHAFT DES ALTEN TESTAMENTS

Erläuterungen alttestamentlicher Schriften

Band 11[II]

DAS BUCH VOM REICH

CALWER VERLAG STUTTGART

DAS BUCH VOM REICH

Das zweite Buch Samuel

Übersetzt und ausgelegt von

KARL GUTBROD

CALWER VERLAG STUTTGART

CIP-Titelaufnahme der Deutschen Bibliothek

Die **Botschaft des Alten Testaments:** Erl. alttestamentl. Schr.
-Stuttgart: Calwer Verl.

Bd. 11,2. Gutbrod, Karl: Das Buch vom Reich. - 3. Aufl. - 1988

Gutbrod, Karl:
Das Buch vom Reich: d. 2. Buch Samuel / übers. u. ausgelegt
von Karl Gutbrod. - 3. Aufl. - Stuttgart: Calwer Verl., 1988
(Die Botschaft des Alten Testaments; Bd. 11,2)
ISBN-3-7668-0072-8

ISBN 3-7668-0072-8

3. Auflage 1988

Druck: Gutmann + Co., Heilbronn

INHALTSVERZEICHNIS

EINLEITUNG

In der Einführung zu Band 11^{I} wurde begründet, warum für das 1. Samuelisbuch eine gesonderte Auslegung gegeben und warum die besondere Botschaft, die seine 31 Kapitel von der Geburt Samuels bis zu Sauls Untergang auf dem Gebirge Gilboa enthalten, unter der Überschrift: „Das Buch vom König“ zu erfassen und hörbar zu machen versucht worden ist.[1] Damit war gegeben, daß die im 2. Samuelisbuch vereinigten Überlieferungen ihrerseits wiederum als ein in sich abgerundetes Ganzes gesehen und in einem eigenen Bande dieser Reihe ausgelegt werden mußten. Schon ein oberflächlicher Blick läßt zwar erkennen, daß 2. Sam. 1 den Faden der Erzählungen in 1. Sam. 30 und 31 weiterführt; diese beiden Kapitel klingen kurz zusammengefaßt 2. Sam. 1, 1 an, und in unmittelbarer Folge erfährt man, wie die Katastrophe von Gilboa und das Ende Sauls David zu Ohren kommt. Überdies hat die atl. Forschung ins Licht gestellt, daß in den jetzigen beiden Samuelisbüchern verschiedene, ehemals selbständige geschichtliche Überlieferungen aufgenommen wurden. Eine derselben, für die der Titel: „Die Geschichte vom Aufstieg Davids“ gebräuchlich wurde,[2] beginnt bei 1. Sam. 16 und führt bis 2. Sam. 5, setzt sich also bruch- und nahtlos über den erstmals von der griechischen Übersetzung des Alten Testaments, der sog. Septuaginta (LXX),[3] zwischen 1. Sam. 31 und 2. Sam. 1 gemachten und seither üblichen Einschnitt hinüber fort. Unbeschadet dieser Erkenntnis, die für das Verständnis dieser Kapitel von nicht geringem Gewicht ist, gilt es ebenso das andere wahrzunehmen, daß mit 2. Sam. 1 ein neues Thema angeschlagen wird, dem eine bunte Fülle von Berichten, auch von größeren und kleineren Abschnitten aus schon lange bestehenden Geschichtswerken dienstbar gemacht wird und das 2. Sam. 24 zum Abschluß kommt. Diese Beobachtung besteht zu Recht und hat ihr volles Gewicht, obwohl, ähnlich wie beim Übergang vom 1. zum 2. Samuelisbuch, auch beim Übergang von letzterem zum 1. Buch der Könige eine durchgehende Linienführung und ein weiter-

---

[1] Band 11^{I}, S. 2.

[2] Vgl. Alt, Kleine Schriften Band II, S. 15. 34. Im Verlauf der Auslegung wird darauf immer wieder Bezug genommen.

[3] Vgl. Band 11^{I}, S. 1 Anm. 2. –

laufender Faden der Erzählung festzustellen ist. Der von der atl. Forschung ebenfalls als ehemals selbständiges Werk erkannte Abschnitt 2. Sam. 7 und 9–20 – man betitelt ihn: „Die Thronnachfolge Davids" – findet nach der Unterbrechung durch Kap. 21–24 erst in 1. Könige 1. 2. seine Fortsetzung und seinen Abschluß.[4] Diese Unterbrechung der Geschichte von der Thronnachfolge durch die 4 Kapitel 21–24 zeigt allerdings, daß derjenige, welcher unser Buch oder das ganze deuteronomistische Geschichtswerk[5] gestaltet hat, wohl sehr sorgfältig mit den ihm vorliegenden Überlieferungen verfahren ist und ihren ganzen Bestand erhalten hat, andererseits aber auch sie durchaus dem Ziel *seiner* Darstellung untergeordnet und dienstbar gemacht hat. Wie das Werk vom Schicksal der Lade (1. Sam. 4–6; 2. Sam. 6), so wurde auch dasjenige von der Thronnachfolge Davids in seinem Bestand nicht verändert, wohl aber zerteilt und in seinen Teilen jeweils an dem vom endgültigen Gestalter gewählten Ort zu Gehör gebracht. So wird das Werk von der Thronnachfolge Davids zunächst nur bis zu dem Punkt aufgenommen, an dem die Aufstände Absaloms und Sebas durch David niedergeschlagen wurden (15–19; 20). Darauf folgt in der Art eines Anhangs oder Nachtrags die auffallend lange und bunte Kette von Berichten Kap. 21–24. Dabei handelt es sich nicht etwa um eine Nachlese von weniger Bedeutsamem. Vielmehr kommt diesem Nachtrag der Charakter eines krönenden Abschlusses der 2. Sam. 2 begonnenen Darstellung von Davids Königtum zu. Denn er hat, wie zu zeigen sein wird,[6] geradezu die Aufgabe, die besondere Eigenart des Reiches Israel unter Davids Regierung ans Licht zu stellen; er hat somit die Bedeutung eines tiefsinnigen Kommentars zu dem Kap. 1–20 Berichteten. Die Geschichte von der Thronnachfolge bekommt sodann folgerichtig ihren Abschluß im Eingang der nächsten Schrift, nach LXX „basileioon C", d. h. „von den Königsherrschaften 3. Teil", und bildet dort die Einleitung zur Regierung des Salomo.

Ist denn deutlich auch nach der Absicht des Darstellers im 2. Samuelisbuch eine in sich geschlossene Einheit mit eigener Thematik im Rahmen des deuteronomistischen Geschichtswerks zu erkennen, so legt es sich nahe, das besondere Thema so zu fassen, wie es die Überschrift dieser Auslegung versucht. Der Titel: „Das Buch vom Reich"

---

[4] Vgl. Alt, a.a.O. Bd. II, S. 34.
[5] Vgl. Bd. 11I, S. 4–7.
[6] Vgl. S. 236 f.

findet sich ebenso, wie dies vom Titel von Band 11^{I}: „Das Buch vom König" gilt, weder im Text der Bibel noch in der Überlieferung des Volkes Israel oder der neutestamentlichen Gemeinde.[7] Doch ist er auch nicht von ungefähr gewählt, sondern wie jener dem Inhalt des 2. Samuelisbuches abgelauscht. Es ist auf den ersten Blick deutlich, daß in diesem Buch von Anfang bis Schluß von der Person und dem Werk des Königs David die Rede ist. Die mühsame Kleinarbeit, welche die Forschung an die beiden Samuelisbücher gewendet hat, hat überdies zu der Erkenntnis geführt, daß die Schilderung der Person und Regierungszeit Davids hauptsächlich durch die Aufnahme der beiden Geschichtswerke über den Aufstieg und die Thronnachfolge Davids geschieht. Besonders dem zweiten unter diesen wird neben der hohen Kunst der Darstellung ein hoher Wert als hervorragende Geschichtsquelle nachgerühmt.[8] Es gehört zur Eigenart ihres unbekannten Verfassers, daß er nur die vor Augen liegenden Tatsachen und Ereignisse sprechen läßt und den Namen wie das Walten Gottes, des Herrn, kaum irgendwo erwähnt, so gewiß er beides als den Hintergrund alles Geschehens in gläubiger Ehrfurcht voraussetzt.

Trotzdem ist nicht Davids Person und Werk die eigentliche Mitte des Buches. David erscheint vielmehr durchgehend als der Empfangende und Geführte. Unbeschadet seiner Genialität, Tatkraft und militärischen Tapferkeit *empfängt* er nach den langen Zeiten der Verfolgung durch Saul den Königsthron und die Herrschaft über Juda und Israel. Unbeschadet seiner Genialität als König auf dem Thron Israels wird er durch *Gottes Führung* befähigt, das Großreich zu errichten und damit der unumschränkte Gebieter des Vorderen Orients zu sein. In allem ist er das *Werkzeug* in der Hand des Herrn, welcher in Wahrheit herrscht und ein Reich angefangen hat, das kein Ende haben soll. Dies geht mit großer Klarheit aus Kap. 7 hervor, das als „die eigentliche Mitte der ganzen Davidsgeschichte" angesehen werden muß.[9] David wurde, wie Nathan als der Bote Gottes es zu verkündigen hat, *um Israels willen* von Gott aus der Niedrigkeit erhoben und zum Königsthron geführt. Um *seiner ewigen Pläne mit Israel und der ganzen Menschheit willen* hat Gott Davids Haus dazu erwählt und bestimmt, ein beständiges Haus vor ihm zu sein. Ist David das Werkzeug Gottes, so hat er den Heiligen und Ewigen zu bezeugen, der

---

[7] Vgl. Bd. 11^{I}, S. 1.
[8] Alt, a.a.O., Bd. II, S. 34.
[9] Vischer, das Christuszeugnis des A.T. Bd. II, S. 258 (Zollikon, Zürich 1946).

letztlich der alleinige und wahre Herrscher und Wohltäter seines Volkes auf Erden ist. Diesem Tatbestand sucht die für die Auslegung gewählte Überschrift dadurch zu entsprechen, daß sie die Person Davids nicht in die Mitte rückt, auch nicht mit Namen nennt; das Augenmerk soll entsprechend der Linienführung des Buches ganz auf „das Reich" gelenkt werden. Gewiß ist in allen Erzählungen unseres Buchs von dem Reich die Rede, das die Stämme Judas und Israels David antrugen, das er dann durch unerhörte Tatkraft, durch politischen Scharfsinn und durch tapfere Kriegstaten ausgedehnt, befestigt und zu einem Großreich, das, wie zu zeigen sein wird, ein überaus kompliziertes Staatsgefüge darstellt, ausgestaltet hat. Es ist ein durchaus irdisches Reich, wie andere irdische Reiche nicht ohne Gewalttat und Blutvergießen zustande gekommen. Und so mächtig und weit der Glanz dieses Reiches erstrahlte – es wurde von schweren Krisen erschüttert und hatte nur eine verhältnismäßig kurze Dauer; schon Salomo vermochte nur mit Mühe seinen Bestand zu erhalten, und unter dessen Nachfolger Rehabeam war es schon zerfallen (vgl. 1. Kön. 12). Mit beidem aber, mit seinem Glanz und mit seiner Hinfälligkeit, ist dieses Großreich Davids ein Hinweis darauf, daß Gott der Herr darauf ausgeht, nicht nur im Verborgenen zu herrschen, sondern ein Reich aufzurichten, in dem das Heil für alle seine Geschöpfe herbeigeführt wird. Davids Reich ist eine freilich sehr ferne Abschattung des wahren Reiches, das Gottes Sohn als der wahre Gesalbte und als der nicht mit irdischen Kronen, sondern mit dem Dornenkranz Gekrönte heraufführt, in das Jesus beruft und das der Christus Gottes vollenden wird. Wie den geheimnisvollen Worten Mt. 22, 41–45; Mc. 12, 35–37 zu entnehmen ist, hat Jesus darein gewilligt, „Davids Sohn" zu heißen und sich zu diesem Namen und Amt bekannt, in dem die Judenschaft seiner Zeit ihre höchsten messianischen Erwartungen zusammengefaßt hat.[10] Gleichzeitig aber betont Jesus unter Hinweis auf Psalm 110, 1, daß seine Sendung und sein Amt mit dieser Bezeichnung als Davids Sohn nicht hinreichend beschrieben ist. Er ist dies nur so, daß er zugleich „Davids Herr" ist, „und das bedeutet in der damaligen Sprache: Davids Herrscher und *Richter*".[11] Das Wollen und Werk des Sohnes Davids, der Jesus heißt, steht in vollem, unübersehbaren *Gegensatz* zu dem des Ahnherrn, der „das Reich" gründete,

---

[10] Dementsprechend trägt er auch im Bekenntnis seiner Glaubenden den Namen des Sohnes Gottes, „der geboren ist aus dem Geschlecht Davids nach dem Fleisch" (Röm. 1, 3).
[11] Schniewind, N.T. Deutsch. Göttingen, S. 154. Die Sperrung ist von uns.

wie dies im 2. Samuelisbuch gezeigt ist. Mit seiner Art, das Reich, die Herrschaft Gottes zu gestalten, stellt Jesus – darin ganz der Richter Davids – dessen Reich und Werk in Frage. Das Verhältnis der Verheißung „des Reiches“ zu seiner Erfüllung durch Jesus bleibt merkwürdig. Diese Erfüllung ist weder die Überhöhung der ersteren, noch schließt sie sich etwa in entwicklungsgeschichtlicher Folge an jene an. Was Verheißung und Erfüllung in diesem Fall verbindet, ist einzig Gott in seinem richtenden und gnädigen Walten, der Jesus bestellt hat, zu „erfüllen“, d. h. in Wahrheit heraufzuführen, wie Gott der Herr und König seines Volkes ist. Von daher will die Überschrift unserer Auslegung verstanden sein, und dies will die Auslegung, geleitet durch diese Überschrift, aus dem Wortlaut des Buches und seiner Berichte erheben und nachzeichnen.[12]

---

[12] Für den äußeren und inneren Zusammenhang des 2. Samuelisbuches mit den andern im deuteronomistischen Geschichtswerk vereinigten Schriften sowie für die bei der Auslegung angewandten Grundsätze wird auf die Einleitung des „Buches vom König“ verwiesen.

I

DIE GRUNDLEGUNG DES REICHES

2. Sam. 1, 1–4, 12

1. Davids Bekenntnis zum ersten König Israels

2. Sam. 1, 1–27:

(1) Es begab sich nach dem Tode Sauls und nach Davids Rückkehr
von der Vernichtung Amaleks, daß David zwei Tage in Ziklag weilte,
(2) und es war am dritten Tag, da kam ein Mann aus dem Heer, von
Saul her, seine Kleider zerrissen und Erde auf seinem Haupt, und als
er zu David hinkam, warf er sich huldigend zur Erde nieder. (3) Da
sprach David zu ihm: „Wo kommst du her?“ Und er gab ihm zur Antwort: „Aus dem Heer Israels bin ich entkommen.“ (4) Da sagte David
zu ihm: „Wie ist es gegangen? Zeige mir's an!“ Darauf sagte er, das
Volk sei aus der Schlacht geflohen, dazu seien viele aus dem Volk
gefallen und umgekommen, und auch Saul und sein Sohn Jonathan
seien tot. (5) Da sprach David zu dem jungen Mann, der ihm die Anzeige machte: „Wie hast du erfahren, daß Saul tot ist und sein Sohn
Jonathan?“ (6) Der Mann, der den Bericht gab, sagte: „Wie ich ganz
zufällig zum Berg Gilboa kam, siehe da: – Saul auf seinen Speer gestützt,
die Wagen und Reiter dicht hinter ihm her! (7) Er wandte sich um,
und als er mich erblickte, rief er mich an. Ich sagte: ‚Hier bin ich.‘
(8) Darauf sagte er zu mir: ‚Wer bist du?‘ Und ich gab ihm zur Antwort: ‚Ich bin ein Amalekiter.‘ (9) Da befahl er mir: ‚Tritt her zu mir
und gib mir den Todesstoß, denn es hat mich der Schwindel erfaßt,
denn noch ganz ist mein Leben in mir!‘ (10) Da trat ich zu ihm und
versetzte ihm den tödlichen Stoß; wußte ich doch, daß er nach seinem
Fall nicht mehr leben könne. Dann nahm ich den Stirnreif, den er auf
seinem Haupt hatte, und die Spange auf seinem Arm und hab's nun
hergebracht zu meinem Herrn!“

(11) Da faßte David seine Kleider und zerriß sie, ebenso die Männer
alle, die bei ihm waren. (12) Und sie stimmten die Totenklage an,
weinten und fasteten bis zum Abend über Saul und seinen Sohn Jonathan, über das Volk des Herrn und das Haus Israel, weil sie durchs
Schwert gefallen waren.

(13) Und David fragte den Mann, der ihm Anzeige gemacht hatte: „Woher bist du?" Er gab zur Antwort: „Ich bin der Sohn eines amalekitischen Schutzbürgers." (14) David sagte zu ihm: „Wie, daß du dich nicht gefürchtet hast, deine Hand auszurecken, um den Gesalbten des Herrn zu töten?" (15) Und David rief einem der Krieger und sprach: „Her da, stoß ihn nieder!" Der schlug ihn tot, (16) während David ihm zurief: „Dein Blut komme auf dein Haupt. Denn dein Mund hat wider dich ausgesagt, da du sprachst: ‚Ich habe dem Gesalbten des Herrn den Todesstoß gegeben.'"

(17) David aber sang dieses Klagelied über Saul und seinen Sohn Jonathan. (18) Es lautet (man soll es die Judäer lehren, das Lied „Bogen";[1] wie man weiß, ist es aufgezeichnet im „Buch des Redlichen"):

(19) „Die Zier, o Israel, liegt auf deinen Höhen erschlagen;
wie sind die Starken gefallen!
(20) Meldet es nicht in Gath!
Verkündet's nicht auf Askalons Gassen!
Daß sich nicht freuen der Philister Töchter,
nicht jubeln die Töchter der Unbeschnittenen.
(21) Ihr Berge von Gilboa,
nicht Tau, nicht Regen falle[2] auf euch,
ihr Truggefilde![3]
Denn dort ward weggeworfen der Starken Schild,
der Schild Sauls,
nun nicht mehr geschmeidig vom Öl.[4]
(22) Vom Blut Erschlagener, vom Mark[5] der Starken
ist Jonathans Bogen nicht zurückgewichen,
und ist Sauls Schwert nicht leer zurückgekommen.[6]
(23) Saul und Jonathan, einander lieb und hold,
da sie lebten und, nun sie starben, ungetrennt.
Die Adler übertrafen sie an Schnelle,
die Löwen an Stärke.
(24) Ihr Töchter Israels, über Saul müßt ihr weinen,

[1] In der griech. Übersetzung des A.T. (LXX., vgl. zu diesem Sigel S. 1 Anm. 2 des Buches vom König, Bd. 11I dieser Reihe) fehlt diese Angabe des hebr. Textes, die man wahrscheinlich als einen Titel des nachfolgenden Liedes oder auch als Hinweis auf die Art seines Vortrags zu verstehen hat.
[2] So mit LXX.
[3] So nach einem Vorschlag der Textforschung an Stelle des hebr. Wortlauts „Felder der Erstlingsgaben", der Saul und Jonathan den Erstlingsfrüchten vergleicht, welche nach israelitischem Recht Gott dargebracht werden. Andere schlagen vor, zu lesen: „Ihr Gefilde der Todesberge" oder auch „. . . des Todesschattens".
[4] Eine andere Lesart – mit Veränderung nur eines Buchstabens – gibt den Sinn: Der Schild Sauls, die Waffe, die mit Öl gesalbt war.
[5] Wörtlich: vom Fett.
[6] So lautet der Vers in der Anordnung des Urtextes. Etwas glatter würde er, wenn man mit Luthers und neuen Übersetzungen umstellt: Jonathans Bogen ist nicht zurückgewichen und Saul's Schwert nicht leer zurückgekommen vom Blut der Erschlagenen.

der euch gekleidet in Purpur mit Lieblichkeit,
der Goldschmuck geheftet auf euer Gewand!
(25) Wie sind die Starken gefallen inmitten der Schlacht!
Jonathan, auf deinen Höhen erschlagen!
(26) Es ist mir weh um dich, mein Bruder Jonathan,
du bist mir eine Wonne gewesen!
Wundersamer war mir deine Liebe als Frauenliebe.
(27) Wie sind die Starken gefallen und umgekommen die Männer des Streits!"[7]

Wenige knappe Worte, in denen der Schluß des 1. Samuelisbuches gleichsam zusammengeballt ist, leiten zu dem Thema des neuen Buches[8] über und richten den Blick auf die Gestalt, die es bis zum Schluß beherrscht, auf David.[9] Sauls letzter Kampf gegen die Philister hat ihm das Leben gekostet. Der Rachefeldzug des Philistervasallen David gegen die Amalekiter endigte mit deren Vernichtung. Mit diesen beiden Ereignissen fand die Darstellung des 1. Samuelisbuches ihren Abschluß und Höhepunkt, oder richtiger gesagt: ihren Tiefpunkt, weil es ihr offenbar darauf ankam, die beiden auf Gottes Befehl Gesalbten in ihrer Erniedrigung dort zu zeigen, wo es mit beiden, menschlich gesprochen auch mit David (vgl. 1. Sam. 30, 3–6 a), zu Ende war. Dieser Schluß des 1. Samuelisbuches und dieses „Ende" der beiden Gesalbten muß man vor Augen haben, wenn nun mit dem Namen „David" eine neue Reihe von Erzählungen einsetzt.

David bleibt in Ziklag. Den Besitz dieser Stadt verdankte er seiner philistäischen Vasallenstellung (1. Sam. 27, 6). So begann seine Laufbahn als des künftigen Herrschers. Ziklag war der erste Stein zu dem später so mächtigen Bau vom „Großreich Davids".[10] Freilich ist jetzt in Ziklag kein Stein mehr auf dem andern; die Stadt ist ein brand-

---

[7] So mit Luther und anderen Übersetzern, statt „Waffen des Kriegs" im Urtext, der dabei aber vielleicht auch an Personen denkt.

[8] In der Einführung zur Auslegung des 1. Samuelisbuches, des „Buchs vom König" (Band 11 I dieser Reihe) wurde darüber berichtet, wie es zu der jetzt üblichen Unterteilung in 1. u. 2. Sam. kam.

[9] Im Urtext lauten die 1. Worte des Kapitels genau gleich wie Josua 1, 1: „Und es begab sich nach dem Tode Moses" und Richt. 1, 1: „Und es begab sich nach dem Tode Josuas." In diesem sich wiederholenden Buchanfang verrät sich die Hand der Männer, welche die vielerlei überlieferten Erzählungen von der Landnahme Israels bis zur Gestaltung des Davidsreichs in einen großen Zusammenhang brachten, und liegt zugleich eine Rechtfertigung des Versuchs, dem 2. Samuelisbuch eine gesonderte Auslegung zu widmen.

[10] So die glänzende Formulierung von A. Alt, „Kleine Schriften zur Geschichte des Volkes Israel", Band II, München 1953, Seite 66 ff.

geschwärzter Trümmerhaufen (1. Sam. 30,3). Trotz seines Siegs über den Erbfeind Amalek steht David vor einem Trümmerfeld. Eine seltsame Ausgangsbasis für den Mann, der als der Nachfolger Sauls Israel einigen und gegen die feindlichen Nachbarn schirmen soll, und ein seltsames Sprungbrett für den Aufstieg zu glanzvoller Herrschaft! Ein Trümmerfeld verbirgt sich auch hinter den zwei Worten, in denen Sauls Ende erwähnt wird. Sauls und seiner Söhne Schlachtentod ist mehr als das Ende des ersten israelitischen Herrscherhauses. Mit ihm ist die Geschichte der Befreiung Israels aus der Philisterherrschaft in nichts zerfallen und völlig rückgängig gemacht worden. Das Joch der Philister lastet wieder auf dem israelitischen Volk (1. Sam. 31, 7. 9 f.). Auch hier ist nichts mehr vorhanden, woran ein neuer König in Israel anknüpfen könnte, worauf sich wieder eine Herrschaft errichten ließe.

Seit 1. Sam. 16 ist es ein entscheidender Zug im Bild Davids gewesen, daß er sozusagen aus dem Nichts heraus zu Stellungen kommt, in denen er eine maßgebliche Rolle spielt. Er ist der Geringste und Kleinste in seinem Haus, und gerade ihn trifft Gottes Wahl. Er ist der Macht-lose, und gerade ihn gebraucht der Gott Israels zu seinen Machttaten. Er verliert durch Verhängnis und eigenes Verschulden immer wieder, was ihm an Machtmitteln zugefallen war, und gerade ihm, dessen Mittel erschöpft sind, der mit seiner Weisheit am Ende ist, wird ein Aufstehen zu neuen Anfängen verliehen. Der 1. Satz des 2. Samuelisbuches erneuert dieses Bild in kurzen, kräftigen Strichen. So knapp die Schilderung ist, mit welcher der Faden der Erzählung aufgenommen wird, so farbig und lebendig enthüllt sich darin die Szenerie für den, der die Worte wägt. David in Ziklag – nach Sauls Tod und dem Amalekiterzug, d. h. auf einem totalen Trümmerfeld – so beginnt, was nunmehr von David zu berichten ist. Beginnt aber hier sein Weg, und sogar der Weg zu einem Aufstieg ohnegleichen, so ist doch wohl nach der wenn auch unausgesprochenen Absicht des Erzählers und des Gestalters unseres Buches das Walten des Einen fast mit Händen zu greifen, der ins Leben ruft, was nicht ist (Röm. 4, 17).

In das Bild, das Vers 1 zeichnet, kommt plötzlich Bewegung. Ein Mann mit allen Kennzeichen des Schreckens und der Trauer an Gewand und auf dem Haupt[11] erscheint und wirft sich wortlos vor David zur Erde nieder. So beredt Aufzug und Gebärden sind, so sehr bedür-

---

[11] Vgl.: 1. Mose 37, 34; 2. Sam. 3, 31; 2. Kön. 11, 14; 19, 1; Hiob 1, 20; Matth. 26, 65; – Jos. 7, 6; 2. Sam. 13, 19; Jes. 61, 3.

fen sie einer näheren Erklärung für David. Seine Fragen: „Woher des Wegs?" und: „Was ist passiert?" bringen es an den Tag: Der da vor ihm kauert, ist mit knapper Not aus der Schlacht zwischen Saul und den Philistern entronnen; er trägt die Zeichen der Trauer, weil Schreckliches über Israel gekommen ist. Der Heerbann ist in alle Winde zerstreut; viele sind umgekommen; Saul und Jonathan sind tot. Nun hat auch jene Geste der Huldigung ihren eindeutigen Sinn. Der Zeuge vom Ende der Machtstellung Israels und vom Ende des königlichen Hauses huldigt dem Mann, der nunmehr Israels Herrscher sein wird. So läßt diese kleine Eingangsszene in ihrer einfachen Schilderung das Thema der ganzen folgenden Erzählungsreihe erkennen, nämlich das Königtum und die Herrschaft Davids, und zugleich enthält sie die spannungsreiche Frage, wie aus der umfassenden Katastrophe, die mit Sauls Niederlage und Untergang über den israelitischen Staat kam, nicht nur eine neue Gestalt des Königtums, sondern ein mächtiges Reich Israel werden kann und soll.

Der weitere Verlauf der Begegnung zwischen David und dem Überbringer der Nachricht vom Ausgang der Schlacht hat, so geringfügig und ohne weithin sichtbare und wirksame Folgen er an sich ist, dennoch erhebliches Gewicht für diese Fragen und gibt eine erste Antwort darauf. Nach der Herkunft seines Wissens um Sauls und Jonathans Tod befragt, berichtet der Mann, wie er, zufällig auf das Schlachtfeld geraten und dabei Zeuge der ausweglosen Not des vom Feind gehetzten Königs geworden, auf dessen Verlangen ihm von dem ohnehin sinnlos gewordenen Leben zum Tode half.[12] Der Bericht, den David erhält, unterscheidet sich stark von dem 1. Sam. 31 Erzählten. Dort hat der schwerverwundete Saul als letzten Gefährten seinen Waffenträger um sich; hier schleppt sich der Todesmatte verlassen und einsam dahin. Dort sind die philistäischen Bogenschützen hinter dem König her; hier wird er von Wagen und Reitern verfolgt,

---

[12] Caspari (im Kommentar zum A.T., Band 7, Deichert 1926, S. 403) hält die Worte: „Und gib mir den Todesstoß!" in dem Befehl Sauls an den Amalekiter für den Zusatz eines Bearbeiters der Erzählung, weil sie V. 10 vorwegnähmen. Der Zusatz als ein Zeugnis von Sauls eigener Einsicht in die Nutzlosigkeit seines Weiterlebens sollte vermutlich die Qualität der Person Sauls in den Augen der Späteren heruntersetzen. Folgt man dieser Ansicht, so hätte ursprünglich der Amalekiter David berichtet: „Der König bat mich, ihm zu helfen – aber ich gab ihm den Todesstoß, weil ich wußte, daß er seinen Fall nicht überleben kann." Ohne Frage tritt so die Absicht des Amalekiters, sich bei David in ein gutes Licht zu setzen, wesentlich schärfer heraus. Und ebenso würden die beiden Sätze, mit denen Saul seine Bitte an den Amalekiter begründet, verständlicher als nach dem vorliegenden Wortlaut des Textes: „Tritt her zu mir – mich hat der Schwindel gepackt; doch ist noch Leben in mir!"

schon an sich ein seltsamer Zug, da die Entscheidungsschlacht auf dem Gebirge stattfand. Dort raubten die Philister den gefallenen Saul aus, ohne daß dabei der königlichen Insignien Erwähnung getan würde. Hier hat der zufällig in Sauls Untergang verwickelte Fremdling Stirnreif und Armspange vom Leichnam des Königs genommen, um sie David zu überbringen, dem sie als dem gegebenen neuen König gebühren.

Die Unvereinbarkeit dieser Schilderung von Sauls Ende mit 1. Sam. 31 soll nach der Absicht des Erzählers scharf heraustreten. Läßt sich doch so mit Händen greifen, daß ein gerissener Mensch vor David steht, der in scheinbar ehrlicher Trauer um Israel, wie sie dem Schutzbürger aus dem fremden und zudem verfeindeten Amalek gebührt, und unter dem Vorwand redlicher Hingabe an den Nachfolger des toten Saul eine frei erdichtete Geschichte vorträgt. Sie soll ihm reichen Lohn eintragen – das ist seine heimliche Erwartung. Und sie muß gleichzeitig – das ist die unausgesprochene Meinung des Erzählers – David in eine Versuchung von ähnlicher Schwere führen, wie er sie 1. Sam. 24. 26 erlebt und bestanden hatte.[13] Jetzt hat er seinen Feind nicht mehr selbst in der Hand. Durchaus aber steht es in seiner Hand, wie er die Nachricht vom Ende des Königs aufnimmt, der ihm durch Jahre hindurch nach dem Leben getrachtet hat. Die Versuchung ist eine echte. Der Amalekiter bringt in seiner Geschichte nichts Ungereimtes vor und berichtet nur, was an sich durchaus möglich ist. Überdies läuft aber seine Schilderung von der Rolle, die er angeblich beim

---

[13] Die Unvereinbarkeit von 1. Sam. 31 u. 2. Sam. 1 ebenso wie eine Reihe von Unebenheiten (so die seltsame Wiederaufnahme des Erzählungsfadens V. 13 nach der Unterbrechung V. 11. 12), von Widersprüchen (V. 2f gegenüber V. 6), und von auffälligen Wiederholungen (V. 8 u. V. 13) erklärt mit anderen Gressmann (Die Schriften des A.T. 2. Abteilung 1. Bd., Vandenhoeck und Ruprecht, Göttingen, 1910, S. 123 f.) aus der Zusammenarbeitung eines ursprünglichen Berichts (V. 1–4; 8. 11 f.), der nach 2. Sam. 4, 10 mit der Tötung des Boten durch David selbst ergänzt werden dürfte, und einer späteren, rein zur Verherrlichung Davids geschaffenen Erzählung (V. 5–7. 9f. 13–16). Nach Gressmann enthält diese spätere Fassung keinerlei Andeutung, daß es David mit einem Aufschneider und Leichenräuber zu tun hatte, und hat sie ihr eigentliches Schwergewicht in der nicht zufälligen, sondern durch Gott gefügten Übermittlung der Königsinsignien an David, durch die er als im voraus zum Nachfolger Sauls bestellt erscheinen soll. Eine derartige Aufteilung der Erzählung ist zunächst hilfreich, um einige Schwierigkeiten des Textes aufzuhellen. In der Neubearbeitung des Göttinger Bibelwerks wird sie indes wieder in Frage gestellt (Hertzberg, „Das A.T. deutsch", Band 10, Göttingen 1956, S. 190). Auf jeden Fall ist man nicht der Aufgabe enthoben, Sinn und Absicht der jetzt vorliegenden, wenn schon aus 2 Quellen zusammengearbeiteten Erzählung zu erklären. Dies um so weniger, als die beiden von Gressmann herausgelösten Berichte in auffallender Übereinstimmung Davids Antwort auf die Botschaft des Fremdlings wiedergeben. In beiden empfängt dieser den Tod als Botenlohn, und in beiden ordnet David die Totenklage um Saul an.

Tode Sauls spielte und sich selbst zugemessen sah (V. 10), auf einen ähnlichen Gedanken hinaus, wie ihn 1. Sam. 24. 26 die Gefolgschaft Davids ihrem Herrn gegenüber geltend machte: Wo eine höhere Hand gegen den Feind entschieden hat, braucht sich der Mensch nicht zu scheuen, den Gewinn, der ihm ungesucht zufällt, mit beiden Händen zu ergreifen und festzuhalten.

Davids Antwort auf die empfangene Nachricht erfolgt rasch und ist klar und eindeutig ein Zeichen der Bewährung in der neuen Versuchung. Während der Amalekiter Trauer nur zur Schau trägt, geschieht bei David und auf sein Geheiß bei seiner Umgebung ein wahres Trauern, das wohl ermißt, was dieses Ende Sauls, seines Sohnes und des Heerbanns der Israeliten in sich schließt. Den Überbringer der Unglücksbotschaft aber sieht David durch seine eigene Aussage gerichtet. Niemand, am wenigsten ein Mann aus dem verfemten Amalek, legt ungestraft die Hand an den Gesalbten des Gottes Israels. Durch die Salbung wird dieser so ausschließlich Gottes Eigentum und Werkzeug, daß er menschlicher Verfügung entnommen ist und bleiben muß. Diese Erkenntnis hat David den Weg gewiesen, als er Saul zweimal in seiner Gewalt hatte. Sie weist ihm auch jetzt den Weg, da der angebliche und vermeintliche Mörder Sauls vor ihm steht und klingenden Lohn für die gute Nachricht erwartet. Dieser hat sein eigenes Urteil gesprochen. David läßt es unverzüglich an ihm vollstrecken.

So besteht der erste Schritt des kommenden Königs – V. 2 und 10b sind, wie gesagt, ein deutlicher Hinweis, daß er dies ist – auf dem Weg aus der Katastrophe Sauls und ganz Israels zur Errichtung des erneuerten Reiches Israel einerseits in der Trauer um alles, was mit Saul und Jonathan für Israel verlorenging und um Israels neues Elend, andererseits im Gericht über den, der sich nicht fürchtete, Gottes Eigentum anzutasten. Beides, die Trauer wie das vollstreckte Bluturteil, bezeugt Davids Wissen um Wesen und Amt des Gesalbten. Mit dem Wissen um die Unantastbarkeit des Gesalbten tritt David den Weg zum Thron an, der jetzt durch den erschreckenden Untergang Sauls frei geworden ist. Es wird demnach immer die Frage mitgehen, ob David bei den folgenden Schritten bis zum letzten festhalten wird, was er jetzt als seine grundlegende Erkenntnis kundgegeben hat.

Von der Tiefe und Echtheit der Trauer Davids zeugt, mehr noch als der V. 11f. geschilderte Trauerritus, seine berühmte Totenklage, das

Lied für Saul und Jonathan, für den immer geliebten „Feind" und den unvergeßlichen Blutsfreund. Mit gutem Grund rechnet man das Lied unter die großen Dichtungen der Menschheit. Es läßt mit seiner vollendeten Sprachform, die im Urtext noch viel deutlicher wird als in der Übertragung, erkennen, welch ein Meister, nicht nur des Instruments und der Töne,[14] sondern auch des Wortes David gewesen ist.

Mit der dichterischen Größe ist die menschliche gepaart, wenn der durch Jahrzehnte Verdächtigte und Gehetzte seinem Hasser und Verfolger nicht nachrechnet, was er durch ihn zu leiden bekam, sondern dieses ehrende Denkmal setzt und bei der Nachwelt einen guten Namen sichert.[15] Die Geschichte kennt auch die andern Beispiele von Männern, die, im Ringen um die Macht zu Rivalen geworden und grimmig verfeindet, nur noch im Haß vom Gegner sprechen können und für den Toten im besten Fall kein Wort mehr übrig haben.

Gleich mit den ersten Sätzen seines Liedes verrät sich der Dichter als der Mann, der politischen und geistlichen Weitblick genug hat, um die weiten Zusammenhänge zu erfassen, in welche die Persönlichkeiten der beiden königlichen Toten gehörten, um die Tiefe der Katastrophe zu ermessen, die ihr Untergang für das ganze Volk Israel in seiner augenblicklichen Lage bedeutete. Israel[16] wird zuerst angeredet. Auf „seinen Höhen", die einem kraftvollen, blühenden, freien und seinem Herrn gehörigen und hörigen Volke Gottes Wohnstatt sein müßten, liegt seine „Zier", der König und derjenige seiner Söhne, der wie kein anderer dessen begonnenes Werk hätte zum Ziel führen können,[17] erschlagen und mit dem Königshaus die Blüte der jungen Mannschaft, Starke, Israels wehrhafte Männer.

Was ist Israel, da nun seine Zier und Wehr dahingesunken ist? Ein Spott der Philister, die nach jahrzehntelangem Ringen um die Vorherrschaft im Land und nach vielem Wechsel des Kriegsglücks das Heft wieder ganz in der Hand haben. Die Freudenlieder und Sieges-

---

[14] Vgl. 1. Sam. 16, 18 und die Ausführung dazu im „Buch vom König", S. 136.

[15] Hertzberg, a.a.O. S. 192, sagt mit Recht: „In diesem meisterhaften Lied hat David nicht nur Saul und Jonathan, sondern auch sich selbst ein Denkmal gesetzt."

[16] „Israel", häufig die Bezeichnung der nördlichen Stämme, die unter Sauls Führung eine erste Einigung erlebt hatten und die später, seit Jerobeam I, einen eigenen Staat im Gegensatz zum judäischen bildeten, ist hier eindeutig Name des gesamten Verbandes der Stämme, die ihre geistige und geistliche Mitte in dem Bund besaßen, der am Sinai durch Gottes erwählenden Zugriff in Kraft getreten ist und in Zeichen wie Bundeslade und Offenbarungszelt und in regelmäßig wiederkehrenden Festfeiern und Zusammenkünften der Stämme-Gemeinde lebendige Wirklichkeit war.

[17] Vgl. 1. Sam. 13. 14 und die Ausführung dazu im „Buch vom König" S. 95–110.

tänze, die man in Israel kannte, seit Saul und in seinem Gefolge auch David sich des verloren scheinenden Rechtes Israels angenommen haben (1. Sam. 18, 6. 7; 21, 12; 29, 5), hört und sieht David im Geist nunmehr in den Städten der Philister anheben. Natürlich verkündet[18] keiner aus Israel Sauls Ende in Gath und Askalon, und bedarf es im Ernst nicht des Verweises, ja den Frauen der Philister keinen Stoff zu ihren Siegesliedern zu geben. Aber 1. Sam. 31, 9 war berichtet, daß die Botschaft, so recht „Evangelium" für die Philister, längst durch die Städte und Tempel der Feinde die Runde macht, und zwar in Gestalt der überall zur Schau gestellten Waffen des endlich erledigten Israelitenkönigs und seines abgeschlagenen Hauptes.

In der nächsten Strophe redet der Dichter die Berge des letzten Kampfes und der großen Katastrophe an. Ein Fluchwort, das ihnen für immer die Unfruchtbarkeit anwünscht, wird über sie ausgesprochen. Zunächst überrascht es nicht, wenn in dichterischer Wendung Lebloses personifiziert ist, Berge wie Menschen behandelt werden. Doch mag sich leicht mehr an Wirklichkeit dahinter verbergen als unser modernes, abendländisches Denken erfaßt. Eine der gewaltigsten Predigten Hesekiels von der nahen Heilszeit für Gottes Volk wendet sich ebenfalls an die Berge Israels. Sie sind der anderen Völker Spott geworden, weil sie die Leute, die dort vom Herrn ihre Wohnstätte und Nahrung zugewiesen bekamen, „gefressen" haben, weil sie das unbotmäßige Israel nicht mehr getragen, sondern von sich getrieben haben. Sie sollen nun ihrer Schande ledig werden und wieder bewohnt sein und ihren Bewohnern Brot und Früchte tragen (Hes. 36, 1–15). Man empfindet heute wieder stärker, als dies lange Zeit der Fall gewesen ist, den Realismus, mit dem das alte Israel an Gott glaubte, und im Zusammenhang damit, welch zentrale Rolle im Handeln

---

18 Wie in 1. Sam. 31, 9 erscheint auch hier in Davids Dichterworten der auffallende Ausdruck, den LXX mit „euangelizesthai" wiedergibt und der in der Verkündigung der Propheten wie nachher des Neuen Testaments immer dort gebraucht ist, wo von dem heilschaffenden Retten Gottes Kunde gegeben wird. Das Ende der Zier Israels, – ein Evangelium, eine Heilsbotschaft! – Daß sie's für die Philister war, begreift man ohne weiteres. Tieferem Nachdenken, vollends wenn es jenen Untergang der „Zier" Israels auf Golgatha erwägt, erschließen sich darüber hinaus noch ungeahnte, weiterführende Dimensionen des Verständnisses, die selbstredend in keiner Weise in dem von David gewählten Wort und in der Absicht des Dichters liegen. Wir haben hier eines der vielen Beispiele vor uns, wie Worte und sogar Wörter der hl. Schrift ungesucht bei den an Jesus Glaubenden eine Erkenntnis wachrufen, die dem Wort selbst in der zunächst gegebenen Lage völlig fremd ist und ihm an sich nie entnommen werden könnte und dürfte. Dies ist besonders beim 1. Evangelium zu beachten, das nicht müde wird, bei Worten und Taten Jesu zu vermerken, wie jetzt plötzlich Aussagen und Wendungen im A.T. in einer bisher nicht geahnten Weise Bedeutung gewannen.

Gottes an seinem Volk dem Land mit seinen Bergen und Feldern zukommt. In der Gabe des Landes zeigt sich handgreiflich die Erwählung Israels, im Land ist Israels Segnung durch Gott greifbar. Das Land Gottes[19] ist geradezu der Einschlag in dem Aufzug des Gewebes, in dem Gott sich mit diesem Volk Israel verflochten und verbunden hat. Wenn einer, so wußte David um die wichtige Rolle, die dem Land und den Bergen Israels zukommt (1. Sam. 26, 19), und es muß durchaus mit der Möglichkeit gerechnet werden, daß in seinem Fluch über die Berge von Gilboa mehr liegt als nur dichterische Freiheit. Wie dem auch sei, der Fluch Davids trifft die Berge von Gilboa. Sie sollen nimmer wert sein, israelitischen Menschen als Acker, Weinberg oder Weide zu dienen. Denn sie verwandelten das allzeit siegreiche Schwert Sauls und den unüberwindlichen Bogen Jonathans in wertloses Eisen und Holz. Sie gaben sich sozusagen zum Grab für die Israel schirmenden Waffen und ihre edlen Träger her.

Und nun nennt die Totenklage die beiden mit Namen, die schon bisher heimlich im Hintergrund all des Gesagten und Geklagten standen: Saul und Jonathan. Die Worte, welche die unlösliche Zusammengehörigkeit des königlichen Paares, dieses Vaters und dieses Sohnes aus Israels erstem Königsgeschlecht, aussprechen, sind eine zeitgenössische, sachkundige und darum sehr verläßliche Bestätigung des 1. Sam. 13. 14 Berichteten. Und gleichzeitig läßt sich auch von diesem Bericht her wiederum ihr ganzes Gewicht erkennen. Es geht bei diesen Worten denn nicht allein um die historische Tatsache, daß trotz aller Freundschaft zwischen Jonathan und David doch nie das Band zwischen Vater und Sohn zerrissen ist.[20] Vielmehr enthalten die Worte ebenso die andere Feststellung, daß keine Macht, wie auch keine Wendung im Geschehen den Schicksalszusammenhang auflösen kann, der Jonathan im Aufstieg Sauls zum „gegebenen Mann“[21] machte und ihn in des Vaters Niedergang und Verhängnis unweigerlich mit verstrickte.[22] Die königlichen Tiere der Luft und der Erde, Adler und Löwe, geben ein Bild des sieghaften und heldenhaften Königtums des Ersten, der

[19] Vgl. dazu Bd. 10 dieser Reihe „Das Buch vom Lande Gottes“.
[20] So richtig Hertzberg, a.a.O. S. 192.
[21] Vgl. Bd. 11I dieser Reihe, S. 97f.; 101.
[22] Im Gegensatz hiezu verkündigt der Apostel Paulus der Gemeinde Jesu, die an Jesus Christus hängt, daß weder Tod noch Leben, weder Engel noch Fürstentümer, noch Gewalten, weder Gegenwärtiges noch Zukünftiges, weder Hohes noch Tiefes, noch irgendeine Kreatur uns scheiden kann von Gottes Liebe, die in Christus Jesus ist, Person geworden ist (Röm. 8, 38f.).

in Israel König war, und des anderen, der der Zweite nach ihm hätte sein können und dem alles dazu Nötige zur Verfügung stand.
Die folgende Strophe (V. 24), als Anrede an die Frauen Israels geformt, gibt – ein echter Kunstgriff des Dichters! – mit einem kleinen Zug ein plastisches Bild von den großen Zeiten der Befreiungskriege Sauls gegen die Philister. Die trockene Mitteilung von 1. Sam. 14, 47. 52 bekommt hier Farbe. Am Gewand der israelitischen Frauen, ob hohen oder niederen Standes, konnte man wie an einem Pegel ablesen, daß ein großer Mann das Schicksal seines Volkes gestaltete. Der Lebensstandard und der Stand des täglichen Konsums wie der privaten Kultur war der beste Anzeiger der politischen Aufwärtsentwicklung unter König Saul.

Ein Klageruf über die gefallenen Starken schließt das Lied. Und unter diesen Starken ist es der Eine, dessen Namen der selbst tief getroffene Dichter David zuletzt und allein nennt: Jonathan (V. 25). Mit ihm verbindet ihn eine innigere Liebe, als sie Mann und Frau eint. Die Bibel weiß zu allen Zeiten lebendig davon zu reden, welche Stärke der Liebe zwischen den Geschlechtern eignet (1. Mose 2, 23f.; 1. Sam. 1, 8; 2. Sam. 3, 16). Sie weiß vor allem um den Hintergrund dieses unverbrüchlichen Zusammengehörens von Mann und Frau in Gottes Schöpferwirken. Stellt David denn hier seinen Freundschaftsbund mit Sauls Sohn über den Liebesbund zwischen Mann und Frau, so wird man darin wieder nicht nur ein Zeugnis der Freiheit sehen dürfen, wie sie dem Dichter zusteht. Man wird auch nicht nur von der seltenen Tiefe dieser Freundschaft zweier Männer reden sollen, die nach Gressmann[23] um so eher verständlich sein müsse, als in der Antike und auch im heutigen Orient der Freund dem Mann näher steht und ihm ein besserer Kamerad ist, als das geknechtete, armselige Weib es ihm sein kann. Vielmehr wird man auch an dieser Stelle das Wort der Totenklage als Bestätigung der Berichte 1. Sam. 18, 1–4; 19; 20; 23, 14–18 sehen müssen. Und von diesen Berichten her wird umgekehrt das volle Licht auf den letzten Satz des Davidsliedes fallen. Die Freundschaft zwischen Jonathan und David ist nicht ohne weiteres eine besonders ideale Männerfreundschaft, wie sie die Geschichte auch sonst kennen mag. Hier liebte der „gegebene" Thronfolger den Mann, der seinen Vater zu ersetzen bestimmt war und den er als diesen erkannte und voll bejahte. Und hier liebte der von

---

[23] A.a.O. S. 126.

Saul Verdächtigte und Gehetzte den Mann, der dieses Saul erstgeborener Sohn war, und der trotzdem, allen eigenen Vorteil hintansetzend, David die Treue hielt. Eine Freundschaft also, wie sie nicht nur selten, sondern einmalig ist. So einmalig, wie es das Amt des Gesalbten im Volke Gottes ist, um das es bei dieser Freundschaft ging, und an dem sie nicht zerbrach, sondern immer neu sich bewährte. Sie bewährt sich wieder, da der Freund den Tod in der Schlacht gefunden hat, und der Überlebende nicht aufatmet, weil ja nun der Weg zur Herrschaft für ihn frei ist, sondern nur das ergreifende Wort erschütterter Klage findet.

Ein Lied steht am Anfang unseres Buches, ganz ähnlich wie auch im Eingang zum 1. Samuelisbuch ein Lied seinen Platz gefunden hat (1. Sam. 2, 1–10). Beide kreisen um den gesalbten König Gottes. Als der Mann geboren und dem göttlichen Herrn zur Dienstleistung zurückgegeben ist, der dem tödlich bedrohten Israel den König als den Retter geben sollte (1. Sam. 1), erklingt der Lobgesang aus dem Munde Hannas. Er blickt in die Weite und Tiefe der wundersamen Regierungsweise Gottes und gipfelt in dem ahnenden Vorblick auf den gesalbten König, durch den Gott seinen wunderlichen Rat an den hohen Stolzen, die er stürzt, wie an den Erniedrigten, die er aus dem Staub erhebt, vollführt. Und jetzt, da der Mann umgekommen ist, den Samuel auf Gottes Geheiß aus der Verborgenheit eines unbekannten Geschlechts heraus mit dem Salböl als den von Gott Gezeichneten[24] berief und in sein Amt setzte, stimmt David die Totenklage über den ersten zum König Gesalbten in Israel an. Dort der lobpreisende Psalm auf den Gesalbten Gottes, den noch kein sterbliches Auge gesehen hat, den nur Gott erkannt und erschaut hat, so wahr ihm eine Weise zu regieren eigen ist, die alle menschlichen Vorstellungen hinter sich läßt. Hier die Totenklage auf den ersten Mann mit Namen und Herkunft aus menschlichem Geschlecht, der in Israel zum königlichen Amt des Retters in Gottes Dienst und Verfügung bestellt war und jetzt in entscheidender Schlacht gegen die Philister Krone und Leben verlor und den ganzen Ertrag seiner Amtszeit verspielte. Sollte dieses Gegenüber der 2 Lieder vom Gesalbten in den beiden so eng miteinander verknüpften Büchern reiner Zufall und nicht vielmehr absichtsvolle Gestaltung des Erzählers sein? Und wie soll man dieses eigentümliche Nebeneinander und Gegenüber der beiden Lieder anders

---

[24] Vgl. 1. Sam. 9, 15–10, 16 und die Ausführungen in Bd. 11I dieser Reihe S. 67 ff.

verstehen denn als Hinweis auf die entscheidende Erkenntnis, daß zwar Gottes Volk (und die ganze Welt) einen Retter nötig hat, den Gott erwählt, dem Gott die Salbung gewährt und durch den allein er sein wundersames Regieren vollzieht; daß aber der Mensch auch beim besten Wollen und bei allen Vorzügen dem Amt des Gesalbten Gottes nicht gewachsen ist? Saul jedenfalls war ihm nicht gewachsen. Sein Versuch, mit den ihm gegebenen Mitteln diesem Amt gerecht zu werden und in seiner „Rüstung" zu gehen, endet mit einer Totenklage. Es ist damit die Frage gestellt, ob ein anderer, ob jetzt David der Mann für das Amt des Gesalbten ist.[25]

Der Totenklage Davids sind im heutigen Text noch einige Bemerkungen vorangestellt, die den Fluß der Darstellung merklich unterbrechen (V. 18). Ohne weiteres verständlich ist zunächst der Hinweis, daß Davids Lied in den Sippen und Häusern Judas gelehrt und gelernt wurde – ob auf Davids eigene Weisung, läßt sich nicht mit Sicherheit ausmachen. Ähnlich, wie das Siegeslied auf Saul und David (1. Sam. 18, 7) in Klang und Rhythmus des Tanzes dem Volk zu eigen geworden war, vielleicht auch ähnlich, wie die entscheidenden Katechismen und Riten in Israel von Geschlecht zu Geschlecht eingeübt wurden (vgl. z. B. 2. Mose 12, 26ff.; 5. Mose 6, 20ff.), soll in Judäa die Klage um Saul und Jonathan lebendig bleiben. Wenn diese Anordnung auf David selbst zurückgehen sollte – die ausdrückliche Erwähnung der „Judäer" läßt darauf schließen, daß sie sich auf die Jahre seiner Herrschaft lediglich über den Stamm Juda bezieht –, so wäre dies ein neuer Grund, darüber nachzudenken, warum dem neuen Herrn so viel daran lag, daß der erste König nicht vergessen werde, sondern in gutem Ruf stehe.

Verständlich ist sodann auch der Hinweis auf die Quelle, aus der das Lied auf Saul und Jonathan genommen wurde, als man es den

[25] Die volle Antwort darauf im 2. Samuelisbuch zu suchen, wäre töricht. Die hier verarbeiteten Berichte und Erzählungen tragen wohl weithin den Stempel einer Zeit, die in der Tat davon überzeugt war, daß in David und Davids Reich die Wege Gottes mit Israel zum Ziel gekommen sind. Das Buch hat aber seine jetzige Gestalt in einer Zeit erhalten, in der der Glanz des Davidsreiches längst versunken war, in der man in ihm das Vorbild einer erst von Gott neu zu schenkenden Zukunft sah. So wird man wenigstens da und dort einen leisen Hinweis des Gestalters unseres Buches zu erwarten haben, daß David so wenig als Saul in der Rüstung des 1. Sam. 2 anvisierten Gesalbten Gottes gehen kann und daß man „eines anderen warten muß" (Matth. 11, 3). Eben dieses Wort des gefangenen Täufers sollte aber auch die allzu billige Lösung jener Frage verhindern. So „naheliegend" die Lösung ist: Jesus ist der Christus, der gesalbte Retter Israels und der Welt, so wenig selbstverständlich ist es, daß einer sich selbst mit seinem Leben glaubend darunter stellt, und so wenig selbstverständlich ist es, nur auch einen Menschen mit seinem Leben dafür zu gewinnen.

anderen Berichten und Überlieferungen einreihte, die heute das 2. Samuelisbuch bilden. Dieses „Buch des Redlichen" oder „Wackeren", von dem man sonst keine nähere Kenntnis hat, enthielt u. a. auch den Spruch, der jetzt Jos. 10, 13 steht.

Nicht mit Sicherheit zu deuten ist das in LXX völlig fehlende Wort „Bogen", das vielleicht im Sinn der Luther-Übersetzung „Bogenlied" den Gesang in seiner Eigenart und seinem Inhalt bezeichnen will.

2. Die Auseinandersetzung zwischen dem neuen Königtum in Juda und dem erneuerten Königtum des Hauses Saul

2. Sam. 2, 1–3, 1:

(1) Und es begab sich danach, daß David den Herrn befragte: „Soll ich in eine der Städte Judas hinaufziehen?" Der Herr gab ihm zur Antwort: „Ja, zieh hinauf!" David fragte: „Wohin soll ich ziehen?" Er gab zur Antwort: „Nach Hebron!" (2) Da zog David dorthin, ebenso seine beiden Frauen, Achinoam von Jesreel und Abigail, die Frau des Karmeliten Nabal. (3) Auch seine Männer, die er um sich hatte, brachte David hinauf, jeden mit seiner Familie, und sie ließen sich in den Ortschaften Hebrons nieder. (4) Und es kamen die Männer Judas und salbten daselbst David zum König über das Haus Juda.

Da berichtete man David, die Leute von Jabes in Gilead hätten Saul für ein Grab gesorgt.[1] (5) Darauf sandte David Boten zu den Leuten[2] von Jabes in Gilead und ließ ihnen ausrichten: „Gesegnet sollt ihr dem Herrn sein dafür, daß ihr diese Guttat an eurem Herrn, an Saul, getan und ihn zu Grabe gebracht habt! (6) So lasse denn nun der Herr euch Güte und Treue erfahren! Und auch ich will euch diese Güte erweisen zur Vergeltung für diese eure Tat. (7) Nun aber faßt euch und zeigt euch als tapfere Männer! Denn Saul, euer Herr, ist tot; auch hat mich das Haus Juda zum König über sich gesalbt."

(8) Abner aber, der Sohn Ners, Sauls Heerführer, hatte Ischbaal,[3], Sauls Sohn, genommen und nach Mahanajim hinübergebracht, (9) und

[1] So in indirekter Rede mit einer der Klarheit wegen geforderten Umstellung eines Wortes im hebr. Text.

[2] LXX: Zu den führenden Männern . . .

[3] So lautete sein Name ursprünglich (vgl. 1. Sam. 14, 49 Ischwi oder nach LXX Ischja). Er hat die Bedeutung „Mann des Herrn" und war entsprechend dem ältesten Brauch in Israel, nach dem sowohl Jahwe als auch Baal den Herrn bezeichnete, in beiden Formen Ischwi und Ischbaal – so z. B. 1. Chron. 8, 33; 9, 39 – geläufig. Erst eine viel spätere Zeit wollte ihren Abscheu gegen den Namen des „Götzen" Baal, mit dem Israel immer wieder seinen wahren Herrn verwechselt und vertauscht hat, vielleicht auch ihre Abneigung gegenüber dem Haus des verworfenen Königs zum Ausdruck bringen, setzte so für „Baal" das Wort „Boseth" (= Schande) und verunstaltete den Namen Ischwi oder Ischbaal in Ischboseth.

hatte ihn über Gilead, die Asseriten,[4] über Jesreel, über Ephraim, über Benjamin, über das ganze Israel zum König gemacht. (10) 40 Jahre alt war Ischbaal, Sauls Sohn, als er über Israel König wurde, und 2 Jahre währte sein Königtum. – Nur das Haus Juda hatte sich hinter David gestellt. (11) Die Zeit aber, in der David König in Hebron über das Haus Juda war, währte 7 Jahre, 6 Monate.

(12) Abner, der Sohn Ners, und die Knechte Ischbaals, des Sohnes Sauls, rückten von Mahanajim aus nach Gibeon. (13) Und Joab, der Sohn der Zeruja, und die Knechte Davids rückten von Hebron[5] aus, so daß sie am Teich von Gibeon miteinander zusammentrafen. Sie bezogen Lager, die einen diesseits, die anderen jenseits des Teiches. (14) Abner rief Joab zu: „Auf, die Leute sollen vor uns Kampfspiele machen!" Darauf Joab: „Es sei!" (15) Da erhoben sie sich und gingen aufeinander zu, abgezählt, 12 für Benjamin und Ischbaal, den Sohn Sauls, und 12 von den Knechten Davids. (16) Die verbissen sich so – jeder packte sein Gegenüber beim Kopfe und stieß ihm sein Schwert in die Seite – daß sie miteinander tot niedersanken; daher bekam jene Stätte den Namen „Feld der (Schwert-) Schneiden",[6], das bei Gibeon liegt. (17) Da wurde der Kampf an jenem Tage hart und immer härter, bis Abner und die Männer Israels von den Knechten Davids geschlagen wurden.

(18) Nun waren dabei die 3 Söhne der Zeruja: Joab, Abisai und Asahel. Asahel aber war flink und konnte laufen wie eine Gazelle auf dem Feld. (19) So jagte Asahel hinter Abner her, ohne sich rechts oder links zu wenden und sich von Abner abbringen zu lassen. (20) Zurückblickend rief Abner: „Bist du das, Asahel?" Dieser antwortete: „Ich bin's." (21) Darauf Abner: „Mach dich weg, nach rechts oder nach links! Greif dir einen von den Leuten und hole dir, was er anhat!" Asahel aber wollte nicht von ihm ablassen. (22) Noch einmal redete Abner Asahel zu: „Fort, geh mir von den Fersen! Warum soll ich dich zu Boden schlagen? Und wie wollte ich noch deinem Bruder Joab ins Gesicht sehen?" (23) Als er sich aber dennoch weigerte, zu weichen, da stieß ihn Abner mit dem Speerende in den Leib, so daß der Speer rückwärts herausdrang und er auf der Stelle tot in sich zusammenstürzte. So kam es, daß alle, die an die Stelle kamen, wo Asahel gefallen und umgekommen war, stehen blieben.

(24) Ebenso setzten Joab und Abisai Abner nach. Als die Sonne untergegangen war, und sie bis zum Hügel Ammah gelangt waren, der Giach gegenüber in Richtung der Steppe von Geba[7] liegt, (25) sammelten

---

[4] So nach der Lesart, welche die im späteren Judentum gebrauchten aramäischen Übertragungen des hebr. Textes im Synagogengottesdienst, die sog. „Targumim", voraussetzen.

[5] So deutlicher mit LXX.

[6] So, wenn man die Grundbedeutung des Wortes „Felsen" im übertragenen Sinn von den Schärfen der Schwerter nimmt. Hertzberg, a.a.O. S. 197, entscheidet sich für eine kleine Textänderung und liest: „Feld der Seiten". LXX sagt: „Feld der Arglistigen."

[7] So nach einem Verbesserungsvorschlag an Stelle von dem „Gibeon" des Urtextes,

sich die Benjaminiter im Gefolge Abners, bildeten eine Igelstellung und stellten sich auf dem einen Hügel[8] auf. (26) Abner rief Joab zu: „Soll denn ohne Aufhören das Schwert fressen? Merkst du nicht, daß am Ende nichts als bitteres Elend sein wird? Und wie lange noch willst du den Befehl an das Kriegsvolk zurückhalten, von der Jagd auf ihre Brüder abzustehen?" (27) Da antwortete Joab: „So wahr Gott lebt! Hättest du nicht geredet, so wäre das Kriegsvolk Mann für Mann erst morgen früh von der Verfolgung seiner Brüder hinaufgezogen!" (28) Da ließ Joab die Posaunen blasen, und das ganze Kriegsvolk machte Halt; sie verfolgten Israel nicht weiter und brachen den Kampf ab. (29) Abner und seine Männer marschierten jene ganze Nacht hindurch durch die (Jordan-)Niederung, setzten über den Jordan, durchzogen den ganzen Bitron[9] und gelangten nach Mahanajim.

(30) Als nun Joab von Abners Verfolgung abstand und das ganze Kriegsvolk sammelte, da vermißte man von den Knechten Davids 19 Mann und Asahel, (31) während Davids Knechte aus Benjamin und von Abners Männern 360 erschlagen hatten, alles Tote. – (32) Und sie hoben Asahel auf und begruben ihn in der Begräbnisstätte seines Vaters, die in Bethlehem lag. Dann gingen sie die ganze Nacht hindurch, Joab und seine Männer, so daß sie bei Tagesanbruch in Hebron waren (3, 1). Und der Krieg dauerte lange zwischen dem Hause Sauls und dem Hause Davids. David wurde Schritt um Schritt stärker, Sauls Haus dagegen Schritt um Schritt schwächer.

Der Eingang des Kapitels legt deutlich *keinen* Wert auf die Klarstellung der zeitlichen Abfolge der Geschehnisse aber großen Wert darauf, daß die göttliche Führung Davids bei dessen nächstem Schritt sichtbar wird. Die völlig unbestimmte Wendung 2, 1, die dem Leser des Neuen Testaments von vielen Übergängen zwischen den Erzählungsstücken der drei ersten Evangelien geläufig ist, verknüpft die folgenden Begebenheiten mit dem Bericht des 1. Kapitels. „Es begab sich danach" – das genügt dem Erzähler. Nachdem Saul gegen die Philister gezogen war und dabei Schlacht und Leben verloren hatte, kam es irgendwann bei dem von seinem langjährigen Verfolger befreiten David, dem Lehnsmann des Philisterfürsten, zu dem entscheidenden Schritt; da geschah in dem niedergebrannten Ziklag der folgenreiche Aufbruch nach Hebron im Gebiet der Judäer. Nach Juda, und dort wieder nach Hebron weist der von David mit Hilfe des Orakels eingeholte Entscheid *des Herrn.* So stark und scheinbar ausschließlich der Wille Gottes als das für diese Wahl maßgebende Moment heraus-

---

das nach den Erkenntnissen der Palästinakundigen nicht in der Steppe gelegen ist. Vgl. Hertzberg, a.a.O. S. 197.

[8] Nach anderem Vorschlag: (Irgend) einem Hügel oder nach V. 24 dem Hügel Ammah.

[9] Vermutlich Name einer bestimmten Schlucht ostwärts vom Jordan.

gestellt wird, so wenig kann doch der Anteil übersehen werden, der bei dieser Entscheidung Davids eigenen, sowohl glaubensmäßig als politisch begründeten Überlegungen zukommt. Er bedient sich zur Erkundung des göttlichen Willens des Orakels. Aus der anschaulichen Schilderung der Orakelbefragung (1. Sam. 14, 38 ff.)[10] läßt sich ersehen, daß der nach göttlicher Weisung Suchende seine ganz bestimmten Fragen, meist in Form eines Entweder-Oder, vor den Herrn bringt, um so dessen Entscheidung zu erfahren. Demnach ist V. 1 genauer dahin zu verstehen, daß der Gedanke zur Heimkehr nach Juda und zum Zug nach Hebron in David erwachsen ist, zu dem dann durch den Ausfall des Orakels die göttliche Bestätigung und Genehmigung erfolgte. Welche Gründe mochten in Davids Überlegungen gerade für die Wahl dieses Orts im jüdischen Bergland sprechen? Warum sucht er nicht in Bethlehem, der Heimat seiner Sippe, die Wohnung für seine Krieger mit ihren Familien und den Ausgangspunkt für seine weiteren Unternehmungen? Dem Wortlaut V. 1 läßt sich darüber nichts entnehmen. Erst eindringende geschichtliche und ortskundliche Untersuchungen haben in Verbindung mit aufschlußreichen Beobachtungen an der sonstigen atl. Überlieferung Licht auf die besondere Bedeutung Hebrons für den Weg Davids fallen lassen. Vor allem die Studien von A. Alt[11] machten wahrscheinlich, daß Hebron und seine Umgebung, nach Jos. 14, 13 der Sitz der Geschlechter von Kaleb und nach den Überlieferungen von Abraham und von den „Vätern“ Israels eine alt-heilige Stätte, schon lange vor Davids Zeit der Mittelpunkt eines südpalästinischen Stämmebundes mit gemeinsamer Verehrung Gottes war, dem außer Juda und Simeon auch nichtisraelitische Stämme angehörten. Einige von diesen sind 1. Sam. 30, 26–31 genannt. Die dort berichtete, politisch wohl überlegte Übersendung von namhaften Teilen der Amalekiterbeute an Mitglieder dieses Stämmeverbandes war der Anfang zu dem Gebäude, dessen krönenden Abschluß jetzt die Übersiedlung Davids gerade nach dem so bedeutsamen Hebron und den Ortschaften in seiner Umgebung bildet. Es wird ausdrücklich hervorgehoben, daß David mit seinen beiden Frauen nach Hebron kommt und auch den ganzen Haufen seiner Berufskrieger mit deren Familien dorthin mitbringt (V. 2 f.). David erscheint also in Judäa und im Zentrum jenes Stämme-

---

[10] Vgl. Bd. 11I dieser Reihe S. 100, Anm. 8.
[11] A.a.O. Bd. I, S. 54f.; Bd. II, S. 40f.

bundes keineswegs als armer Heimkehrer und Habenichts, sondern mit einer achtunggebietenden „Hausmacht“. Er stellt eine Macht dar, die früher dem Philisterfürsten von Gath durchaus imponierte, so daß er sich ihrer gerne für die Zwecke seiner Politik im Süden Palästinas bediente (1. Sam. 27), und die jetzt ebenso den um Hebron gesammelten Geschlechtern und Stämmen imponieren muß. Das Auftreten dieser Macht im Bergland der Judäer stellt denn viel weniger ein Zufluchtsuchen des in Ziklag Abgebrannten, als vielmehr ein Angebot Davids an die um Hebron Wohnenden dar, sich das Schwert des kampfbewährten, sieggewohnten ehemaligen Söldnerführers von Saul und jetzigen Philistervasallen zu Nutze zu machen.[12] Eine menschliche Planung also mit schwerwiegenden Hintergründen und mit weitgespanntem politischem Ziel, und zugleich – darauf legt V. 1. den Ton – die Gestaltung der Geschichte durch Gottes Willen und Entschluß, der für das Königtum und Reich in Israel und für den Weg des Volkes Gottes eine tiefgreifende Wendung herbeiführt! Sie bringt David zunächst das Königtum über den Stamm Juda (V. 4a). Wiederum schweigt der Text über den Zeitpunkt der Salbung Davids wie über die Beweggründe, welche die Judäer ihrem Stammesgenossen die Krone Judas anbieten ließen, vor allem über die politische Eigenart und die politische Zielsetzung des neuen staatlichen Gebildes. Genau besehen gibt es eine Krone Judas noch gar nicht. Vielmehr tritt jetzt das judäische Königtum und das Staatsgebilde Juda als etwas völlig Neues in die Geschichte ein. Es gibt wohl Anzeichen dafür, daß Sauls Einfluß auch in das Gebiet der Judäer gereicht hatte. Er konnte den Bethlehemiter David in sein Gefolge nehmen (1. Sam. 16, 14 ff.); er konnte die Leute von Siph gegen David ausspielen (1. Sam. 23, 19; 26, 1) und im judäischen Gebiet ungehindert seine Züge gegen David durchführen. Gleichzeitig aber gibt es keinen eindeutigen Hinweis darauf, daß der Stamm der Judäer sich dauernd dem Königtum Sauls

[12] Es fällt auf, daß der Text kein Wort über die Wirkung der Übersiedlung Davids nach Hebron auf seinen Lehnsherrn Achis sagt, und daß überhaupt der Philister und ihrer Sicht des Geschehens keinerlei Erwähnung getan wird. Die heutige atl. Geschichtsforschung glaubt aus diesem Schweigen der Überlieferung schließen zu müssen, daß David nach wie vor Vasall der Philister war und sich selber als solchen ansah; daß eben dies das Auftreten Davids in Hebron für den dort gesammelten Stämmebund als einen besonderen Vorteil erscheinen ließ; daß es endlich den Philistern nur willkommen sein konnte, wenn ihr Gefolgsmann David seinen Wohnsitz in Hebron hatte und damit ihr Einflußgebiet nach Osten ausgedehnt wurde. U. a. Alt, a.a.O. Bd. II, S. 40; Hertzberg, a.a.O. S. 198; W. Vischer, das Christuszeugnis des A.T. Zollikon 1946, Bd. II, S. 239.

und zu dessen Heerfolge verpflichtet wußte, so daß sie jetzt, nach Sauls Tod, *deswegen* eine erneute Unterstellung unter einen König als das Gegebene bzw. Unvermeidliche hätten ansehen müssen. A. Alt[13] hat den Versuch gemacht, die geschichtlichen Hintergründe des lakonischen V. 4a etwas zu durchleuchten, und stellt als vermutliche Eigenart des jungen judäischen Staatsgebildes heraus: durch die Übersiedlung Davids nach Hebron hervorgerufen und *ganz auf ihn und seine militärische Machtstellung* zugeschnitten, hat es auch die nicht-judäischen Gruppen des Hebronverbandes umfaßt und sollte es diesem – ohne ausgesprochene Tendenzen gegen die Philister oder gegen die einst durch Saul geeinten Stämme – feste staatliche Form und damit ein ungestörtes politisches Eigenleben gewähren. Solche geschichtlichen Überlegungen bringen zweifellos in die recht kargen Andeutungen von V. 1–4a mehr Farbe und Anschaulichkeit, können aber nur den entscheidenden Grundzug dieser Verse unterstreichen und verdeutlichen, die auch ihrerseits die Gestalt Davids als die Mitte all der im einzelnen nicht entfalteten Vorgänge erkennen lassen. Was ist es um diesen Mann, der sich nach Hebron begibt, der sich dem Hebronbund als der gegebene Herrscher anbietet, und dessen Angebot im Stamm Juda nicht nur verstanden, sondern bereitwillig angenommen wird? Und welcher Wille treibt David auf diesem eigenartigen Weg, der mit seiner Befragung Gottes anfängt und mit der Übertragung des Königtums über den Stamm Juda, das so ganz auf ihn zugeschnitten ist, seinen vorläufigen Abschluß findet? Man mag Davids menschliche Tatkraft und sein politisches Planen anschlagen, so hoch man will, und kommt doch der eigentlichen Sache nicht auf den Grund, stellt man nicht vor allem anderen sein „Lebensgeheimnis“[14] in Rechnung, wie es vor allem in der Erzählung von seiner Aussonderung zum König Israels (1. Sam. 16, 1–13) und in dem entscheidenden Gottesspruch (V. 7): „Der Herr ersieht mit dem Herzen“[15] heraustritt. Des Herrn „Herz“ und Entschluß ist es, den bedeutungslosen Hirten aus Bethlehem, den Jüngsten seines Hauses, zu „ersehen“, daß er seines Volkes Hüter werde; den zum Spielmann und Söldnerführer Sauls wie zum Blutsfreund des erstgeborenen Königssohnes und zum Gemahl der Königstochter Erhobenen in eine Kette von Leiden und Bewährungsproben zu führen; endlich dem

---

[13] A.a.O. Bd. II, S. 40–42.
[14] So bei der Berufung Sauls 1. Sam. 9, 19, vgl. Bd. 11I, S. 71.
[15] Vgl. Bd. 11I, S. 130f.

trotz seiner kriegerischen Machtstellung in völlige Ausweglosigkeit Geratenen einen neuen Anfang zu gewähren und ihm jetzt in Hebron die Würde, einen Teil des Volkes Gottes zu regieren und dort einen Staat und ein Reich zu errichten, zu verleihen. Ebenso mag bei diesem Weg Davids zum judäischen Königtum *sein* Wille, ein Herrscher zu sein, und *sein* nüchternes, politisches Urteil, daß gerade er für die maßgebliche Rolle in Israel geeignet, und daß dieses Volk in seiner augenblicklichen Lage gerade an ihn und sein Regiment gewiesen sei, stark ins Gewicht fallen. Doch kann das alles die Angabe V. 1 nicht entkräften: David hat den Herrn befragt, hat seine Gedanken und Pläne vor den Herrn gebracht und um Gottes Entscheidung gebeten. Wenn David ein Herrscher sein will und ein Reich plant, so tut er dies nicht zuletzt deshalb, weil Gott der Herr Israels ist, weil Israel durch den Bund Gottes zum Volk des Herrn gemacht ist, weil in seinem Land das königliche Wesen und Walten des Herrn sichtbar werden soll, all den anderen Mächten zum Trotz, die dort ihre Herrschaft aufrichten wollen und zunächst auch aufgerichtet haben. Der Herr will im Regieren Davids ein Zeichen seines Regierens aufrichten, und David will im Dienste des Königs der Könige ein neues Königtum in Israel beginnen.

In der Tat hat David weit mehr im Auge, als ihm die Judäer in Hebron in die Hände legen. Das macht sogleich das 2. Stück der Erzählung deutlich (V. 4b–7). Es ist nicht eigentlich eine Regierungsmaßnahme, die hier von dem neuen König über Juda berichtet wird. Überhaupt wird in der ganzen Kapitelreihe (Kap. 2–4) nichts davon erwähnt, was David in den 7 ½ Jahren seines Aufenthaltes in Hebron[16] als der König Judas getan, welche Maßnahmen für den Ausbau des neuen Staatsgebildes er getroffen hat. Um so aufschlußreicher muß daher die kleine Erzählung von der – überdies zunächst ohne jede greifbare politische Auswirkung gebliebenen – Gesandtschaft Davids an die Bürgerschaft der ostjordanischen Stadt Jabes für die Erkenntnis seiner weiteren Ziele, wie auch überhaupt für das Verständnis des ganzen Erzählungszusammenhangs sein. Den Anlaß zu dieser Gesandtschaft bildet die jetzt auch David zur Kenntnis gebrachte (V. 4b) Tat der Leute von Jabes, die den geschändeten Leib des toten Saul, ihres einstigen Befreiers (1. Sam. 11), vom Schlachtfeld geborgen und in ihrer Stadt bestattet hatten (1. Sam. 31, 11–13). Das einleitende

[16] Vgl. 2, 11.

Wort in Davids Botschaft, an sich wohl eine keineswegs ungewöhnliche Grußformel[17], zeigt sogleich den Zusammenhang, in dem David die gute Tat an Saul sieht. Er macht den Namen der Stadt und ihrer Bewohner sozusagen rühmend bekannt *bei dem Herrn*, dessen Gesalbter ihr Schirm- und nachheriger Gefolgschaftsherr Saul gewesen ist. Er erwartet für sie von Seiten des Herrn als Antwort auf ihre Guttat den Erweis seiner Güte und beständigen Treue, die eben für den Gott Israels kennzeichnend sind und darin er sein einmal gegebenes Wort unverbrüchlich hält und seinen mit Israel für immer geschlossenen Bund immer neu bestätigt.[18] Er erwartet dies mit der Bestimmtheit, in der die Bibel überall das Aussprechen des segnenden Menschenwortes aufs engste mit seiner Verwirklichung durch Gott verbindet. Seine eigene Dankbarkeit für die Bestattung Sauls bezeugt ihnen David mit der Zusicherung seiner Gewogenheit und Bereitschaft, ihnen Gutes zu erweisen. Die letzten Worte sind, vor allem durch den sprechenden Hinweis auf seine neue Stellung in Juda (V. 7b), als Ankündigung gedacht, daß von Davids Seite noch große Dinge zu erwarten sind, und daß sie auch jetzt schon, da sie noch weitab von seinem Herrschaftsgebiet wohnen, mit ihm rechnen können, wenn sie ihn nötig haben sollten.[19] Damit endet das kleine Stück, wie gesagt ohne zu erwähnen, welche Aufnahme Davids Gesandte in Jabes und welches Echo sein Wort des Dankes und der Ermunterung gefunden haben. Es genügt für den Fortgang der Erzählung von Davids Weg, daß er als König mit Zukunft zu Jabes gesprochen hat. W. Vischer faßt den kleinen Bericht mit den Worten zusammen: „Der große Diplomat hat damit seine Karte abgeben lassen an einer Türe, die fern von seinem Hause ist, durch die aber der erste König von Israel zur Herrschaft eingegangen ist.“[20]

Nun aber ersteht für Davids weitausschauende Pläne ein großes Hindernis. Das Königtum Sauls wird erneuert. Abner, mit Saul nahe verwandt und als Führer sowohl des gesamten Heerbanns (1. Sam.

---

[17] Vgl. Richt. 17, 2; 1. Sam. 15, 13; 23, 21.

[18] Vgl. u. a. Ps. 25, 10; 40, 11.

[19] Entgegen dieser auch von W. Vischer (a.a.O. Bd. II, S. 240) und Hertzberg (a.a.O. S. 199) vertretenen Deutung versteht Caspari, a.a.O. S. 408f., die Erzählung V. 4b–7 als Aufkündigung des Schutzverhältnisses, in dem Jabes seither zu Saul gestanden hatte, durch David. Dieser betrachte sich als den Anwalt der Jonathanerben und deshalb für verpflichtet, das durch Sauls Tod gelöste Schirmherrnverhältnis formell zu kündigen. Er wolle die Bürger von Jabes wissen lassen, daß sie, geradeso wie er selbst, sich künftighin selber helfen müssen, nachdem ihr, wie auch sein Herr tot sei.

[20] A.a.O. S. 240.

14, 50), als auch im gegebenen Fall der Söldnertruppe unter Saul (1. Sam. 26, 7ff.) „der führende Kopf in dem ganzen Geschlecht[21]“, macht den einzigen überlebenden Sohn des gefallenen Königs in dem im Ostjordanland gelegenen und darum vor dem Zugriff der Philister sicheren Mahanajim zum König. Diese unscheinbare Wendung hat tiefere geschichtliche Hintergründe, als auf den ersten Blick erkennbar ist. Durch A. Alts[22] Untersuchungen ist erwiesen worden, daß ein Übergang des Königtums von Saul auf ein Mitglied seines Hauses keineswegs das selbstverständlich zu Erwartende war. Eine Erbfolge im Sinne des dynastischen Denkens war bei den Nachbarn Israels mit ihrem z. T. schon wesentlich älteren Königtum durchaus nicht das Übliche, und erst recht nicht war der Anfang des Königtums in Israel dynastisch gedacht. Saul bekam die königliche Würde und die Befehlsgewalt über die Stämme Israels, ähnlich wie die Gestalten der Richterzeit ihre führenden Stellungen, auf Grund seiner ihm persönlich zuteil gewordenen, keineswegs vererbbaren Berufung und Bewährung als Retter des Volkes Gottes. Was also in der bisherigen Geschichte des Königtums noch nicht angelegt war, wird von Abner neu in die Geschichte Israels eingeführt. Er plant ein dynastisch im Haus Sauls verankertes Königtum, gegenüber dem bisherigen ein bewußt neues Gebilde. So ist auch im Hause Sauls, in den Stämmen, die einst Saul Heerfolge geleistet und ihm die dauernde Befehlsgewalt zugestanden hatten, und in Mahanajim ein politischer Kopf am Werk, der für Israel große und sogar zum Teil neue Ziele verfolgt, der Israels königlicher Verfassung größte Bedeutung zumißt und der – wie David und doch zunächst ganz anders als dieser – ein ernst zu nehmendes Programm für die staatliche Ausformung Israels und die Bildung eines Reiches hat. Hier Abner, dort David; hier wird ein Weg zum Reich beschritten, dort hat ein Weg zum Reich begonnen. Welcher von den beiden zu Königen gemachten Männern wird König sein und bleiben? Der „von Abners Gnaden“ Eingesetzte oder der „von Gottes Gnaden“ nach Hebron Geführte und dort von Juda Gesalbte? Welcher Weg führt zum Reich? Der von dem politischen Kopf in Mahanajim versuchte oder der von „dem großen Diplomaten“ in Hebron beschrittene? Der letzte Satz im 2. Stück des Kapitels (2, 8–3, 1) gibt die bündige Antwort, daß die Entscheidung gegen das Haus Sauls und für das Haus Davids

---

[21] Alt, a.a.O. Bd. II, S. 30.
[22] A.a.O. S. 29–33.

fiel. Nicht etwa in der einen Schlacht, von der V. 8.ff. berichtet wird, auch nicht etwa nur durch das sogenannte Kriegsglück, das sich im Lauf von Jahren deutlich auf Davids Seite neigte. Vielmehr – dies ist jedenfalls die heimliche Botschaft des ganzen Textes wie auch des letzten Verses – hat der Herr Israels die Entscheidung darüber gefällt, daß David in seinem Dienst steht und als der Zeuge für sein königliches Wirken König Israels wird.

Zunächst jedoch erfährt man durch V. 9 von der ansehnlichen Macht, die Abner unter dem Namen seines Schützlings und Werkzeugs Ischbaal zu sammeln vermochte. Nach 1. Sam. 31, 7 überrascht doppelt die Mitteilung, daß der Nachfolger Sauls keineswegs nur im Ostjordanland zu gebieten hatte, sondern daß auch die Gebiete im Westen, besonders die Stämme Ephraim und Manasse, dem wieder aufgerichteten Reich wie bisher angehörten. Da die Philister im Königtum und Reich Sauls eine ernsthafte Bedrohung für ihre eigenen Ansprüche auf die Vorherrschaft im Land gesehen und beide zerschlagen hatten, fällt auf, daß sie so wenig, wie dies bei Davids Königskrönung der Fall war, Abner etwas in den Weg legten, das Reich Sauls zu erneuern. Sollte es etwa geradezu in ihren Augen als Vorteil erschienen sein, wenn in Israel zwei Staaten[23] nebeneinander bestanden, welche die Wiederkehr eines für sie gefährlichen geeinten Israels verhindern mußten?[24] Nicht ganz durchsichtig ist die Angabe von den zwei Regierungsjahren Ischbaals neben den 7½ Jahren, während deren David König nur über Juda war. Entweder ist ihr zu entnehmen, daß Abner seinen dynastischen Versuch erst machte, als David schon mehr als 5 Jahre in Hebron König war. Oder aber wäre zu vermuten, daß der ursprüngliche Gang der Erzählung: „Als Ischbaal 2 Jahre König war, rückte Abner aus ..." nachträglich durch die Zwischenschaltung der Sätze über Davids judäische Königszeit unterbrochen wurde.

Abner dachte sich Ischbaal als den Erben Sauls. Überraschenderweise sieht er ihn aber nicht als den Erben der Verpflichtung zum Befreiungskampf gegen die Philister. Er veranlaßt ihn nicht, den Heerbann der Stämme aufzubieten und gegen die Philister zu führen.

---

[23] Die Namen der beiden israelitischen Kleinstaaten sind „Juda" (V. 11) und „Israel" (V. 9. 10); das letztere hier deutlich nicht im Sinn des 12-Stämmebundes, also einer geistlichen und religiösen Größe, sondern im Sinn der staatlichen Zusammenfassung der nördlich wohnenden Stämme, die wieder nach Salomos Tod ihr politisches Eigenleben führten.

[24] So Hertzberg, a.a.O. S. 200.

Vielmehr muß Ischbaal das Erbe der Feindschaft und des Kampfes gegen David antreten. So unternimmt Abner an der Spitze der Hausmacht Ischbaals, dem Gegenstück zu Davids Truppe, wie der Ausdruck „seine Knechte" und die spätere Angabe der Gefallenenzahlen aufweisen, einen Streifzug in benjaminitisches Gebiet, jedenfalls also in die Nähe der Herrschaft Davids. Joab an der Spitze der Söldner Davids – auch hier zieht nicht etwa der Heerbann der judäischen Bauern und Bürger aus – rückt ihm entgegen. Wenn es bei Gibeon nicht sogleich zum Kampf kommt, so muß wohl daraus geschlossen werden, daß weder Abner Davids Untergang beabsichtigte noch Joab das Auftauchen einer fremden Macht in der Nähe von Davids „Einflußsphäre" fürchtete. Vielmehr sehen sich die Dinge zunächst mehr so an, wie wenn 2 Wettkämpfer einmal ausprobieren, wer der Stärkere sei. In diese Richtung weist der Vorschlag Abners, Kampfspiele durch je einen kleinen Trupp zu veranstalten. Joab nimmt an, und – aus dem Kampfspiel wird blutiger Ernst. Der Text sagt nichts darüber, was die 12 Benjaminiter und die 12 Davidssöldner so in Wut brachte, daß alle einander gegenseitig den tödlichen Stoß gaben. Oder sollte die Wendung, daß die 12 Kämpfer auf der Seite Ischbaals „für Benjamin" aufstanden, eine Andeutung in der Richtung enthalten, daß bei dem spielerischen Kräftemessen der Gedanke, nur Benjamin dürfe Israels König stellen, die Leidenschaft bis zum Blutvergießen erhitzte?[25] Jedenfalls wurde aus dem Kampfspiel blutiger Ernst und aus dem Ringen der 12 Kämpferpaare eine erbitterte Schlacht, in der Abner mit seiner Truppe geschlagen wird (V. 17).

Ehe der Bericht vom Ausgang des Kampfes zu Ende geführt wird, erfährt man noch von einer kleinen Begebenheit, die zum Tode eines der beiden Brüder Joabs führte. Der Vorfall ist für das Kampfgeschehen selbst ohne Bedeutung, wohl aber wird hier ein Knoten geschürzt, der für den weiteren Verlauf der Dinge zwischen Abner und Joab, wie zwischen den zwei Staaten in Israel von großem Gewicht ist. Asahel, als trefflicher Läufer bekannt und mit seinen Brüdern Joab und Abisai am Zug der Söldner Davids beteiligt, hat den Ehrgeiz, den fliehenden Abner mit seiner Hand zu erlegen. Man tut hier einen Blick in das Leben und Treiben unter diesen „Landsknechtsgestalten" in Israels früher Königszeit. Da stehen Abner und Joab wohl auf ent-

[25] Daß ein noch später geläufiger Flurname mit diesem Hergang in Verbindung gebracht wird, ist vielleicht auch dafür geltend zu machen, daß der zunächst harmlos erscheinende Ringkampf tiefere Hintergründe hatte.

gegengesetzter Seite, und doch sind sie als Männer desselben Schlags und derselben soziologischen Schicht einander gut bekannt und keineswegs grundsätzlich feind (V. 14. 22b). Da spielt der Ehrgeiz, den berühmtesten Namen zu haben und die kämpferische Überlegenheit zu beweisen, eine entscheidende Rolle. So jagt der leichtfüßige Asahel hinter dem weitgerühmten Abner her, ohne sich durch leichtere und darum auch weniger Ehre bringende Beute beirren und ablenken zu lassen. Er will sehen, ob nicht er, der junge, durch seine Schnelligkeit bekannte Leichtbewaffnete, es über den altbewährten, unbeweglicheren Hopliten Abner gewinnen wird. Aber eben seine Überlegenheit im Lauf wird ihm zum Verhängnis. Allem gutmütigen Zureden Abners zum Trotz, der nur unwillkommene Verfeindung mit Joab, vielleicht auch nicht wieder gut zu machende politische Verwicklungen aufsteigen sieht, läuft Asahel auf den jählings vorgehaltenen Speerschaft Abners auf und rennt sich diesen selber durch den Leib. Die abschließende Bemerkung (V. 23), daß alle Vorüberkommenden an der Stätte von Asahels jähem Tod stehenbleiben, wird ähnlich wie V. 16 ein Hinweis darauf sein, daß man noch lange Zeit nachher diese Stätte als Erinnerung an die denkwürdige Begebenheit kannte, und daß die Leute, die ihr Weg dort vorbeiführte, ihrer gedachten und miteinander darüber sprachen.[26]

Die Erzählung führt sodann, ohne die Wirkung von Asahels Landsknechtstod auf Joab zu erwähnen, den Bericht vom Ausgang des Kampfes zu Ende. Abner gelingt es, mit seiner Mannschaft[27] eine so günstige Verteidigungsstellung zu gewinnen, daß er, ohne seinem Heldenruhm etwas zu vergeben, Joab den Abbruch des Kampfes vorschlagen kann (V. 25f.). Joab geht darauf ein, nicht ohne zu betonen, daß die ganze Ausweitung des verunglückten Kampfspiels sich hätte vermeiden lassen, und daß Abner die Schuld an dem bösen Verlauf des Tages trifft, der nach dessen eigenen Worten nur der Anfang eines bitteren Endes sein konnte. Welche Kette von bitteren Folgen aus diesem blutigen ersten Kampf trotz seines zeitigen Abbruchs tatsächlich erwachsen ist, wird zunächst in Kap. 3 berichtet, aber auch in der ganzen kommenden Geschichte bis in die erste Regierungszeit Salomos (1. Kön. 2) immer von neuem sichtbar. Die beiden Heerhaufen lösen sich voneinander

---

[26] Vgl. Hertzberg, a. a. O. S. 202.

[27] Warum hier allein von Benjaminiten die Rede ist, ist nicht zu erhellen. Nach V. 15 u. 31 scheint es eher so gewesen zu sein, daß Männer aus Benjamin lediglich eine Abteilung in der Truppe Abners bildeten.

und kehren in ihre Standorte zurück. Gemessen an den Gefallenenzahlen, kehrt Joab als der Sieger heim. Freilich gehört zu den an sich geringen Verlusten auf seiner Seite ein Mann von besonderer Bedeutung, sein Bruder Asahel. Auf dem Weg von Gibeon nach Hebron berührte die Truppe Bethlehem, das wie Davids, so auch Joabs Heimat war. Dort wird Asahel im Familiengrab bestattet.

Abner ist mit seiner Truppe wieder in Mahanajim und bei Ischbaal, Joab mit Davids Kriegern in Hebron. Beide haben Verluste erlitten. Aber mehr als ein Scharmützel war der berichtete Kampf ja nicht. Eine Entscheidung zwischen Ischbaal und David zugunsten des einen oder anderen israelitischen Kleinstaats ist nicht gefallen. Aber der Auftakt zu einem über Jahre hin gehenden Kleinkrieg ist geschehen (3, 1). Und so gibt der Bericht, der mit einem harmlos erscheinenden Kampfspiel begann und mit einem, äußerlich betrachtet, harmlosen Ergebnis endet, einen wesentlichen Beitrag zum Thema der Eingangskapitel. Es gehört mit zur „Grundlegung des Reiches“, daß zwischen dem Königtum Ischbaals und Davids, zwischen den beiden neuen Staaten ein völliges Entweder-Oder besteht, und daß die Entscheidung in diesem Entweder-Oder sich deutlich als zugunsten Davids gefallen heraushebt.

3. Davids Haus in der Zeit seines judäischen Königtums

2. Sam. 3, 2–5:

(2) Es wurden David folgende Söhne in Hebron geboren: Sein erstgeborener war Amnon, von Ahinoam, der Jesreelitin; (3) sein zweiter Kileab[1], von Abigail, der Frau Nabals, des Karmeliters; der dritte Absalom, Sohn der Maacha, der Tochter Thalmais, des Königs von Gesur; (4) der vierte Adonja, Sohn der Haggith, der fünfte Sephatja, Sohn der Abital; (5) und der sechste Jithream, von Egla, einer Davidsfrau. – Diese wurden David in Hebron geboren.

Dieser kleine Abschnitt hat deutlich ein anderes Gepräge als die Erzählungen von der Auseinandersetzung zwischen David und Ischbaal bzw. Abner, in die er eingefügt ist. Er bringt eine trockene Auf-

[1] LXX nennt ihn Daluja nach einem hebr. „Dodija“, während für ihn nach 1. Chron. 3, 1 der Name Daniel überliefert ist.

zählung der Söhne, die David von seinen 6 Frauen im Verlauf seiner Regierungszeit in Hebron geboren wurden. Allem Anschein nach geben die wenigen Verse den Anfang einer amtlichen Aufstellung wieder, wie sie für die Zwecke des königlichen Archivs benötigt werden mochte. Die Fortsetzung der Liste der Davidssöhne findet sich Kap. 5, 13–16. Ihr ursprünglicher Zweck läßt sich nur vermuten. Es wird bei jeder der königlichen Frauen nur ein Sohn genannt. Aus 13, 1. 18. 27 ff. ist jedoch zu ersehen, daß z. B. Absalom eine Schwester hatte und daß überhaupt zu Davids Haus eine wesentlich größere Zahl von Nachkommen gehörte, als in der Liste erwähnt werden. Das erlaubt den Schluß, daß diese lediglich jeweils die erstgeborenen Söhne der Frauen in Davids Haus aufführt, aus deren Reihe einer dem Vater auf dem Thron folgen muß. So mag denn die Aufstellung der amtlichen Liste mit den Fragen um die Thronfolge Davids zusammenhängen und ursprünglich den Zweck gehabt haben, dafür historische Grundlagen zu bieten. Deutlich aber macht der Gestalter unseres Buches die Angaben dieser Liste dem Zweck seiner Erzählung dienstbar, wenn er sie zerteilt, und wenn ihre erste Partie gerade hier ihren Platz bekommt. Kap. 3, 1 schloß mit dem inhaltsschweren Satz von der zunehmenden Schwächung des Hauses Sauls und dem Erstarken des Hauses Davids. Hieran schließt V. 2 an, um mit den trockenen Worten der Amtssprache ein anschauliches Bild und Zeichen zu geben, wie in der Tat Davids Haus erstarkt ist. Hier ist ein König von einem Kreis von zum Teil hochgeborenen Frauen (V. 3) umgeben. Hier werden Söhne geboren, mit denen die Zukunft des Davidsgeschlechts menschlicherseits sichergestellt ist. Hier ist ein Haus, aus dem eine Dynastie hervorgehen kann. Auf der anderen Seite steht ein Haus, das die Erbfolge Sauls antreten will. Auch nach dem Aderlaß, den ihm die Gilboaschlacht brachte, zählt es noch eine ansehnliche Schar von direkten Nachkommen Sauls (2, 8–10; 4, 4; 9, 1ff.; 21, 6ff.). Vor allem besitzt es in Sauls Vetter und Feldherrn Abner einen führenden Mann mit politischem Scharfblick (2, 8ff.) und größter Tatkraft, wie sich sogleich 3, 6. 8 zeigen wird. Indes steht und fällt die Zukunft des Hauses Sauls mit der Person Abners (2, 8), zumal Ischbaal nur dessen Kreatur und Werkzeug, Jonathans überlebender Sohn von Jugend auf gelähmt und so in seiner Handlungsfähigkeit beschränkt ist, und auch die übrigen Nachkommen Sauls ganz auf die Gunst und Tatkraft Abners angewiesen sind (3, 8). So steht in Wirklichkeit dem einen, fähigen Mann dort im Lager Sauls hier ein Mann mit einer ganzen Reihe von

Söhnen und ein Haus mit gesicherter Zukunft gegenüber. Sauls Haus ist schwach, weil es von dem einen Großen lebt, dasjenige Davids ist stark und mit seiner Fülle von erstgeborenen Söhnen und möglichen Thronfolgern weit überlegen.

Es lohnt sich ein kurzer Vergleich der Namengebung im Hause Davids und Sauls. Nach 1. Sam. 14, 49 tragen Sauls Söhne durchweg Namen, die den Namen des Gottes Israels und sein rettendes Walten kraftvoll zum Ausdruck bringen.[2] Das Gleiche gilt für die Namen von einigen der Davidssöhne, die in Hebron geboren wurden,[3] jedoch nicht für alle, besonders nicht für die der beiden Erstgenannten, die in erster Linie für die Thronfolge in Betracht kommen mußten.[4] Mit dem Namen des ersten in der ganzen Reihe, des Sohns der Ahinoam, mag David zum Ausdruck bringen wollen, daß Gott ihm in seiner Geburt das Zeichen seiner Treue zu seinem David verpfändeten Wort gegeben hat.

Gegenüber 1. Sam. 14, 50, wonach Saul nur eine ebenbürtige Frau hatte,[5] fällt bei David die schon für die Hebronzeit zutreffende große Zahl legitimer Ehen auf. Für unsere durch Jesus Christus geordnete Sicht der Ehe seltsam, ja vielleicht eine Anfechtung, gehört doch der Besitz eines Harems für das Denken im alten (und modernen) Orient, das auch Israel als ein Glied dieser es umgebenden Welt teilt, zum Bild der königlichen Kraft und Majestät und wird als handgreifliches Zeichen göttlicher Segnung gewertet, vollends wenn die vielen Ehen des Königs mit einer großen Zahl von Söhnen gesegnet sind. Bei den sogenannten „Kleinen Richtern", die man wohl im Unterschied zu den bei größter Volksnot durch Gott berufenen und zur Rettung gesandten Richtergestalten als Vertreter einer ständigen Einrichtung im früheren Israel und als Wächter und Verkünder des Gottesrechts anzusehen hat,[6] wird mitunter erwähnt, daß sie mit dem zahlreichen Gefolge ihrer Söhne in Rechtsangelegenheiten durch ihr Gebiet zogen:

---

[2] Vgl. Bd. 11I dieser Reihe, S. 110, Anm. [5].

[3] So Adonja, d. h.: „Mein Herr ist Jahweh"; Sephatja, d. h.: „Jahweh hat gerichtet"; auch Absalom, d. h.: „Vater des Friedens", und vielleicht Jithream, d. h. „Überfluß oder Würde des Volkes" (Gottes).

[4] Amnon, d. h.: „Treu" vgl. das noch heute gebräuchliche Amen = treu, wahrlich, gewiß, beständig; Kileab, ein Name, der vermutlich, gleichbedeutend mit Kaleb, mit der Herkunft der Mutter Abigail aus dem Hause des zu Kaleb gehörigen Nabal zusammenhängt (1. Sam. 25, 3).

[5] Daß Saul außerdem auch sog. Nebenfrauen und von ihnen Kinder hatte, geht aus 2. Sam. 3, 7; 12, 8; 21, 10 hervor.

[6] Vgl. Hertzberg in „Das Alte Testament Deutsch", Göttingen 1953, Bd. 9, S. 208f.

(Richt. 10, 3–5; 12, 8. 9; 12, 13–15). Der mit Söhnen gesegnete König über Juda erinnert so in gewisser Weise an jene Gestalten aus der vorstaatlichen Zeit Israels. Hat der König Judas einerseits in einer Art Fortführung des Retterwirkens der kriegerischen Richter wie Ehud, Gideon, Jephta dem Volk in seiner gegenwärtigen politischen Bedrängnis Rettung zu verschaffen, so mag andererseits diese Ähnlichkeit zwischen David und den in der Rechtsprechung tätigen „Kleinen Richtern" ins Gesichtsfeld rücken, daß der König in Israel nicht zuletzt auch das Amt hat, Gottes Volk im Recht Gottes zu erhalten und zu führen (vgl. 2. Sam. 15, 2–4; auch 12, 1–6; 14, 4ff). David besitzt in seiner Kriegertruppe – das zeigten die vorausgegangenen Erzählungen – eine beachtliche Macht. Er hat dazuhin ein gesegnetes Haus. Es ist, schon rein von den familiären Verhältnissen her gesehen, stärker als Sauls Geschlecht. Aber in seinem Reichtum und seiner kraftvollen Entfaltung liegt auch seine Gefährdung, ja bereits der Keim zu seiner Erschütterung beschlossen. Das läßt schon der Blick auf den vermutlich ursprünglichen Zweck des hier eingefügten Listenteils ahnen, und das wird sich im weiteren Verlauf des 2. Samuelisbuches in den Wirren um die Nachfolge Davids auf dem Thron Schritt um Schritt zeigen (vgl. Kap. 13ff).

4. Der vereitelte Versuch Abners, zu David überzugehen

2. Sam. 3, 6–39:

(6) Während des Verlaufs des Krieges zwischen dem Hause Sauls und dem Hause Davids war Abner der starke Beistand des Hauses Sauls. (7) Nun hatte Saul eine Nebenfrau gehabt namens Rizpa, eine Tochter des Aja. Da sagte Ischbaal[1] zu Abner: „Warum hast du mit meines Vaters Nebenfrau intimen Verkehr gehabt?" (8) Da loderte in Abner der heiße Zorn auf wegen Ischbaals Reden, und er schrie: „Bin ich etwa ein Hundskopf, der für Juda eingenommen ist?[2] Jetzt tue ich die ganze Zeit über Gutes am Haus deines Vaters Saul, an seinen Verwandten und was zu seinen Freunden gehört, und bin darauf aus, daß du nicht in Davids Hand fällst, und du willst mich wegen eines Weiber-

[1] So verdeutlichend mit LXX. Außerdem wird in der neuesten Ausgabe der hebr. Bibel vorgeschlagen, die Angabe V. 7a zu vervollständigen: „Die hatte sich Abner ins Haus geholt."
[2] Der Zusatz fehlt in LXX.

vergehens belangen, und das gerade jetzt! (9) Gott soll Abner dies und das tun – wahrlich ja: Wie der Herr es David zugeschworen hat, genau so werde ich es zu seinem Besten durchführen,[3] (10) nämlich das Königtum vom Hause Sauls wegbringen und den Thron Davids über Israel und Juda aufrichten, von Dan bis Beerseba." (11) Er aber war außerstande, Abner auch nur ein Wort zu erwidern, da er solche Angst vor ihm hatte.

(12) Und Abner schickte Boten zu David an seiner Statt,[4] die auszurichten hatten: „Wem gehört das Land?" Damit wollte er sagen: „Schließ deinen Bund mit mir, und alsbald ist meine Hand mit dir, daß ich dir zuwende das ganze Israel." (13) Und er gab ihm den Bescheid: „Gut, ich will mit dir einen Bund schließen, nur eines muß ich von deiner Seite verlangen: Du wirst mein Angesicht nicht sehen, ehe du nicht Michal, die Tochter Sauls, bringst, wenn du, mich zu sehen, kommst!" (14) David hatte schon Boten an Ischbaal, den Sohn Sauls, gesandt und ihm sagen lassen: „Gib meine Frau, die Michal, heraus, die ich mir um 100 Philister-Vorhäute gefreit habe!" (15) Und Ischbaal ließ sie von ihrem[5] Mann wegholen, von Paltiel, dem Sohn des Lajisch. (16) Ihr Mann aber gab ihr das Geleit und folgte ihr unter andauerndem Klagen bis Bachurim. Da sagte Abner zu ihm: „Pack dich! Nach Hause!" Da kehrte er um.

(17) Aber die Verhandlung Abners mit den Ältesten Israels war so vor sich gegangen: „Schon längst seid ihr dabei, David zum König über euch zu gewinnen. (18) Zur Tat denn! Hat doch der Herr über David geredet: ‚Durch die Hand Davids, meines Knechts! Er hat mein Volk Israel aus der Hand der Philister und aller seiner Feinde zu befreien.'"[6] (19) Ebenso sprach sich Abner auch bei einer Beratung in Benjamin aus. Danach ging Abner hin, um bei David all das zur Sprache zu bringen, was Israel und dem ganzen Haus Benjamin für gut erschienen war.

(20) Wie nun Abner zu David nach Hebron kam mit einem Gefolge von 20 Männern, da veranstaltete David für Abner und die Männer in seiner Begleitung ein Gastmahl. (21) Und Abner sprach zu David: „Ich will aufbrechen und hingehen, daß ich zu meinem Herrn König das ganze Israel sammle; sie sollen mit dir einen Bund schließen, und du sollst König sein, soweit dein Herz begehrt!" Darauf ließ David Abner gehen, und er ging seines Wegs im Frieden.

(22) Plötzlich standen Davids Knechte da und kam Joab von einem Streifzug daher; Beute in Menge führten sie mit sich. – Abner aber war nicht mehr bei David, da er ihn hatte gehen lassen, und jener im Frieden weggezogen war. (23) Als nun Joab und der ganze Kriegshaufe in seinem Gefolge heimkamen, machte man Joab Anzeige:

---

[3] LXX hat hier den stilistisch sehr ansprechenden Zusatz: „Und das jetzt gleich!"
[4] LXX macht statt dessen eine Angabe über den damaligen Aufenthaltsort Davids „Theilam".
[5] So mit LXX deutlicher.
[6] LXX: Durch die Hand Davids will ich... befreien.

„Abner, der Sohn Ners, ist zum König gegangen, und der hat ihn entlassen, daß er in Frieden seiner Wege gehe.“ (24) Da ging Joab zum König und sprach: „Was hast du gemacht? Welche Gelegenheit! Kommt der Abner zu dir – warum nur ließest du ihn gehen, daß er seiner Wege gehen konnte? (25) Du durchschaust doch Abner, den Sohn Ners: Dir dein Geheimnis abzulocken, ist er gekommen, um dein Tun und Lassen zu erfahren und inne zu werden alles, was du im Sinne hast.“ (26) Und Joab ging heraus von David und schickte Boten hinter Abner her. Die brachten ihn von Bor Hassira zurück. David aber erfuhr nichts davon. (27) Als Abner nach Hebron zurückkam, da führte ihn Joab abseits ins Innere des Tores, als hätte er eine heimliche Unterredung mit ihm vor, und dort stach er ihn in die Weichen, daß er starb – um des Blutes seines Bruders Asahel willen.

(28) Als es David hernach zu Ohren kam, sprach er: „Ohne Schuld bin ich selbst und mein Königtum vor dem Herrn auf alle Zeit an dem Blut Abners, des Sohnes Ners! (29) Zurückfallen soll es auf Joabs Haupt und das ganze Geschlecht seines Vaters! Und nie dürfe im Hause Joabs aussterben der Syphilitiker und Aussätzige, der Krückenbenützer, der vom Schwert Gefallene und der des Brotes Mangelnde!“ – (30) Joab und sein Bruder Abisai hatten ihre Mordabsichten auf Abner vollführt, weil dieser ihren Bruder Asahel bei Gibeon im Kampfe getötet hatte.

(31) David befahl aber Joab und dem ganzen Volk, das bei ihm war: „Zerreißet eure Kleider, umgürtet euch mit Sackgewändern und haltet die Totenklage vor Abner her“, während der König der Bahre folgte. (32) Als sie Abner in Hebron zu Grabe brachten, erhob der König seine Stimme und weinte laut, zum Grabe Abners gewandt, und das ganze Volk weinte. (33) Und der König stimmte die Totenklage auf Abner an:

„Wie? – Des Gottverächters Tod soll Abner sterben? –

(34) Deine Hände – nie hat man sie gebunden,
Deine Füße – sie wurden nicht in Ketten gelegt. –
Wie man vor Ruchlosen fällt – bist du gefallen.“

Und alles Volk fuhr fort, ihn zu beweinen. (35) Als nun alles Volk ging, um David dazu zu bringen, daß er äße, während es noch Tag war, da tat David einen Schwur und sprach: „Gott soll mir dies und das tun! Wahrlich, ich werde vor Sonnenuntergang weder Brot noch sonst irgend etwas genießen.“ (36) Als alle im Volk dies wahrnahmen, gefiel es ihnen, wie überhaupt alles, was der König tat, recht und gut in den Augen des ganzen Volkes war. (37) Und alles Volk und ganz Israel wurden an jenem Tag inne, daß es nicht vom König ausgegangen war, Abner, Ners Sohn, umzubringen.

(38) Und der König sprach zu seinen Knechten: „Wisset ihr nicht, daß ein Fürst und Großer am heutigen Tag in Israel gefallen ist?

(39) Und ich bin bis jetzt, obschon gesalbter König, noch schwach,[7] und diese Männer da, der Zeruja Söhne, wiegen mehr als ich. Der Herr vergelte dem Übeltäter nach seiner Übeltat.“

Eingang wie Schluß des langen Kapitels schildern einen „König in Not“. Dort Ischbaals, hier Davids Not stehen mit einer und derselben Gestalt im Zusammenhang. Weil Abner ihm in zorniger Aufwallung seinen Beistand entzieht, um künftig seinen Einfluß im ganzen Gebiet Israels für den bisherigen Gegenspieler wirksam zu machen, deshalb ist der Erbe Sauls ratlos bis zum äußersten. Ja, er wagt kein Wort der Widerrede, der Begütigung oder des königlichen Unwillens vor dem mächtigen Mann, der ihn ins Königtum gesetzt hat, so wie er ihn jetzt fallen läßt. – Am Schluß der Erzählung steht David als der Ratlose da, weil Abner tot ist, meuchlings von seinem Söldnerführer Joab ermordet. Er fand sein Grab im gleichen Hebron, in dem er Ehre und lohnenden Dienst gesucht hatte. Er ist ausgelöscht aus der Reihe derer, die Geschichte machen. Aber der Name des Toten hat Klang bei den Maßgebenden in den Stämmen Israels. Die Ermordung des „Fürsten und Großen in Israel“ (V. 38) platzt gleich einem von roher Hand geworfenen Stein in das feine Gespinst politisch höchst zukunftsschwerer Planungen. Und daß der Feldherr Sauls so ums Leben kam und in Hebron sein Grab fand, ist ganz dazu angetan, die Fäden endgültig zu verwirren und zu zerreißen, die sich eben zwischen dem König von Juda und dem übrigen Israel anzuspinnen begonnen haben. David verstummt allerdings nicht, wie dort Ischbaal, in dieser großen Verlegenheit. Er findet die Worte, die jenem in seiner Angst nicht mehr zu Gebote stehen. Jedoch seine Worte sind ein Fluchspruch von furchtbarer Wildheit und Härte, und dann eine Totenklage. An beiden wird sehr deutlich, wie betroffen der König ist. Und selbst das Eingeständnis der Hilf- und Ratlosigkeit, das doch von ferne an die Lage Ischbaals erinnert, fehlt nicht, wenn der König sich noch außerstande sieht, dem zertretenen Recht gegenüber so einflußreichen und unersetzlichen Männern wie Joab und dessen Anhang Geltung zu verschaffen (V. 39).

Was erst Ischbaal in seine ausweglose Lage gebracht hat, wächst sich in dem dramatisch berichteten Verlauf der verhängnisvoll

[7] Die Übersetzung ist nur ein Versuch, dem hebr. Wortlaut gerecht zu werden. Mit anderen setzt Hertzberg eine Buchstabenverschiebung voraus und kommt zu der Übersetzung: „Noch zu ohnmächtig für einen König.“ A.a.O. S. 206. LXX hilft nicht weiter, wenn sie hier eine allerdings kaum verständliche weitere Angabe über Abner als einen Verwandten des Königs und von ihm ins Amt Gesetzten macht.

verstrickten Ereignisse zu einer äußerst gefährlichen Situation für David aus. Der Mann, der ihm alle Stämme Israels zuwenden wollte, ist ermordet. Und die Stellung, die sein Mörder innehat, erlaubt David nicht, gegen ihn vorzugehen wie zuvor gegen den Überbringer der Nachricht von Sauls Tod. Derselbe Augenblick also, der Abner, das bisher gefährlichste Hindernis auf Davids Weg zum Königtum über ganz Israel, auf die Seite räumt, türmt ein neues gefährliches Hindernis vor David auf, das alles in Frage stellen kann, ja muß, es sei denn, daß noch eines anderen Wille im Spiele ist, der David auch diesem Hindernis zum Trotz zum Ziel, zu *seinem* Ziel führt.

Vers 6 verknüpft die neue Erzählung mit dem letzten Satz des vorangegangenen Berichts (3, 1), nachdem durch das Listenstück (V. 2–5) zunächst die dortige Bemerkung vom Erstarken des Hauses Davids anschaulich gemacht worden ist. Er nimmt die summarische Angabe von den anhaltenden kriegerischen Auseinandersetzungen zwischen den Lagern der zwei Könige auf und richtet zugleich die Aufmerksamkeit auf die Gestalt Abners. Dieser wird auf der Seite des israelitischen Königtums als die treibende Kraft, und in dem Ringen um die Überlegenheit als dessen „starker Beistand", dessen eigentlicher Wahrer und Schutz gezeichnet. Man kann ihn mit Fug und Recht als den ungekrönten König über die Stämme, die zum Hause Sauls halten, ansprechen. Das zeigt sich noch deutlicher als in der einleitenden Bemerkung an seinen aufbrausenden Worten vor Ischbaal (V. 9. 10), und vollends an den Worten, mit denen er die Verhandlung mit David einleitet. Ihm – nicht etwa Ischbaal – gehört das Land. In seiner Hand liegt es, wem „das ganze Israel zufällt" (V. 12).

Ischbaal macht sich diese einzige Stütze seines Königtums zum Gegner und bringt damit selbst den Stein ins Rollen, durch den seine Herrschaft zur Bedeutungslosigkeit herabsinkt und zuletzt mit seinem eigenen Ende völlig ausgelöscht wird. Diese unheilvolle Wendung führt nicht sein politisches Ungeschick herbei, sondern umgekehrt sein Versuch, eine Gefahr abzuwenden, die er offenbar für sein Königtum heraufkommen sieht. Abner hat sich mit Rizpa, einer der Nebenfrauen des toten Saul, eingelassen. Ob er sie in voller Form zur Ehe nahm oder ein illegales Verhältnis mit ihr einging, wird im Text nicht deutlich gesagt. Es läßt sich auch nicht entscheiden, welche Hintergründe der Schritt Abners hat. Er selbst möchte ihn, vom König darüber zur Rede gestellt (V. 7), in seiner stolzen und schroffen Antwort mit einer wegwerfenden Handbewegung als bloß nebensächliche Weibergeschichte, die nicht der Rede wert sei, verharmlosen (V. 8). Es scheint aber, daß Ischbaal seinerseits bei Abners Tat Zusammenhänge witterte, die seiner Stellung als König gefährlich werden mußten. Man weiß von dem Brauch eines neuen Herrschers im alten Orient, den Harem des Vorgängers sich anzueignen und damit zugleich das eigene Anrecht auf dessen politische Gewalt zu erweisen.[8] So erfährt man auch(V. 13 ff.), daß David Wert darauf legte, Sauls Tochter Michal wieder zurückzubekommen, und später, daß er nicht nur „seines Herrn Haus" bekam, sondern auch dessen Frauen in seinen Hofstaat und Harem übernahm (12, 8); daß Absalom mit der öffentlichen Aneignung der Nebenfrauen Davids sich als dessen rechtmäßigen Nachfolger auf dem Thron dem Volk präsentierte (16, 22), und daß später von Salomo Adonjas Bitte um die Hand Abisags, der letzten Gefährtin Davids, als Zeichen seines Verlangens nach dem Thron ausgelegt und mit der Hinrichtung geahndet wurde (1. Kön. 2, 22). Der erste Versuch eigenen politischen Denkens, den unser Buch von dem sonst durchweg politisch passiv geschilderten Sohn Sauls (2, 8 ff.) berichtet, führt aber gerade das Gegenteil dessen herbei, was seine Absicht war, und hat politische Folgen, die ihn völlig überraschen und lähmen, und die der Anfang seines Endes sind. Abner sieht in dem Vorwurf seines Königs eine nicht wieder gut zu machende Beleidigung. Den Verdacht auf weitgreifende politische Machenschaften, der in Ischbaals Worten verborgen ist, weist er schroff zurück. Er verbittet sich, als hundsköpfiger Verräter hingestellt zu werden, der es insgeheim mit Juda halte und die Geschäfte des Königs von Juda besorge (V. 8a). Er sieht das schreiende Unrecht dieses Verdachts bündig erwiesen. Bis zur Stunde ist es einzig ihm und seiner Macht zu verdanken, daß der Sohn und das Geschlecht Sauls eine Rolle in Israels Geschichte spielen und nicht längst David zum Opfer gefallen sind (V. 8). Anders gesagt: Der ungekrönte König in Sauls Lager konnte längst auf Grund seiner tatsächlichen Machtstellung nach der Krone greifen und benötigte dazu nicht erst den Besitz einer der Frauen Sauls. Zunächst könnte man diese Selbstrechtfertigung des tödlich beleidigten Abner lediglich als schönen Schein und als Tarnung seiner wirklichen Ziele ansehen. Jedoch bestätigt sich sogleich, daß er in der Tat durch jenen Verdacht Ischbaals nicht getroffen ist. Er kann tatsächlich David das Angebot machen, ihm die Stämme Israels botmäßig zu machen (V. 12). Er

[8] Gressmann, a.a.O. S. 133.

hat von jeher ihr Ohr und hat sich trotzdem nicht selbst, sondern eben seinen Neffen, Sauls Sohn, zum König gemacht. Er kann in den Verhandlungen mit den Ältesten dieser Stämme an ihre langjährigen Wünsche, sich David als König zu unterstellen, erinnern (V. 17). Er allein hat die Verwirklichung solcher Gedanken bisher durch die Errichtung eines erneuerten saulidischen Königtums verhindert. Er war denn durchaus in der Lage, sich die Krone aufzusetzen, und hat das nicht getan.

Er begehrt tatsächlich nicht die Krone in Israel, auch jetzt nicht, da er sie vom Haupt seiner Kreatur Ischbaal wieder nimmt, um sie dessen Gegenspieler David zuzuwenden (V. 9. 10.). Vielleicht soll das auffallende „jetzt" oder „heutigen Tages" am Anfang und Schluß des zornigen Ausbruchs Abners (V. 8b) so verstanden werden, daß erst die Beleidigung seiner Ehre zum Anlaß für ihn wird, den König fallen zu lassen. Auf jeden Fall eröffnet er dem vor Schreck wie gelähmten Ischbaal, er werde nunmehr David das gesamtisraelitische Königtum verschaffen (V. 9. 10.). Nach dem bisher Gesagten ist deutlich, daß diese Drohung keine leere Redensart ist. Abner hat die Macht, sie zu verwirklichen. Eigenartig aber ist, wie sich in dieser Drohung sein Wissen um die von Gott unter Eid ausgesprochene Bestimmung Davids zum Nachfolger Sauls und König über Gesamt-Israel mit seinem stolzen Bewußtsein verschlingt, daß die Durchführung des Gottesspruchs in seinem Ermessen und in seiner Hand liegt. Welch seltsames Ineinander von Glauben an des lebendigen Gottes entscheidendes Reden und von Glauben an des Menschen entscheidende Tat, von bereitwilligem Achten auf Gottes unverbrüchlichen Willen und von vermessenem Pochen auf den menschlichen Arm, der ihn vollstreckt! Wohl *seltsam,* doch keineswegs *selten;* ein Zeichen für die jedem Menschen eigene Gottlosigkeit inmitten seiner Gottesfurcht, ein Zeichen auch dafür, daß die Bibel mit vollem Recht auch die Menschen des Volkes Gottes unter die Sünder, die von Gott Abgewandten, zählt. Daß sich der „starke Beistand" des Hauses Sauls so auch als den starken Beistand des Gottes Israels gibt, ist, menschlich gesprochen, bei Abners tatsächlich entscheidender Stellung in den Stämmen Israels nicht verwunderlich. Abners Wissen um die göttliche Zusage der Thronfolge Sauls an David kann ebensowenig überraschen nach den verschiedentlichen Hinweisen des 1. Samuelisbuchs auf eine auffallend verbreitete Kenntnis dieser Verheißung. Sie findet sich nicht nur bei den eng mit David Verbundenen (1. Sam. 23, 17; 24, 5), sondern auch bei ihm bisher völlig Fremden (1. Sam. 25, 30; 2. Sam. 1, 2) und sogar bei seinem Gegner (20, 30. 31; 24, 21.)[9] Verwunderlich ist dann allerdings auch nicht das Letzte, daß Abner sich völlig verrechnet hat, wie sich im weiteren Verlauf der Dinge erschütternd erweist. Man wird die Botschaft, die der Bericht insgeheim ausrichten will, nicht verzeichnen, wenn man den Schluß des Kapitels *auch* als ein stummes und doch sehr gewichtiges Gericht Gottes über den stolzen Menschen, der seine Grenze überschreiten will, versteht. Der seiner Macht und seines weitreichenden Einflusses allzu gewisse Abner fällt unter dem Mordstahl eines Gegners, von dem er sich nichts Arges versehen konnte. Die Hand, mit der er Gottes Ratschluß in die Tat umsetzen wollte, ist ohne Kraft, kaum daß sie ihre Fäden zu knüpfen begonnen hat. Darüber hinaus bringt der jähe Tod des Meisters im Spiel der politischen Kräfte sogar eine schwere Gefährdung des Zieles mit sich, zu dem er David hatte führen wollen. Es geht zwar mit David nach Gottes Spruch und eidlicher Zusage; aber nicht, weil Abner Gott seinen Arm lieh, sondern weil Gott gegen und ohne Abner seinem Wort die Tat folgen läßt.

Zunächst allerdings wird berichtet, wie Abner seinen Worten die Tat folgen ließ (V. 12 ff.). Er entfaltet eine umfangreiche, unermüdliche Tätigkeit. Er verhandelt nach allen Seiten. Er schickt seine Botschaft an David (V. 12), er ist gleichzeitig selbst von Ort zu Ort unterwegs (V. 16. 17. 19. 20). Ein sprechender Gegensatz zu seinem verlassenen bisherigen Herrn, der keines Wortes mächtig vor dem wütenden Feldhauptmann stand, zu keiner Tat mehr fähig ist und wie gelähmt in Mahanajim zurückbleibt. Abners schlechthin unvergleichliche Machtstellung unter den damals Maßgebenden, die er Ischbaal gegenüber geltend macht und ausspielt, kommt ebenso, wenn auch in der Form verbindlicher, in der Botschaft zum Ausdruck, mit der er die Verhandlungen mit David aufnimmt (V. 12). Der Abschluß des angetragenen Bundes mit Abner wird dem König Judas absolut die Gewähr dafür bieten, Herrscher über alle israelitischen Stämme zu werden. Mit einem solchen Bund steht und fällt wie die Durchführung des Gottesspruchs, so auch die Verwirklichung der eigenen letzten Ziele Davids. Dies spricht aus Abners Worten in aller Deutlichkeit. Wie weit David dem beipflichtet, muß man angesichts seiner Gegenbotschaft[10] und seines ganzen weiteren Verhaltens mindestens fragen. Die Antwort läßt er-

---

[9] Vgl. Bd. 11I dieser Reihe, S. 197, Anm. [5].

[10] Hertzberg, a.a.O. S. 207, nennt diese Antwort „kühl, fast abweisend".

kennen, daß David Abners Einfluß keineswegs unterschätzt, und welches Gewicht er dessen Angebot beimißt. Er ist bereit, den Bund mit dem von Ischbaal abtrünnig Gewordenen zu schließen und seine Dienste für die Förderung seines Weges zum großen Ziel anzunehmen. Doch gibt er sich nicht, wie dies Ischbaal von Anfang an tat und tun mußte, in Abners Hand; er hält ihn nicht für *den* „starken Beistand“ seines Hauses. Er wird nicht auch ein Werkzeug des großen Mannes in Israel, sondern weiß durchaus die Fäden selbst in der Hand zu behalten. So stellt er als unabdingbare Voraussetzung für jede Fortsetzung der Verhandlungen seinerseits eine Bedingung: Michal, seine erste Frau, muß ihm zurückgegeben werden. Nur in ihrer Begleitung wird Abner bei ihm die Tür offen finden. David bleibt bei aller Bereitschaft zur Zusammenarbeit mit Abner selber der Herr seiner Maßnahmen. Er sorgt dafür, daß ihn die Wiederaufnahme der ohne seine Schuld getrennten (1. Sam. 25, 44) Ehe mit der Saulstochter in den Augen des ganzen Israel als den rechtmäßigen Nachfolger Sauls in der Herrschaft erweist.[11] Außerdem überläßt er die Rückgabe Michals nicht Abner, macht vielmehr diesen Rechtsfall, die Wiedergutmachung ihm von Saul angetanen Unrechts, direkt beim König in Mahanaijm anhängig (V. 14). Auf dessen königlichen Befehl wird Michals neue Ehe getrennt und sie selbst David wieder zugeführt. Abner ist in dieser Sache nur Vermittler (V. 16). Er kann den untröstlichen Ehemann mit groben Worten nach Hause schicken, damit er mit seinem Klagen über das nun ihm geschehene Unrecht nicht störe, was jetzt auf dem Spiele steht. Er kann die Frau zu David geleiten, der ihre Rückkehr verlangte. Aber er darf hier eindeutig nicht den gewaltigen Herrn spielen, der er wohl ist und als den er sich in seiner Botschaft David vorgestellt hat. So wird auch schon im menschlichen Bereich seine Selbstherrlichkeit durch Davids betonte Selbständigkeit erheblich korrigiert. Zwischen den Zeilen liegt hier aber darüber hinaus ein neuer Hinweis darauf, daß David der König von Israel sein wird und bereits ist – nicht von Abners Gnaden, sondern durch die Gnade dessen, der ihm, wie die Verheißung der Herrschaft, so auch das Anrecht auf diese Frau aus Sauls Haus gegeben hat. Erstaunlich ist, daß Ischbaal seinerseits dieses Anrecht Davids anerkennt und seinem

---

[11] Diese Deutung der von David gestellten Bedingung schließt nicht aus, daß ihn ebenso, wie dies von Michals zweitem Mann berichtet wird, das Band einer echten Liebe und Dankbarkeit an seine erste und „teuer erkaufte“ Frau gebunden hat (vgl. 1. Sam. 18, 20; 19, 11f.).

Verlangen nachkommt. Abner hat er die Verbindung mit Rizpa politisch ausgelegt, jedenfalls verdacht und übelgenommen; der Forderung Davids, Michal herauszugeben, willfahrt er ohne Widerrede. Erhofft er sich Vorteil von einem günstig gestimmten David, nachdem er durch Abners Schritt in so große Bedrängnis kam?[12] Ist er durch den Abfall des starken Mannes so gelähmt, daß er jetzt in dieser für ihn keineswegs harmlosen und gleichgültigen Angelegenheit keinerlei Initiative mehr aufbringt? Oder sieht er in der einstigen Wegnahme Michals ein, wenn auch politisch und in Sauls Feindschaft gegen David begründetes, so doch eben tatsächlich geschehenes Unrecht, das ohne Rücksicht auf die politischen Folgen wieder gutgemacht werden muß? Dem Text ist darüber nichts zu entnehmen, doch berichtet er immerhin, daß David seine Forderung mit der einst unter Einsatz des Lebens gewonnenen und rechtmäßig erlegten Morgengabe für Michal begründete. Wenn die politische Bedeutung der Geschehnisse um Michal bisher richtig gesehen wurde, so kann das Schweigen der Erzählung über ihre Ankunft bei David, wie auch über ihre Einstellung zu all dem über sie Verhängten nicht wundernehmen. Sie ist für den Erzähler jetzt nur wichtig als dienendes Glied in der Kette der Begebenheiten, die für die Darstellung der „Grundlegung des Reiches" von Bedeutung sind.

Die Zeit, in der die Vorbedingung für seine persönliche Begegnung mit David herbeigeführt wird (V. 13b), nützt Abner mit emsigen Unternehmungen, die sein David gemachtes Angebot vorbereiten und die Bereitschaft aller übrigen Stämme, David zu ihrem Herrscher zu machen, fördern sollen. Erwähnt wird zunächst seine Unterhandlung mit „den Ältesten Israels" (V. 17), nachher noch eine solche im Stamm Benjamin, dem er selbst gleich Saul entstammt und für den der nunmehr plötzlich von Abner betriebene Übergang zu David am wenigsten selbstverständlich war (V. 19). Die überaus knappe Schilderung ergibt kein deutliches Bild davon, ob Abner Stamm um Stamm aufgesucht und jeweils mit den dort führenden Sippenhäuptern verhandelt hat, oder ob man bei den „Ältesten in Israel" an eine Art stehender Einrichtung zu denken hat, die aus führenden Männern aller Stämme zusammengesetzt war und vor der dann Abner sozusagen an ihrem Amtssitz, etwa an einem bestimmten, zentral gelegenen Ort des West-

[12] Dies erwägt Hertzberg, a.a.O. S. 208.

jordanlandes, sein Anliegen vorgebracht hätte.[13] Wie dem auch sei, auf jeden Fall führt der Weg Davids zum Königtum über ganz Israel über die Willigkeit und Zustimmung der Ältesten. Bei 2, 8 f. war von einer solchen Befragung der Stammesältesten nicht die Rede. Es mag sein, daß Abner bei dem Versuch, die Herrschaft Sauls dynastisch fortzuführen, ein Mitwirken der Ältesten umging, etwa auch für unnötig hielt, nachdem sie sich mit dem Ersten aus diesem Geschlecht als dem Träger der Krone einverstanden erklärt hatten. Jedenfalls aber legt sich die Vermutung nahe, daß er inzwischen das Fehlen einer Zustimmung der Stammesältesten als einen Grundschaden im Königtum Ischbaals erkannte und deshalb für das Königtum Davids die allein tragfähige Basis zu gewinnen suchte. Soviel er auch dem Gewicht seiner Person zuschreiben konnte, so vermied er doch jeden Versuch, David kraft seiner Macht und Autorität „zum König zu machen", was sich bei Ischbaal als Fehlschlag erwiesen hatte.

Die einflußreiche Stellung der Ältesten ist eine sehr lebendige Erinnerung an die Eigenart Israels. Es ist ja dadurch ins Dasein getreten, daß der lebendige Gott sich ihm zum Herrn gab und es zu dem Dienst berief, ihn als den Herrn in allen Bereichen seines Lebens zu bezeugen. Israel ist Volk des Bundes, den Gott mit ihm geschlossen hat. Diesen Bund zu verkündigen und vor den Gewissen immerzu lebendig zu erhalten, empfing Israel als Gottes Gabe die prophetischen Gestalten, angefangen mit Mose. Israel in diesem Bund zu bewahren und es das Recht, das bundgemäße Verhalten zu lehren, war die Aufgabe wie der Priester, so der Richter (vgl. Richt. 4, 4f.; 10, 1–5; 12, 8 ff.) und wohl auch der Ältesten. In dieser Urverfassung Israels liegt es begründet, daß es auffallend viel länger als die Völker seiner Umgebung ohne königliches Amt lebte. In Zeiten äußersten politischen Notstandes und der tödlichen Bedrohung der ganzen Existenz geschah dem Volk durch die Rettergestalten, von denen das Richterbuch Bericht gibt, die befreiende Tat. Mit Saul ist ein neues Moment in die Verfassung Israels gekommen. Er wurde sein erster König; ihm leisteten die Stämme Heerfolge und Gehorsam auf Lebenszeit. Erwies er sich doch wie früher Gideon, Ehud u. a. als von Gott gesandter Retter in der Bedrängnis durch die Feinde ringsum. David schickt sich an, sein Nachfolger zu werden. Er ist dafür von Gott ausersehen und designiert. Davon

[13] Hertzberg (a.a.O. S. 208) denkt auf Grund von 3, 17; 5, 3; 17, 4. 15; 1. Kön. 8, 1 an ein solches Ältestenkollegium, dessen Sitz etwa am Heiligtum des Bundes in Sichem vermutet werden könne.

weiß man in Israel (V. 9). Davon weiß man auch im Kreis der Ältesten. Darüber kann Abner mit ihnen als über eine bekannte Tatsache reden (V.18). Auffallend deutlich wird hier die Aufgabe des zum König Designierten, Retter und Befreier zu sein, zum Ausdruck gebracht. Neben diesem neuen Amtsträger in Israel, neben dem durch Gottes Berufung zum Retter ausersehenen König steht aber als ein Zeuge der unverbrüchlichen Ordnung zwischen Gott und seinem Volk der Kreis der Ältesten. Sie und ihre Stämme bedürfen jetzt des Königs, damit sie als das Bundesvolk am Leben bleiben. Ebenso aber kann der König Israels nicht übersehen, welcher Art das Volk ist, das er zu regieren hat. Deswegen hat er neben sich, und das nicht als Organ seiner eigenen Macht und seines Hofstaates, die Ältesten; er muß mit ihnen als einer nicht einfach wegzuschiebenden Größe rechnen. Auch Abner erkennt diese Tatsache an, wenn er bei ihnen um bereitwillige Annahme Davids als König wirbt. Ebenso erkennen sie auch die Notwendigkeit des Königs an. In Abners Rede vor den Ältesten spielt auch das eine gewisse Rolle, daß diese sich offenbar gleich nach Sauls Tod mit dem Gedanken der Nachfolge Davids auf dem leer gewordenen Thron getragen haben. (V.17b).[14]

Abners Bemühungen sind erfolgreich. Der Bereitschaft der Stämme Israels, einschließlich Benjamins, für ein Königtum Davids gewiß, erscheint er in Hebron. Aus dem Angebot (V. 12) wird der Bund zwischen David und Abner. Das äußerlich sichtbare Zeichen dafür ist das festliche Mahl, welches David für den Mann mit seiner inhaltsschweren Nachricht und für seine Begleitung veranstaltet (V. 20). Und aus der Bereitschaft aller Beteiligten für den geplanten folgenreichen Schritt Abners, des Königs von Juda und der Ältesten Israels, kann nun

[14] In diesem Zusammenhang müssen die Erwägungen besonders beachtet werden, die Alt (a.a.O. Bd. II, S. 31f.) über das rasche Ende des Königtums Ischbaals anstellt. Er sieht das Fehlschlagen von Abners Versuch einer Dynastiebildung darin begründet, daß Israel zu jener Zeit noch gar nicht auf eine dynastische Bindung des Staatswesens eingestellt war und nicht eingestellt sein konnte. Wie vorher bei den Richtern, sah man vielmehr auch nunmehr beim König einerseits in der persönlichen Berufung durch den Herrn und andererseits in der Zustimmung des Volks die entscheidenden Faktoren seiner Herrschaft. Eine bloß natürliche Erbfolge, auf die Abner das Königtum Ischbaals gründen wollte, konnte das Gewicht jener gewohnten Ordnung nicht ausschalten. Und so mußte dieses Königtum scheitern, zumal Ischbaal offensichtlich den Volkskampf gegen die Philister nicht gesehen und übernommen hat, der ihn in den Augen des Volkes wenigstens nachträglich, wenn nicht als den zum Retter berufenen, so doch als den faktisch in dem Befreiungskampf tätigen Führer Israels hätte erweisen können. Wenn er statt dessen lediglich durch seine Söldner den von Saul begonnenen Kampf gegen David fortsetzen läßt und auch dabei nicht einmal selbst mit im Feld erscheint, so ist verständlich, daß sein Königtum keine Wurzel im Volk fand und, auch von daher gesehen, ein rasches Ende nehmen mußte.

die Tat, aus den Absprachen hier und dort kann die vollendete Wirklichkeit werden. Den letzten Stein in den Bau zu fügen, d.h. Israel nun wirklich um David zu sammeln und den Abschluß auch des Bundes zwischen den Ältesten und dem König herbeizuführen, verläßt Abner Hebron und läßt ihn David „im Frieden" aufbrechen. D.h. Abner geht in der Gewißheit von David weg, daß, wie dort die Ältesten zum Bund mit David, so auch dieser bereit ist, die Vertreter Israels zu empfangen und seinerseits den Bund anzunehmen, den sie abzuschließen willig sind (V. 21).

Doch hier beginnt die Wendung im Geschehen, von der oben bereits die Rede war, und die Abners kluge und auch bisher völlig gelungene Rechnung zur Fehlrechnung machte, ja den meisterhaft gefügten Bau der Pläne sowohl Davids als auch der israelitischen Stämme beinahe zum Einsturz brachte. Die Wendung wird durch Joab herbeigeführt, der kurz nach dem Weggang Abners von einem Streifzug zurückgekehrt ist. Das Jähe dieses unerwarteten Einbruchs in den scheinbar glatten Verlauf des Geschehens bringt der hebr. Wortlaut in sprechender Weise zur Darstellung, wie es die Übersetzung nicht voll wiedergeben kann. Man soll es lebhaft vor Augen haben: Da zieht Abner seines Wegs, „im Frieden", und – da stehen plötzlich Davids Knechte da, an ihrer Spitze Joab und mit ihm das Verhängnis, welches jetzt unaufhaltsam seinen Lauf nimmt. Meldung davon bekommen, was in der Zwischenzeit vor sich gegangen war, und wütend zum König stürzen, ist bei ihm eines. Es ist nicht zu erkennen, wer Joab Abners Besuch bei David meldete, wohl aber das andere, daß die Zuträger wohl wußten, wie die Nachricht, entsprechend an ihn herangetragen, auf ihn wirken mußte, und daß sie diese Wirkung beabsichtigten. Der Auftritt im Gemach des Königs zeigt Joab wiederum als den Mann vom Schlage Abners; wie jener Ischbaal niederschrie, so fährt dieser seinen Herrn mit herrischen Worten an. Der eine Landsknechtsführer wie der andere; auch vor seinem König nimmt er kein Blatt vor den Mund. Nur sind aus den Gesellen, die sich vorher wohl im Kampf gegenüberstanden, aber doch als Artgenossen achteten, inzwischen erbitterte Feinde geworden. Jedenfalls ist Joab Abners Feind. Der da zu David kam und im Frieden entlassen wurde, ist für Joab nur der heimtückische Verräter und Spion (V. 24), den ein König mit halbwegs staatsmännischem Blick niemals hätte entwischen lassen dürfen. Abner ist für ihn überdies und vielleicht in erster Linie – das wird zwar nicht offen ausgesprochen, ist aber nach V. 27 mindestens sehr stark mit ein Beweggrund der Todfeindschaft – am Tode seines Bruders Asahel schuldig und deshalb der Blutrache verfallen.

Auch hier wie 3, 11 erwähnt die Erzählung kein Wort der Entgegnung von Seiten des gescholtenen Königs; dagegen schreitet, wie dort Abner getan hat, so hier Joab sofort zur Tat. Einer Tat, die er nicht auch erst dem König anzeigt. Joab geht auf eigene Faust vor, lockt den Feind unter einem Vorwand nach Hebron zurück und ersticht den Ahnungslosen und Vertrauensseligen im Dunkel des Torbaus. Die Reaktion Davids auf die Kunde von Joabs Meuchelmord zeigt, daß er Staatsmann genug ist, um zu ermessen, welche Gefahr für das ihm selbst wichtige und von Abner begonnene Werk der Einigung mit den Nordstämmen aus ihr erwachsen kann, ja muß. V. 37 berichtet ja unumwunden von dem Verdacht einer Mitschuld Davids am Mord, den verständlicherweise die Israel-Stämme hegten. David hat Mühe, sich und sein geplantes Werk gegen den naheliegenden Verdacht zu schützen. Daß er dabei nicht nur der geschickte Staatsmann ist und mit klug überlegten Mitteln leeren Scheins die aufsteigende Gefahr zu bannen sucht, zeigt sich an den furchtbaren Worten, mit denen er für alle Zeit Joab und sein Geschlecht verflucht. Ein Mann jener alten Zeit, die von der Kraft wie der Segnung, so auch der Verfluchung mehr hielt, als dies leider heute der Fall ist, spricht solch einen gräßlichen Fluch nicht nur zum Schein, sondern aus ehrlicher Empörung über die gemeine und zugleich für den König überaus gefährliche Tat.

Das persönliche Empfinden Davids über den Mord an Abner und seine persönliche Unschuld daran wird freilich für die Stämme Israels nicht so sehr an dieser ersten Reaktion des Königs sichtbar, wohl aber an der sofort angeordneten großen Trauer (V. 31) und dem feierlichen Leichenbegängnis, an dem David selbst teilnimmt, wie auch an der Totenklage, die der königliche Dichter dem gefallenen, großen Manne Israels widmet (V. 33 f.), und an dem Fasten, mit dem er den Unheilstag für seine Person beschließt.[15]

Die Wirkung bleibt auch nicht aus. In den Augen des Volkes in Hebron und Juda und ebenso des Volkes im übrigen Israel erweist sich David als unschuldig am Tod Abners. Ein Großer und Edler in

---

[15] Im Schlußteil der Erzählung (V. 22–39) wird auffallend häufig die Wendung „der König“ gebraucht, während sonst gerne nur der Name David erscheint. Ob dies auf bloßem Zufall beruht? Es wäre immerhin möglich, daß die Erzählung damit ihrerseits stark zum Ausdruck bringen will, daß Joabs Tat und ihre Folgen nicht zuerst die Person Davids, sondern in der Tat den König betroffen haben, den König über Juda, der jetzt damit umgeht, König über ganz Israel zu werden.

Israel ist gefallen. David, der ihn überlebt, soll ein Großer in Israel werden. So ist es ihm durch Gott bestimmt. Daß er auch über menschliche Größe verfügt, zeigt er, wie in seinem Verhalten und seinen Worten dem toten Saul gegenüber, so jetzt an der Bahre Abners. Aber dieser Große, der groß sein wird, hat auch noch andere Große in der Person Joabs und seines Bruders um sich. Sie sind für ihn unersetzlich, wie er selbst sagt (V. 39), und wie sich im weiteren Verlauf des Geschehens noch oft zeigen wird. Sie sind ihm aber auch unheimlich und gefährlich. Auch das wird sich in der künftigen Geschichte Davids und des Reiches zeigen. So schließt das Kapitel mit einem nachdenklich machenden Satz über die Söhne der Zeruja, der auf Schatten hinweist, die über Davids Aufstieg zur Macht und künftigen Machtentfaltung liegen.

5. Das Ende des saulidischen Königtums

2. Sam. 4, 1–12:

(1) Als nun der Sohn Sauls[1] vom Tode Abners in Hebron Kunde bekam, da wurden ihm die Hände schlaff; und in ganz Israel war man verwirrt. (2) Und da waren zwei Männer, Führer der Kriegerschar, im Dienst des Sohnes Sauls.[1] Der eine hieß Baana, der andere Rechab, Söhne des Rimmon aus Beeroth aus den Benjaminitern. (Beeroth wird ja auch zu Benjamin gerechnet. (3) Die von Beeroth sind nach Gittajim geflüchtet, wo sie als Fremde bis zum heutigen Tage sind.)

(4) Jonathan, der Sohn Sauls, aber hatte einen Sohn, der an den Beinen gelähmt war. Er war 5jährig, als die Kunde über Saul und Jonathan von Iesreel her eintraf. Da nahm ihn seine Wärterin auf und machte sich auf die Flucht; und wie sie da zur Flucht aufgescheucht wurde, da fiel er und wurde davon lahm. Er hieß Meribbaal.[2]

(5) Und die Söhne Rimmons aus Beeroth, Rechab und Baana, machten sich auf den Weg und kamen gerade in der größten Tageshitze zum Haus Ischbaals, während er sich eben zur Mittagsruhe niedergelegt hatte. (6) Die beiden aber, wie sie mitten ins Haus gelangt waren unter dem Vorwand, sie müßten Weizen holen, stießen ihn in den Unterleib; Rechab und sein Bruder Baana aber kamen heil davon.[3] (7) Wie sie

---

[1] LXX fügt den Namen Ischbaal hinzu.

[2] Der Name lautet im hebr. Text Mephiboseth und ist genau so wie „Ischboseth" als spätere tendenziöse Abänderung des wahren Namens zu erklären, vgl. S. 25, Anm.[3]. Der Name bedeutet: „Baal streitet" oder „Baalsbekämpfer".

[3] LXX setzt einen völlig anderen Text voraus: Die Türhüterin des Hauses war beim Weizenreinigen eingeschlummert und schlief, so daß Rechab und sein Bruder Baana unerkannt ins Haus gelangten...

nämlich ins Haus kamen, da lag er auf seinem Bett im Schlafgemach. Und sie schlugen ihn tot und schlugen seinen Kopf ab. Dann nahmen sie seinen Kopf und gingen den Weg durch die (Jordan-) Niederung, die ganze Nacht hindurch. (8) So brachten sie Ischbaals Kopf zu David nach Hebron und sprachen zum König: „Da hast du den Kopf Ischbaals, des Sohnes Sauls, deines Feindes, der nach deinem Leben stand. Aber der Herr hat heute meinem Herrn König Genugtuung von Saul und seinem Nachkommen verschafft."

(9) Da gab David Rechab und seinem Bruder Baana, den Söhnen Rimmons aus Beeroth, zur Antwort: „So wahr der Herr lebt, der mein Leben aus aller Bedrängnis erlöst hat! (10) Wahrlich, der mir anzeigte: ‚Siehe, Saul ist tot', und der nach seiner Sicht der Dinge ein Bote guter Kunde war, den habe ich gegriffen und umgebracht, dort in Ziklag, ihm ‚Lohn für gute Nachricht' zu geben. (11) Wenn aber vollends Verbrecher einen rechtschaffenen Mann in seinem Hause und auf seinem Lager umgebracht haben, muß ich da nicht jetzt sein Blut von eurer Hand fordern und euch vom Erdboden vertilgen?" (12) Und David gab den Männern Befehl, und die machten sie nieder, hieben ihre Hände ab und hängten sie am Teich in Hebron auf. Das Haupt Ischbaals aber nahmen sie und setzten es im Grabe Abners in Hebron bei.

Die Ermordung Abners hat über das Kap. 3, 28 ff. Geschilderte hinaus ihre schwerwiegenden Folgen. Gleich V. 1 wird ihre Rückwirkung sowohl auf Ischbaal als auch auf die noch unter seiner Herrschaft geeinten Stämme erwähnt. Man wird freilich den Satz mit seinen beiden Andeutungen nicht psychologisch verstehen dürfen, wozu der Wortlaut verleiten kann. Abner ist ja nicht mehr die Stütze für Ischbaals Königtum gewesen. Seine Bemühungen, die Stämme Israels von seinem Haus zu lösen und für den Gedanken des davidischen Königtums zu gewinnen, hatten Erfolg. Die geplante neue Organisation der Herrschaft begann bereits Gestalt anzunehmen. Deshalb wäre es schwer vorstellbar, daß die Nachricht vom überraschenden Ende des Totengräbers für das Haus Sauls Ischbaal seelisch schockiert haben sollte. Wenn etwas ihm den schon so gut wie verlorenen Thron retten konnte, so war es eben der Tod Abners und das Ende seiner politischen Machenschaften. So wird man die bildliche Rede, daß „ihm die Hände niedersanken" oder „schlaff wurden", nicht als eine Beschreibung der seelischen Verfassung Ischbaals, sondern richtiger als eine anschauliche Schilderung der tatsächlichen Lage zu verstehen haben, die für den König aus Abners Tod erwuchs. Der eigentliche Sinn des einleitenden Satzes ist denn dieser: Abners Ende bedeutete für Ischbaal, daß es auch mit ihm aus war, wie sogleich in der Tat berichtet wird. Entsprechend wird auch die Mitteilung von der Bestürzung in ganz Israel nicht nur besagen, daß die Nachricht aus Hebron wie ein Lauffeuer durchs Land ging und die Leute aufregte. Vielmehr soll sie zeigen, wie eins aus dem anderen erwuchs: Abners Tod bringt über Ischbaal das Ende mit Schrecken, und ebenso für Israel politische Verwirrung und eine Erschütterung für seinen Bestand.

In die gleiche Richtung weist der auffallende Tatbestand, daß der Bericht, welcher V. 1 erhärten will, V. 2 wohl anhebt, plötzlich aber V. 2b–4 aussetzt, um erst von V. 5 ab zu Ende geführt zu werden. Der Fluß der Erzählung wird durch erd- und volkskundliche Mitteilung über die Bewohner der Stadt Beeroth und durch die Nachricht von Jonathans einzigem, durch einen Unfall in früher Jugend beingelähmten Sohn Meribbaal unterbrochen.

Zunächst erscheint V. 2b, 3 als gelehrter Zusatz eines späteren Bearbeiters, der nur für die Benützer des Buchs im alten Israel Bedeutung hatte. Nun findet man aber Jos. 9, 17 Beeroth neben anderen als eine Gibeon benachbarte und verbündete Stadt erwähnt; und 2. Sam. 21, 2b erfährt man von einer militärischen Unternehmung Sauls gegen diesen Israel einverleibten, kanaanitischen Städteverband. Das legt den Schluß nahe, daß Abners Tod und die Verwirrung im Land u.a. auch Männern aus Beeroth freie Hand gab, eine alte Rechnung mit dem bereits wehrlos gewordenen Hause Sauls zu begleichen. Ob die V. 3 erwähnte Flucht der Beerothiter in das philistäische Gebiet[4] im Zusammenhang mit jener Begebenheit aus der Zeit Sauls oder als Folge des V. 5ff. berichteten Mordes an Ischbaal und einer dadurch auf Beeroth und das Geschlecht des Mörders gefallenen Schmach und Verfemung[5] zu sehen ist, läßt sich nicht entscheiden.

Der an sich ebensowenig zur Erzählung von Ischbaals Ermordung gehörende Satz über Meribbaal hat vermutlich seinen Platz hier gefunden, weil auch er einen Beitrag zu V. 1 darstellt. Ischbaals „Hände wurden schlaff", d.h. mit ihm und seiner Herrschaft war es aus; denn von dem wohl einzigen Sohn Jonathans war wegen seiner körperlichen Schwäche keinerlei Stärkung der niedergehenden Sache Sauls zu erwarten.

Gleich Abner gehören auch die beiden Königsmörder aus Beeroth zu der Söldnertruppe Ischbaals. Im Unterschied zu dem schwerfälligen Volksaufgebot stellten die Söldnerscharen, die seit Sauls Tagen

---

[4] Nach Hertzberg a.a.O. S. 211.
[5] So Hertzberg a.a.O. S. 211.

ein ständiger Faktor in der Geschichte Israels und seiner Könige geworden ist, eine jederzeit schlagfertige, dem Heerbann überlegene Truppe, eine im Befreiungskampf Israels nicht zu entbehrende Einrichtung dar. Sie besteht u.a. auch aus israelitischen Männern (V. 2b). Sie ist aber nicht eigentlich ein Organ des israelitischen Volkes, vielmehr einzig der Person des Königs, der sie besoldet bzw. belohnt (1. Sam. 22, 7), verpflichtet. Er kann seine persönliche Hausmacht für die Zwecke des Volkes Gottes einsetzen, soweit er seine Herrschaft als Dienst und Auftrag an diesem Volk sieht; er kann sie aber ebensogut auch nur für seine privaten Ziele einsetzen (vgl. S. 51, Anm. 14). Es ist aber nicht gesagt, daß solche „Landsknechte" immer bis zum letzten ihr Leben für den Herrn, der sie geworben hat, einsetzen und ihm die Treue halten. Der Herr solch einer Söldnertruppe muß immer damit rechnen, daß sie sich wider ihn wendet, wenn sein Stern sinkt, oder, sprichwörtlich gesagt, daß „die Ratten das sinkende Schiff verlassen". Dies widerfährt hier Ischbaal durch zwei führende Männer aus seinem persönlichen Heergefolge. Ähnliches wird in der Geschichte der späteren Könige Israels und Judas noch manchmal geschehen (z. B. 1. Kön. 16, 9f.; 16, 16; 2. Kön. 12, 21), bis mit dem staatlichen Ende des Volkes der Zeitpunkt erreicht ist, von dem an Israel weder mit Volksaufgebot noch mit Berufsheeren zu Felde zieht, sondern sein Fortbestehen von anderen als militärischen Machtmitteln und eigener politischer Machtstellung abhängig sieht (vgl. u.a. Sach. 4, 6).

Die eigentliche Erzählung besteht aus 2 Szenen. Zunächst erfährt man, wie die beiden Brüder ungehindert in das Haus Ischbaals kommen und dort ihren bisherigen Herrn und Brotgeber im Schlaf überfallen und umbringen. Ischbaals Kopf nehmen sie mit. Er soll David überbracht werden und ihm als handgreiflicher Beweis dafür dienen, daß es keinen König über die israelitischen Stämme mehr gibt. Offensichtlich ist in diesem Stück der Erzählung der Zug stark herausgearbeitet, daß die Söldnerführer bei ihrem Unternehmen auf keinerlei Widerstand gestoßen sind. Verstehen wir die Absicht des hebr. Textes richtig, so hätten sie, als Hausknechte getarnt, unter dem Schein einer häuslichen Verrichtung ungehindert das Haus betreten und es nach vollbrachter Tat ebenso wieder verlassen (V. 6). Wie sie des Näheren ihren Mord an Ischbaal vollbrachten, erzählt ergänzend V. 7. Auch die Fassung der LXX, die von einer über der Hausarbeit eingenickten Torhüterin weiß, soll sichtbar machen, wie leicht den Mördern die

Ausführung ihrer Untat gemacht war. Damit tritt die Gemeinheit und Verruchtheit der Tat stark ins Licht.

Unverzüglich eilen die beiden, ohne während der Nacht ihre Wanderung zu unterbrechen, nach Hebron und bringen Ischbaals Kopf vor David. Ihre Worte an den König kommen einer Huldigung gleich und machen zugleich deutlich, daß ihre Tat, ähnlich wie die Maßnahmen Abners, einem politischen Gedanken entsprungen ist und der endgültigen Klärung der Herrschaftsfrage und der staatlichen Verfassung in Israel dienen will. Sie nennen den getöteten Ischbaal Davids Feind und den Bedroher seines Lebens und Lebenszieles[6] und stellen sich selbst damit als seine Freunde, jedenfalls als wirksame Helfer zu seinem Ziel hin. Sie bringen dazuhin auch ihrerseits Ischbaals Ende mit der göttlichen Verheißung über David in Verbindung und wollen damit ihre Mordtat als ein Werk des richterlichen Waltens Gottes gesehen wissen. Nach 1. Sam 24. 26 wurde früher schon einige Male der scheinbar einsichtige und unwiderlegliche Gedanke an David herangetragen, eine Ermordung Sauls, ein Vollstrecken des göttlichen Gerichts bedeute den entscheidenden Schritt für seinen Weg zur Herrschaft. Dort blieb es beim bloßen Gedanken. David hat ihn als die große Versuchung, seine Bestimmung zu verletzen und seinen Weg in Wirklichkeit zu blockieren, erkannt und entschlossen von sich gewiesen. Jetzt steht dieser Gedanke, in eine grausige Tat umgesetzt und vollendete Wirklichkeit geworden, wieder vor David. Dem nun letzten Schritt zum Königtum über ganz Israel steht nichts mehr im Weg, da Abner tot ist (3, 24 ff.), und, mehr noch, da auch der Träger der Krone Sauls nicht mehr lebt. Doch auch jetzt, da solch „hilfreiche" Mordtat als Werk von fremden Händen und nicht durch „seine eigene Hand" (vgl. 1. Sam. 25, 26) geschehen ist, findet sie bei David keine Zustimmung. Vielmehr stellt er die ihm jetzt überbrachte Nachricht in eine Reihe mit jener Botschaft, die ihm Sauls Tod anzeigte (V. 10). Diese Botschaft ist wie jene nur *vermeintlich* für David eine gute, die er mit klingendem Lohn bezahlen müßte. In Wirklichkeit ist sie ihm zuwider; er muß sie mit dem Tod der Überbringer ahnden (V. 11 b). V. 11 a gibt dafür die Begründung. Ischbaals Ermordung ist ein reines Verbrechen, genau wie Joabs Tat an Abner (V. 3, 33. 34). Keine Rede, daß sie sich mit dem Schein einer Ausführung des Willens Gottes schmücken

---

[6] Die Bedeutung des hier verwendeten hebr. Wortes „Seele" umfaßt beides, sowohl Leben als auch das, was David „im Herzen" hat.

dürfte. Die entscheidenden Ausdrücke in Davids Antwort an die Söldnerführer (hebr. „rascha“ und „zaddik“) sind der Rechts- und Gerichtssprache entnommen und bezeichnen den Rechtsbrecher und den, an welchem Unrecht verübt worden ist, ohne daß er sich schuldig gemacht hätte.[7] So kommt denn Davids Antwort auf einen Urteilsspruch hinaus. Er handelt als der Richter und zeigt damit an, wie er das Amt des Königs in Israel als das des Wächters über das auf den Gottesbund mit seinem Volke begründete Recht sieht und handhabt. Dies findet sogleich in der feierlichen, in eine Schwurformel gekleideten Einleitung des Urteils seinen klaren Ausdruck. Weil und so wahr Israels Gott der lebendige Gott ist, den keiner im Volk seinen eigenen Zwecken dienstbar machen kann, muß David dieses Urteil sprechen und die Hinrichtung vollstrecken lassen. Zur Eigenart des „lebendigen Herrn“, der jeden menschlichen Übergriff in seine Souveränitäts- und Majestätsrechte ausschließt, gehört freilich, daß er seinen Griff nach dem Menschen tut, hier: daß er Davids „Leben aus aller Bedrängnis erlöst hat“. Die Erlösung aus aller Bedrängnis dürfte David nach dem ganzen Zusammenhang in dem Ende Ischbaals kaum gesehen haben.[8] Vielmehr wird diese Wendung so zu verstehen sein, daß Davids Leben einzig und allein durch Gottes erlösendes Handeln – und nicht durch menschlicherseits herbeigeführte „Lösungen“ politisch gefährlicher Schwierigkeiten – bewahrt wird und daß Davids Lebensgeheimnis in Gottes Erlösertreue steht, so wie umgekehrt die Treue des Herrn gegenüber Israel sich in dem Schutz des Lebens Davids erwiesen hat und erweisen will.

Das grausige Verbrechen an Ischbaal wird durch eine grausige Hinrichtung geahndet. Die Mörder finden den Tod, und ihre geschändeten Leichname werden keines Grabes gewürdigt, sondern zum Zeichen der Schande und Verworfenheit öffentlich aufgehängt (vgl. Jos. 8, 29; 10, 27; 5. Mose 21, 22 f.).

Niemand kann jetzt David mehr hindern, den Thron einzunehmen. Immerhin sind – wenn auch ohne Davids Verschulden – zwei Kapitalverbrechen auf seinem Wege zur Herrschaft geschehen. Und das harte Vorgehen Davids läßt sehr deutlich erkennen, welch schwere Belastung er selbst darin sah, daß diese bösen Mordtaten seinen Aufstieg zum Thron säumen. Gab dies ihm zu denken, so gibt es zugleich

[7] Darauf macht Hertzberg, a.a.O. S. 212, aufmerksam.

[8] So Hertzberg, a.a.O. S. 212: „Daß der Herr ihn gerettet hat, nimmt David ihnen (Rechab und Baana) ab, im übrigen aber…“

auch uns zu denken, wie in der Bibel der Aufstieg Davids zum König des Volkes Gottes geschildert ist. Auch unschuldig, ja verbrecherisch vergossenes Blut gehört zu den „Grundlagen" des Reiches Davids. Der Mann nach dem Herzen Gottes, der von Gott zum König Bestimmte bleibt trotz all dieser seiner Besonderheit doch ganz im Rahmen anderer Könige auf Erden. Auch er kam nicht zu seiner Herrschaft, ohne daß Blut floß. Welch tiefer Gegensatz zu dem Einen, der in Wahrheit „das Reich" bringt und das Volk Gottes schafft und erhält! Jesus Christus wird der König des Volkes Gottes und beginnt das Reich damit, daß nicht anderer Blut fließt, sondern daß er sein eigenes Blut vergießt und sein Leben dahingibt (Matth. 16, 21–23; 21, 38–43; 26, 26–29; Joh. 6, 53ff.; Kol. 1, 21f.; 1. Petr. 1, 18f.; Hebr. 2, 14–18; 9, 26–28.)

II

DIE ERRICHTUNG UND ENTFALTUNG DES REICHES

2. Sam. 5, 1–11, 1

1. Das gesamtisraelitische Königtum und die Davidsstadt

2. Sam. 5, 1–12:

(1) Es kamen alle Stämme Israels zu David nach Hebron und sprachen: „Hier sind wir; sind wir doch deines Gebeins und deines Fleisches. (2) Auch schon vorlängst, als Saul König über uns war, bist du es gewesen, unter dessen Führung Israel ins Feld zog und wieder heimkehrte. Und der Herr hat über dir geredet; ‚Du sollst mein Volk, Israel, als Hirte weiden und sollst zum „von Gott Bestimmten“[1] über Israel werden!‘ “ (3) So kamen denn alle Ältesten zum König nach Hebron, und der König David machte mit ihnen in Hebron vor dem Herrn einen Bund, und sie salbten David zum König über Israel.

(4) 30 Jahre alt war David, als er König wurde; 40 Jahre lang war er König. (5) In Hebron regierte er als König über Juda 7 Jahre und 6 Monate; und in Jerusalem regierte er 33 Jahre über ganz Israel und Juda.

(6) Und der König zog mit seinen Männern nach Jerusalem gegen den Jebusiter, der die Gegend bewohnte. Der aber sprach zu David: „Niemals wirst du hier hereinkommen, außer du triebest die Blinden und Lahmen weg.“ Das wollte sagen: Mitnichten kommt David hier herein. (7) David aber nahm die Bergfeste Zion ein – das ist die Stadt Davids. (8) David hatte an jenem Tag gesagt: „Jeder, der Jebusiter erschlägt und zum Wasserschacht gelangt, ebenso die Lahmen und die Blinden, die David bis in die Seele verhaßt sind! . . . .“ – Daher stammt die Redensart: „Kein Blinder und Lahmer darf ins Haus kommen.“[2]

---

[1] Im Unterschied von den geläufigen Bezeichnungen für den König (hebr. Melek) drückt das hier gebrauchte Wort „nagid“ die göttliche Berufung des Herrschers aus, vgl. Bd. 11I dieser Reihe, S. 67. 70.

[2] 1. Chron. 11, 6 vereinfacht und ergänzt den dunklen und offensichtlich nicht ganz erhaltenen Satz: „Jeder, der zuerst Jebusiter erschlägt, soll Oberhaupt und Vornehmster sein. Da stieg Joab, der Zeruja Sohn, zuerst hinauf und wurde so zum Obersten.“ Nach LXX enthält der Satz eine furchtbare Drohung Davids nach der Einnahme der Stadt: „Jeder, der einen Jebusiter erschlägt, soll vom Aussatz gerührt werden, sowie die Lahmen und die Blinden und die Davids Leben hassen.“

(9) So nahm David auf der Bergfeste Wohnung und gab ihr den Namen „Davids Stadt". Und David begann zu bauen ringsum vom Millo[3] an nach innen zu. (10) Und David wurde Schritt für Schritt mächtiger, und der Herr, der Gott der Heerscharen, war mit ihm.

(11) Und Hiram, der König von Tyrus, schickte Gesandte an David und Zedernholz, Handwerker in Holz und solche in Mauersteinen; die bauten eine Residenz für David. (12) So erfuhr David spürbar, daß der Herr ihn zum König über Israel bestätigt und daß er sein Königtum zur Höhe geführt hatte, um seines Volkes Israel willen.

Auf engem Raum vereint der Abschnitt eine ganze Reihe von Nachrichten über die Vollendung des Aufstiegs Davids zur Herrschaft. Eine jede ist äußerst knapp in der Schilderung, keine einzige bietet näheren Einblick in den Hergang der Geschehnisse. Zugleich aber gibt doch jede dieser Mitteilungen ihren gewichtigen Beitrag zu dem Bild des von David erreichten Ziels. Zusammen mit dem Rest des 5. Kapitels und Kap. 8 zeigen V. 1–12 in der Tat, wo der lange Weg endet, zu dem David nach 1. Sam. 16 aufbrechen mußte, und wie die göttliche Bestimmung Davids nach allen seinen Leiden und Verirrungen mit ihm zum Ziele kommt. Neuere Untersuchungen zu den Samuelisbüchern machen wahrscheinlich, daß sie von jener ersten Nachricht über David an einem älteren, ursprünglich selbständigen Erzählwerk folgen, das den Aufstieg Davids bis zur Errichtung seines vom Staate Sauls wesenhaft verschiedenen, neugefügten Staatsgebildes behandelte.[4] Kap. 5, 10–12 wäre so geradezu als der eigentliche Zielpunkt dieses Schriftwerkes anzusehen, an dem mit starker Betonung herausgestellt wird, was ihr unbekannter Verfasser bezweckte und zeigen wollte, und dem Kap. 5, 13ff. u. Kap. 8 nur noch einige Nachträge folgten.[5] Diese ganze Beobachtung macht aber nur noch stärker auf ein Rätsel in der Erzählung von Davids Aufstieg aufmerksam, das auch ohnehin auffällig genug ist. In einer langen Reihe z. T. sehr ausführlicher, meist volkstümlich anschaulicher und farbiger Erzählungen wurde seit 1. Sam. 16 Schritt um Schritt Davids Weg gezeichnet. Noch 2. Sam. 1–4 begegnen wieder fast durchweg Berichte dieser Art. Und nun auf einmal, da der Weg Davids zum vorläufigen Ende gekommen

[3] Die Bezeichnung hängt mit dem hebr. Wort für „voll sein" zusammen und läßt an eine Wallaufschüttung, vielleicht auch eine kastellartige Befestigung an der landschaftlich wenigst geschützten Stelle des Stadthügels von Jerusalem denken.

[4] U. a. Alt, a.a.O. Bd. II, S. 15. 34.

[5] Alt, a.a.O. Bd. II, S. 15. Anm. [2].

ist, und das Bild des endlich erreichten Ziels, der erlangten Herrschaft über ganz Israel, gezeichnet wird, erscheinen lediglich noch diese knappen, den Vorgang nur andeutenden Nachrichten von jeweils nur wenigen Zeilen. Der Salbung Davids zum König auch über Israel (V. 1–3) folgt in 2 Sätzen die Angabe von der Dauer der Regierungszeit Davids (V. 4. 5.). Da hier bereits seine Herrschaft in Jerusalem erwähnt ist, folgt eine kurze Notiz über die Eroberung dieser bisher noch kanaanäisch gebliebenen Stadt (V. 6–8). Anschließend wird ganz summarisch vom Ausbau der „Stadt Davids" berichtet (V. 9). Die Andeutung von der Beteiligung phönizischer Baumeister und Handwerker an der Errichtung und Befestigung des neuen Mittelpunktes für das Reich ist dann schon in die wenigen, aber vielsagenden Sätze verschlungen, die Davids Weg zum Ziel als das Werk des göttlichen Lenkens und vor allem seiner gnädigen Herrschaft über Israel und seiner Fürsorge für sein Volk bezeugen (V. 10–12). Ist angesichts dieses auffallenden Zugs in der Erzählungsweise schon mit dem Hinweis alles erklärt, daß der Verfasser jener Schrift von Davids Aufstieg für weite Partien nur auf volkstümliche Erzählungen zurückgreifen konnte, während ihm erst für Davids Königszeit und auch da eigentlich nur für die Zeit seiner Regierung in Jerusalem beste Überlieferung von einwandfreiem Geschichtswert zur Verfügung standen?[6] Man hat Grund zu der Annahme, daß das Werk über den Aufstieg Davids den Ereignissen, die darin behandelt werden, zeitlich ganz nahe steht, sein Verfasser unter den Zeitgenossen Davids, mindestens jedoch Salomos zu suchen ist. Für einen Erzähler, der den Ereignissen selbst so nahe stand, ist notwendig eingehendere Kenntnis von den Vorgängen und den Maßnahmen Davids bei der Vollendung seines Werks vorauszusetzen, als sie in den Andeutungen von Kap. 5 u. 8 sichtbar werden. Warum ließ er es trotzdem mit dieser nur umrißartigen Schilderung des erreichten Ziels sein Bewenden haben? Darauf läßt sich naturgemäß keine eindeutige und sichere Antwort geben. Doch muß mindestens erwogen werden, ob die in 1. Sam. 16–2. Sam. 5[7] verarbeitete Schrift nicht schon selbst weniger historisch-politischer, als vielmehr theologisch-geistlicher Natur gewesen ist. Sicher zeigt sie, daß David zum Ziel gelangt ist und König über Israel wurde. Aber allem nach hat sie auf die Darstellung des *Weges* Davids größeres Gewicht gelegt als

[6] Alt, a.a.O. Bd. II, S. 34.
[7] Alt, a.a.O. Bd. II, S. 34.

auf die Schilderung des erreichten *Ziels*. Allem nach hat sie mit mehr Nachdruck gezeigt, wer der Mann ist, der da zum König in Israel ausersehen ist, als wie er zuletzt der König wurde und war. Ja, wenn denn wirklich 5, 10–12 das eigentliche Ziel der Erzählung darstellt und ihr heimliches Wollen zu erkennen gibt, müßte nicht das Schwergewicht und der eigentliche Nerv noch anderswo zu finden sein? Nicht Davids Weg, noch weniger Davids Person soll ans Licht treten. Beide sind vielmehr nur Transparent, Bildfläche, auf der Gottes Weg mit Israel und Gottes „Person" als Herr, König und Wächter seines Volkes kundgetan wird und sich selber kund gibt. So jedenfalls wird 5, 12 das ganze Geschehen mit seinen vielen Wechselfällen und mit den vielen Um- und auch Abwegen Davids gesehen und gezeichnet. „Um seines Volkes Israel willen" hat der Herr David zum König bestätigt und seine Herrschaft über das ganze Israel heraufgeführt. Um seines göttlichen Königtums über Israel willen hat er nach Sauls Verwerfung den jüngsten Sohn Isais als den König seines Volkes ersehen (1. Sam. 16). Um seines Volkes Israel willen hat der Herr David das langwierige Erleiden der Nachstellungen Sauls, die Bewährung im Leiden und in der Versuchung (1. Sam. 18ff.; 24; 26) und auch den Verlust jeder eigenen Gerechtigkeit durch sein Irren (1. Sam. 27; 28, 1. 2) geordnet und hat er diesen so geführten und geprägten Menschen zum Herrscher gemacht. Paulus, der Röm. 9–11 als Zeuge des begnadenden, verstockenden und erwählenden Tuns Gottes am Volk Israel seiner Tage zur Christusgemeinde redet, beschließt sein Zeugnis mit den Worten des erschütterten und demütig-dankbaren Staunens über Gottes unausforschbaren und wunderbaren Wegen und seine ewige Majestät. Der Schluß der Kapitel, die Gottes Weg mit Israel in dem viel früheren Zeitpunkt der Geschichte Davids schildern, ist nicht von der gleichen Wortgewalt wie Röm. 11, 33–36. Aber doch nötigt er in seiner viel schlichteren Weise ebenso, Gottes Wege zu erkennen und vor den Wundern seines unausforschlichen, majestätischen Willens an und für Israel in Demut zu staunen.

Nicht viel mehr als von der Salbung Davids zum König Judas (2, 4a) erfährt man über seine Salbung zum Herrscher auch über die übrigen Stämme (5, 1–3). Immerhin werden die treibenden Beweggründe für den Entschluß der Israeliten und die einzelnen Maßnahmen von Seiten Davids und der Israeliten hier erwähnt und deutlich sichtbar. Als die entscheidenden Beweggründe werden von Seiten der Israeliten geltend gemacht einmal die blutsmäßige Verbundenheit, weiter die frühere Stellung Davids als Heerführer Israels unter Saul und endlich die über David ergangene Willenserklärung des Gottes Israels. Dies sind nicht etwa die Erwägungen in den Wohnsitzen der israelitischen Stämme, sondern stellt nach V. 1a die Botschaft dar, welche Vertreter aller Stämme David nach Hebron bringen. Wenn V. 3 vom Erscheinen „der Ältesten Israels" redet, mit denen der König den Bund schließt, und die ihrerseits ihn zum König über Israel salbten, so hat man vermutlich den ganzen, so gewichtigen Vorgang in 2 Akten geschehen zu denken. Zunächst wird David die Herrschaft von Israel angetragen und die Begründung des Antrags dargelegt. Hernach wird in Gegenwart der Ältesten die Erhebung Davids auf den Thron Israels nach ihrer rechtlichen und gottesdienstlichen Seite vollzogen. Mit ihnen schließt der König den Bund. Er nimmt sie in Treuepflicht, wie dies ähnlich 1. Sam. 11 von Saul berichtet wird. Die Ältesten geben David die Salbung. Dies geschieht „vor dem Herrn", d.h. wohl zunächst äußerlich: am Heiligtum von Hebron. Zweifellos aber ist diese Wendung zugleich ein Hinweis auf die innere Seite dieser Salbung. Die Ältesten führen den Auftrag Gottes durch, wie er einst bei Saul und David durch Samuel vollzogen worden ist (1. Sam. 10, 1 ff; 16, 1ff). Schon die Botschaft der Stämme (V. 1. 2.) gründete ja letztlich in der ganz Israel wohlbekannten Bestimmung Davids zum „nagid". Der Herr Israels will ihn als den von seiner Gnade erwählten und durch seinen Geist bevollmächtigten Führer des Gottesvolkes. Deshalb erheben sie, dem Wollen Gottes gefügig, David ihrerseits zum „melek". Der Mann, den Gottes Spruch und Verfügung zum Hirten und Wächter seines Volkes ordnete, wird durch das Tun der Ältesten zum König staatsrechtlichen Gepräges. Daß für die Stämme Israels die Verdienste des früheren Heerführers im Staate Sauls mit in die Waagschale fallen, ist nicht auffällig. Um so mehr ist dies ihr Hinweis auf die blutsmäßige Verbundenheit von David und Israels Stämmen, dessen Wortlaut an den staunenden Ausruf Adams 1. Mose 2, 23 erinnert. Angesichts der sehr bewußten Unterscheidung zwischen Juda und den übrigen Stämmen, die schon in der vorköniglichen Zeit Israels eine große Rolle spielte, und die auch nach der Einigung des Reiches durch David nie verschwunden ist, muß diese starke Betonung der Blutsbande zwischen den Israeliten und dem Judäer David einigermaßen überraschen. Die atl. Wissenschaft hat zudem mehr und mehr erkannt, daß die 12 Stämme Israels von Anfang an nicht so sehr durch die Gewißheit, eines Blutes zu sein, als vielmehr durch das gemeinsame

Wissen um den Bund Gottes zusammengehörten.[8] Wohl führen die Väter-, insbesondere die Jakobsgeschichten die 12 Stämme auf die 12 Jakobssöhne und damit auf einen gemeinsamen Stammvater zurück. Doch wird auch durch die Väterüberlieferung die Verbundenheit der Stämme weniger auf das gemeinsame Blut, als vielmehr auf das Erwähltsein im Bundesschluß des Gottes der Väter begründet. So könnte die eigentümliche Nähe der Wendung „deines Gebeins und Fleisches" zu 1. Mose 2, 23 die Deutung nahelegen, daß das Wort der Israeliten nicht von äußerer, blutsmäßiger Zusammengehörigkeit redet, sondern sagen will, der König und Israel seien wie Mann und Frau von Gott füreinander bestimmt und gemacht,

In diesen Zusammenhang gestellt, erhält die kurze Bemerkung V. 4f. ein Gewicht, das ihr von Hause aus so nicht eigen gewesen sein mochte. Sie erinnert an die chronistischen Aufzeichnungen eines Archivs und mag Annalen entnommen sein, wie sie für Könige geführt werden.[9] Geben die Annalen für David 40 Regierungsjahre an, so gewinnt dieser rein geschichtliche Tatbestand für die Sicht der ganzen Erzählung von David eine vertiefte Bedeutung. Israel wurde in der Person Davids ein König zugeordnet, dessen lange Regierung Gewähr für eine gewisse Dauer und Entfaltungsmöglichkeit des völlig neuen Staatsgebildes bot. Vollends wenn man Ischbaals sehr kurze Regierungszeit (2, 10) vergleicht, tritt dieser Zug hell ans Licht. Ischbaal war nicht lange König, schon äußerlich ein Zeichen dafür, daß sein Staatswesen nur vorübergehenden Charakter hatte und für das Geschick Israels von geringer Bedeutung war. Demgegenüber kam David mit 30 Jahren, in der besten Kraft, auf den Thron. Er hat ihn für Juda und Israel insgesamt 40 Jahre inne und hatte somit Zeit, seinem Werk einen einigermaßen festen Aufbau zu geben. Das ist für die politische Geschichte Israels nicht unwesentlich. Das ist auch für die Erkenntnis und Gewißheit von der Fürsorge Gottes für sein Volk von Gewicht, wenn dieses einen „Hirten" hat, der sein Amt durch lange Zeit hindurch versehen kann. So bereitet die rein annalenhafte Mitteilung auch ihrerseits den Satz vor, in dem der ganze Abschnitt gipfelt, nach dem David sein Königtum als vom Herrn befestigt (so die wörtliche Bedeutung des hebr.

---

[8] Vgl. die erstaunliche Gleichgültigkeit verschiedener Stämme gegenüber dem politischen Geschick ihrer Nachbarn, wie sie u. a. aus Richt. 5 hervorgeht.

[9] Vgl. 2, 10 für den König Ischbaal und die in den beiden Königsbüchern laufend erwähnten Zahlen für das Alter der Könige beim Regierungsantritt und für ihre Regierungsdauer, vgl. 1. Kön. 11, 42; 14, 20. 21; 15, 1f. usw.

Ausdrucks) und für Gottes Volk zur Höhe geführt erkannte (V. 12). Freilich bekommt Israel diesen kraftvollen und lange regierenden König von Gott nur für eine begrenzte Zeit. Er wird und muß einem anderen Platz auf dem Thron machen. Und damit ist, wie später im Predigerbuch gesagt wird (Pred. 2, 18f.), der bleibende Gewinn auch *seines* königlichen Werkes in Frage gestellt. Es ist von vornherein deutlich, daß die Geschichte des Volkes Gottes, ganz wie die Geschichte anderer Völker, dem Wechsel unterworfen ist, da Gott ihm auch den Größten seiner Könige nur für begrenzte Zeit gibt und dessen glückhafte Regierung auf 40 Jahre bemißt. Überdies zeigt V. 4f. wie schon V. 1–3 deutlich, wie kompliziert und damit in seinem Bestand gefährdet Davids Staat von Anfang an ist. Er ist, wie zuerst der Herrscher von Ziklag (1. Sam. 27, 6) und hernach der Herr über Juda, so jetzt außerdem der König über das nicht-judäische Israel. Die Stämme des Zwölferbundes der gemeinsamen Verehrung des Herrn sind unter David nicht zur politischen Einheit verschmolzen worden. Nach wie vor bestehen im Volk zwei selbständige Staaten. Sie sind lediglich in Personalunion verbunden. Die Einheit Judas und Israels steht – und fällt! – mit der Person Davids. Sie fiel im Lauf der Geschichte wohl nicht mit Davids Tod dahin, wohl aber mit dem Ende der Regierung seines Nachfolgers Salomo, nachdem schon unter ihm (1. Kön. 11, 26ff.) wie auch zur Zeit Davids (2. Sam. 15, 2ff.; 19, 41ff.) die Brüchigkeit dieser „Einheit" des Staates in deutlichen Anzeichen hervorgetreten war. Für die Glieder des bleibenden Volkes Gottes geht deshalb der Blick von 2. Sam. 5, 4 unwillkürlich zu Luk. 3, 23 hinüber. Danach war auch Jesus, „da er anfing", ungefähr 30 Jahre alt. Er fing in diesem Alter mit der Wirksamkeit an, die für das ganze Menschengeschlecht (Lukas 3, 24ff.) die entscheidende Wende brachte. Auch er fing, wie David, als ein Mensch an, der geboren wurde, der wie jeder Irdische „an Alter zunahm" (Luk. 2, 52), dessen Jahre man zählen und bestimmen konnte. Auch er erfuhr, eben weil in vollem Maße und in Wahrheit ein Mensch, daß sein Leben zum Ende kam. Einem Ende freilich, das in keiner Weise dem Ende Davids und seiner Nachfolger gleicht. Er starb am Kreuz, verworfen in der Stadt des Königs, so wie er schon zuvor keinen Raum in der Unterkunft der Davidsstadt (Luk. 2, 7) und keine Bleibe in dem Ort, da er erzogen war (Luk. 4, 16. 29f.) und keine Aufnahme im Samariterdorf (Luk. 9, 53) gefunden hatte. Und er kam wieder ins Leben und zeigte sich als der Lebendige, dessen Herrschaft kein Ende hat. Er, dessen Regierung nicht aufhört, sondern in Herrlichkeit zur Vollendung kommt, ist der eine, wirkliche König und Gestalter des bleibenden Gottesvolkes.

Die Eigenart des Königtums Davids und des neuen Staatsgebildes kommt auch im nächsten Abschnitt (V. 6–9) zum Vorschein. Unvermittelt beginnt V. 6 mit dem Bericht von einem Kriegszug Davids gegen Jerusalem. Ein Grund für die Eroberung dieser noch immer von Kanaanäern besetzten Stadt durch den König Judas und Israels wird nicht angegeben. Auch wird kein Wort darüber gesagt, welche politischen Ziele David mit der Verlegung seines Wohn- und Regierungssitzes in die bisherige Jebusiterstadt verbindet. Der Hinweis (V. 6), daß David Jerusalem durch „seine Männer", d.h. durch seine persönliche Kriegertruppe, erobern ließ, ist allerdings aufschlußreich, ebenso wie nachher V. 7. 9 die Mitteilung, daß der neue Wohnsitz fortan den Namen „Davidsstadt" trug. Die Eroberung der Jebusiterfestung ist somit keine Unternehmung des Königs von Juda und Israel; die Bürger beider Staaten werden nicht zu diesem Kriegszug aufgeboten. Vielmehr gewinnt David die Festung einzig mit seiner eigenen Hausmacht. Und offenbar geschieht das mit vollem Bedacht. Die gewonnene Stadt ist somit auch der persönliche Besitz des Königs und seines Geschlechts. Weder eine Stadt in Juda noch eine solche in den nördlich gelegenen Stämmen ersieht sich David als die Residenz, von der aus er sein Doppelkönigtum ausübt. Er verläßt Hebron, den Mittelpunkt seiner ersten 7½jährigen Regierungszeit über Juda, obwohl – oder vielleicht: *weil?* – es altes, berühmtes Heiligtum und Mittelpunkt des südpalästinischen Stämmebundes war.[10] Er wählt aber als Wohn- und Regierungssitz auch nicht Gibea, wo Saul regiert hatte (1. Sam. 22, 6; 23, 19), ebensowenig das Heiligtum des israelitischen Stämmebundes Sichem,[11] sondern eine Stadt, die bisher überhaupt nicht zu Israel gehörte (vgl. Richt. 1, 21).[12] Nach Richt. 19, 10–12 galt sie als ein Ort, in dem ein Israelit nicht mit Sicherheit auf Gewährung der Gastfreundschaft rechnen kann. W. Vischer, der seinerseits wieder die Beobachtungen A. Alts verarbeitet hat, bezeichnet Jerusalem als „die Spitze jenes Keils kanaanäischer Stadtstaaten, der bei der Landnahme die Südstämme von den Nordstämmen trennte und

[10] Vgl. oben S. 28.
[11] Vgl. oben S. 50, Anm. 13.
[12] Die Richt. 1, 8 erwähnte Eroberung und Niederbrennung Jerusalems durch die Judäer versteht Hertzberg (a.a.O. S. 215) als Nachricht lediglich von einer judäischen Besetzung der Stadtflur, die in das von Juda beanspruchte Gebiet gehörte.

der immer noch als ein Fremdkörper im Rückgrat des Berglandes zwischen Benjamin und Juda steckt."[13] Daß Jerusalem sich trotz des Seßhaftwerdens Israels und trotz der Bildung eines königlich regierten Staates so lange als kanaanäische Stadt halten und seine Selbständigkeit behaupten konnte, erklärt die Forschung nächst seinem starken Festungscharakter vor allem mit seiner Abgelegenheit von den großen Verkehrsstraßen[14] und mit seiner damit gegebenen Bedeutungslosigkeit für die große Politik, wie früher schon des ägyptischen Reiches in der Zeit Amenophis IV., so des bisherigen israelitischen Staates. Und eben diese abgelegene Stadt ersieht sich David als seine Residenz, die er für sein in sich schwieriges Doppelkönigtum braucht. Die Forscher sehen darin von jeher ein Zeichen des klaren politischen Urteils Davids.[15] Die Schwierigkeiten des Doppelkönigtums und die alten, nie aufhörenden Spannungen zwischen Israel und Juda[16] nötigten David dazu, sich diese persönliche Residenz zu schaffen, die ihn in seiner Herrschaft unabhängig von allen Ansprüchen der beiden unter ihm geeinten Volksteile machte. Über diese Beurteilung von Davids Unternehmen, wie sie der theologische Historiker gibt, führt aber die Beobachtung des Theologen hinaus, der die Botschaft dieses Berichts von Jerusalem in ihrem gesamt-biblischen Zusammenhang erwägt. So weist W. Vischer[17] auf Hes. 16, 3–12 hin, wo durch den Propheten einer sehr viel späteren Zeit das göttliche Wunder in der politischen Geschichte Jerusalems mit dem Bild des ausgesetzten „Findelkinds der Weltgeschichte" dargestellt wird. Der Herr geht eines Tages an ihm vorüber, anders als die Großen dieser Erde bisher an ihm vorübergegangen sind, und erhebt es zu seiner Braut. Gott tut dies eben damit, daß David aus sehr realen Gründen der ihm aufgegebenen Politik Jerusalem aus der Jebusiterstadt zur „Stadt Davids" und nach Kap. 6 sogleich auch zum heiligen Wohnort der Lade Gottes machte.

Die Erzählung der Vorgänge, durch die David in den Besitz der von ihm ersehenen Residenz gelangt, ist in sich selbst reichlich dunkel. Sie gibt kein klares Bild der Eroberung. Vielmehr spielt dabei die Hauptrolle eine sprichwörtliche Rede von den Blinden und Lahmen, die nicht

---

[13] A.a.O. Bd. II, S. 245.
[14] Vischer, a.a.O. S. 245–247.
[15] vgl. Alt, a.a.O. Bd. II, S. 45–47 und Hertzberg, a.a.O. S. 216.
[16] vgl. Alt, a.a.O. Bd. II, S. 43f.
[17] a.a.O. Bd. II, S. 248f.

ins Haus kommen dürfen (V. 8).[18] Zunächst wird in der Erzählung diese Redensart, deren eigentlicher Sinn nicht mehr zu ermitteln ist, dazu gebraucht, um die Festigkeit und Uneinnehmbarkeit der Stadt anschaulich zu machen. Nur wenn David die Blinden und Lahmen, die zur Verteidigung gegen seine hervorragende Truppe genügen würden, erst vertriebe, könnte er in die Festung kommen. M. a.W. die Jebusiterstadt, schon durch ihre Lage eine natürliche Festung, durch menschliche Kunst noch uneinnehmbarer gemacht,[19] kann niemals Davids Besitz werden. Trotzdem nahm er sie in Besitz (V. 7). Offenbar fügt V. 8 etwas über die Vorgänge bei der überraschenden Eroberung hinzu. Doch läßt sich, wie gesagt, kein klares Bild gewinnen. Der Text bringt nur den Anfang einer Ansprache Davids an seine Krieger. Es scheint, als habe er für die Erstürmung der Burg eine Belohnung ausgesetzt. In diesem nicht zu Ende geführten Wort Davids ist wieder von den Blinden und Lahmen die Rede, die David in der Seele verhaßt sind. Vielleicht will damit gesagt sein, daß der König die höhnischen Worte der Jebusiter ironisch aufnimmt. Diese „Blinden und Lahmen", die ihn angeblich am Betreten der Stadt hindern, haßt er in der Tat. Außerdem ist dabei der für den Erfolg entscheidende Gewinn eines Wasserschachts erwähnt – so wird das nur hier in der hebr. Bibel vorkommende Wort gedeutet –, vielleicht insofern der Lebensnerv für die Burg, weil ihre Bewohner nur über ihn an die außerhalb des Mauerrings gelegene Wasserquelle am Fuß des östlichen Stadthügels von Jerusalem gelangen konnten. Wie es dann zur Eroberung selbst kam, verschweigt der hebr. Text. LXX hat eine andere Fassung des rätselhaften Satzes, nach der David durch eine furchtbare Fluchandrohung die Schonung der besiegten Jebusiter sicherstellte. 1. Chron. 11 bringt eine Ergänzung des hier nur begonnenen, rätselhaften Satzes. Diese beiden Ergänzungen zeigen lediglich, als wie dunkel auch schon in alter Zeit der Bericht 5, 6 ff. empfunden worden ist, und wie man Licht in das Rätsel zu bringen suchte. Jedenfalls hebt der Bericht in seiner nur andeutenden Kürze und Dunkelheit aufs stärkste heraus, wie scheinbar Unmögliches David gelungen ist, und wie die Eroberung dieser Stadt letztlich ein Wunder ist. Gewiß wußte man in der Zeit und Umgebung Davids ganz genau, wie die

---

[18] Die ganze vorliegende Erzählung hat wohl ursprünglich einem ähnlichen Zweck gedient, wie jene anderen, welche die Herkunft des Sprichwortes von Saul unter den Propheten erklären sollten (1. Sam. 10, 11; 19, 24).

[19] Vgl. W. Vischer, a.a.O. S. 245 f.

Eroberung Jerusalems vor sich gegangen ist. Wählt der Erzähler aber hierfür diesen dunklen Bericht, so hat er vermutlich auch dabei seine Absicht gehabt. Und vielleicht ist diese Absicht doch wirklich in der eben genannten Richtung zu suchen. Und so wäre auch W. Vischers Erinnerung an Hes. 16 nicht nur der Einfall eines bibelkundigen Auslegers, sondern tatsächlich mit eine gehorsame Auslegung gerade dieses Textabschnittes.

Wie weitausgreifend Davids Gedanken bei der Wahl dieser Stadt gewesen sind, läßt sich aus der kurzen Mitteilung vom Ausbau der eroberten Burg erkennen, die dadurch noch wesentlich an Festigkeit gewinnt (V. 9). Bei diesem Bauvorhaben erfährt David Hilfe durch den König von Tyrus. Dieser verfügt nicht nur über das benötigte Baumaterial an Holz und Stein, sondern auch über die erfahrenen Bauhandwerker (V. 11). So kurz auch diese letzte Mitteilung in unserem Abschnitt ist, so deutlich stellt sie an einem Beispiel heraus, was in V. 10 in allgemeiner Form gesagt ist. David hat eine Machtstellung erreicht, die ihn zu einem beachtenswerten Mann für den Herrn des mächtigen Tyrus macht.

In kurzen Strichen zeichnete V. 1–12 ein packendes Bild von dem kunstreichen Bau des neuen Davidsreiches. Ein kunstreicher, aber auch komplizierter Bau! David vereinigt in seiner Hand bis jetzt vielerlei Herrschaften. Jede derselben hat ihr ganz eigenes, staatsrechtliches Gepräge. Die Herrschaft über Ziklag verdankt David seinem Dienst bei den Philistern. Das Königtum über Juda hat wahrscheinlich seinen Zusammenhang mit dem alten Gottesbund der südlichen Stämme, einschließlich nichtisraelitischer Gruppen. Das Königtum in Israel hat in Sauls Staat einen Vorgänger von Gewicht. Im übrigen hat der König in Juda und Israel mit dem Einfluß jenes Organs der Ältesten zu rechnen. Endlich hat sich David in Jerusalem einen zweiten Privatbesitz erworben, in dem nicht die staatsrechtlichen Vorstellungen Israels, sondern – vollends wenn man der Auffassung des V. 8 in LXX folgen wollte – solche der kanaanitischen Stadtstaaten Geltung haben. David, der da mit einigen 30 Jahren die Führung dieses vielgestaltigen Staatsgebildes übernimmt und wagt, ist nach den Erzählungen des 1. Samuelisbuches in der Tat der Mann für dieses Werk. Kap. 8 wird zeigen, wie dieser schon reichlich kunstreiche Reichsbau noch komplizierter wird. David, der ihn errichtete, verstand mit knapper Not, ihn auch zu erhalten (vgl. Kap. 15 ff.). Doch wird er seinen Erbauer nicht sehr lange überleben (vgl. 1. Kön. 11. 12). – Noch schwieriger und kunstvoller ist der Bau jenes „Reiches" und Volkes, dessen König Jesus Christus ist. Ihm obliegt es, aus Juden und Heiden Eines zu machen (Eph. 2, 14). Vom Menschen her gesehen, ist *dieses* Reich vollends zum Scheitern verurteilt. Und doch besteht es trotz aller menschlichen und christlichen Ungebärdigkeit, da der Herr dieses Reiches aus dem Geschlecht Davids (Röm. 1, 4) nicht mit der List, Tatkraft und Macht Davids, sondern mit der Kraft seines Blutopfers und des Heiligen Geistes sein Werk fügte und vollendete.

2. Das Haus des Königs über ganz Israel

2. Sam. 5, 13–16:

(13) Und David nahm sich noch weiterhin Nebenfrauen und Frauen von Jerusalem aus, nachdem er von Hebron gekommen war. Und so wurden David noch weiterhin Söhne und Töchter geboren. (14) Und dies sind die Namen der ihm in Jerusalem Geborenen:[1] Schammua, Schobab, Nathan, Salomo, (15) Jibhar, Elischua, Nepheg, Japhia, (16) Elischama, Eljada und Eliphelet.

Diese Liste der in Jerusalem geborenen Davidssöhne bildet die Fortsetzung der 3, 2–5 aufgeführten. Das zweimalige „weiterhin" (V. 13) nimmt deutlich Bezug auf die Frauen und deren erstgeborene Söhne, die schon vordem in Hebron David zugehörten und einen lebendigen Erweis der Lebenskraft seines Hauses sowie seiner Segnung durch Gott darstellten. Immerhin aber fällt an diesem 2. Teil der Liste auf, daß weder die Zählung der für die Thronfolge in Betracht kommenden Söhne, noch die namentliche Aufführung der königlichen Frauen fortgesetzt wird. Offenkundig nennt auch dieser zunächst Zwecken des königlichen Archivs dienende Bericht vom machtvollen Wachstum des Herrscherhauses nicht alle Nachkommen Davids, sondern allein die erstgeborenen Söhne der verschiedenen Mütter. Nachdem David in Jerusalem die Mitte und Residenz für sein doppeltes Königtum gewonnen hat, und da nunmehr eine völlig neue, von David geprägte Art der Herrschaft über Israel ihren Anfang nimmt, zeigt dieser Bericht, wie die große Schar der Königssöhne die beste Gewähr für den Bestand sowohl des königlichen Hauses, als auch des unter ihm ge-

[1] Das hebr. Wort ist ein Maskulinum, spricht also nur von den Söhnen, wie denn auch in der folgenden Namenliste die Töchter Davids übergangen werden.

einten Reiches Israel bietet. Weil David in Jerusalem Israel regiert, geht er zur Festigung seiner Herrschaft und ihres Fortbestandes eine Reihe weiterer Ehen „von Jerusalem aus“ ein, durch die ihm die Verschwägerung mit verschiedenen Sippen im Volke[2] und vor allem eine große Schar weiterer Söhne zuteil wird. Diese werden lediglich aufgezählt. Betrachtet man jedoch die Bedeutung dieser Namen, so läßt sich der trockenen Liste einiges nicht Unwesentliche darüber entnehmen, wie David selbst seinen Reichtum als Vater eines Hauses gesehen hat. Wohl erinnert keiner dieser Namen an den Namen des Gottes Israels „Jahweh“ oder Baal (-Herr).[3] Aber mit nur einer Ausnahme stellt jeder der von David gewählten Namen ein kraftvolles Zeugnis von dem heilbringenden und gnädigen Walten Gottes dar, dessen der König für sich und sein Haus wie für das ganze Volk gewiß sein kann.[4]

Überraschenderweise ist in V. 13 zuerst von den Nebenfrauen die Rede, welche sich David von Jerusalem aus nahm. LXX stellt die Reihenfolge um, und 1. Chron. 3, 5 ff. werden lediglich die Namen der Söhne aufgezählt, wobei offenbar an Söhne nur der legitimen Frauen gedacht ist; 3, 9 erwähnt dann erst anschließend die Nebenfrauen Davids und ihre Kinder. Der Vergleich der Wiedergabe dieser Liste in 1. Chron. 3, 1 ff. mit 2. Sam. 3, 2 ff. und 5, 13 ff. bestätigt einerseits die Beobachtung, daß die ursprünglich durchgehende Liste lediglich für die Zwecke der Darstellung des 2. Samuelisbuches in 2 Teile zerlegt wurde. Andererseits zeigt sich auch, daß sie nicht im unveränderten Wortlaut den Erzählwerken eingefügt wurde, sondern hier wie dort kleine Abänderungen erfahren hat.[5] Im Zusammenhang mit der Aufteilung der ursprünglich zusammenhängenden Liste über Davids Haus auf 2 Stellen des 2. Samuelisbuchs mag es denn auch zu dieser auffälligen Vor-

---

[2] 1. Sam. 25, 39 ff.; 2. Sam. 3, 3; 3, 13. 14 zeigen, daß auch dieser Gesichtspunkt für David Gewicht hatte; freilich läßt sich, weil hier kein Name der in Jerusalem von David geheirateten Frauen genannt wird, darüber kein näherer Aufschluß gewinnen.

[3] Vielleicht mit Ausnahme des an vorletzter Stelle genannten Eljada, der 1. Chron. 14, 7 als Beeljada erscheint, was immerhin ein Hinweis darauf sein könnte, daß, wie im Hause Sauls, so auch in dem Davids Namen in Verbindung mit „Baal“ keineswegs ausgeschlossen waren.

[4] Schammua = Erhörter; Nathan = Er gibt; Salomo = der Friedreiche; Jibhar = Er erwählt; Elischua = mein Gott ist Heil; Nepheg = Sproß; Japhia = Glänzender; Elischama = mein Gott hört; Eljada = Gott erkennt; Eliphelet = mein Gott ist Rettung. Einzig der Name des an 2. Stelle genannten Sohnes sticht aus dieser Kette von Heilsnamen heraus: Schobab = abtrünnig. So jedenfalls findet sich Jes. 57, 17; Jer. 3, 14. 22 „schobab“ als Eigenschaftswort gebraucht. Doch ist nach der hebr. Wortform auch an die Bedeutung „wiederhergestellt“ zu denken.

[5] Z. B. werden 1. Chron. 3, 5 Schimea, Schobab, Nathan und Salomo sämtlich als Söhne derselben Mutter aufgeführt.

anstellung der Nebenfrauen Davids gekommen sein. Man könnte dann mit Hertzberg[6] den eigentlichen Sinn von V. 13 so wiedergeben, daß zunächst allgemein von der Aufnahme der Nebenfrauen in Davids Haus berichtet werden soll, und hernach die legitimen Frauen erwähnt werden, die David von Jerusalem aus zur Ehe nahm. So ist denn durch diese Verse auch für den neuen Abschnitt der Regierung Davids deutlich gemacht, daß sein Haus bestehen kann. Gleichzeitig ist aber auch schon insgeheim die Frage gestellt, welcher von diesen vielen legitimen Söhnen dem mächtigen Gestalter des gesamten Reichs auf dem Thron folgen wird. Und damit ergibt sich schon ein gewisser Vorblick auf die späteren, den ganzen Bau dieses Reiches erschütternden Wirren um Davids Thronfolge.

3. Das Ende der Bedrohung Israels durch die Philister

2. Sam. 5, 17–25:

(17) Als nun die Philister vernahmen, daß man David zum König über Israel gesalbt hatte, da zogen alle Philister herauf, um Davids habhaft zu werden. Wie David davon Kunde bekam, zog er zur Bergfeste hinab. (18) Die Philister aber waren eingefallen und hatten sich in der Ebene Rephaim ausgebreitet. (19) Und David befragte den Herrn: „Soll ich gegen die Philister vorrücken? Wirst du sie in meine Hand geben?" Der Herr erteilte den Bescheid an David: „Rücke vor, denn ganz sicherlich werde ich die Philister in deine Hand geben!" (20) Da gelangte David nach Baal-Perazim, und daselbst schlug sie David und rief aus: „Durchbrochen hat der Herr meine Feinde vor mir, wie Wasser durchbricht." Daher trägt diese Stätte den Namen Baal-Perazim (zu deutsch: Herr der Durchbrüche). (21) Und sie ließen dort ihre Götterbilder zurück, so daß David und seine Männer sie mitnehmen konnten.

(22) Und wiederum zogen die Philister herauf und breiteten sich in der Ebene Rephaim aus. (23) Als David den Herrn befragte, gab er den Bescheid: „Rücke nicht vor! Wende dich, daß du in ihren Rücken gelangst, und komm über sie von den Bakasträuchern her! (24) Sobald du dann das Geräusch ‚des Einherschreitens' in den Wipfeln der Bakasträucher vernimmst, dann scharf zu! Denn dann ist der Herr ausgezogen vor dir her, um im Heer der Philister den großen Schlag zu tun." (25) Und David tat so, wie ihm der Herr befohlen hatte, und schlug die Philister von Gibeon[1] bis nach Geser hin.

---

[6] a.a.O. S. 217.

[1] So mit LXX.

Die Eingangskapitel des 2. Samuelisbuches haben bisher vom Aufstieg Davids zum Königtum geredet, ohne je der Philister Erwähnung zu tun. Doch weiß man aus den Angaben vieler Erzählungen des 1. Samuelisbuches, daß seit langem zwischen ihnen und Israel der Kampf um die Vorherrschaft in Palästina im Gang ist. Schon im 1. Teil der „Lade-Geschichte" (1. Sam. 4–7)[2] angeschlagen, wurde dieses Thema in den Erzählungen von Saul (1. Sam. 9–14), wenn auch nicht als der beherrschende, so doch zumindest als ein sehr wesentlicher Zug aufgenommen. Die Stimme des Herrn hat Samuel den Befreier seines Volkes aus der Gewalt der Philister angesagt (1. Sam. 9, 16). Wie Sauls ganze Regierungszeit vom Befreiungskrieg gegen die Philister geprägt war, erfährt man in der chronikartigen Zusammenstellung 1. Sam. 14, 47–52 aus den vielsagenden Andeutungen V. 47 und 52. Die einzige, aus diesem jahrelang dauernden Krieg herausgegriffene ausführliche und breit ausgemalte Szene (1. Sam. 13. 14) zeigt die für Israels Sendung und Anrecht auf das Land gleichermaßen bedrohliche Machtentfaltung der Philister (1. Sam. 13, 5–7a. 17–22; 14, 11) und die bedeutsame Rolle des 1. israelitischen Königs und seines Thronfolgers in diesem Ringen auf Leben und Tod (1. Sam. 14). Dann hat aber Sauls Niederlage und Untergang in einer entscheidenden Schlacht (1. Sam. 31) erwiesen, daß der zum Befreier Israels ersehene und zu dem Befreiungskrieg angetretene Saul nicht der Mann war, welcher die endgültige Entscheidung herbeizuführen und Israel den bestrittenen Besitz des Landes und die ungestörte Ausübung seines Berufes als Zeuge der Herrschaft Gottes zu sichern vermocht hätte. Andererseits wurde in den Erzählungen vom Aufstieg Davids (1. Sam. 16 ff.) deutlich, wie dieser neue Gesalbte und „Gezeichnete" des Herrn als Truppenführer im Dienste Sauls maßgebenden Anteil an den Kämpfen gegen die Philistermacht bekam (1. Sam. 17; 18, 17 ff.; 18, 27 ff.; 19, 5; 23, 1 ff.). David gilt sowohl bei Israel (2. Sam. 5, 2a) als auch bei den Philistern (1. Sam. 21, 12; 29, 5) als eine besonders hervorragende Gestalt in der großen Auseinandersetzung um die Vorherrschaft. Sauls Kampf gegen David hat aber diesen genötigt, im Lager der Feinde Israels Zuflucht zu suchen und in die Dienste eines der Philisterfürsten zu treten (1. Sam. 27; 28, 1. 2; 29, 1 ff.). Mit in dieser seiner politischen Abhängigkeit mag es begründet sein, daß die Philister keinerlei Anlaß zum Eingreifen sahen, als ihr Vasall, der Herr

---

[2] Vgl. Bd. 11I, S. 38.

von Ziklag, zum Oberhaupt Judas und zugleich des südpalästinischen Stämmebundes aufstieg (2. Sam. 2, 4a).[3]

Dies wurde sogleich anders, als die Stämme Israels den judäischen König zu ihrem König machten, und als damit der Staat Sauls wiederum ein mächtiges Oberhaupt bekam und für die bisher nicht grundlegend beeinträchtigte Machtstellung der Philister zu einer Gefahr wurde. Man erfährt dies in dem entscheidenden Einleitungssatz zum neuen Abschnitt (5, 17–25), der nunmehr den Faden, welcher lange liegen geblieben war, wieder aufnimmt; zugleich findet hier die bisher offen gebliebene Frage ihre Beantwortung, ob die Zukunft bei den Philistern oder bei Israel liegt, und ob David vollenden wird, was sein Vorgänger auf Israels Thron unfertig zurückließ, und was er selbst zunächst als der von Saul Geliebte begonnen hat, um es als der von Saul Gehaßte und aus dem Land Gewichene auch seinerseits nicht weiterzuführen.

Die Philistermacht erscheint denn wieder, wie bisher schon oft (vgl. 1. Sam. 4, 1; 7, 7; 13, 5; 23, 27; 28, 1a, 4; 29, 1.), im Gebiet Israels. Der Grund ihres erneuten militärischen Eingreifens ist nach V. 17, wie gesagt, daß David zum König über Israel gesalbt wurde, und nicht etwa, daß er sich in Jerusalem festgesetzt hat. In der geschichtlichen Abfolge der Ereignisse hat denn zumindest die 5, 17–21 berichtete Schlacht nach dem 5, 3 erwähnten Geschehen stattgefunden. Der Erzähler hat jedoch nicht das Ziel, die politische Geschichte der Zeit Davids zu schildern und die zeitliche Abfolge der Geschehnisse sichtbar zu machen. Vielmehr geht es ihm darum, den Aufstieg Davids zu zeichnen. Nun, da David das Königtum über ganz Israel gewonnen hat (5, 12), wird im Überblick nacheinander das Ziel, zu dem er gelangte, entfaltet: David wird Israels Oberhaupt (5, 1–3); David schafft sich die neue Residenz (5, 6–9), David führt die Entscheidung im Kampf mit den Philistern herbei (5, 17–25); David gibt dem altisraelitischen Heiligtum der Lade des Herrn in seiner Stadt ihren endgültigen Platz (6, 1–23); David macht sich zum Herrn des ganzen Vorderen Orients (8, 1–18). Für diesen gerafften Überblick verwendet der Erzähler die verschiedensten Überlieferungen. So neben volkstümlichen Erzählungen wie 5, 6 ff., oder 5, 17–21, 22–25 auch Auszüge aus Listen und Aufstellungen, wie sie im Königsarchiv hergestellt und aufbewahrt sein mochten (5, 4 f.; 5, 11; 5, 13–16; 8, 1–14; 8, 15–18). Die beiden Berichte von der Besiegung der Philister ihrerseits tragen wohl Züge der

---

[3] Vgl. S. 29 f.

volkstümlichen Erzählungsweise an sich, sind aber auf der anderen Seite so knapp gehalten, daß man auch sie mit gutem Grund als schon vorher zusammenhängendes Stück einer archivalischen Zusammenstellung ansehen kann, dessen Abschluß vielleicht in 8, 1 zu sehen ist.[4] Bildeten vermutlich beide Berichte schon von jeher eine durch den Stoff gegebene, schriftstellerische Einheit, so wird erst recht verständlich, warum der Erzähler ohne Rücksicht auf die Zeitfolge der beiden Geschehnisse dem Gesamtbericht diesen Platz in seiner Darstellung gab.

Da nun aber der Bericht von Davids erstem Sieg über die Philister erst auf den von Jerusalems Eroberung folgt, kann V. 17b den Anschein erwecken, als handle es sich bei der von David bezogenen Bergfeste um die 5, 7. 9 erwähnte Befestigungsanlage in Jerusalem. Mag sogar der Erzähler beide gleichgesetzt haben,[5] so macht doch der Wortlaut selbst, der von einem „Hinabziehen" spricht, deutlich, daß es sich in Wirklichkeit um einen festen Platz handelt, der in der Nähe des Philisterlagers gesucht werden muß. Das feindliche Heer hat sich in der Ebene Rephaim, südwestlich von Jerusalem und halbwegs Bethlehem gelegen,[6] versammelt. Das Heer soll Davids habhaft werden (V. 17a). Ähnlich wie früher Saul oft versucht hat, sich Davids und seiner Truppe zu bemächtigen, so denken jetzt die Philister, mit einem Handstreich David fangen und mit einem Schlag die Gefahr von seiten des neuen Königs in Israel beseitigen zu können. Die Frage, die David mit Hilfe des Orakels dem Herrn zur Entscheidung vorlegt (V. 19), kann immerhin sichtbar machen, in welch bedrohliche Lage ihn das Erscheinen der Philister brachte. Wenn sie für ihren Aufmarsch die Senke oder „Ebene" Rephaim wählen, so ist dies vermutlich im Zusammenhang mit ihrer überlegenen militärischen Ausrüstung zu sehen. Sie verfügen über Rosse und Streitwagen (vgl. 1.Sam.13, 5), während David mit seinen Söldnern lediglich eine Fußtruppe ins Feld führen kann. Um so begreiflicher, daß er die Entscheidung über Angriff oder Verteidigung beim Herrn sucht. Durch den klaren Bescheid des Orakelspruchs ermutigt und des Sieges über den militärisch überlegenen Feind gewiß gemacht, wagt David den Angriff. Der Bericht gibt keinerlei anschauliche Schilderung des Kampfes und versteht es doch, durch einen meisterhaften Kunstgriff der Darstellung in einem

---

[4] Vgl. Hertzberg, a.a.O. S. 218.
[5] Hertzberg, a.a.O. S. 219.
[6] Vgl. Stuttgarter bibl. Nachschlagewerk, Stuttgart, Priv. Württ. Bibelanstalt. S. 538. Danach handelt es sich um eine Senke, 1 Stunde in der Länge, ½ Stunde in der Breite.

einzigen Satz ein fesselndes Bild des Sieges zu geben. In dem dankenden Bekenntnis des Siegers nach überstandener Schlacht wird das Geschehen einem „Durchbruch" verglichen, wie er im palästinischen Bergland durch jähe Wolkenbrüche hervorgerufen wird. Die gewaltig ins Tal hinunterschießenden Wasserfluten reißen alles mit sich, was ihnen im Wege steht.[7] Der Dankspruch Davids gab dem Ort der Schlacht für immer seinen Namen „Baal-Perazim". Er besagt beides: Daß die Reihen des Philisterheeres *durchbrochen* wurden, und daß *der Herr* diesen Durchbruch verschaffte. Dem Davidsspruch und dem Namen der Walstatt ist noch die nachzitternde Erregung über das ebenso unfaßbare wie unheimliche Geschehen abzuspüren. Menschlich gesehen, schien das feindliche Heer einer unüberwindlichen Mauer gleich; es konnte mit seinen Kriegswagen und Reisigen der Fußtruppe Davids in jener Bergfeste spotten. Und nun geschah es, daß die Söldner Davids, solch einem jähen Wolkenbruch gleich, auf diese eisenbewehrte Mauer herabstießen, sie durchbrachen und zum Einsturz brachten. Es ist klar, daß man von dieser Durchbruchsschlacht genauso unter strategischen Gesichtspunkten sprechen konnte und vermutlich auch gesprochen hat, wie dies bei ähnlichen Siegen üblich ist, die in der Weltgeschichte einen berühmten Namen bekommen haben. So wahr Menschen von Fleisch und Blut diesen Durchbruch durch die Philister wagten und durchführten, so gewiß war an ihm neben der soldatischen Tapferkeit der Truppe auch das Feldherrntalent Davids ganz wesentlich beteiligt. Um so bezeichnender ist es für den Bericht selbst und für das Ziel, dem er vom Erzähler dienstbar gemacht wird, daß er nicht das Heldentum der Krieger und das strategische Genie ihres Anführers ins Licht stellt, vielmehr in dem Walten des Herrn das einzig Ausschlaggebende sieht. So gewiß die Entscheidung zwischen Israel und den Philistern durch die Kampfscharen Davids herbeigeführt wurde, so einseitig will doch der Bericht zur Erkenntnis bringen, daß der Herr hier eine Entscheidung für Israel und wider die Philister gefällt hat.

Die abschließende Bemerkung, nach der die Philister bei ihrer kopflosen Flucht ihre sämtlichen Götterbilder auf dem Kampfplatz zurückließen (V. 21), unterstreicht ihrerseits kräftig, daß im Sieg der Truppen Davids letztlich und in Wirklichkeit der Herr seine Gottheit und zugleich die Nichtigkeit der von den Philistern verehrten Götter erwiesen

---

[7] Vgl. Luk. 6, 49. Im Jesusroman von Schalom Asch „Maria" finden sich einige packende Schilderungen davon, wie sich solche Wasserkatastrophen im palästinischen Bergland auswirken.

hat. Die Philister schufen, darin fast jedem Volke gleich, Bilder, in denen sie die Gottheit dar- und sich vorstellten und zugleich auch deren Macht sich aneignen wollten (vgl. 1. Sam. 5, 2). So führten sie denn auch auf ihrem Kriegszug Gottesbilder mit sich und glaubten damit das Eingreifen der Gottheit zu ihren Gunsten unabdingbar gesichert. Scheint – mindestens für antik-heidnisches Denken – ein Gott, den man im Bilde fassen und für sich wirksam machen kann, an Wirklichkeit und Leibhaftigkeit eindeutig überlegen, so erweist sich doch gerade der Herr, von dem es kein Bild geben kann noch geben darf (vgl. 2. Mose 20, 4), keineswegs als der Ohnmächtige, ja gar der Nichtige, vielmehr als der Lebendige und Wirkende, der nicht seinesgleichen hat. Die Bilder, hinter denen denn erwiesenermaßen ein „Nichts" steht, werden von den Siegern mitgenommen (V. 21), die im Dienst dessen stehen, von dem es kein Bild gibt, der sich aber eben so als „der Herr der Durchbrüche" zu erkennen gegeben hat.

Zu der zweiten Schlacht kommt es, offenbar nach Verlauf eines gewissen Zeitraumes, dessen Dauer freilich unbestimmt gelassen wird (V. 22), wiederum infolge eines Einfalls der Philister.

Als Ort ihres Aufmarsches wird erneut die Senke Rephaim genannt.[8] Liegt diese im Südwesten von Jerusalem, so weist die Bemerkung V. 35 über den Ort, von dem aus David hernach die fliehenden Feinde verfolgt hat, in den Norden der Stadt. Daraus ist zu entnehmen, daß sich dieser vernichtende Schlag gegen die Philistermacht in Form eines über weite Entfernung ausgedehnten Kampfgeschehens abgespielt hat. Auch dieser Bericht übergeht freilich jegliche Schilderung der militärischen Vorgänge. Er faßt vielmehr das ganze, entscheidungsvolle Geschehen in die Wiedergabe des göttlichen Bescheids, der auf die Orakelbefragung Davids ergeht (V. 23 f). Auch diese selbst wird nicht in ihren Einzelheiten geschildert. Nach 1. Sam. 10, 19–22; 14, 40–42 hat man an ein Verfahren zu denken, bei dem wiederholt Alternativfragen gestellt wurden. Mit diesem Orakelverfahren, stelle man es sich auch noch so plastisch vor Augen, läßt sich jedoch nicht erklären, wie David zur Gewißheit über die von Gott gewollte Schlachtplanung, Örtlichkeit (von den Bakasträuchern her) und zeitliche Ansetzung des Angriffs kommen konnte. Der Text selbst gibt keine Handhabe zu einer

[8] Wenn anschließend an jene erste Schlacht in der Nähe Jerusalems, wie z. B. Hertzberg (a.a.O. S. 220) vermutet, Jerusalem von David genommen wurde, so wäre die Wahl des Kampfplatzes, welche die Philister für die 2. Auseinandersetzung trafen, eben durch Davids Festsetzung in Jerusalem zu begreifen.

Aufhellung dieses merkwürdigen Umstandes. Gressmann versucht eine solche mit den Mitteln der religionsgeschichtlichen Forschung und Erkenntnis. Er sagt: „Selbst die Umgehung der Philister... wird auf göttliche Weisung zurückgeführt. Ja, man erzählt sich, daß Jahweh persönlich das Zeichen zum Losschlagen gegeben habe, indem er einem Sturmgott gleich durch die Zweige brach. Man darf an die Baumorakel erinnern, wie sie in Griechenland von den Eichen zu Dodona geholt wurden."[9] Die Forschungsrichtung der religionsgeschichtlichen Schule, der die Arbeit am A. T. wesentliche und unverlierbare Einsichten verdankt,[10] versteht so diesen überraschenden Bericht als Spiegelung eines geschichtlichen Ereignisses im religiösen Bewußtsein. So gewiß in der Tat die religiösen Fähigkeiten der menschlichen Seele erheblich sind, und so gewiß die Welt der Religion derartige Erscheinungen in reicher Fülle aufweist, so bietet doch die Schrift selbst die andere Erkenntnis dar, daß Gott mit seinem Geist in seinem Volke am Werk ist und durch prophetische Erleuchtung seine Weisung auch in den Alltag wie eines jeden Genossen seines Bundes, so auch eines Königs und Feldherrn zu geben vermag und bereit ist.

Auf jeden Fall liegt hier wiederum ein höchst eigenartiger Kriegsbericht vor. Er deutet wohl an, daß *David* ein großer Schlag gegen die Philister gelungen ist, und daß es an jenem Tag ein schweres und langes Ringen gegeben hat. Aber er zeichnet David völlig in der Abhängigkeit und macht als den wirklichen Strategen und Sieger in dieser Schlacht einzig den Herrn erkennbar. Er ist's, der dem König Israels diesmal die Umfassung des feindlichen Heeres vom Rücken her gebietet, der den Ort des Angriffs festlegt; „die Bakasträucher" hat man sich allem nach als ein bekanntes und auffallendes Gesträuch jener Gegend zu denken. Er gibt mit dem „Geräusch des Einherschreitens", das in den Wipfeln jenes Gesträuchs vernehmbar wird, David an der Spitze seiner angriffsbereiten Truppe zu erkennen, daß der Herr vor ihm her auszieht, um die Philister zu schlagen. Es ist dies gewiß kein Bericht von der Art, wie wir sie aus der Feder antiker oder moderner Kriegsberichterstatter kennen. Diese beschränken sich notwendig auf das, was vor Augen liegt, auch dann, wenn sie einmal letztlich unerklärbare, schicksalhafte Wendungen und Ereignisse zu schildern haben.

---

[9] Gressmann in „Die Schriften des A.T." II, 1, 1910. S. 137.

[10] Vgl. Kraus „Geschichte der historisch-kritischen Erforschung des A.T.", Neukirchen, 1956, S. 284ff.

Um so stärker wecken diese Berichte über Davids Philistersiege, die man immerhin als nüchterne, archivalische Aufstellung anzusehen Grund hat, das erstaunte Fragen: Was ist das für ein Volk, das von seinen Kämpfen und Siegen nur so erzählen kann, wie dies hier und gleicherweise in zahlreichen Berichten der Bücher Josua, Richter und 1. Samuel geschieht? Und was für eine Gewißheit des Glaubens meldet sich hier zu Wort, wenn auch die Taten der gefeiertsten „Helden" Israels und die Werke seines größten Königs nur als Taten des Herrn beschrieben, und wenn die Großen der Geschichte Israels nur in der Nachfolge des allein Großen, nur als Werkzeuge des einzig Gewaltigen gesehen werden können? Und endlich: Welch ein Gott ist der, welcher in den Wegen und Schicksalen eines, weltgeschichtlich gesehen, kleinen und bedeutungsarmen Volkes Zeichen seiner „Politik", seines Wollens und seines Zieles gibt?

So dient denn dieser ganze Abschnitt nicht allein dazu, von einer neuen Seite her zu zeigen, wie David an das Ziel seines „Aufstiegs" gelangt ist und die alte, brennende Frage nach der Vorherrschaft in Palästina zur Lösung gebracht hat. Vielmehr wird auch in ihm ein Stück der Botschaft von dem Herrn ausgerichtet, der ein Land dieses Erdballs mit seinem Volke „besetzt", der diesem Volk in David den Erbauer eines kraftvollen Staates und Reiches gibt. Dies alles ist freilich nur ein Modell und Zeichen für das letzte Ziel Gottes. Denn Israel wird dieses Land nicht immer „besitzen", und der Staat wie das Reich Davids werden zerfallen und vom Erdboden wieder verschwinden. Aber ein Zeichen ist damit für immer gegeben, daß Gott in der Tat begehrt, auf dieser Erde König zu sein. Er wird das fernerhin auch mit anderen Zeichen bekunden. Er wird es zuletzt damit kundtun, daß er nicht nur in und durch menschliche Werkzeuge wirkt, sondern selbst unter die Menschen eingeht, daß er als der Fleischgewordene nur noch den kleinen Raum beansprucht, auf dem das Kreuz des Versöhners eingegraben wird. Er wird sich aber mit dem engen Raum eines Platzes für das Kreuz und eines Grabes im Garten des Joseph von Arimathia nicht begnügen, ohne zuvor mit Vollmacht zu sagen, daß Er das *Erdreich* in seiner Hand hat und es in der neuen Schöpfung den Gewaltlosen zu besitzen gibt (Matth. 5, 5). Er wird sich nicht ans Kreuz erhöhen lassen, ohne es nachdrücklich auszusprechen: „Es ist vollbracht!" (Joh. 19, 30) und ohne als der Auferstandene seine Jünger als Zeugen seiner nun die ganze Erde umspannenden, erlösenden Herrschaft auszusenden (Apgsch. 1, 8; 2. Kor. 5, 19f.).

4. Die Überführung der Lade des Herrn nach Jerusalem

2. Sam. 6, 1–23:

(1) Und wieder sammelte David die ganze Krieger-Auslese in Israel, 30 Tausend. (2) Und David brach auf und zog mit allem Volk, das er bei sich hatte, nach Baala in Juda, von da die Lade Gottes heraufzuholen, über der man „den Namen“ nennt, den Namen „des Herrn der Heerscharen, der über den Cheruben thront.“ (3) Und sie setzten die Lade Gottes auf einen neuen Wagen und holten sie weg aus dem Haus Abinadabs auf der Höhe. Ussa und Achjo, die Söhne Abinadabs, leiteten den Wagen. (4) Und Ussa ging mit der Lade Gottes, während Achjo vor ihr her schritt.[1] (5) David aber und das ganze Haus Israel zogen im Tanze vor dem Herrn her mit allen möglichen Instrumenten[2] aus Zypressenholz, mit Zithern, Harfen, Handpauken, Rasseln und Zimbeln. (6) Wie sie so zur Tenne Nakons gelangt waren, da vergriff sich Ussa an der Lade Gottes; er faßte sie an, weil die Rinder ausrissen. (7) Da entbrannte der Grimm des Herrn über Ussa. Gott streckte ihn dort mit einem Schlage nieder wegen des Vergehens, so daß er bei der Lade Gottes starb. (8) Da wurde dem David heiß vor Schrecken darüber, daß der Herr an Ussa solch furchtbaren Riß getan hatte. Darum nennt man diese Stätte den „Ussa-Riß“ bis auf den heutigen Tag. (9) Und weil David an jenem Tag so in Furcht vor dem Herrn geriet, sprach er: „Wie kann da zu mir die Lade Gottes gelangen?“ (10) Und David wollte die Lade des Herrn nicht zu sich in die Stadt Davids bringen lassen und ließ sie im Hause Obed-Edoms, des Gathiters, stehen. (11) So blieb die Lade des Herrn im Hause Obed-Edoms, des Gathiters, 3 Monate lang. Der Herr aber segnete Obed-Edom und sein ganzes Haus.

(12) Als nun David berichtet wurde: „Der Herr hat das Haus Obed-Edoms und alles, was sein ist, um der Lade Gottes willen gesegnet“, da zog David hin und brachte die Lade Gottes aus dem Hause Obed-Edoms mit Freuden nach der Stadt Davids. (13) Und sobald die Träger der Lade des Herrn sechs Schritte ausgeschritten waren, da brachte er ein Rind und ein Mastkalb als Opfer dar. (14) David aber drehte sich mit ganzer Leidenschaft vor dem Herrn im Tanze. Dabei war David mit einem Schultergewand aus Leinen bekleidet. (15) So führte David samt dem ganzen Hause Israel die Lade des Herrn hinauf unter Festjubel und Hörnerschall. (16) Und als die Lade des Herrn nach der Stadt Davids gelangte, da schaute Michal, Sauls Tochter, zum Fenster heraus; und als sie den König David vor dem Herrn springend und sich

---

[1] So nach dem Vorschlag der Textkritiker, da der hebr. Wortlaut: „Sie holten sie aus dem Hause Abinadabs auf der Höhe weg, mit der Lade Gottes“ offensichtlich entstellt ist, und LXX wieder eine andere Lesart hat: „(3) . . . leiteten den Wagen (4) mit der Lade, und seine Brüder gingen vor der Lade her.“

[2] So, wenn man versucht, den hebr. Wortlaut wiederzugeben. Einige Textkritiker schlagen vor, zu lesen: „Mit aller Macht und Gesängen, auch mit Zithern . . .

im Tanze drehend erblickte, da schämte sie sich seiner in ihrem Herzen. (17) Sie aber brachten die Lade des Herrn und stellten sie an ihren Platz inmitten des Zeltes, das David für sie aufgeschlagen hatte. David aber brachte Brandopfer vor dem Herrn dar und auch Heilsopfer. (18) Als nun David mit dem Darbringen des Brandopfers und der Heilsopfer zu Ende kam, segnete er das Volk im Namen des Herrn der Heerscharen. (19) Dazu teilte er dem ganzen Volk, der ganzen Menge Israels, Mann wie Frau, Kopf für Kopf einen Brotkuchen, einen Dattel- und einen Rosinenkuchen aus. Darauf ging alles Volk weg, jeder in sein Haus. (20) Auch David kehrte heim, seinem Haus den Segenswunsch zu entbieten. Da ging Michal, die Tochter Sauls, David entgegen mit den Worten: „Wie majestätisch hat sich heute der König Israels gegeben! Er hat sich ja heute für die Blicke der Mägde seiner Knechte entblößt, wie sich nur einer vom Gesindel entblößen kann.“ (21) Da gab David Michal zur Antwort: „Vor dem Herrn – er hat mich statt deines Vaters und seines ganzen Hauses erwählt, um mich zum ‚Gezeichneten‘[3] über das Volk des Herrn, über Israel, zu bestimmen – ja, ich habe getanzt vor dem Herrn. (22) Und noch verachteter will ich sein als diesmal und ganz niedrig in meinen eigenen Augen;[4] aber bei den Mägden, von denen du sprachst, werde ich Ehre haben.“ (23) Und Michal, die Tochter Sauls, hatte kein Kind bis zum Tage ihres Todes.

Jerusalem, die Feste auf der Höhe, eben durch den Feldzug (5, 6–10) zur „Stadt Davids“ geworden und von ihrem Herrn zum politischen Mittelpunkt des Reiches ausersehen, wird vom König zum Aufenthaltsort der Lade bestimmt. Von diesem Heiligtum aus der Frühzeit Israels war zuletzt 1. Sam. 4, 1–7, 1 die Rede. Nach dem Seßhaftwerden der israelitischen Stämme war sie in Silo aufgestellt und der Hut des dort amtierenden Priestergeschlechts der Eliden übergeben. Sie wurde, in Erinnerung an die entscheidende Rolle, die sie in den früheren „Kriegen des Herrn“ um den Besitz des Landes gespielt hatte, vom israelitischen Heerbann bei einer bedrohlichen Lage im Philisterkrieg ins Lager geholt. Sie sollte den Scharen Israels den Sieg bringen und ging an die Philister verloren. Aber das Beutestück, das die neuen Besitzer zum Zeichen ihres Triumphes im Hause ihres Gottes Dagon in Asdod aufstellten, wurde ihnen zur quälenden Last und zum unheimlichen Feind. Sie führten sie von einer Stadt in die andere, bis sie sich, der Last müde geworden, des Urhebers der Schrecken entledigten. So kehrte die Lade endlich in ihre „Heimat“ zurück. Sie fand ihren Platz

[3] Vgl. Bd. 11I, S. 70.
[4] LXX: In deinen Augen.

allerdings erstaunlicherweise nicht mehr im Gebiet der nordisraelitischen Stämme, sondern in zwei Ortschaften Judas (1. Sam. 6, 12; 7, 1). Vor allem die Erzählung von der Rückkehr der Lade 1. Sam. 6, 6–12 hat betont herausgekehrt, daß hier nicht eben ein heiliges Kultgerät seinen rechtmäßigen Eigentümern und Verehrern zurückgegeben wird, daß vielmehr der auf ihr Thronende, der Unsichtbare, der „Ich werde da sein, als der ich da sein werde" für dieses Zeichen seiner Herrschaft den Wohnort sucht und bestimmt.

In der neuen Erzählung, die von der Überführung des Heiligtums in die Davidsstadt berichtet, lassen sich ganz ähnliche Züge wahrnehmen. Auch hier erscheint die Lade sozusagen als das handelnde Subjekt des Geschehens. So vor allem in dem erschreckenden Zwischenfall mit Ussa, dem der Griff nach der schwankenden Lade zum Verderben wird (V. 6–8). Überdies erscheinen hier neben der Erwähnung des neuen Wagens (V. 3, vgl. 1. Sam. 6, 7) wieder die auffallenden Bezeichnungen für das Heiligtum aus 1. Sam. 4. Nachdem zunächst die volle, solenne Benennung „die Lade des Herrn der Heerscharen, der über den Cheruben thront", erwähnt ist (V. 2), wird nachher durchweg – wie in der 2. Hälfte von 1. Sam. 4 – kurzerhand von „der Lade Gottes" oder „der Lade des Herrn" gesprochen. Daraus läßt sich von jedem Bibelleser ersehen, was L. Rost in einer eingehenden Studie erkannt und begründet hat.[5] Danach bildet 2. Sam. 6, 1–20 den Abschluß zu 1. Sam. 4, 1–7, 1, und ist dieser ganze Zusammenhang als ein ehemals selbständiges Erzählwerk über das Geschick der Lade anzusehen. Der Gestalter der beiden Samuelisbücher hat diesen Lade-Bericht in 2 Abschnitte aufgeteilt und jeden derselben an die für sein Darstellungsziel entscheidende Stelle gestellt. Dies gewährt einen gewissen Einblick wie in das schriftstellerische Verfahren dessen, der den Samuelisbüchern die heutige Gestalt gab, so vor allem auch in sein eigentliches Wollen, die Botschaft von Gott zu sagen. Hatte jenes Erzählwerk die Geschichte der Lade von ihrer Wegnahme aus Silo bis zur Aufstellung in Jerusalem zum Thema,[6] so dient sie jetzt in ihrer Zweiteilung offenkundig in neuer Weise der Erkenntnis von den Wegen Gottes mit Israel. Für den ersten größeren Teil der Lade-Geschichte, in das Gefüge des 1. Samuelisbuches eingebaut und von dort her gesehen, hat sich uns als der entscheidende Gesichtspunkt

---

[5] Vgl. Bd. 11I, S. 38. 48.
[6] Vgl. W. Vischer, a.a.O. Bd. II, S. 159.

ihres Zeugnisses ergeben: „Gott entfernt das Heiligtum der Lade aus Israel.“[7] Den kürzeren Schlußteil der Lade-Geschichte versetzt der Erzähler in wohlerwogener Absicht an diejenige Stelle seiner Darstellung, wo der Aufstieg Davids zum Ziel gekommen ist, wo David für das unter ihm geeinte Reich Israel in „seiner“ Stadt den Mittelpunkt gewonnen hat, und wo durch den König des geeinten Reichs der Vorherrschaft und dem Besitzanspruch der Philister auf das Land Gottes für immer das Ende bereitet ist. Der Schluß der Lade-Geschichte (2. Sam. 6) fügt sich in der Tat ohne Bruch in die Darstellung des Gesamtgeschehens ein. Kreist doch diese eindeutig um die Person Davids. Und auch das Erzählwerk vom Geschick der Lade schließt damit, daß die führende Rolle Davids stark ans Licht tritt. Betont setzt dieser Schlußabschnitt mit seinem Namen ein (V. 2),[8] während 1. Sam. 4, 1–7, 1 wohl von *den* Lade-Priestern, *den* Israeliten, *den* Ältesten, *den* Philisterpriestern und -fürsten, aber nirgends von *einer* führenden Gestalt die Rede ist, wie sie jetzt plötzlich mit der Person Davids in das Geschick der Lade eingreift. Es ist einzig und allein der umsichtigen Planung Davids zuzuschreiben, daß das alte Heiligtum Israels aus dem Winkel in den Brennpunkt des ferneren Geschehens versetzt und damit aus der Nebensache[9] wieder zu einem Mittelpunkt des religiösen Lebens im Volk gemacht wird. Ebenso aber verleiht David seiner Eroberung, der Stadt Davids, durch die Einholung des alten Heiligtums eine Würde und Bedeutung, die sie weder durch die Kraft seiner Person, noch durch die Macht seiner Sippe und seiner Truppe, noch auch durch ihre natürliche Festigkeit schon von sich aus je hätte bekommen können. Davids Stadt soll künftig das Heiligtum Israels in sich beherbergen. Sie soll nicht allein Burg und Residenz des Königs, sondern Stätte für den Thron „des Herrn, der über den Cheruben thront“, sein. Wie einst Silo, so soll künftig Jerusalem das Ziel der Begehungen, der Bundesversammlungen und der Wallfahrten der Israeliten sein. David weiß – hierin wohl genialer und weiterblickend als sein Vorgänger Saul – um die Grundlagen des Volkes Israel. Es ist in die Geschichte eingetreten als eine Art „Eidgenossenschaft“,[10] geschaffen durch das offenbarungsmächtige Hervortreten des

---

[7] Vgl. Bd. 11I, S. 38ff.
[8] V. 1 wird wohl ähnlich wie 1. Sam. 4, 1 dem Zweck der Verknüpfung der verschiedenartigen Überlieferungen dienen.
[9] Vgl. Bd. 11I, S. 49.
[10] M. Noth, Das System der zwölf Stämme Israels, 1930; vgl. Kraus, a.a.O. S. 376.

Herrn in seiner Mitte, geeint durch sein Bundeshandeln, geschart um das Bundeszeichen des „Kriegsmanns" und Königs Jahwe, die Lade. Und David weiß um die Kraft dieser in allem Wechsel der äußeren Verhältnisse lebendig gebliebenen Überlieferung in Israel, über die hinwegzugehen jedem König Israels, und wäre er als Politiker und Heerführer noch so groß und erfolgreich, zum Verhängnis werden müßte. David macht vielmehr sich, seinem Königtum und seiner Stadt zunutze, was seit Israels Frühzeit Grundlage und lebendige Kraft des Volkes ist. Man wird jedoch in Davids Maßnahme nicht allein ein Zeichen seines Weitblicks und seiner politischen Klugheit sehen dürfen, sondern wird ebenso sein persönliches Glauben an den Herrn, sein aufgeschlossenes Wissen um Gottes Bund und um den Auftrag Israels, ebenso sein bewußtes Stehen in diesem Bund in Rechnung stellen müssen. Doch ist auch damit noch keineswegs die letzte Tiefe des Vorgangs erfaßt. Wie schon gesagt, stellt die Lade-Geschichte, wie in ihrem Anfang, so auch in ihrem Schluß, das majestätische Walten des über den Cheruben Thronenden kraftvoll ins Licht. Der Israel so nahe kommt, erweist sich zugleich als der unnahbar Heilige, dem niemand „nahe" treten darf. Dieser Heilige und Unnahbare macht es selbst dem so überlegt planenden und vorgehenden David zur schreckensvollen Frage, ob seine Königsburg denn in Wahrheit die Stätte für den Thron des Herrn sein kann (V. 9). In dieser Schilderung des letzten Weges der Lade Gottes kann man nicht übersehen, daß David den entscheidenden Plan faßt, daß er aber mitten auf dem Wege und in der Durchführung seiner weitblickenden Pläne auf die lebendige Wirklichkeit des Herrn, des Heiligen Israels, stößt. Und dabei erfährt er, daß dieser Herr sich nicht wie ein Faktor unter anderen in die Rechnung eines wie auch immer genial planenden und gottesfürchtigen Menschen einfügen läßt. Vielmehr ist *er* ganz und gar der freie Herr und weist seinerseits den Menschen ihren Platz in seinem göttlichen Plane an. Kommt denn die Lade zuletzt doch in die Stadt Davids, dann ist die Frage nicht mehr zu umgehen, welche Rolle Jerusalem in dem Werk und Plan des Herrn zukommt. Und kann man einigermaßen erkennen, welche Gründe den König von Jerusalem bewogen haben, die Lade dort aufzustellen, so ist es darüber hinaus vollends geboten, die Botschaft dieser Erzählung zu beachten: Der wahre und ewige König seines Volkes wollte in der Tat das Zeichen seiner Majestät und Herrschaft in Jerusalem haben. Wie es der Politik Davids dient, wenn seine Stadt Gottes Lade birgt, so dient es offenbar der „Weltpolitik“ Gottes, daß er sich, wie mit David und seinem Haus (vgl. Kap. 7, bes. V. 18ff.!), so auch mit dieser Stadt in Palästina „gemein macht“, verbindet und ihr den Rang der „Stadt des großen Königs“ (Matth. 5, 35) verleiht. Unbeschadet seiner unnahbaren Herrlichkeit macht Gott es gerade zum Erweis seiner majestätischen Herablassung und Menschenfreundlichkeit, daß sein „Thron“ in Jerusalem steht, daß sein heiliger Name nunmehr dort ausgerufen und angebetet wird, und daß sein Volk dort vor ihm erscheint.

Der ganze Vorgang reißt weite Horizonte auf. Zunächst hat *die Tat des Königs David* folgenschwere Bedeutung auf Jahrhunderte hinaus. In Israel und Juda gab es seit alters eine Reihe von heiligen Stätten. Neben solchen, die schon der kanaanäischen Urbevölkerung gedient hatten und von den Israeliten übernommen wurden (z.B. Sichem), standen andere, deren Bedeutung durch die Überlieferungen von den Gottesbegegnungen der Väter lebendig erhalten wurde,[10] und endlich diejenigen, die durch Vorgänge und Erlebnisse aus den Zeiten der Landnahme Israels dem Volk heilig geworden waren, wie etwa Gilgal.[11] Wenn nun David die Lade nach Jerusalem holt und diese Stadt dadurch zur *heiligen Stätte* wird, so ersteht damit nicht nur ein neues gottesdienstliches Zentrum neben den altberühmten heiligen Orten. Es tritt auch nicht eben noch ein *königliches* Hofheiligtum neben die vielerlei Heiligtümer aus vorisraelitischer und aus Israels vorpolitischer Zeit. Gewiß hat David das Heiligtum der Lade in „seine Stadt“ gebracht und es unter seinen und seines Hauses Schutz genommen. Mit einem Ausdruck der germanisch-christlichen Rechtssprache könnte man das neue Ladeheiligtum in Jerusalem Davids „Eigenkirche“ nennen. Ebenso gewiß aber hat er Jerusalem dadurch zur „heiligen Stadt“ gemacht, daß er mit klarer Überlegung genau *das* Heiligtum dorthin brachte, das von Haus aus nicht an einen heiligen Ort gebunden war, das vielmehr den Stämmen Israels schon in ihrer Wanderzeit voranzog und seit ihren Anfängen der sichtbare Mittelpunkt für die Mitglieder des Gottesbundes war. Was von jeher als sichtbares Zeichen für das unsichtbare Handeln Gottes Israel geeint hat, kommt jetzt in die Stadt dessen zu stehen, der Israel politisch zusammengefügt hat. Damit verschwinden die alten Heiligtümer keineswegs aus dem gottesdienstlichen Leben Israels; sie verlieren auch nicht plötzlich ihre

---

[10] So z. B. Hebron 1. Mose 13, 18; Beerseba 1. Mose 26, 23ff.; Bethel 1. Mose 28, 10ff. u.a.
[11] Vgl. zum Ganzen Eichrodt, Theol. des A.T. 1933, Bd.II, S. 44ff.

Bedeutung. Seit sich aber das Zeichen des Bundes Gottes und der Einheit der Stämme Israels in Jerusalem befindet, ist der Grund gelegt zu der einschneidenden Entwicklung, der zufolge während der späteren Königszeit im 5.Mosebuch aus dem Bekenntnis zu dem einen Herrn, der nicht seinesgleichen hat (vgl. 5.Mose 6,4), die Forderung nach dem einen und allein legitimen Ort der Anbetung[12] erwachsen ist. Während der Regierungszeit Josias wurde dieser Grundsatz verwirklicht (vgl. 2. Kön. 22f.) und allen Gottesdiensten außerhalb des Heiligtums in Jerusalem gewaltsam ein Ende gemacht. War auch dieser sog. Reform Josias kein dauernder Erfolg beschieden, so bildete doch nach dem Exil und der Wiedererrichtung des Heiligtums in Jerusalem einzig dieser Ort die Mitte für Leben und Bestand des Volkes Gottes, und hat, trotzdem die Lade längst nicht mehr vorhanden war, die einst in ihr zeichenhaft bezeugte Gewißheit der Treue Gottes und Einheit seines Volkes nunmehr in Jerusalem und seinem Heiligtum ihr äußeres Zeichen.

Vollends aber eröffnet *die Entscheidung Gottes*, seinen Thron wie seinen Namen nunmehr in der Stadt Davids „wohnen" zu lassen, Ausblicke von gewaltigstem Ausmaß. Gott bestätigt zunächst den Gedanken *Davids*, der die Lade des Herrn in der neuen Residenz haben will, und der so das neue Gebilde seines Königtums mit dem Anfang Israels verknüpft – anders gesagt: der jenen Anfang Israels in seiner Königsherrschaft wieder aufnimmt und belebt, ihm seine Krönung verleiht.[13] Gott spricht wie durch jene Führungen Davids, die in Kap. 1–5 berichtet sind, so nun durch diese Fügung mit der Lade in Majestät *und* Herablassung erneut sein Ja zu dem Königtum Davids (vgl. 5, 12). Dies geschieht jedoch nicht so, als wäre *Davids* Herrschaft in Jerusalem das Ziel der Wege Gottes.[14] Die Lade, die jetzt in Davids Stadt und Hofheiligtum ihre Heimat findet, bleibt, was sie von den Anfängen Israels her ist, nämlich das Zeichen des *Königtums*, welches *Gott* über

---

[12] Vgl. 5.Mose 12, 5 „... sondern den Ort, den der Herr, euer Gott, erwählen wird. aus allen euren Stämmen, daß er seinen Namen dort wohnen läßt, sollt ihr aufsuchen ...". Ebenso 5.Mose 12, 11. 21; 14, 23f.; 16, 2. 6. 11; 26, 2.

[13] A. Alt hat in seinen Studien „Die Staatenbildung der Israeliten in Palästina" und „Das Großreich Davids" (a.a.O. Bd. II, S. 1ff., bzw. S. 66ff.) überzeugend dargestellt, wie der Staat Davids als ein völlig neuartiges, von allen ihm vorausgehenden staatlichen Formungen unterschiedenes Gebilde in die Geschichte Israels eintritt.

[14] Dies gilt trotz der begründeten Annahme, daß der Verfasser des in die heutigen Samuelisbücher eingearbeiteten Erzählwerks „Vom Aufstieg Davids" (1.Sam.16 bis 2.Sam. 5. 8) seinen Zeitgenossen in der Tat dies zeigen wollte, wie der Plan Gottes mit seinem Volk im Reiche Davids zum Ziel gekommen sei; vgl. A. Alt, a.a.O. Bd. II, S. 15, bes. Anm. 3.

Israel aufgerichtet hat und begehrt, und welches er durch die Stämme Israels auf dem Erdboden bezeugt haben will. Gottes Königtum kann deshalb niemals in einem, wie auch immer großartigen menschlichen Königtum seine Gestalt gewinnen und aufgehen. Gottes Königtum bedient sich wohl des irdischen Zeichens. Aber es ist nie und nimmer an das sichtbare Zeichen unausweichlich gekettet. Das ist für das Zeichen der Lade unüberhörbar in 1. Sam. 4, 1–7, 1 gesagt worden. Sie kann an die Philister verlorengehen, und sie kann Jahrzehnte hindurch ein Winkeldasein führen. *Gottes Königtum* bleibt dennoch über Israel und die Völker aufgerichtet und in Kraft. Die Lade kann, seit sie in Jerusalem aufgestellt ist, die lebendige Kraft verlieren, die sie im Anfang Israels hatte, wie sie denn auffallenderweise in den Erzählungen von Salomo kaum, in denen aus der folgenden Königszeit überhaupt nicht mehr erwähnt wird.[15] Ist ihr Dienst als Zeichen des Königtums Gottes zu Ende, so beginnt nun für die Stadt Davids die Aufgabe, in der Welt zu bezeugen: Der Herr ist König. Auf Jahrhunderte hinaus wird *Jerusalem* das Volk Gottes an den Bund Gottes erinnern, so wie früher die Stämme durch *die Lade* an den Bund erinnert wurden. Schon gleich nach der Zerteilung des Reiches Davids fürchtet Jerobeam I. für den Bestand des neu gebildeten Nordreichs Israel, wenn das Volk aus seinem Gebiet wie bisher im Hause des Herrn in Jerusalem die Bundesversammlungen besuchen würde (1. Kön. 12, 26 ff.). Keineswegs freilich ist Gottes Königtum jetzt an die Davidsstadt *gebunden*, so gewiß diese jenes bezeugt. In der späteren Königszeit erheben Propheten im Auftrag des Herrn ihre Stimme wider diese Stadt und kündigen ihre totale Zerstörung und damit die Beseitigung dieses Zeichens für Gottes Herrschaft an (vgl. z. B. Jes. 3, 8; Jer. 8, 1 ff.; 9, 10; 19, 7; Micha 1, 5. 9. 12; 3, 10 ff.). Sie tun dies in erregendem Widerspruch zu der Glaubensüberzeugung des Volkes, seiner Priester und Könige, und nicht selten sogar unter dem massiven Widerstand von Propheten, die im Heiligtum Jerusalems die ewig unerschütterliche Gewähr für Gottes Beistand sehen (Jer. 7; 28). Keiner dieser Zeugen von Jerusalems Verwerfung hat aber an das endgültige Verschwinden Jerusalems aus dem Zeugendienst für Gottes Königtum gedacht. Der Herr wird Jerusalem wiederum bauen, und von

[15] Gressmann, a.a.O. S. 140, erkennt ihr für die Zeit Davids lediglich die Rolle einer „kostbaren Reliquie“ zu, deren „Glorienschein“ auch Israels großer König nur auf kurze Zeit zu erneuern vermochte. Seit ihrer Einholung habe sie keine Rolle mehr gespielt, unter Salomo sei sie völlig verschwunden.

dort wird in der vollendeten Heilszeit die Erkenntnis des Herrn zu den Völkern gehen (Jes. 2, 3; Mi. 4, 2; Jer. 3, 17; Jes. 40, 2. 9; 41, 27; 44, 26. 28). In dem auf des Perserkönigs Cyrus Befehl wieder errichteten Heiligtum von Jerusalem (Esra 6, 3ff.; Hag. 1; 2) hat die nachexilische Gemeinde ihrer Freude an der Stadt Gottes und ihrem Glauben an das Königtum Gottes in den Jerusalem-Psalmen Ausdruck gegeben (vgl. Ps. 116, 19; 122; 125, 2; 135, 21; 147, 2. 12). Kein Wunder, spielt auch in den Zeugnissen des Neuen Testaments die irdische Stadt Jerusalem mit dem Zionsheiligtum eine entscheidende Rolle. Nach Jerusalem weist alles in Wort und Tat des Herrn, als er im Fleisch erschien. In *Jerusalem* muß vollendet werden, was die Propheten für den Menschensohn geschrieben haben (Luk. 18, 31), nämlich die Schmach, die Gott aus seiner Verbindung mit Israel erwuchs, wie ihre Überwindung („...und am 3. Tage auferstehen!"). In Jerusalem wurde „es vollbracht" (Joh. 19, 30). In Jerusalem wird der „Thron" des Kreuzes errichtet, an dem der Herr die Welt vor dem Verlorenwerden rettet (Joh. 3, 16). Von Jerusalem aus gehen die Zeugen des erniedrigten und dadurch erhöhten Königs in die Welt (Apg. 1, 8). Und der Apostel der Völker verpflichtet die Gemeinden aus den Heiden, durch ihr Beisteuern mitzuhelfen, daß die Zeugen des Königs, die armen Heiligen, in Jerusalem verbleiben und ihr Zeugnis an Israel ausrichten können (Röm. 15, 25ff.; 1. Kor. 16, 1–4; 2. Kor. 8f.). Gewiß ist für die heutige Christenheit Jerusalem nicht mehr *das* Zeichen des Königtums Gottes. Jesus ist das neue und endgültige Heil und Heiligtum (Joh. 2, 19ff.). Aber sein vollendetes Königswerk, die vollendete Gemeinde, das unzählbare Volk aus allen Völkern erscheint wieder als „das neue Jerusalem", die Stadt aus dem Himmel (Off. Joh. 21; vgl. Hebr. 12, 22; Gal. 4, 26ff.). Als das heimliche Thema von 6, 1–20 an seinem jetzigen Platz im 2. Samuelisbuch ergibt sich denn: Der Herr macht die Stadt Davids zum sichtbaren Zeichen seines Königtums, zum Zeichen seiner majestätischen Herablassung und Menschenfreundlichkeit.

Die eigenartige Verschlingung der Gedanken Davids und der Planung des Herrn in 6, 1–23 nötigte zunächst dazu, die Bedeutung zu erwägen, die unser Kapitel im Gang der Gesamtdarstellung hat. Nunmehr gilt es, noch den einzelnen Zügen der Erzählung nachzugehen.

Mit den beiden ersten Worten „und wieder" (V. 1) stellt der Erzähler die Verknüpfung des Schlußteils der Lade-Geschichte mit seinem vorausgegangenen Bericht über Davids Philistersiege her. Trotzdem läßt sich an einer kleinen Unebenheit nach wie vor die Nahtstelle zwischen den beiden Berichten erkennen. Die Philisterschlachten gewann David allem nach mit seiner leibeigenen Truppe (vgl. „seine Männer" 5, 21). Für die Einholung der Lade bestellt der König „die Kriegerauslese in Israel".[16] Diese Maßnahme ist ganz dazu angetan, die ursprüngliche Bedeutung der Lade als des Heiligtums in den „Kriegen des Herrn" in Israels Frühzeit in Erinnerung zu rufen. Wenn andererseits Krieger aus *Israel* zur Begleitung des Königs befohlen werden, so erinnert dieser Umstand daran, daß die Lade früher in Silo, im Gebiet der nordisraelitischen Stämme aufgestellt war. Wohl hatte sie ursprünglich als *das* einigende Zeichen für den Gottesbund der 12 Stämme gedient.[17] Stand sie jedoch später in Silo, so mußte es ganz von selbst dazu kommen, daß sie vorzugsweise von den Nordisraeliten aufgesucht wurde, während die Judäer ihre gottesdienstliche Mitte im Hebronbund hatten.[18] War denn die heilige Lade vornehmlich zum Heiligtum der Nordisraeliten geworden, so legt sich die Frage nahe, warum Saul nie versucht hat, was David sich als eine seiner ersten Herrschertaten geboten sieht. Gibt uns Gressmans Sicht darauf die Antwort, daß die Lade schon seit langer Zeit ihre frühere Bedeutung verloren habe?[19] Oder hat Sauls Gleichgültigkeit gegen das alte Heiligtum in seinem Zerwürfnis mit den Nachkommen des Hauses Eli, den Hütern der Lade, ihren Grund? Hat man etwa auch an die Rücksicht zu denken, die Saul auf die Philister nehmen, und die eine Wegnahme der Lade aus dem – wie zu vermuten ist[20] – in ihrem Einflußgebiet gelegenen judäischen Ort widerraten mußte?[21] Genug, David hält um der im Anfang Israels begründeten Bedeutung der Lade, wie um der geistlichen Fundierung seines neuen Staatsgebildes willen die Überführung des alten Heiligtums in die neue Residenz Israels für das Gebotene. Ob, wie Hertzberg zu bedenken gibt,[22] Abjathar, der zu David übergegangene, einzig Überlebende aus der alten Lade-Prie-

[16] Das auffällige Nachklappen der Zahlenangabe 30000 wie das Fehlen des eigentlich zu erwartenden Beiworts wie „Männer" oder „an der Zahl" könnte auf ihre erst spätere Zufügung weisen.
[17] Vgl. oben S. 83f.
[18] Vgl. oben S. 28.
[19] A.a.O. S. 140.
[20] Vgl. S. 29. Anm. 12
[21] Zu den beiden letzteren Erwägungen vgl. Hertzberg, a.a.O. S. 223.
[22] Ebenda.

sterschaft auf Davids Vorhaben Einfluß hatte (vgl. 1. Sam. 22, 20 ff.), ist jedenfalls im Text mit keinem Wort angedeutet.

Entgegen 1. Sam. 7, 1 erscheint 2. Sam. 6, 2 – überraschend, wenn doch 1. Sam. 4, 1–7, 1 und 2. Sam. 6, 1–20 ursprünglich eine Erzähleinheit gewesen ist – ein anderer Name für den Sitz der Lade. Doch zeigen Jos. 15, 9 ff. und 15, 60, daß der Ort verschiedene Namen trug, so Kirjath-Baal (d. h. Baalsstadt, Herrnstadt) oder Baala (d. h. Bürgerschaft) oder Kirjath-Jearim (d. h. Wälderstadt). Übereinstimmend jedoch mit 1. Sam. 7, 1 holt David die Lade „aus dem Haus Abinadabs auf der Höhe" (V. 3). Ist in Abinadab der Älteste eines Priestergeschlechts zu vermuten, dem die Hut der Lade anvertraut worden war, so wären die Begleiter der Lade auf ihrer Fahrt nach Jerusalem, Ussa und Achjo,[23] als dessen Nachkommen auch ihrerseits priesterlicher Herkunft. Der König und seine Kriegerbegleitung aus Israel bilden das Heergefolge des Herrn und schreiten im Reigen einher, zu dem Instrumente den Takt geben (V. 5). Man wird nicht vermuten dürfen, daß dies ein feststehender Brauch für den Umgang mit der Lade war, zumal sie ja in Silo ihren festen Sitz bekommen hatte und nicht in Prozessionen umhergeführt wurde. Eher ist an die Kriegsreigen zu erinnern, die nach 2. Mose 15, 20; Richt. 11, 34; 1. Sam. 18, 6 – allerdings von Frauen – aus Anlaß eines dem Herrn zu verdankenden Sieges aufgeführt wurden. Hier hätten nun Männer und Krieger den Kriegsreigen getanzt und damit, in Erinnerung an die einstige Rolle des Heiligtums in den Kriegen des Herrn, symbolisch den friedlichen Zug der Lade als Siegeszug des Herrn dargestellt.

Das Vorhaben Davids wird jedoch jäh unterbrochen. Noch lange nach dem Ereignis zeigte man am „Ussa-Riß" die Stelle, wo der Schrecken des Herrn auf den festlichen Zug fiel und den König in schreckhafte Ungewißheit stürzte, ob der Herr seinen Thron in der Stadt Davids haben wolle. Ussa, durch die ausreißenden Rinder und das Schwanken des Wagens in Sorge um die Lade, „vergriff" sich an ihr und wurde vom Schlage niedergestreckt. Ein rätselhafter Vorgang; war doch Ussa vermutlich Priester und mit der Pflege des Heiligtums seit langem betraut und vertraut. Der naheliegende Hinweis auf das volkstümliche Denken oder auf priesterliche Anschauungen jener alten

---

[23] Hertzberg erwähnt – a.a.O. S. 223 – die Vermutung von Wellhausen und Budde, wonach statt „Achjo" ursprünglich das Wort „achiv" (= sein Bruder) gestanden und den Namen Zadok bei sich gehabt hätte, der später an Davids und Salomos Hof aufstieg und Abjathar den Rang ablief.

Zeit, dem die Nichtbeachtung des sonst gewohnten Zeremoniells beim Umgang mit der Lade als todeswürdiger Übergriff erscheinen mochte, kann wohl in etwas erhellen, wie es zu dieser im Volk umlaufenden Überlieferung kam. Doch sind die wie auch immer von volkstümlichem Denken geprägten Erzählungen der Bibel genau so wie deren nüchtern historisch berichtende Darstellungen Träger einer gültigen Botschaft und Zeugnis von der Herrschergewalt des lebendigen Gottes. Dieser Gott tut sich denn gerade in diesem Zug volkstümlicher Überlieferung als der unnahbare Herr kund, den man nie in der Hand hat, der vielmehr seinem Namen: „Ich werde da sein, als der ich da sein werde" Geltung verschafft. Hier einfach von „Strafe" für das kultische Versehen eines allzu eifrigen Priesters zu reden, hieße am Eigentlichen dieser ganzen Szene vorbeireden. Braucht *der König* Israels für seine durchaus auch religiös bestimmten Zwecke das Zeichen des göttlichen Königtums in seiner Stadt, so macht *Gott* in dem jähen Tod des Priesters Ussa vor David und Israel kund, daß er König in eigener Hoheit ist, und daß sein Königtum nicht religiöse Idee, sondern Wirklichkeit ist. Daß der Text in dieser Richtung gehört sein will, zeigt sich an der Wirkung des schreckhaften Vorfalls auf den König. Betont ist davon die Rede, wie David an jenem Tag die Furcht des Herrn erfuhr. Mit anderen Worten, er erfuhr auf seine Weise die Wirklichkeit des Herrn, und er zieht die Folgerungen daraus und bricht das Unternehmen ab. Die Lade wird im Hause eines Obed-Edom untergebracht. Sein Name weist auf Edom, die Angabe über seine Herkunft nach dem Philistergebiet. Soll dies so zu verstehen sein, daß der König einen Mann, der vermutlich Anbeter anderer Götter war, als eine Art „Versuchsobjekt" ins Spiel zog, um in Erfahrung zu bringen, ob der Herr Israels *nur* der Unnahbare ist? Seltsam und rätselhaft ist es zumindest, daß die Lade ins Haus eines Nichtisraeliten verbracht wurde.

Auf jeden Fall berichtet der Fortgang der Erzählung, daß von den auffälligen und augenscheinlichen glückhaften Fügungen im Haus und Hof dieses Fremden David Meldung gemacht wurde. Demnach hätte man den König als sehr interessiert am Ausgang des „Versuchs" gewußt. Er nimmt denn auch die Meldung zum Anlaß, seinen vorigen Plan wieder aufzugreifen (V. 12). Was aus Obed-Edoms Haus bekannt wurde, hat dem König nicht die „Sicherheit" gebracht, daß sein Königsplan nun auch das Ja des so schreckhaft als der wahre Herr offenbar gewordenen ewigen Königs finden muß. Nach den ersten sechs Schritten der neuen Prozession – offenbar atemlos beobachtet, wie sich der Wille des Herrn kundtue – wird ein Opfer dargebracht als Zeichen der Unterwerfung und der Gewißheit, daß Versöhnung nötig ist, wenn der König Israels das Zeichen des Königtums Gottes in seine Stadt nimmt, und wenn Gott sich so nahe zu Menschen herzutut.

Entgegen der ersten Szene hebt die neue die hingebende Beteiligung des Königs an dem Königsreigen hervor (V. 14). Die Ernsthaftigkeit des für einen mächtigen Herrscher seltsam erscheinenden Gebarens mag den heutigen Bibellesern etwas leichter einsichtig werden, wenn sie an Völker denken, die wohl längst „zivilisiert" sind und doch die alten Volkstraditionen samt ihren Hintergründen im Unsichtbaren in ihren Tänzen lebendig erhalten haben und darstellen. So hat denn auch das Sichdrehen, Stampfen und Springen des nur in einen kurzen Priesterüberwurf gekleideten Königs seinen durchaus ernsthaften Hintergrund. David „drehte sich *vor dem Herrn her* leidenschaftlich im Tanzreigen". Dieser Herr ist „der rechte Kriegsmann" (2. Mose 15, 3). Sein „Streiten" für sein ewiges Ziel hat im jetzigen Zeitpunkt David zum König Israels bestellt, des „Israel", das mit seinem Namen wie mit seinem ganzen Weg das Zeugnis auszurichten hat: „Gott streitet".[24] Was Wunder, wenn das Oberhaupt des Volkes mit dem „theophoren" Namen sich in vorderster Linie als der „Mann aus Israel" gebärdet, und, zwar nicht als Krieger, sondern als Priester gewandet, im Kriegsreigen bildhaft darstellt, was ganz Israel darzustellen hat, nämlich eben: „Gott streitet!"

Die Lade findet ihren Platz in einem für sie bestimmten Zelt in Jerusalem. Ein Opferfest und allgemeines Freudenfest beschließt den Tag der Einholung der Lade. Da im Zeichen der Lade Gottes Thron jetzt in der neuen Residenz des neuen Reiches steht, gebührt es sich, im Opfer dem Wissen um die Versöhnung, wie im allgemeinen Fest der Freude Ausdruck zu geben. Der Herr Jerusalems teilt mit vollen Händen aus, damit jeder einzelne sich sozusagen als Gast nicht nur am Tisch des Königs, sondern am Tisch Gottes wissen kann. Und der König beendet die Opferfeier mit der Segenshandlung des Priesters. Darin kommt, rein rechtlich gesehen, zum Ausdruck, daß in der Tat

---

[24] Die 1. Mose 32, 29 gegebene Deutung des Namens „Israel" ist mit Rücksicht auf die Pnielerzählung geformt. Wörtlich übersetzt bedeutet „Israel": Gott streitet. Damit trägt dieses Volk einen Namen, der eine wesentliche Seite des göttlichen Waltens hervorhebt.

das Heiligtum in der Davidsstadt als königliches Hofheiligtum angesehen wird, dessen „Eigentümer" selbst die oberste priesterliche Funktion hat und Priester ins Amt setzen kann. Doch zeigt ja die ganze Erzählung diesen königlichen Priester gerade nicht in erster Linie als den souveränen Herrn, sondern als den Mann, der sich in die Furcht Gottes gestellt sieht und ganz nur als den demütigen und dienenden Priester des wahren Königs weiß. Als dieser Priester segnet er das Volk. Er legt damit nicht allein seine Würde als Hausherr des Heiligtums an den Tag, sondern „legt den Namen des Herrn", der Israel gnädig zugewendet ist, „auf dies Volk" (vgl. 4. Mose 6, 27).

Den dienenden Charakter des königlichen Priesters hebt auf jeden Fall ganz eindeutig die abschließende Szene hervor, die offensichtlich nicht zum Erzählwerk von der Lade gehörte, sondern aus einer anderweitigen Überlieferung stammt. Michal, die das Gebaren des Königs beim Einzug in die Stadt beobachtet hat (V. 16), stellt den heimkehrenden Gemahl darüber zur Rede. Für sie ist es mit dem Auftrag des Königs in Israel unvereinbar, daß er als Priester des Herrn den Reigen anführt und den Blicken der „Mägde seiner Knechte", d. h. den Frauen seiner Soldaten, solch würdeloses Schauspiel gibt. Hier redet offenkundig eine Frau, die vom Hause ihres Vaters her ihre eigene Vorstellung von Königtum und Königswürde besitzt. Darf man darüber hinaus sagen, hier rede die Tochter Sauls, dem zuletzt Königswürde mehr bedeutet hat als der Dienst des Herrn (vgl. 1. Sam. 15)? Davids Antwort ist zunächst ein rundes Bekenntnis zu der Auffassung, daß der König Israels nicht zu vornehm ist, des Herrn Priester zu sein. Die Begründung dafür ist einmal seine Erwählung durch den Herrn an der Stelle Sauls. Sodann seine Bestimmung zum „nagid", zu dem von Gott Kundgegebenen, der so zum Regenten Israels geworden ist. König in Israel ist er nicht schon, wenn ihm Würde und Hoheit eignet, sondern nur dadurch, daß er den Herrn groß weiß und deshalb sich selbst gering sieht, als den geringen Knecht dieses einen und wahren Königs über Israel. Seine „Ehre" und Würde nimmt er sich nicht selbst, sie ist ihm *gegeben*, und sie wird ihm gegeben, je bewußter er vor dem Herrn gering zu sein sich nicht schämt.

Der Schlußsatz stellt lakonisch fest, daß Michal Zeit ihres Lebens kinderlos blieb. Die Vertreterin der Würde des Königtums ist nicht beteiligt an dessen Fortführung. Sie wird nicht Mutter eines Sohnes, der nach David für die Thronfolge in Betracht kommt.

Die Stimme des Königs, der in der Niedrigkeit des Dieners vor dem Herrn das ihm Zugewiesene sieht, wird einst, freilich in unvergleichlich andersartiger Weise, von dem König Jesus aufgenommen, der in das Davidsgeschlecht eintrat (Matth. 1, 2–16. 18). Er nennt sich im Dienst der Herablassung Gottes zu den Menschen und der Rettung des Menschengeschlechts den einzig Vollmächtigen, *weil* er der Gewaltlose und von Herzen Geringe ist (Matth. 11, 27 ff.). Er weiß sich zur äußersten Niedrigkeit bestimmt und dazu berufen, in Jerusalem nicht nur wie David „entblößt", sondern aller Würde und Ehre entkleidet, verhöhnt, geschändet, angespieen, gegeißelt und umgebracht die letzte Tiefe der Schmach zu erleiden, um dann gerade als der so Verachtete „am 3. Tage aufzustehen" von den Toten und für immer der König und Retter aller zu sein (Luk. 18, 31 ff. und Par.; vgl. auch Phil. 2, 6–11).

5. Davids Geschlecht, das Zeichen für Gottes Königtum über Israel und die Menschheit

2. Sam. 7, 1–29:

(1) Und es begab sich, da der König in seinem Hause wohnte und der Herr ihm ringsum vor allen seinen Feinden Ruhe verschafft hatte, (2) da sprach der König zu Nathan, dem Propheten: „Siehe doch! Ich habe meinen Wohnsitz in einem Zedernhaus, die Lade Gottes dagegen hat ihre Wohnung in einem Haufen von Zeltdecken." (3) Da sprach Nathan zum König: „Was du immer im Sinne hast – auf! Tu's! Denn der Herr ist mit dir!"

(4) Es begab sich aber in jener Nacht, daß das Wort des Herrn an Nathan erging: „Geh hin und bestelle meinem Knecht David: ‚So spricht der Herr: Du willst für mich ein Haus aufführen, damit ich eine Wohnstatt habe? (6) Wahrhaftig, nicht wohnte ich in einem Hause von dem Tag an, da ich die Israeliten aus Ägypten heraufgebracht habe, bis heute; vielmehr bin ich immer einhergezogen in Zelt und Deckenwohnung. (7) Solange ich unter allen Israeliten meinen Weg gemacht habe, habe ich da nur auch ein Wort gesprochen zu einem der Richter[1] Israels, denen ich befohlen habe, mein Volk Israel zu hüten, der Art: ‚Warum habt ihr mir nicht ein Zedernhaus errichtet?' (8) Nun denn, so sollst du zu meinem Knecht, zu David, sagen: So

[1] So sinngemäß statt des hebr. „Stämme", vgl. V. 11.

spricht der Herr der Heerscharen: ‚Ich habe dich von der Weide, hinter der Herde weg, genommen, damit du ‚der Gezeichnete' über mein Volk, über Israel, seiest. (9) Und ich bin mit dir gewesen, wo du auch immer gingst, und ich habe alle deine Feinde vor dir her aufgerieben, und ich will dir einen berühmten Namen machen, gleich dem Namen der Großen auf der Erde. (10) Und ich werde für mein Volk, für Israel, eine Stätte festsetzen und es einpflanzen, daß es auf seiner Stelle wohne und sich nicht mehr ängstigen müsse, und die Ungerechten es künftighin nicht unterdrücken. (11) Entsprechend dem Tage, da ich anhob und Richter über mein Volk Israel bestellte, verschaffe ich dir Ruhe vor allen deinen Feinden. ‚Und es tut dir der Herr kund:' Ein Haus wird für dich errichten der Herr. (12) Wenn deine Tage voll sind und du dich mit deinen Vätern schlafen legst, dann werde ich deinen Nachkommen, der aus deinen Lenden hervorgeht, als deinen Nachfolger erstehen lassen und seine Königsherrschaft festmachen. (13) Der soll meinem Namen ein Haus bauen, und ich werde den Thron seiner Königsherrschaft für immer festmachen. (14) Ich will für ihn zum Vater werden, und er soll für mich zum Sohn werden; deshalb, wenn er verkehrt handelt, werde ich ihn mit menschlicher Rute und menschlichen Schlägen züchtigen. (15) Und meine Huld soll nicht von ihm weichen, wie ich sie von Saul weichen ließ, den ich vor dir zur Seite getan habe. (16) Beständig sei dein Haus und deine Königsherrschaft für immer vor mir![2] Dein Thron habe Bestand für immer!'" (17) Ganz nach diesen Worten und genau nach diesem Gesicht, genau so hat Nathan zu David geredet.

(18) Da ging der König David hin, kauerte sich vor dem Herrn nieder[3] und sprach: „Wer bin ich, Herr Jahweh (‚der Herr'), und was ist mein Haus, daß du mich bis hieher hast gelangen lassen? (19) Und das war noch zu gering in deinen Augen, Herr Jahweh; du hast dazuhin über das Haus deines Knechtes auf weit hinaus Verfügung getroffen, und dies als das Gesetz des Menschen,[4] Herr Jahweh! (20) Und was soll David noch weiter zu dir reden, da du deinen Knecht durch und durch kennst, Herr Jahweh? (21) Um deines Wortes willen und nach deinem Herzen hast du all diese Großtat vollbracht, daß du deinem Knecht davon Kunde gebest.[5] (22) Deshalb hast du deine

[2] So besser mit LXX.

[3] So sinngemäß; wörtlich: „Er setzte sich nieder".

[4] Der hebr. Wortlaut ist dunkel. Es wurden deshalb Textänderungen versucht, die den Sinn ergeben: „Bis zur Vollzahl von Generationen" oder: „und hast mich Generationen schauen lassen" (so im textkritischen Apparat der hebr. Bibel), bzw. „und hast das einen Menschen schauen lassen" (so Hertzberg a.a.O. S. 226). Der Befund in LXX nötigt jedoch eindeutig dazu, den gegebenen Wortlaut festzuhalten. Demnach erkennt der König in Gottes Versprechen über das Haus Davids „das göttliche Gesetz der Menschheit"; „...im Bund mit diesem Hause hat Gott das Ziel seines ganzen Wegs mit dem Menschen festgelegt" (so Vischer, a.a.O. S. 260).

[5] Manche Übersetzer nehmen eine Umstellung der Wörter vor, die den Sinn ergeben: „...hast du getan, wenn du deinem Knecht von all dieser Großtat Kunde gabst" (so der textkritische Apparat der hebr. Bibel, Gressmann, a.a.O. S. 132, und Hertzberg, a.a.O. S. 227). Wiederum aber spricht LXX dafür, es beim vorliegenden Wortlaut zu belassen.

Größe erzeigt, Herr Jahweh; denn es ist niemand und nichts wie du, und es ist kein Gott außer dir nach allem, was wir mit unseren Ohren gehört haben. (23) Und wer ist wie dein Volk, wie Israel; wo ist ein einziges Volk auf Erden, bei dem Gott sich aufmachte, es für sich zum Volk zu erkaufen und ihm[6] einen Namen zu verschaffen, für sie[7] Großes und Furcht erregende Dinge zu tun vor deinem Volke, das du dir aus Ägypten losgekauft hast, Völker und Götter zu vertreiben?[8] (24) Und du hast dir dein Volk Israel zu deinem Volk für immer bestimmt, und du, Herr, bist ihnen zum Gott geworden.

(25) Und nun, Herr Gott, bringe auf ewig zum Stand und Wesen das Wort, das du über deinem Knecht und über seinem Haus gesprochen hast, und tue, wie du geredet hast. (26) So wird dein Name auf ewig groß sein, der da heißt:[9] „Der Herr der Heerscharen – Gott über Israel", und das Haus deines Knechtes David wird bestehen vor dir. (27) Denn du, Herr der Heerscharen, Gott über Israel, hast das Ohr deines Knechtes aufgetan und gesagt: ‚Ein Haus will ich dir bauen!' Darum hat dein Knecht sich ein Herz gefaßt, zu dir dieses Gebet zu beten. (28) Und nun, Herr Jahweh, du selbst bist Gott, und deine Worte sind unverbrüchliche Wahrheit! Da du zu deinem Knechte dies Gute gesagt hast, (29) so laß dies dir denn nunmehr gefallen und segne das Haus deines Knechtes, daß es auf ewig vor dir bestehe. Denn du, Herr Jahweh, hast es gesagt, und von deinem Segen wird das Haus deines Knechtes gesegnet sein auf ewig."

Der einleitende Satz zu dieser neuen Erzählung läßt mit seinen knappen Worten deutlich werden, daß mit ihr ein neues Thema der Davidsgeschichte begonnen wird. Die Geschichte vom Aufstieg Davids ist abgeschlossen.[10] Der König wohnt in seiner Burg, die er sich in Jerusalem erobert und ausgebaut hat (vgl. Kap. 5, 6–10), von dort aus übt er das zweifache Königtum über Juda und Israel aus. Die ständige Bedrohung des Lebensraumes und der Entfaltung beider Israel-Staaten hat ein Ende gefunden. Durch David hat Gott die schlimme Lage seines Volkes in ihr Gegenteil verwandelt. Erstmals wirklich unangefochten von seinen Feinden, im Westen den Philistern (vgl. Kap. 5, 17–25), im Norden den Syrern oder Aramäern und im Osten und Süden den Moabitern, Edomitern, Ammonitern (vgl. Kap. 8; 10; 12), wohnt es im Schutz der neuen Königsmacht Davids in seinem Lande.

---

[6] Möglicherweise bezieht sich das hebr. Wort auf den Herrn und wäre dann mit „sich" wiederzugeben.

[7] So mit einer notwendigen, kleinen Korrektur an Stelle des sinnwidrigen „für euch" im hebr. Text.

[8] So entgegen dem unklaren hebr. Wortlaut mit LXX.

[9] Es ließe sich auch übersetzen: ... groß sein und lauten „der Herr...", oder ... wenn es heißt: „Der Herr der Heerscharen ist Gott über Israel" (so Hertzberg, a.a.O. S. 227). LXX ganz anders: „Gepriesen sei dein Name bis in Ewigkeit!"

[10] Vgl. oben S. 62.

Diese letzte Wendung in der einleitenden Zusammenfassung des Erreichten greift zwar dem Gang der Darstellung in unserem Buch vor. Lediglich von der Besiegung der Philister war bisher die Rede, während der Bericht von Davids Kriegen und Siegen an den Nord- und Ostgrenzen des neuen Staatswesens und die Schilderung des davidischen Großreiches[11] späteren Kapiteln vorbehalten ist. Man wird aber nicht sagen können, daß V. 1 dem Gang *der Dinge* vorgreift und schon vorwegnimmt, was zeitlich hinterher erfolgt ist. Vielmehr läßt sich hier etwas von der ordnenden Hand und den Absichten des Unbekannten erkennen, der den Samuelisbüchern, wie dem ganzen sog. deuteronomistischen Geschichtswerk[12] seine heutige Gestalt gegeben hat. Seine Absicht war offenkundig, nicht einfach äußerlich der zeitlichen Abfolge der Ereignisse entlang zu gehen, sondern – so gewiß er wirklich die Geschichte Davids darstellt – das Geschehen in seinen entscheidenden Schwerpunkten darzustellen und es so auch von innen her durchsichtig zu machen. Er nimmt dazu die bereits vorhandenen Überlieferungen und Erzählwerke auf und ordnet sie nach seinem Plan.[13] Ehe nun der Erzähler die Geschichte um die Thronfolge Davids zu Wort kommen läßt, schaltet er zwischen sie und die vorausgehende vom Aufstieg Davids schwerpunktartig zwei Berichte ein (Kap. 7; 8). Der eine (Kap. 8) gibt ein abschließendes Bild von der Ausdehnung der Herrschaft Davids im palästinischen Raum. Im anderen, „dem Höhepunkt für die gesamte Davidsüberlieferung",[14] „der eigentlichen Mitte der ganzen Davidsgeschichte",[15] ist von dem Plan die Rede, den Gott wie mit dem königlichen Geschlecht, so mit Israel und der ganzen Menschheit hat.

An ihrem jetzigen Platz stehen die beiden Berichte in enger und bedeutungsvoller Verbindung sowohl mit der vorangehenden als auch

---

[11] Vgl. A. Alt, a.a.O. Bd. II, S. 66ff.
[12] Vgl. Bd. 11I dieser Reihe, S. 4f.
[13] Es war z. B. schon davon die Rede, daß der Gestalter der Samuelisbücher die durch L. Rost festgestellte Einheit der „Lade-Geschichte" zerteilt und ihren Schluß (2. Sam. 6, 1–19) an der für seine Darstellung entscheidenden Stelle eingefügt hat; vgl. S. 84f. Die Studien Rosts (Die Überlieferung von der Thronfolge Davids, Stuttgart, 1926) haben außerdem erkennen lassen, daß wie 1. Sam. 16 – 2. Sam. 5 unter dem Thema „der Aufstieg Davids", so auch 2. Sam. 9 – 1. Kön. 2 (ohne 2. Sam. 10; 12, 26ff. und 21–24) als „die Geschichte von Davids Thronfolge" ursprünglich ein selbständiges Erzählwerk war, das der Gestalter unseres Buches als Baustein für seine Darstellung verwendet hat. Die atl. Wissenschaft hat heute Rosts Erkenntnis durchweg aufgenommen und arbeitet mit ihr als einem feststehenden Ergebnis.
[14] So Hertzberg, a.a.O. S. 228.
[15] Vischer, a.a.O. S. 258.

mit der nachfolgenden Erzählungsreihe. Die Überschau über die militärischen und politischen Erfolge Davids (Kap. 8) ergänzt zunächst das Bild von Kap. 5, 17ff. Gleichzeitig wird hier erst ganz klar, welche Machtfülle durch den Thron dargestellt wird, um den nachher das Ringen unter Davids Söhnen geht. Ebenso soll die göttliche Verheißung über das Haus Davids (Kap. 7) als die abschließende Krönung seines Aufstiegs zum Herrscher und zum Begründer dieses Hauses gesehen werden.

Andererseits zeigt es eine wohl überlegte Absicht, wenn der von Leidenschaft, Machtverlangen und schwerster Verschuldung erfüllten Thronfolgegeschichte gerade diese Nachricht von Gottes Bund mit Davids Haus vorangestellt wird. Ehe man erfährt, wie der König und seine Söhne das für Israels Wohl und Wehe so bedeutsame Haus erschüttern und manchmal bis nahe an den Rand des Abgrunds bringen, soll das Wort des unbegreiflich gnädigen Herrn vernommen werden. Gott bindet sich an dieses Haus. Er verknüpft Israels Los und das Geschick der ganzen Menschheit (V. 19) für immer mit diesem Geschlecht. Da es ein Haus wie jedes andere irdische Haus ist, und da seine Glieder Menschen mit der Fähigkeit zum Guten wie zum himmelschreienden Bösen sind, kann es nicht von Dauer sein. Dennoch *ist* ihm der Bestand für immer verliehen. Gott tut sein bleibendes Werk mit diesem, wenn auch noch so fragwürdigen und gebrechlichen Werkzeug. Sein Bestand ist durch Gott fest- und in Gott sichergestellt, sozusagen ehe die Menschen aus diesem Hause, angefangen mit dem Begründer, ihn in Frage stellen können. Seine Sendung und Beauftragung wird verfügt, ehe die Menschen sich daran versuchen und versündigen, und sie bleibt, trotz der hundertfältigen Schuld des Geschlechts und der Gerichte, mit denen Gott seine Verschuldung ahndet. Ohne daß auch nur ein Wort geistlicher Erkenntnis oder Beurteilung laut würde, ergibt sich allein schon durch die Anordnung der Erzählungen eine geistliche Einsicht von größter Tiefe, nämlich darüber, was es um die Beständigkeit von Gottes Gnade, und was es um die Vorordnung der Barmherzigkeit Gottes vor dem Versagen und Schuldigwerden der Menschen ist. Gottes Gnade ist sieghaft *mächtig*, ehe Sünde geschieht; sie wird nicht erschüttert, *wenn* Sünde geschieht. Er tut sein Werk mit Sündern und führt es hinaus, trotzdem Menschen es hindern und scheinbar zum Scheitern bringen.

Ist schon der Platz der Erzählung im Gesamtrahmen des Buches eine Quelle tiefer Einsicht in Gottes Art und Walten, so bedeutet vollends ihr Inhalt selbst eine Botschaft von ungeheuerlichen Ausmaßen; es erschließt sich darin der Einblick in Gottes heilige Souveränität und sein Herabsteigen zum Geringen, wie der Ausblick in die letzten Ziele des Gottes Israels mit der ganzen Menschenwelt. Äußerlich gesehen „geschieht" nichts Weltbewegendes. Es sind lediglich zwei Männer bei dem ganzen Vorgang beteiligt. Der König hat mit dem Propheten eine Unterredung. Diese hat freilich eine wichtige Frage zum Gegenstand. Es soll ein Tempel in Jerusalem erbaut werden. Aber, was die beiden verhandeln, bleibt in den vier Wänden des königlichen Gemachs. Und zu einem Ergebnis kommt es nicht. Was der königliche Herr von Jerusalem plant, bleibt unausgeführt. Das ganze „Ergebnis", wenn man so will, ist das Bild in der 3. Szene des Kapitels: David liegt auf den Knien im Gebet vor dem Herrn, überwältigt von der Botschaft, die ihm verkündigt wurde. Die einleitenden Worte (V. 18) lassen daran denken, daß dies etwa am Ort der Lade des Bundes geschehen ist, und daß der König seine Gemächer verließ, um im Gebet sein fassungsloses Staunen über Gottes Verfügung und seinen Dank auszusprechen. Dort, im Haus des Königs, hat ihm Nathan die Botschaft des Herrn ausgerichtet. Dies ist in der 2. Szene berichtet (V. 4–16). V. 17 markiert deutlich ihren Abschluß. Weniger deutlich läßt sich die 2. von der 1. Szene abgrenzen, die von der Beratung zwischen König und Prophet über den Tempelbau erzählt. V. 4–7 erscheint zunächst als die Weisung Gottes, die an den Propheten nach seiner Rückkehr in der folgenden Nacht ergangen ist. Doch sind diese Worte so unlöslich mit dem Gottesspruch über und an David (V. 8ff.) verknüpft, daß die beiden Sprüche als innere Einheit verstanden werden können. V. 17 zeigt, daß die Weisung Gottes sowohl dem Propheten zuteil wurde als auch durch seinen Botschafterdienst David mitgeteilt wurde.[16]

[16] Mit stilistischen und sachlichen Gründen sucht Gressmann (a.a.O. S. 142) V. 1–7 mit seiner „guten, knappen Prosa" und seiner Nachricht von einem göttlichen Orakel zu einer gegenwärtigen, praktischen Frage „von dem in Prosa umgeformten Königspsalm" (V. 8–29) abzulösen. Dieser, „in halbpoetischem, weitschweifigem, fast ermüdendem" Stil gehalten, erweise sich als erst später und künstlich in den Zusammenhang mit V. 1–7 gebracht. Das geistreiche Spielen mit den verschiedenen Bedeutungen des „Hauses" sei auffällig. Die innere Begründung für Gottes Verheißung fehle usw. Dazu kann nur gefragt werden, ob eine bessere Begründung der Verheißung gegeben werden könnte, als die von Gottes „Herzensratschluß" (V. 21). Die Erklärung, die Gressmann für den als ursprüngliches Gut erklärten Restbestand gibt, ist nicht überzeugend.

Das Thema des ganzen Vorgangs ist deutlich gekennzeichnet. Durch das ganze Kapitel spielt „das Haus" die entscheidende Rolle. In immer neuen Wendungen und Wiederholungen kreist der Gottesspruch und das Gebet des Königs um dessen Geheimnis.

„In seinem Hause" (V. 1) – dies bezeichnet die große Wende im Leben Davids. Der jahrelang von Saul Gehetzte, unstet Flüchtende hat ein Haus gefunden, in dem er bleiben kann. Es ist ein festes Haus, ein kaum einzunehmendes Felsennest. Und es ist ein kostbares Haus (V. 2; vgl. Kap. 5, 11). In seinen Mauern[17] findet sich der Ort, wo die Lade des Herrn unter einem Zeltdach steht. Israels König ein Burgbesitzer im festen Haus, das Zeichen des Gottes Israels aber in einem Zelt aus Ziegenhaar, wie es der Nomade bewohnt und bald hier, bald dort aufschlägt – dies wird von David als Widerspruch empfunden. Was er empfindet, legt er dem Propheten dar. Damit ist offensichtlich eine Anfrage an Gott gerichtet und gleichzeitig ein Anerbieten ausgesprochen. Der König von Jerusalem ist in der Lage, er besitzt die Macht und die Mittel, der Lade des Herrn einen beständigen Ort zu geben und für das Leben der Israeliten im Bunde Gottes endgültig den gottesdienstlichen Mittelpunkt in Gestalt eines bleibenden Heiligtums zu schaffen. Die Davidsstadt Jerusalem die Stätte, von der aus das Geschick der beiden israelitischen Staatsgebilde einheitlich gestaltet wird, und zugleich die Stätte, wo das ganze Israel vor dem Herrn erscheint – so der Gedanke Davids.[18]

Ob aus ihm ein Beschluß und dann der Befehl, den Bau zu beginnen, werden kann, hängt davon ab, ob er dem Herrn genehm ist. Die Aus-

---

[17] Den Mauerkranz der Davidsburg darf man sich freilich nicht als großartige Anlage vorstellen. Der archäologische Befund läßt erkennen, daß die Jebusiterfeste, nunmehr Davids Stadt, lediglich einen Raum von ca. 400 auf 150 m eingenommen hat. Hier befanden sich, dicht gedrängt und höchstens mit ganz schmalen Gassen, die Gebäude für den König und seine Familie wie für die Angehörigen seiner Truppe. Erst durch Salomos Tempelbau erfuhr diese ursprüngliche Anlage eine Ausdehnung nach Norden.

[18] Die Überführung der Lade in die Davidsstadt war ein erster Schritt von Gewicht für die fernere Gestaltung des religiösen Lebens in Israel. Es soll nun der zweite folgen, der Israel ein festes Heiligtum verschafft. Es ist in der privaten Besitzung Davids geplant und wäre somit auch rechtlich sein Besitztum als eine Art königliches Heiligtum. Seine Würde verliehe dem geplanten Tempelbau freilich nicht schon die Tatsache, daß es dem königlichen Erbauer gehört, sondern daß es der ständige „Wohnsitz" des alten Heiligtums der Lade werden soll. Plant David, sie, die Israel auf seiner Wanderzeit begleitet hatte und die in der Zeit seiner beginnenden Seßhaftigkeit in Palästina und unter der kanaanitischen Ureinwohnerschaft die Stämme einte, nun in Jerusalem für immer „zur Ruhe" zu bringen, so wird der Gedanke im Hintergrund gestanden haben, Gottes Weg mit seinem Volk sei zum Ziel gekommen, und Jerusalem sei der endgültige Ort für die Offenbarung und Herrschaft des Herrn.

kunft darüber erwartet David vom Propheten am Königshof.[19] Auffallend rasch erfolgt dessen Antwort. Nathan ermutigt den König, seinen Gedanken in die Tat umzusetzen. Ist die Antwort ein Prophetenspruch im vollen Sinne des Worts? Kaum, da V. 4 ausdrücklich und in deutlichem Unterschied zu V. 3 erwähnt, daß das Wort des Herrn zu Nathan kam, das den Gedanken Davids und das Ja des Propheten nicht bestätigt. Hat man sich Nathan als einen Mann in der Hofgesellschaft zu denken, dessen besondere Gabe man kannte und schätzte, den der König aber doch weithin einfach als Ratgeber in besonders wichtigen Fragen heranzog, ohne daß immer von ihm ein Erkunden und Warten auf die Willenserklärung Gottes erwartet wurde? Wahrscheinlich, da Nathan nicht wie der 1. Sam. 22, 5 erwähnte Prophet Gad unversehens mit einer Gottesbotschaft auftaucht, sondern offensichtlich zu der ständigen Umgebung des neuen Herrschers von Jerusalem gehört.[20]

Der Ratgeber des Königs, der dessen Plan guthieß, wird jedoch über Nacht zum Botschafter des göttlichen Herrn Israels, dessen Plan ein ganz anderer ist, und muß den irrigen Punkt in dem, menschlich gesehen, so völlig schlüssigen und überzeugenden Gedankengang Davids ans Licht bringen. Der Irrtum liegt nicht darin, daß David mit der Errichtung seiner Herrschaft den Übergang Israels zur „Ruhe“, d. h. zur Ansässigkeit im Lande erreicht sieht. Der Irrtum besteht aber in der Annahme, daß nun der Augenblick in der Geschichte gekommen

---

[19] Nachdem in den bisherigen Erzählungen, besonders des 1. Samuelisbuches, der Wille und die Entscheidung in einer schwebenden Frage durch das Orakel erfragt wurde (vgl. 1. Sam. 14, 18. 41; 23, 2. 9; 28, 6; 30, 7; 2. Sam. 2, 1; 5, 19. 23), fällt auf, daß jetzt auf einmal an Stelle des Orakelverfahrens die lebendige Person als Künder des göttlichen Bescheids auftritt. Man ist zwar durch Berichte über Samuels prophetische Sendung (1. Sam. 3, 1ff., besonders V. 16–18; 15, 1–3) etwas auf diese Erscheinung vorbereitet, daß Gott durch einen Gesandten überraschende Botschaft überbringen läßt. Doch scheint, was durch Samuel da und dort geschehen ist, jetzt fast eine Art beruflicher Tätigkeit zu sein, wenn David an seinem Hof einen prophetischen Mann hat, den er jederzeit rufen und um die Mitteilung des Gotteswillens angehen kann.

[20] Der schlichte Textbefund widersteht offenkundig der von Gressmann (a.a.O. S. 144) vertretenen Anschauung, wonach sich aus dem Nein Nathans zu Davids Plan eine kulturgegnerische Reaktionsbewegung erschließen lasse, „an deren Spitze die Propheten traten“. Wie der „Seher“ Samuel nach seiner anfänglichen Förderung der neuen Einrichtung des Königtums in Opposition gegen Saul geraten sei, so wage nun Nathan, in einer aktuellen Frage zu Rat gezogen, dem König zu widersprechen. Aus seiner zunächst erfolgten Zustimmung zum Plan des Tempelbaus will Gressmann schließen, daß „die Prophetie“ sich über die damals neu aufgetauchte Frage „noch nicht klar“ und am Suchen gewesen sei, um erst durch ein Orakel zu ihrer ablehnenden Haltung zu kommen. Die Schau Gressmanns von der Prophetie Israels ist durch die neuen Erkenntnisse der Forschung über diese Bewegung und ihre großen Vertreter überholt und wesentlich korrigiert worden, vgl. Kraus, Gesch. der hist. krit. Erforschung des A.T., Neukirchen, 1956, S. 326ff., 420, 423ff.

sei, da auch der Herr selbst endgültig an einem irdischen Ort „Ruhe“ finden, Wohnung nehmen wolle. Der Irrtum liegt wiederum *nicht* in der Erwartung, daß Gott sich festzulegen willens ist. Das *ist* sein Wille. Er ist der Beständige und läßt sich im Weg Israels als der Eine, der sich nicht wandelt, erkennen. Er macht wahr, was sein Name sagt: „Ich werde da sein, als der ich da sein werde“ (2.Mose 3, 14). Dies geschieht aber nicht so, daß er einem bestimmten Ort auf Erden auf immer zugehörte.

Der Spruch Gottes setzt mit einer Frage ein, die das Verwunderliche am Plan des Königs kraftvoll zum Ausdruck bringt: „Du willst für mich ein Haus aufführen?“ (V. 5b.) Warum gerade du? Gott hat wohl immer an Menschen die Weisung gegeben, sein Volk zu hüten. So kam es im Anfang zum Aufbruch aus Ägypten (V. 6). So kam es zu den Befreiungstaten der Richter (V. 7). Jetzt, da David in Jerusalem seinen festen Sitz hat und das Königtum über Israel und Juda in seiner Hand vereinigt, ist ihm in neuer Weise Israel zur Hut befohlen. Nie aber erging je die Weisung des Herrn, ihm ein festes Haus zu errichten, das überdies an Pracht der Ausstattung mit einer Königsburg wetteifern müßte (V. 7b). Sie ergeht auch jetzt nicht an David, den Schöpfer des Großreichs Israels. Warum? Gott hat den ganzen Weg Israels von Anfang an begleitet und gefügt, indem er „in Zelt und Deckenwohnung einherzog“ (V. 6). Das ist der erste, entscheidende Satz in dem Spruch Gottes. Er ist schon dahin mißdeutet worden (vgl. Anm. 20), daß sich hier ein nomadisches Ideal zum Wort melde, das die Lebensweise der Mosezeit gegen neue Sitten ausspiele und in jener die wahre Religion sehe. Unter Menschen ist ein solches nomadisches Ideal denkbar. In der Tat läßt sich zeigen, daß die in der Steppe Schweifenden, stolz auf ihre ungebundene Freiheit, auf den Bauern herabsehen (vgl. Richt. 6, 2–6). Aber Gott hat kein „nomadisches Ideal“, so wenig er „Nomade“ oder etwas wie „der ewig Wandernde“ ist. Das Zelt, in dem er „einherzog“, als Israel wanderte, erlaubt keinen Rückschluß auf das Wesen Gottes. Es ist nicht ein Zeichen für die Art, wie er Gott ist. Wird es hier anschaulich als „Decken*wohnung*“ beschrieben, so „wohnte“ Gott doch keineswegs dort und wird es auch künftig nicht tun, da nun der König Israels für sich einen bleibenden Residenzort gewonnen hat. Auffallenderweise wird im Gottesspruch die Lade überhaupt nicht erwähnt, obwohl David plante, sie im Tempel unterzubringen. Die Lade ist Zeichen der Herrschaft des Herrn über Israel, aber nicht der Ort, an den er gebunden ist (vgl. 1. Sam. 4). Ebensowenig kann das Zelt sein „Wohnort“ sein, wie es im Gottesspruch allerdings heißt. Im Zelt gibt der Herr vielmehr seinen Willen und seine Weisungen an seine Boten kund (vgl. 2. Mose 33, 7ff.). Er muß es aber keineswegs daselbst tun. Er kann auch durch das Orakel, das der Priester im Amtskleid trägt (2. Mose 28, 30), offenbaren, was er will, genau so aber durch lebendige Menschen, denen er unter allem Verzicht auf Zelt oder Orakeltasche das Ohr öffnet, wie einst Samuel (1. Sam. 3, 1 ff.; 9, 15 f.; 15, 10 f.) oder jetzt Nathan. So hat denn der Herr unter Israel seinen Weg gemacht, indem er als der Lebendige und Freie geredet hat, wo und wie es not war. Weil und sofern das Zelt dafür Hinweis sein kann, soll es dabei bleiben, daß in der Burg und neben dem Palast Davids das Gotteszelt steht und durch keinen festen Tempelbau ersetzt wird.[21] Wenn der Herr redet, so wird in Israel in immer neuen Weisungen und Erweisungen der Name Gottes kund: „Ich werde da sein, als der ich da sein werde.“ Er tut Neues und bleibt eben darin immer derselbe.

Eben dies tritt auch in dem von Nathan überbrachten Gottesspruch ans Licht. Gott tut Neues. Der Herr wird David ein Haus errichten (V. 11).[22] Wirklich ein völlig Neues in Israel. Die Richter wurden in großen Notzeiten von Gottes Geist erweckt. Sie schafften den Ihren Luft von den Feinden. Und – sie starben, ohne ein Haus zu hinterlassen, durch das Israels Stämme auch künftighin Schutz fanden (V. 10). Anders Saul; er wurde König auf Lebenszeit und hatte ein Haus, aber sein Haus hatte keinen Bestand (V. 15). Das Haus und Königtum Davids dagegen soll für immer Bestand haben (V. 16). Ein wahrhaft Neues, mit nichts vorher zu vergleichen! Und eben damit erweist sich Gott als ewig derselbe, der unveränderlich bei dem bleibt, was er begonnen hat. Er hat mit David begonnen (V. 8. 9). Er hat aber längst vorher mit Israel begonnen. Gottes Ziel ist, ein Volk auf Erden zu

[21] Nach 1. Sam. 1, 9; 3, 3, vielleicht auch 2. Sam. 6, 3. 4 war die Lade schon lange vor Davids Zeit mitunter in festen Häusern untergebracht. Doch wird an keiner dieser Stellen etwas davon sichtbar, daß sich daran solch weitgreifende Gedanken über das Ziel und das Wesen des Gottes Israels knüpften, wie sie zweifellos dem Tempelbauplan Davids zugrunde lagen.

[22] Der Fluß des in der Ich-Rede gehaltenen Gottesspruchs wird V. 11 b auffällig durch ein Wort in der 3. Person unterbrochen: „Der Herr tut dir kund: Ein Haus wird für dich errichten der Herr.“ Dieser Satz, zusammen mit V. 16, hebt sich gerade in seiner eigenartigen Prägung als das eigentliche Ziel des Gottesspruchs heraus. Vielleicht hat man V. 12–15 aus solchen stilistischen, wie auch aus gleich noch zu besprechenden anderweitigen Gründen als eine später hinzugefügte Entfaltung zu dem Stichwort des beständigen Hauses anzusehen (vgl. dazu Hertzberg, a.a.O. S. 229).

haben. Israel hat er zu seinem Volk berufen (V. 10). Diese Würde hat eine unheimliche Kehrseite. Israel ist durch viel Angst gegangen. Die Unterdrücker waren ihm auf dem Hals – im Anfang und auch, als es daran ging, im Land der Kanaaniter sich festzusetzen. Man *kann* die hier kurz berührten Bedrängnisse der Stämme Israels mit den Gegebenheiten aller irdischen Geschichte erklären. Es ist natürlich, daß die Kanaaniter Israel als Eindringling ansahen und abwehrten. Es ist nicht anders zu erwarten, als daß die ins Land eindringenden Israeliten lange Zeit gegenüber den kulturell und militärisch weit überlegenen Ureinwohnern des Landes den kürzeren zogen (vgl. Richt. 1). Es ist nicht verwunderlich, daß die unterlegenen und dazu ganz ihr Eigenleben führenden Stämme oft eine leichte Beute der Mächtigen wurden (Richt. 4, 1ff.). Menschlich gesehen, ist auch keineswegs einsichtig, wieso die Gegner Israels im Unrecht sein, und Israel mehr Recht als jene auf den Besitz des Landes haben sollten. Der Spruch des Herrn nennt Israels Unterdrücker Ungerechte. Und einzig von dem „Rechtsstandpunkt" Gottes her wird dies durchsichtig und sinnvoll. Gottes Recht ist es, sich dies Volk zum Eigentum zu nehmen und es in anderer Völker Besitztum zu führen. Gott will auf Erden kund werden als der Herr, der sich mit ihm gehörigen Menschen umgibt. An Israels langem Weg durch Angst und Unterdrückung macht Gott offenbar, wie fremd, wie unwillkommen *er* in der Welt ist. Er ist jedoch nicht nur der Herr, dessen Recht unter den Ansprüchen der Menschen verhüllt bleibt. Er pflanzt sein Volk ein in den Acker, der anderen gehörte. Er gibt ihm einen Wohnsitz, den ihm niemand streitig macht (V. 10). Auch dies ein Zeichen, in dem sich die Art des Herrn vor der Welt kundtut. Nur ein Zeichen, denn Israel verlor seinen Wohnsitz wieder. Es mußte ihn Mächtigeren überlassen, mit anderen teilen. Und die Tage seiner „Ruhe" waren gezählt.

Auf dem Weg, den Gott mit seinem Volk geht, weist er David und seinem Haus eine entscheidende Rolle zu. Der „große Name", den David empfangen soll, d. h. Berühmtheit, Macht und Geltung auf Erden (V. 9), und die Ruhe, die Israel nunmehr im Lande finden wird (V. 10), sind im Ratschluß des Herrn in Eines verschlungen.[23] Für und über Gottes Volk ist David ausersehen und bestimmt (V. 8).

[23] Von dem, was Gott mit David und mit seinem Volke plant, sprechen V. 8. 9a als einer fertigen Tatsache, V. 9b. 10 als einem zukünftigem Geschehen. Anders faßt diese Aussagen V. 8–10 Hertzberg, a.a. O., S. 229. Nach seinem Urteil werden sie am besten alle zusammen in der Gegenwartsform wiedergegeben.

Es ist beachtenswert, daß der hebr. Text an dieser Stelle das eigenartige Wort aufgreift, welches vor allem in der Erzählung von der Salbung Sauls (1. Sam. 9. 10) begegnet.[24] Unsere Übersetzung „der Gezeichnete", statt des bei Luther und anderen Übersetzern üblichen „Fürst", sucht dem hebr. Wort so genau als möglich zu entsprechen und den entscheidenden Zug hervorzuheben, daß Gott mit diesem angezeigten oder bezeichneten Menschen anzeigt, was sein bisher verborgener Ratschluß mit Israel ist. In scharfem Gegensatz wird einander gegenübergestellt der Anfang Davids als Hirte bei den Schafen und seine Bestimmung durch den Herrn, die ihn an die Spitze Israels versetzt hat.

Man kann die Parallele nicht gut übersehen, in welcher der Prophetenspruch die Wege Israels und Davids sieht. Israel, das lange als Verband von Nomaden wandern mußte, ist von Gott dazu bestimmt, Ruhe in seinem Land zu finden (V. 6. 10). David war bei den Hürden, als ihn Gottes Hand und Ruf zum Dienst an Israel „zeichnete", so daß sich der lange Schicksalsweg des Volkes Gottes in der Gestalt des Königs, wie in einem Musterbeispiel verdichtet, widerspiegelt. Neben dem Gleichlauf beider Wege will freilich auch das andere beachtet sein: Israel gleicht den Schafen, die des Hüters bedürfen, um zur Herde zu werden und als Herde zu bestehen. Es ist in seiner Vergangenheit Richtern anbefohlen worden, die es als Gottes Volk zu hüten hatten. David war auf seines Vaters Hof bei der Herde. Er begann – eigenartig ähnlich wie Mose (2. Mose 3, 1) – als Hirte; auf der Höhe seines Lebens gibt ihm Gott sein Eigentumsvolk zu hüten. Und damit fällt ein Licht in noch weitergreifende Zusammenhänge und Tatbestände. In Prophetensprüchen gibt sich der Herr nicht selten als der Hirte seiner Herde zu erkennen (Jes. 40, 11; Jer. 31, 10; Hes. 34, 11 ff.). In Psalmen wird auf Grund dieser Botschaft und solchen Wissens der Herr um seines Hirtentums willen gepriesen und angerufen (Ps. 23; 80, 2). Entgegen den gefühligen, weichlichen oder gemütlichen Vorstellungen, die man heute nicht selten unwillkürlich damit verbindet, ist der Hirte für die Menschen des Vorderen Orients das Bild des Starken, Mutigen, des Kämpfers. Auch außerhalb Israels werden oft die Großkönige Hirten genannt, weil sie viele Völker unter ihrer Herrschaft vereinigen und sie befähigen, als ein Staatsvolk zu leben und zu blühen. Der Herr jedoch ist Hirte nicht nur in der Art dieser Könige. Er ist Hirte, indem er mit Israel eine neue, nie dagewesene

---

[24] Vgl. Bd. 11I dieser Reihe, S. 70.

und mit nichts zu vergleichende Schöpfung ins Leben ruft und diesem Gebilde seine Sendung, Ordnung und Lebensweise gibt. Zur Ausübung seines Hirtenwerks und dessen Ausgestaltung im praktischen Leben des Volkes und seiner Glieder bestellt er Menschen zu Hirten. So z.B. Richter (V. 7), Priester, Älteste, Propheten, Könige (wie jetzt im Fall Davids, V. 8–10), ja, wie im Beginn der Perserzeit, auch den König einer fremden Großmacht (Jes. 44, 28). Verderben solche Hirten ihren Dienst und hindern sie durch ihr Lehren, Regieren und Verhalten das Volk, die Herde des Herrn zu sein, so spricht er ihnen das Urteil und ersetzt sie durch wahrhaftige Hirten (Jer. 23, 1; Hes. 34, 2; Jer. 3, 15; Hes. 34, 23). Gewiß wird dieser Hirtenart Gottes im Nathanspruch nicht ausdrücklich Erwähnung getan. Daß sie aber dessen Hintergrund bildet, kann angesichts der Darstellung V. 7ff. nicht übersehen werden. Nicht von ungefähr wurde der einstige Schafhirte David an die Spitze Israels gesetzt. Hirte der Schafe und König eines Volkes, das in die Geschichte eingetreten ist, bedeutet nicht einseitig nur einen Gegensatz der sozialen Stellung. Ebenso deutlich bildet der Weg vom Hirten und Versorger der Schafe zum Hüter und Pfleger der Herde Gottes eine gerade Linie. Und so ist alles, was Gott über David und sein Haus verfügt, alles, was ihm an Macht, Ruhm und irdischer Größe gleich anderen Mächtigen der Erde zufällt (V. 9), nicht nur in der Linie der irdisch-menschlichen Politik zu sehen. Vielmehr verläuft Davids Politik im Rahmen der „Politik" Gottes, der auf Erden das Geschick Israels gestaltet, dafür David und sein Geschlecht bestellt und bestätigt, und sich selbst damit als den Einen Hirten seines Volkes und der Völker offenbart.

Und so wie Israel durch den Bund Gottes eine beständige Größe ist und trotz allen Wechsels, auch aller Katastrophen seines Schicksals bleibt, ist auch David und seinem königlichen Haus das Bleiben, die Beständigkeit für immer verliehen. Davon reden V. 11–16. Das hebr. Wort „für immer" oder „auf ewig" hat wohl zunächst nicht ganz den Sinn, der in der Sprache der Christenheit mit „Ewigkeit" als der Art und Weise der kommenden Welt und des Wesens Gottes verbunden ist. Es drückt eine unabsehbare Dauer in der Zeitenfolge aus. Stirbt der Begründer des Hauses, so sollen ihm in ununterbrochener Reihe Nachkommen auf dem Thron folgen. Diese Verheißung, im hebr. Wortlaut in die Einzahl „dein Same nach dir" gefaßt, spricht, was in der deutschen Übersetzung nicht deutlich genug zum Ausdruck gebracht werden kann, von der Nachkommenschaft im Sinn einer nicht abreißenden, endlosen Geschlechterkette (V. 12. 14–16). Doch nicht allein die lange Kette der Geschlechter ist für den Plan Gottes entscheidend. Der Herr legt sich für den jeweiligen Throninhaber in Davids Erbfolge fest: Ich bin ihm Vater, er mir Sohn. Die hebr. Redeweise schließt bei dieser Wendung jeden Gedanken an eine blutmäßige Verbindung zwischen dem König und Gott aus, als wäre jener eine Art Abkömmling Gottes. Auch die in den antiken Großreichen übliche Bezeichnung des Königs als Sohn des Reichsgottes oder der Götter ist dem in Gottes Spruch Gesagten nur von ferne ähnlich. Wie dort gilt nach der Verfügung Gottes auch im Haus Davids der König als der Mensch, durch den der unsichtbare Herr auf der Erde das Geheimnis seines göttlichen Waltens vollstreckt und sozusagen sichtbar macht. Nur ist Gott dort und hier nicht derselbe. Der Gott Israels, und als solcher der Gott aller Welt, läßt sich herbei, jeden kommenden König auf Davids Thron sein Werk tun zu lassen, um so, gleichsam wie durch ein Fenster, sichtbar und anschaulich werden zu lassen, wie er eine Herde schafft, führt, versorgt. In der Weise nimmt er sich den Davidssproß zum „Sohn", daß an dessen Gestalt etwas davon greifbar wird, wie der Herr Gott ist. Daß dieses „Fenster", durch das Gott seine barmherzige Majestät auf Erden „erscheinen" läßt, trübe ist und den Strahl des Lichtes Gottes nur gebrochen wiedergibt, daß dieser „Sohn" eine recht fragwürdige Ausgestaltung der unsichtbaren Majestät sein wird, bringt der Gottesspruch kraftvoll zum Ausdruck. Es steht zu erwarten, daß sich der König auf Davids Thron in seinen Maßnahmen vergreift, Missetat übt, sein Amt verkennt und, statt Gottes Volk zu weiden, es verderbt. Das wird ihm Gottes Züchtigung einbringen. Nie aber wird eine solche Missetat die Zurücknahme der Verheißung zur Folge haben. Eben der Missetäter auf dem Thron wird erfahren, daß Gott der Barmherzige ist, und wird so eben in der Gestalt des Sünders, dem Gottes Erbarmen nicht entwendet wird, kundmachen, wer Gott in Wahrheit ist. Er hat sich mit Davids Haus verbunden. Alle Verkehrtheit ändert daran nichts. Gott bleibt, was sein Name aussagt: „Ich werde da sein, als der ich da sein werde", nämlich unverbrüchlich *der Erbarmer*. Der Blick auf das Haus Sauls, dem derselbe Gott seine Barmherzigkeit entwendet hat (V. 15), stellt, gerade in diesem grandiosen Zusammenhang, vor ein nicht einfaches Rätsel. Sein Ungehorsam hat Saul das Königtum, die Begründung einer Dynastie und das Verbleiben unter dem Schutz der Erbarmung Gottes gekostet. Bei Davids Nachkommen wird keine Missetat diese Folge haben. Den

Vorwurf göttlicher „Ungerechtigkeit" kann der allerdings nicht erheben, der sich dem biblichen Wort von der Erwählung öffnet und ihm stillehält. Stellt Gottes Spruch so betont den um die Barmherzigkeit Gekommenen neben den, der sie behält, und steht der aus seiner Sendung gestoßene Saul neben dem vom Erbarmen begleiteten Davidssproß, so ist zweierlei unübersehbar am Tage. Einmal, daß der Herr „gnädig ist, dem *er* gnädig ist, und sich erbarmt, dessen *er* sich erbarmt" (2. Mose 33, 19). Mit anderen Worten, das Erwählen steht allein bei Gott und geschieht wie sein Nichterwählen, damit er in seiner Freiheit und Souveränität erkannt werde. Und wieder: Wer Gottes Erbarmen trotz aller Missetat behalten darf, kann dies nie sich und seinem Verdienst, seiner Vorfahren oder der eigenen Leistung zuschreiben. Er kann sich nicht „Fleisches rühmen" (Phil. 3, 4), sondern allein der Treue und Güte des Herrn.[25] Es ist gut und tut not, daß die Erwählten den Blick auf den verworfenen Erwählten, jenen ersten König Israels, richten – er wird durch V. 15 dorthin gerichtet –, damit sie nicht stolz werden, sich überheben, sondern in Wahrheit Kundmacher des erbarmenden Herrn Israels und der Welt werden.

V. 13 nimmt sich rätselhaft aus in der Verheißung über die Nachkommenschaft Davids auf ferne Geschlechter hinaus. Er spricht von einem einzelnen und hat ebenso eindeutig Salomo im Auge, der später den Tempelbau ausführte, den David geplant hatte. Dieser Satz biegt das Gefälle des Prophetenspruchs über die Tempelfrage (V. 5–7) und über die Bestimmung des Hauses Davids um. So wird man den Erklärern recht geben müssen, die ihn als späteren Einschub, etwa aus den Zeiten nach Salomos Herrschaft beurteilen.[26] Er dürfte von jemand eingefügt worden sein, der Salomos Tempelbau rechtfertigen wollte. „Gerechtfertigt" ist das von Salomo errichtete Zedernhaus freilich nicht schon durch diesen Satz. Zu deutlich steht er im Gegensatz zu der klaren Verfügung Gottes, daß er nie in solch einem Prachtgebäude wohnen wird. Er bindet sich nicht an einen Ort auf der Erde, wohl aber an die Person Davids und an dessen Haus.

Der Tempel erstand in der Tat nachher unter Salomo. Er stand durch Jahrhunderte in Jerusalem, und nach seiner Zerstörung durch Nebukadnezar 586 v. Chr. wurde ein neuer an seiner Stelle errichtet (vgl. Esra 1, 2ff.; 3, 8ff.; 5; 6). In den Tagen Jesu bildete er den Mittel-

---

[25] Vgl. dazu die ausführlichere Darlegung in Bd. 11I dieser Reihe, S. 134.
[26] W. Vischer, a.a.O. S. 261; Hertzberg, a.a.O. S. 230.

punkt für die weltweite Judenschaft. So ist wohl verständlich, daß man in einer Zeit, für die der Tempel in Jerusalem nicht nur eine greifbare und selbstverständliche Größe war, sondern auch eine Stätte, die man liebte und für die man Gott dankte, das Geschenk des Zedernhauses für den Herrn in engstem Zusammenhang mit dem Geschenk Gottes an Davids Geschlecht sehen wollte und sah.

Der Spruch vom Tempel als einer wirklichen und mit Dank hingenommenen Gabe Gottes ist denn zwischen die Sätz der ursprünglichen Verheißung eingekommen. Er fügt sich nicht darin ein, sondern wirkt als ein Fremdkörper. Das ist ungewollt ein kraftvoller Hinweis darauf, daß der Tempel Salomos *zu seiner Zeit* errichtet wurde, aber auch *seine Zeit haben* wird. Er ist in der Tat selbst „zwischenhineingekommen", wie W. Vischer in Anlehnung an Rö. 5, 20 glänzend formuliert.[27] Nach dem ausdrücklichen Gotteswort V. 5–7 kann er in Wahrheit nur als eine *Zulassung* des Herrn gewertet werden. Und angesichts der ausschließlichen Bindung des Herrn an den Mann David und seine Nachfahren kann der Tempel nicht die Würde einer Wohnstatt Gottes unter seinem Volk haben. Kein Wunder daher, daß Israel den endgültigen Verlust dieses Hauses im Jahre 70 n. Chr. überlebt hat, ohne im Mark getroffen zu sein. Kein Wunder vor allem, daß Jesus bei aller Würdigung des „Bethauses seines Vaters" (Matth. 21, 13) Israel das Ende des zur Mördergrube gewordenen Hauses kundtut (Matth. 21, 12ff.; 24, 1f.) und seinen Jüngern in seiner Person den „Tempel" weist, in dem der Vater für sie und alle Menschen gegenwärtig ist (Joh. 2, 19ff.).

Gott hat gesprochen und hat durch den Mund der Propheten dem König vorgelegt, was über ihn und sein Geschlecht um Israels willen beschlossen ist. Darüber sind die Pläne um das Haus für den Herrn zergangen. Und damit ist aus dem David des königlichen Selbstgefühls und des weitschauenden königlichen Entschlusses der demütige Knecht geworden, der voll Staunen hört, welch königliches Ziel der Herr im Auge hat, und der über dem Vernommenen die unbegreifliche Herablassung und Güte Gottes anbetet. Beides, wie der König vom „Reden" und Beschließen (V. 20) zum Hören des göttlichen Beschlusses gebracht ist, und wie ihn Gottes gnädiges Walten auf ferne Zeit hinaus zum demütigen Anbeten bewegt, durchzieht das Gebet Davids. Er hatte geredet (V. 2), hatte vor dem Propheten und damit vor dem Herrn

---

[27] A.a.O. S. 261.

dargetan, was ihm als das Gebot der Stunde erschien, und wie er sich das Ziel des Weges Gottes zurechtlegte. Er hatte gemeint, Gott zu kennen. Dementsprechend hat er geredet. Dieses Reden ist ihm abgeschnitten. Er hat erfahren, daß umgekehrt Gott ihn, seinen Knecht, „durch und durch kennt" (V. 20). Das hier gebrauchte hebr. Wort „kennen" will nicht nur das für unser Ohr Nächstliegende und Begreifliche sagen, daß Gott weiß, was tatsächlich in Davids Innerem verborgen ist an Gutem und Bösem, an Wahrheit und Irrtum. Es drückt vielmehr Gottes schöpferisches Kennen und Erkennen aus, durch das Gott in diesen Menschen und seine Nachkommen legt, was nicht schon von selbst in ihnen ist. Gott „erkennt" für David „darauf", daß er mit seinem Haus für immer die göttliche Königsherrschaft über sein Volk und die ganze Menschheit widerspiegelt. Gott macht aus David und seinen Nachfolgern auf dem Thron, was sie von sich aus nicht sind und nie sein könnten. Damit hebt Davids anbetendes Nachsprechen des unfaßlich großen Gotteswortes an. Wer ist David und was bedeutet sein Geschlecht? (V. 18.) Vor den Menschen seiner Zeit gewiß nicht wenig (vgl. 2, 4; 5, 1–3). Aber nun *der Herr* auf den Plan getreten ist und David hören läßt, wie unfaßlich Er in seinem Walten über seinem Volke und in seiner Gnade ist, bleibt dem König in all seiner Macht einzig das Bekenntnis seiner Nichtigkeit und Bedeutungslosigkeit. Daß aus David, der ein vergänglicher Mensch wie andere ist, der eine starke Familie gründete und durch Geschick und Tüchtigkeit Israel hinter sich brachte, der geworden ist, der er ist, bringt nur an den Tag, wer der Herr ist. Er ließ David so weit „gelangen" (V. 18). Er hat aus dem Mann ohne Einfluß den König in seiner gewichtigen Stellung gemacht und werden lassen. Mit seinen Worten gibt David wieder, was der Prophetenspruch von der Umwandlung des einstigen Schafhirten zum Hirten des Gottesvolks gesagt hat (V. 8). Gottes Schöpferwerk, welches dem, was nicht ist, ruft, daß es sei (Röm. 4, 17), ist aber mit dem sichtbar Erreichten nicht schon an sein Ende gekommen. Gott hat den auf so verwunderlichen Wegen zum Königtum in Israel Geführten mit seinem Haus ein für allemal dazu geschaffen, sozusagen die Schlüsselstellung im gesamten Heilswirken Gottes auf Erden einzunehmen (V. 19). Nach diesem „Gesetz", dieser unbegreiflichen Setzung, Festsetzung, daß Gott sich an Davids Haus gebunden hat, offenbart sich der Herr als der Hüter Israels und als der väterliche Ratgeber und Zurechtbringer des Menschen. *So* ist er der Gott Israels und der Retter des ganzen Menschengeschlechts, daß er Davids Haus als Werkzeug und als die Stätte seines Hervortretens als Gott erwählt hat. Für diese Wahl und für ihre unauflösliche Verschlingung mit dem Bund, den Gott mit Israel und dem Menschengeschlecht unverbrüchlich eingegangen ist, gibt es nur einen einzigen Grund. Der Grund ist nicht die Tüchtigkeit oder Überlegenheit Israels vor anderen Völkern. An Israel ist nichts zu finden, was es für die Würde des Volkes Gottes vorherbestimmt hätte; nichts, was menschlichem Denken begreiflich machen könnte, daß Gott es sich zum Eigentum vor anderen erkaufte; nichts endlich, was seine Einsetzung in einem Lande rechtfertigte, das vorher anderen Völkern gehört hat (V. 23. 24). Der Grund ist auch nicht in irgendeiner besonderen Kraft und Würde des Davidshauses zu suchen (V. 18, vgl. V. 14). Der Grund dafür ist einzig das Wort und „das Herz" Gottes (V. 21). Von dem Wort Gottes, das über David ergangen ist, war immer wieder die Rede. Man hat in den Stämmen Israels und in der Umgebung Davids darum gewußt (vgl. 1. Sam. 24, 5; 25, 30; 24, 21; 2. Sam. 3, 9f. 18; 5, 2). Gott sprach dieses Wort. Er hat es durch Nathan vor Davids Ohren erneut gesprochen. Deshalb geschieht es; der Herr tut die Großtat, die den Rahmen eines Menschenlebens und eines Königsgeschlechts sprengt. Von Gottes „Herzen" war 1. Sam. 16, 7 die Rede. Als Samuel im Hause Isais zu Bethlehem den neuen Gesalbten Gottes bestimmen und berufen sollte, erging an ihn der Spruch, daß Gott im Unterschied zu allem Erwählen der Menschen „mit dem Herzen ersieht".[28] Es ist einzig in Gottes Herzen beschlossen, David zum Gesalbten in Israel zu machen. Und es ist Gottes Herz, das ihn bewegt, allen kommenden Enttäuschungen und aller menschlichen Fehlbarkeit und Unwürdigkeit zum Trotz sich mit seinem Retterwerk auf Erden auf die Person Davids und sein Haus festzulegen. Das Innerste Gottes, das Besondere, das Eigenartige, das ihn als Gott erkennbar macht, das ihn unterscheidet von allem, was die Menschen Gott nennen und sich unter Gott vorzustellen bemühen, kommt hier offenbar ans Licht. Er bindet sich an ein, wenn auch im Augenblick königliches, so doch armseliges und menschlich vergängliches Haus auf Erden. Und in dieser Herablassung vollführt der Herr aller Welt seine unlösliche Bindung an Israel und den Menschen. Er ist ein Gott, der den Menschen sucht, der sich zum Menschen herabbeugt. Er verachtet das Gebilde aus Fleisch nicht. Er macht und erwählt es vielmehr

---

[28] Vgl. Bd. 11I, S. 130f.

als die Stätte, wo er sich zu erkennen gibt. Er fürchtet nicht für seine Hoheit und Heiligkeit als Gott, wenn er sich an das Fleisch hingibt. Er offenbart gerade seine einzigartige Hoheit und Göttlichkeit darin, daß er sich an Menschen von Fleisch und Blut bindet. Keine Rede also davon, daß dem Menschen geboten sei, sich durch irgendwelche Kunst aus dem Fleisch und der Vergänglichkeit zu erheben, damit er Gott erreiche! So verstehen und versuchen es viele der großen Weltreligionen. So lehren wohl große religiöse Führergestalten des Menschengeschlechts aller Zeiten und Religionen. Anders aber ist das Herz Gottes. Er bestellt den Menschen zu seinem Bild, wie es das 1. Kapitel der Bibel ausspricht. Er gibt sich im Gebilde aus Fleisch nicht nur sein Gegenüber, sondern den Ort, da er sein innerstes Wesen kundgibt. Das Zeugnis seines eigenen Wortes über seine Gottheit, von Davids betenden Worten aufgenommen, gibt kund: Gott hat sich an das Gebilde aus Fleisch und Blut gebunden, hat sich da festgelegt für immer. Das ist sein Name (V. 26). Seine Erniedrigung ist seine Größe (V. 22).

David hat diesen Namen und diese Großtat des Herrn vernommen (V. 22). Der Herr öffnete ihm dafür das Ohr (V. 27). Gesehen hat er davon nur den Anfang (V. 18). Das Weitere und Entscheidende liegt noch nicht greifbar vor Davids Augen. Es ist der Zukunft vorbehalten und wird sich da erst vollends weisen (V. 19. 26. 29). Die Männer, die Jesus zu Jüngern machte, werden in vollem Umfang schauen, was David hörte. „Das Wort (in dem Gott sein Herz vor David erschloß) wurde Fleisch und wohnte unter uns; und wir sahen seine Herrlichkeit, eine Herrlichkeit als des einzig geborenen Sohnes vom Vater: voller Gnade und Wahrheit (d. h. Christus ist die unverbrüchliche, gnädige Herablassung und Bindung Gottes ans Fleisch in Person). Und von seiner Fülle haben wir alle genommen Gnade um Gnade“ (Joh. 1, 14. 16). „Durch Mose ist das Gesetz geworden“ (Joh. 1, 17). Das heißt, die Worte, die in den nach Mose genannten Büchern stehen, die Nachricht, die Mose Israel brachte („Ich bin der Herr, dein Gott“), die Worte, die in allen Zeugnissen des Alten Testaments laut werden, *sagen* in vielstimmigem Chor von der Setzung, mit der sich Gott auf das Fleisch festgelegt, in der er sich dort offenbar gemacht hat, um sich fort und fort zu offenbaren. Sie *zeugen* von Gottes Namen und Herzen. „Die Gnade und Wahrheit ist durch Jesus Christus geworden“ (Joh. 1, 17). Denn in ihm ist es *greifbar* und *anschaubar*, was Gottes „Herz“ ist, und wie er *in der Tat und Wirklichkeit*, am Wohnort und im Bereich des Gottesvolks und der Menschen dem Fleisch verbunden, der Vater und der Zurechtbringer des Menschen ist.

David sieht von solcher Verwirklichung der Größe Gottes nichts. Sein Gebet spricht mit keinem Ton davon, daß es Gottes Herz ist, selbst ins Fleisch zu kommen und in einem Mann aus Fleisch Gestalt anzunehmen. Das Gebet bleibt ganz im Rahmen dessen, was ein Mensch, von Gott erleuchtet, eben noch fassen und aussprechen kann: Gott wird Davids Haus segnen und ihm auf ewig Bestand geben. Denn er hat's gesagt. Und David nimmt das an. Auch die, welche Kap. 7 ursprünglich formten, dachten deutlich nur daran, daß in Israel bis zum Tag seiner Vollendung auf das göttliche Ziel hin immerfort ein Mann aus Davids Geschlecht den Königsthron innehaben wird, als irdisch-sichtbares Zeugnis für Gottes ewige Verbindung mit seinem Volke. Der prophetische Mann aber, dem wir die Gestaltung des ganzen Werkes von Josua bis 2. Könige in seiner heutigen Gestalt verdanken, kannte das Ende des Davidshauses. Er wußte, daß der Letzte dieses Geschlechts, vom babylonischen Eroberer geblendet, ein Ende mit Schrecken nahm (2. Kön. 25, 6f.). Er wußte, daß der schon vorher nach Babylon gebrachte Davidide Jechonja nach langer Kerkerhaft als Gast an den Hof des Großkönigs gezogen wurde (2. Kön. 25, 27ff.). Damit aber schließt er seinen Bericht. Und es bleibt für ihn und seine Zeitgenossen eine offene Frage, ob Jechonjas Erhöhung aus dem Kerker ein Angeld auf eine Wiedereinsetzung des Davidshauses ins Königtum ist, und wie die David gegebene Verheißung weiterhin verwirklicht wird.

Wir wissen durch das weitere biblische Zeugnis, daß nach der Eroberung Jerusalems kein Nachkomme Davids mehr den königlichen Thron innehatte. Es gab eine Zeitlang nach dem Exil Israels eine Bewegung im Volk, die hoffen ließ, daß Serubabel aus Davids Haus die neue Königslinie beginne. Doch ging diese Hoffnung nicht in Erfüllung.[29] Die Juden hatten nach dem Exil Könige; so eine Zeitlang Männer aus dem Priestergeschlecht der Makkabäer oder Hasmonäer;[30] so in den Tagen Jesu Männer aus dem Idumäerhaus der Herodier.[31] Ein Mann aus Davids Haus hat in Israel nie mehr regiert. Dennoch ist Gottes Wort nicht hinfällig geworden. Als der Herr sich die Gestalt des Menschen gab, fügte er den Sohn in das Geschlecht Davids ein und hat

---

29 M. Noth, Geschichte Israels, Göttingen, 1950, S. 269f.
30 Noth, a.a.O. S. 329ff.
31 Ebenda S. 347ff.

so für immer die Verbindung mit diesem Haus, mit seinem Volk und dem Menschengeschlecht fest und zur unabänderlichen Tatsache gemacht: „Gott ist im Fleische; wer kann dies Geheimnis verstehen?“[32] Und wer kann das Geheimnis erfassen: Gott hat sich selbst drangegeben, – in die Knechtsgestalt, in die Erniedrigung, in den Tod am Kreuz (Phil. 2, 7f.). Und endlich: Christus von den Toten erstanden und zum Herrn für Juden und Nichtjuden gesetzt, zum Hirten der Herde Gottes und der Völker (Joh. 10, 12–18) – wer will das fassen? Am Anfang dieses Weges, den Gott geht, seinen Namen, sein Herz und seine Größe kundzumachen, betet David in fassungslosem Staunen an. Die Christenheit, die das Ziel dieses Weges der göttlichen Offenbarung erfuhr und es aller Welt zu bezeugen hat, kann an dieser Stelle wiederum nur anbetend bekennen: „Wenn ich dies Wunder fassen will, so steht mein Geist vor Ehrfurcht still; er betet an und er ermißt, daß Gottes Lieb unendlich ist.“[33]

6. Das Großreich Davids

2. Sam. 8, 1–18:

(1) Danach begab sich's, daß David die Philister schlug und niederwarf; und David nahm den Zügel der Mutterstadt aus der Hand der Philister. (2) Er besiegte Moab und vermaß sie mit der Meßschnur, indem er sie auf die Erde legen hieß. Immer zwei Meßschnüre weit maß er zur Hinrichtung, und eine ganze, zu bestimmen, wem das Leben geschenkt wurde. So wurden die Moabiter Davids Knechte, die Tribut bringen mußten. (3) Auch schlug David Hadadeser, den Sohn Rechobs, den König von Zoba, als dieser daran ging, seine Hand zum Strom zu wenden. (4) David nahm von ihm 1700 Berittene und 20000 Mann Fußvolk gefangen. David aber machte den ganzen Bestand der bespannten Kriegswagen unbrauchbar, lediglich 100 davon ließ er übrig. (5) Und als die Aramäer von Damaskus Hadadeser, dem König von Zoba, zu Hilfe kamen, da erschlug David von den Aramäern 22000 Mann. (6) Und David setzte Vögte im Gebiet der Aramäer von Damaskus ein, so daß die Aramäer Davids Knechte wurden, die Tribut zu bringen hatten. Und der Herr gab David Sieg, wohin immer er sich wandte. (7) Auch erbeutete David die Goldschilde, welche die Bediensteten Hadadesers

---

[32] Ev. Kirchengesangbuch 33, 4.
[33] Ebenda 34, 3.

trugen, und brachte sie nach Jerusalem. (8) Aus Tebach und Berothai, Städten Hadadesers, erbeutete David eine gewaltige Menge Erz.

(9) Als nun Thou,[1] der König von Hamath, von Davids Sieg über Hadadesers gesamte Kriegsmacht hörte, (10) da sandte Thou seinen Sohn Hadoram zum König David, ihm Frieden zu entbieten und ihn zu beglückwünschen, daß er gegen Hadadeser Krieg geführt und ihn besiegt hatte (denn Hadadeser hatte gegen Thou häufig im Krieg gestanden). Er führte mit sich Geräte aus Silber, Gold und Erz. (11) Auch diese weihte der König David dem Herrn, zusammen mit dem Silber und Gold, das er von all den unterworfenen Völkerschaften weihte: (12) nämlich von Edom[2] und von Moab und von den Ammonitern und von den Philistern und von Amalek, und von der Beute, die er Hadadeser, dem Sohn Rechobs, dem König von Zoba, abgenommen hatte.

(13) Und David machte sich einen Namen. Nach seiner Rückkehr vom Sieg über die Aramäer besiegte er[3] Edom[4] im Salztal mit 18000 Mann. (14) Und er setzte Vögte in Edom ein; in ganz Edom setzte er Vögte ein, so daß alle Edomiter Davids Knechte wurden. Und der Herr verlieh David Sieg, wohin immer er sich wandte.

(15) Und David regierte über ganz Israel. Und Davids Werk war, für sein ganzes Volk Recht zu üben und, was diesem rechtens zustand, zu schaffen. (16) Joab, der Sohn der Zeruja, stand dem Heer vor. Josaphat, der Sohn Ahiluds, hatte das Amt der Unterrichtung (des Königs). (17) Zadok und Abjathar, der Sohn Ahimelechs,[5] des Sohnes Ahitubs, waren Priester. Seraja war Staatsschreiber. (18) Benaja, der Sohn Jojadas, befehligte[6] die Krether und Plether, und Söhne von David sind Priester gewesen.

Im knappen Stil einer chronistischen Aufzeichnung aus dem königlichen Archiv gibt dieses Kapitel eine abschließende und zusammenfassende Darstellung von Davids Kriegszügen im West- und Ostjordanland sowie im syrischen Raum. Die Liste setzt deutlich die Berichte in Kap. 5, 6ff. fort, bzw. ist wie jene ein Nachtrag zur Darstellung vom Aufstieg Davids zum Königtum. Dieser weitere Anhang rundet das mit Kap. 5 begonnene Bild ab und zeichnet mit kurzen, mitunter, so besonders V. 2, nicht ganz durchsichtigen Strichen das weitgedehnte Herrschaftsgebiet, in dem der König des geeinten Israel als Großkönig waltet.

---

[1] So mit LXX.
[2] So mit LXX.
[3] So mit einem Vorschlag der Textforscher, ohne den der Wortlaut keinen klaren Sinn gibt.
[4] So mit LXX.
[5] Im hebr. Text sind merkwürdigerweise Vater und Sohn vertauscht, vgl. 1. Sam. 22, 20.
[6] Das Wort muß sinngemäß eingefügt werden.

A. Alt hat auf Grund vor allem dieser Texte eine bedeutsame historische Skizze über „das Großreich Davids“ veröffentlicht.[7] Dieses Reich war gegenüber dem von Saul errichteten Nationalstaat ein völlig neues Gebilde in der Geschichte Israels, wenn es auch schon mit dem Ende der Regierung Salomos wieder zerfallen ist. Nicht ebenso neu war der *Gedanke* eines Großreichs in der Geschichte des Vorderen Orients. Die Philister, in der Nachfolge der Pharaonen des „Neuen Reiches“, hatten in deren ehemaligem Hoheitsgebiet Palästina diesen Gedanken wieder zu beleben und mit ihm ihrer Herrschaft über die kanaanitische und israelitische Bevölkerung des Landes Gestalt zu geben versucht. Die beiden Schlachtberichte Kap. 5, 17–25 geben ein eindrückliches Beispiel für das überlegte Vorgehen Davids, der zunächst im Westjordanland die Philister endgültig niederrang, um so den Grundstein zu einem neuen, eben dem davidischen Großreich zu legen. Dem gibt Kap. 8, 1 anschaulichen Ausdruck mit der vielsagenden Wendung von dem „Zügel der Mutterstadt“, die David aus der Hand der Philister nahm. „Von nun an ist Davids Stadt die „Metropole“, die den Zügel der Geschichte Palästinas führt.“[8] Von diesem 1. Stadium der Großreichsbildung unterscheidet Alt das 2., in dessen Verlauf sich David die kleinen Staatsgebilde des Ostjordanlandes, etwa zwischen dem Jabbok und der Nordostspitze des Roten Meeres, botmäßig und tributpflichtig machte. War auch nach Alts Überzeugung bei der einstigen Errichtung dieser ostjordanischen Staaten keinerlei ältere Großreichstradition wirksam, so war doch ihre Unterwerfung für David notwendig, wenn er jeden von dort her möglichen Widerstand gegen das von ihm geplante umfassende Herrschaftsgebiet unmöglich machen wollte. Dagegen scheint es, daß die V. 3f., 5ff. erwähnten Aramäer ihrerseits auf dem Wege zu einer umfassenden Reichsbildung im syrischen Raum zwischen Antilibanon und den Euphratländern waren. Allem nach besaß Hadadeser von Zoba eine führende Stellung unter den Aramäern. Deshalb besiegelte seine Niederwerfung durch David mit einem Schlag das Schicksal der gesamten Aramäergebiete, die zunächst ein Teil des Davidsreiches wurden, bis sie dann, nach der Reichsteilung in Israel unter Rehabeam, in der Zeitspanne vor der Assyrerherrschaft eine Großmacht bildeten. Angesichts dieser Aufrichtung eines umfassenden, vielerlei Nationen vereinigenden vorder-

[7] A.a.O. Bd. II, S. 66ff.
[8] W. Vischer, a.a.O. Bd. II, S. 253.

orientalischen Großreichs, die allem nach mit einer weisen Beschränkung auf das Gegebene und Mögliche[9] Hand in Hand ging, nennt Alt Davids persönliche Genialität den entscheidenden Faktor des ganzen politisch einschneidenden Vorgangs.[10]

Das Werden und die Größe des *Reiches* Davids zu schildern, ist auch die Absicht des Erzählers, der die Liste Kap. 8 hier seiner Darstellung eingefügt hat. Und Davids *Person* will auch er als die entscheidende Gestalt herausstellen. Das macht schon die Liste selbst mehr als deutlich, wenn sie immer von neuem mit den Worten einsetzt: „Und David schlug...", „und David nahm gefangen...", „und David erbeutete...", „und David legte Besatzungen...", und wenn sie mehrmals als das staatsrechtliche Ergebnis der Kriege und Unterwerfungen hervorhebt: „Und sie wurden Davids Knechte, die Tribut zu bringen hatten" (V. 2. 6). Alle diese Gebiete des neuen Reiches sind nicht den Staaten oder Stämmen Judas und Israels einverleibt worden, sie sind vielmehr David für seine Person hörig und tributpflichtig. David ist, wie bisher zum König über Juda und Israel berufen, so nun als der Herr von Jerusalem durch die allein seiner Tatkraft und Planung entsprungenen Feldzüge der Gebieter über einen großen Teil des Vorderen Orients geworden. Die Liste schließt daher mit einem kurzen Abschnitt über Davids amtliche Tätigkeit im ganzen Israel, nachdem sie zuvor aufgeführt hatte, welche Maßnahmen David in den sonst von ihm unterworfenen Gebieten traf.

Trotz dieser Hervorhebung der Person des Königs David redet aber unser Bericht mit keiner Silbe von dem, was der heutige Darsteller der Geschichte Israels mit guten Gründen die Genialität Davids nennt. Vielmehr legt der Erzähler auf eine ganz andere Seite des Geschehens Gewicht. Zweimal erscheint in der Liste von Davids Eroberungen, die damit wie in 2 Strophen geteilt wird, der Hinweis auf den Herrn, welcher David Sieg gab, wohin er sich auch wandte (V. 6. 14). Damit wird wieder aufgenommen und abgerundet, was schon der Bericht 5, 6 ff. entscheidend ins Licht gesetzt hat (5, 10. 12). Was die Übersetzung dem Zusammenhang gemäß mit „Sieg geben" verdeutschen mußte, hat im Hebräischen eine viel umfassendere Bedeutung. Das hebr.

---

[9] Zu der Angabe V. 9f., die von friedlichen Beziehungen zwischen dem König von Hamath am Orontes und David berichtet, erwägt Alt die Möglichkeit, daß David bewußt an den Grenzen des früheren ägyptischen Hoheitsgebiets Halt machte und Staaten mit Traditionen des früheren hethitischen Großreichs von seiner Annexionspolitik ausnahm.

[10] A.a.O. S. 73.

Wort weist vorzüglich auf die Hilfe hin, die der Herr einzelnen oder dem Ganzen seines Volkes widerfahren läßt. Es steht gerne, wo von einem befreienden, rettenden Eingreifen Gottes in die Bedrängnisse Israels die Rede ist. Es beschreibt das heilschaffende Walten des Gottes Israels in jeder nur denkbaren Gestaltung. In den früheren Davidserzählungen ist das mit diesem Wort umrissene Thema bei der Begegnung zwischen Abigail und David (1. Sam. 25, 24ff.) angeschnitten worden. Dort in der Warnung jener Frau mit dem sicheren Gespür für Davids Sendung, die ihm jede Selbsthilfe verwehrt. Auf diesem Hintergrund erst tritt voll ins Licht, was Davids Siege so gewichtig macht: Der Herr gab sie, und mit ihnen hat der Herr David geholfen, ihn gerettet und ihm Heil verschafft. Von diesem Gesichtswinkel her betrachtet der biblische Erzähler und will er betrachtet wissen die Bildung des Davidsreiches. Davids Taten, die dazu führten, die dem heutigen Geschichtsschreiber Bewunderung abnötigen und vor denen die Zeitgenossen „wie vor einem Gotteswunder" standen,[11] sind Zeichen und Zeugnisse der heilschaffenden Hilfe *des Herrn.*

Damit fällt auch einigermaßen Licht auf die Anordnung, die der Erzähler den von ihm aufgenommenen Stoffen der Überlieferung gab. 5, 10. 12 wurde festgestellt, daß der Herr mit David ist und sein Königtum bestätigt hat. Beides wird Kap. 6 und 7 entfaltet. Der Schluß der Erzählung vom Geschick der Lade macht offenbar, daß der Herr in all seiner unnahbaren Herrlichkeit sich zu David heruntergibt und das Zeichen seiner Majestät, die Lade des Bundes, in der Stadt Davids wohnen läßt. Wie völlig der Herr „mit David ist", läßt sodann die Nathanerzählung (Kap. 7) erkennen. *Er bindet sich für immer an David und sein Haus.* Er tut dies gewiß „um seines Volkes Israel willen", wie 5, 12 und wieder 7, 10 deutlich gesagt wird. Aber schon die eigenartige Wendung im Gebet Davids, die im Bund des Herrn mit dem Haus David „das Gesetz des Menschen" erkennt, greift weit über diese begrenzte Zielsetzung hinaus. Und wenn nun 8, 6. 14 so nachdrücklich vom rettenden Helfen des Herrn auf allen Wegen und Feldzügen Davids redet, so ist die Frage nicht zu umgehen, wohin denn letztlich dieses Heilschaffen des Herrn zielt. Mochten Davids Zeitgenossen, die unsere Liste schufen, in seinem Reich *das* Gotteswunder sehen und Israel dadurch an das Ziel der Wege Gottes gebracht glauben, so wußte doch der Erzähler, der ja die ganze Geschichte

---

[11] Hertzberg, a.a.O. S. 232.

Israels bis zum Untergang des Königtums der Nachkommen Davids (2. Kön. 25) berichtet, gut genug, daß das Großreich Davids nur wenige Jahrzehnte Bestand hatte. Trotzdem beläßt er oder setzt er selbst mit Bedacht in der Liste die beiden Sätzlein von Gottes Hilfe auf Davids Wegen. Als dieses gewaltige Reich zerbröckelte, wankte und zuletzt vom Erdboden weggewischt wurde, verloren auch die dem Helfen Gottes zu verdankenden Großtaten Davids ihr politisches Gewicht. Daß aber *der Herr* hier Heil geschafft und geholfen hat, verliert sein Gewicht nicht. Ist doch dieses Tun Gottes, wie all sein Wirken auf dem Weg seines Volkes, ein Zeugnis seines Namens „Ich werde da sein, als der Ich da sein werde“, oder anders gewendet „Ich bin da.“[12] In den Siegen Davids und in der Aufrichtung seines ihn selbst nur kurze Zeit überdauernden Reiches „war der Herr da“, wie sein Name sagt. Und weil er dort auf diese Weise da gewesen ist, wird er auf seine Weise immer wieder aufs neue und in überraschenden Weisen und doch immerzu sich selber treu „da sein“. War der Herr in Davids Tagen als der Helfer zu dessen Großreich und als dessen eigentlicher Schöpfer da, so ist für immer kundgemacht, daß der Herr in der Tat „ein Reich angefangen hat, soweit – nicht nur Syrien und Palästina, sondern – die Welt ist, und zugerichtet, daß es bleiben soll“ (Ps. 93, 1). Davids Großreich bildet nicht den Anfang dieses Reiches. Wohl aber ist es eine Andeutung, sozusagen ein Transparent des Reiches Gottes. Es war Propheten wie Jesaja und dem Namenlosen, dessen Botschaft Jes. 40–55 aufgezeichnet ist, vorbehalten, die Einzigartigkeit dieser Gottesherrschaft und ihre Andersartigkeit gegenüber dem Machtreich Davids zu verkünden (vgl. Jes. 2, 1ff.; 9, 1ff;. 11, 10ff.; 25, 6ff.; 42, 1ff.; 49, 6; 49, 14ff.; 51, 4ff.; 53, 12). Und es war die Sendung Jesu von Nazareth, das Kommen der Gottesherrschaft auszurufen (Matth. 4, 23), die neue Geburt zu wirken, die dem Menschen das Reich öffnet (Joh. 3, 3. 5), diese Herrschaft in seiner eigenen Person in ihrer niedrigen Gestalt auszuüben (Matth. 13, 1ff.; Luk. 12, 32) und sie in der ewigen Herrlichkeit zu vollenden (Matth. 25; 26, 29; 1. Kor. 15, 24ff.; Offenb. Joh. 11, 15; 12, 10; 19, 6f.).

Das Großreich Davids ist Hinweis auf das letzte Ziel des Herrn, nicht mehr. Es ist, wie durch das helfende Walten des Herrn, so durch blutige Gewalt, durch harte Ausbeutung und Tributlasten, und da und dort auch durch unvorstellbar grausame Methoden errichtet und gefügt worden.

---

[12] Vgl. Vriezen, „Theologie des A.T. in Grundzügen“, Neukirchen, 1957, S. 201f.

Ausgesprochen grausam läßt David das Kriegsrecht bei der Unterwerfung der Moabiter walten. Um so verwunderlicher, da 1. Sam. 22, 3 berichtet, wie David einst, während der Verfolgung durch Saul, seine bedrohte Sippe unter den Schutz des Moabiterkönigs gestellt hatte. Der kurze Bericht sagt nichts davon, wie aus der ehemaligen Freundschaft diese Feindschaft geworden ist, die David nach seinem Sieg, bei der Besetzung des Moabitergebietes mit seiner Israel verwandten Bevölkerung (1. Mose 19, 30 ff.) zu der gräßlichen Maßnahme einer Dezimierung der Waffenfähigen greifen ließ. Nur jeder 3. Mann bleibt am Leben.

In ganz andere Zusammenhänge weist die Nachricht von der Zerstörung der im Aramäerkrieg erbeuteten Wagenzüge, bei der offensichtlich den Pferden die Hintersehnen durchschnitten wurden (V. 4). Im 2. vorchristlichen Jahrtausend brachte das Pferd, seine Züchtung und Dressur, und im Zusammenhang damit die Erfindung des leichten Streitwagens, eine unerhörte Umwälzung für die Kriegführung der Alten Welt mit sich, vergleichbar nur wieder mit Umwälzungen neueren Datums auf diesem Gebiet infolge der Erfindung des Schießpulvers, des Panzers und der thermonuklearen Waffen. Alle die Völkerstürme, von denen Geschichte und Sagen der Völker des Orients wissen, und die auch in der Bibel häufig erwähnt werden, sind in Gestalt von Heeren mit Reitern und Streitwagen über die Länder gegangen. Wer im großen Spiel der Politik mitkommen wollte, mußte die neue Waffe einsetzen: so die Hethiter und die Ägypter des neuen Reiches, so auch die Philister (vgl. 1. Sam. 13, 5) und Kanaaniter (vgl. Jos. 17, 16; Richt. 1, 19; 4, 3; 5, 28), wie in unserem Abschnitt die Aramäer (V. 4). Israel hatte das Pferd bisher nie im Gebrauch. Es führte seine Kämpfe mit dem Aufgebot seiner Bürger, seit den Tagen Sauls auch mit einem stehenden Heer, einer Art königlicher Leibtruppe (vgl. 1. Sam. 13, 2; 14, 52), in der David anfänglich einen führenden Posten bekleidete. Davids Aufstieg zum Thron ist aufs engste mit dem Einsatz seiner persönlichen Söldnertruppe verflochten (vgl. 1. Sam. 22, 2; 25, 13; 27, 2; 29, 1–11; 2. Sam. 5, 6 ff.). Selbst ein Angehöriger dieses Kriegerstandes und somit selbstverständlich bereit, in seinen Kämpfen auf die Schlagkraft von Berufskriegern zu bauen, übernimmt David die neue Waffe des pferdebespannten Kampfwagens nicht, auch nachdem sie ihm in die Hände gefallen ist. Er macht diese Beute unbrauchbar. Das gibt bei einem Mann, dessen Großreichspolitik solch klaren Blick für die Erfordernisse seiner Zeit beweist, sehr zu denken, zumal schon

Salomo nach 1. Kön. 5, 6 ein Kriegswagenkorps unterhielt. Ist dies, wie Hertzberg will,[13] damit zu erklären, daß David mit den erbeuteten Pferden „noch nichts anfangen konnte“? Muß die wahre Erklärung nicht in einer tieferen Schicht seines Wesens, nämlich in seinem persönlichen Glauben an den Gott Israels, gesucht und gefunden werden? Gewiß ist der Satz aus dem Königsgesetz 5. Mose 17, 16 wohl erst auf Grund der prophetischen Botschaft (vgl. u. a. Jes. 30, 1 ff., besonders V. 15; 31, 1–3) so formuliert und als die Regel für den rechtschaffenen König über das Volk Gottes in Geltung gesetzt worden. Doch wird man nicht in Abrede stellen dürfen, daß David in diesem Stück bewußt die alte Überlieferung Israels bewahrte und für die Sicherheit des Reiches nicht auf die Waffe aller großen Mächte seiner Zeit, sondern auf den Herrn baute, der wie bisher, so auch jetzt „die Kriege des Herrn“ nur durch Menschen geführt haben will.

Auffallend verschieden gestaltet David das Abhängigkeitsverhältnis der unterworfenen Staatsgebiete und ihrer Bewohner. In Edom beseitigt er das Königtum und läßt das Land durch Statthalter mit Besatzungstruppen verwalten (V. 14), ähnlich wie dies nach V. 6 in dem Herrschaftsgebiet der Stadt Damaskus geschah. Wenn in V. 2 von Moab nichts dergleichen berichtet wird, dürfte der Schluß berechtigt sein, daß dort der König als Vasall belassen wurde. Ähnlich scheint David mit den Philisterfürsten verfahren zu sein (V. 1). Dem kurzen Hinweis V. 18 auf die „Krether und Plether“, welche Benaja befehligte, ist freilich mit aller Wahrscheinlichkeit zu entnehmen, daß David neben seiner bisherigen Söldnerschar noch eine neue Truppe bildete, die sich aus im Berufskriegertum längst erprobten Philistern rekrutierte; in den „Plethern“ sind unschwer Philister zu erkennen, und im Namen der „Krether“ verbirgt sich wahrscheinlich eine Erinnerung an die Insel Kreta, die in der früheren Geschichte der Philister, vor ihrem Eindringen in Palästina, eine Rolle spielte. Hinsichtlich der V. 12 nur beiläufig erwähnten Ammoniter erfährt man Kap. 12, 30 f., daß David sich die Krone ihres Königs aufsetzte, so daß er das Königtum von Ammon mit dem von Juda, Israel und Jerusalem in seiner Person vereinigte.[14]

Der Bericht V. 15–18 stellt wiederum eine Liste dar, die sich von der vorausgehenden V. 1–14 sowohl dem Inhalt, als auch dem Stil

---

[13] A.a.O. S. 234.
[14] Vgl. Alt, a.a.O. S. 70.

nach unterscheidet. Zum Inhalt hat sie den inneren Aufbau des Reiches, der aus der Tätigkeit bzw. dem Auftrag der führenden Beamten in der Stadt Davids als dem Reichsmittelpunkt sichtbar wird. Stilistisch ist sie von ähnlicher Art wie die beiden Listen der Söhne Davids (3, 2–5 und 5, 13–16). Wie jene dürfte sie den Zwecken des königlichen Archivs gedient haben. Gleich der 1. Satz freilich hat einen ganz ähnlichen Bau wie alle Sätze, welche die einzelnen Angaben der Liste V. 1–14 einleiten. Auf die verschiedenen: „Und David schlug..., nahm..., setzte ein..., weihte" usw. folgt nun abschließend: „Und David regierte über ganz Israel." Der Gleichlauf dieses einführenden Satzes mit den vorausgehenden klingt wie ein bewußt gewählter Übergang zu dem Letzten, was noch gesagt werden muß. Man weiß jetzt durch die Mitteilungen der Liste V. 1–14 von dem großen Reichsgebilde, das David im Lauf vieler Jahre um Israel her errichtet und aufgebaut hat. Und man weiß, was David in Moab, Ammon und Edom, im Philister- und Aramäergebiet tat und für nötig hielt. Wozu dies alles und wozu das riesige Staatswesen, erführe man nicht, was der König in dessen Kerngebiet und am Volk Israel getan hat?

Dies wird zunächst mit einem einzigen, aber um so gewichtigeren Satz gesagt. Die Sprachgewalt des hebr. Wortlauts läßt sich in der Übersetzung nur von ferne wiedergeben. Schon die grammatikalische Konstruktion bringt kraftvoll zum Ausdruck, daß David für sein ganzes Volk, um das es ja letztlich allein geht (7, 10), nichts anderes als ein „Recht und Gerechtigkeit Übender" oder Wirkender gewesen ist. Sucht man vollends diese beiden aus der Welt des Rechtslebens genommenen Begriffe inhaltlich zu erfassen, so ist mit ihrer Verdeutschung noch nichts erreicht. Das erste dieser Worte macht darauf aufmerksam, daß David in Israel als Schirmer des Rechts waltete und das Amt des obersten Richters innehatte. Das ganz eng damit verknüpfte 2. Wort weist aber sogleich darauf hin, daß David an der Spitze eines Volkes zu stehen hat, das in einem ausgezeichneten Sinne „Rechtsvolk" und „Rechtsstaat" ist. Israels „Beruf" ist vornehmlich mit dem Gottes-Recht gegeben. Dabei sind nicht zuerst die Rechtsregeln, Sitten und Gebräuche maßgebend. Von Gewicht ist vielmehr, daß Gott sich das „Recht" nahm, sich als der Herr Israels kundzumachen und Israel in seine engste Gemeinschaft zu ziehen. Diese Gemeinschaft, die Gott mit seinem Volk gestiftet hat, prägt sich praktisch in bestimmten Formen des Umgangs zwischen Gott und Volk sowie zwischen den Gliedern des Volkes untereinander aus. Der gottgeordnete Verkehr Gottes mit seinem Volk und des Volkes mit seinem Gott wie seiner Glieder untereinander ist Israels „Gerechtigkeit". Dies ist's, was Israel „zusteht". Nicht um Herrschaft über andere Völker auszuüben, kulturschöpferisch zu wirken, unter einem Großkönig zu stehen, vielmehr um das ganze Leben im Vertrauen und Gehorsam vor Gott zu leben, ist Israel geschaffen und berufen.[15] Und Israel in diesem seinem ureigensten Beruf zu bestärken und zu bewahren, ist Davids Amt im Volke Gottes, wenn er nach V. 15 ein Recht und Gerechtigkeit Übender war. Der anschließende Bericht von der Tätigkeit der Regierungsbeamten Davids bekommt von daher eine besondere Beleuchtung, wie diese auch ihrerseits mit einzelnen ihrer Angaben wieder V. 15 näher erläutern muß.

Auch im neuen Großreich mit seinen vielen Nationen stellt Israel im Kriegsfall den Heerbann. Er steht unter Joabs Befehl (V. 16). Die nichtisraelitischen Söldner befehligt Benaja (V. 18). Die Unterrichtung des Königs in allen Angelegenheiten Israels und des Großstaates ist Josaphat übertragen (V. 16). Er dient dem König als Sprecher und Anwalt in sämtlichen Staatsgeschäften. Für die Ausfertigung schriftlicher Dinge wie Staatsverträge, Führung einer Chronik, Anlegen des Archivs, Listenführung u. a. hat Seraja die Verantwortung (V. 17).

Einen besonderen Platz nehmen in dieser Aufzählung die Priester ein. Mit Zadok, Abjathar und den Söhnen Davids (V. 17, 18b) sind deutlich Priester erwähnt, die lediglich am Heiligtum der neuen Davidsstadt ihres Amtes walten. Außer ihnen gab es im Lande auch andere Priesterschaften. Das wird hier wohl nicht erwähnt, geht aber aus 2. Kön. 23, 8 eindeutig hervor. Von ihrer Tätigkeit wird hier nichts gesagt. Doch läßt sich aus 1. Sam. 23, 6; 30, 7 erkennen, daß man sich den Priester jener Zeit niemals einseitig oder nur auch in erster Linie als Vollstrecker des Opferdienstes denken darf. Vielmehr hat er wesentlich die Aufgabe der Erkundung des göttlichen Willens und der Rechtsbelehrung des Volkes. Daß der Priester dem Volk vor allem die rechte Weise seines Verkehrs mit Gott einprägt, liegt in der Sache begründet. Von daher ist es auch begreiflich, daß neben einem Mann levitischer Herkunft wie Abjathar, auch Söhne Davids priesterlichen Dienst im königlichen Heiligtum in Jerusalem versahen. Wenn sich V. 18b bei den Söhnen Davids im Unterschied von allen vorausgegangenen An-

---

[15] Vgl. dazu u. a. Vriezen, a.a.O. S. 282f.

gaben die betonte Mitteilung: „Sie sind Priester gewesen“ findet, könnte dies *vielleicht* ein Hinweis darauf sein, daß die priesterliche Tätigkeit von Männern aus Davids Familie nach einer bestimmten Zeit aufgehoben wurde.

Neben Abjathar, der seit langem mit David verbunden ist (vgl. 1. Sam. 22, 20ff.), taucht V. 17 erstmals Zadok als Priester in Jerusalem auf.[16] Er heißt im hebr. Text (V. 17) ein Sohn Ahitubs, was um so überraschender ist, als nach 1. Sam. 22, 11f. Ahitub der Vater Ahimelechs und der Großvater Abjathars ist. Liegt hier eine Verwechslung vor? Oder hat man an die „Korrektur“ einer späteren Zeit zu denken, die von der Entfernung Abjathars aus dem priesterlichen Amt durch Salomo (vgl. 1. Kön. 2, 26f.) wußte, Zadok von diesem Augenblick an als den einzigen legitimen Oberpriester von Jerusalem kannte und ihn deswegen als den „Erben“ des Leviten Abjathar und als Sohn Ahitubs ansah?[17] Auch mit der Berufung dieser Männer in ihre hohen Staats- bzw. Kultusämter sorgt denn David, daß in Israel das Recht gewahrt wird und Israel selbst, seinem „Recht“ gemäß, ein Rechts-Volk bleibt.

7. Davids Gnadenerweisung an dem Sohn Jonathans

2. Sam. 9, 1–13:

(1) Und David sprach: „Ist noch jemand vorhanden, der vom Hause Sauls übergeblieben ist? Ich will an ihm Huld erzeigen um Jonathans willen!“ (2) Nun gehörte zum Hause Sauls ein Knecht namens Ziba; den rief man vor David. Und der König sprach zu ihm: „Bist du Ziba?“ Er antwortete: „Dein Knecht (ist's)“. (3) Der König sprach: „Ist niemand mehr vom Hause Sauls vorhanden, daß ich an ihm Gottes Huld erzeige?“ Darauf sprach Ziba zum König: „Es gibt noch einen Sohn Jonathans, gelähmt an beiden Füßen.“ (4) Da sprach der König zu ihm: „Wo ist er?“ Ziba antwortete dem König: „Er befindet sich im Haus Machirs, des Sohnes Ammiels, in Lodebar.“ (5) Da sandte der König David hin und ließ ihn aus dem Haus Machirs, des Sohnes Ammiels, von Lodebar holen. (6) Als nun Meribbaal,[1] der Sohn Jonathans, des

[16] So Hertzberg, a.a.O. S. 235f.

[17] Hertzberg, a.a.O. S. 236 gibt eine ausführliche Darstellung dieser Frage und hält in der Übersetzung die Berichtigung für geboten: Zadok und Abjathar, Sohn des Ahimelech Sohnes des Ahitub, waren Priester.

[1] an Stelle von „Mephiboseth“ im hebr. Text. Vgl. dazu S. 25, Anm. 3.

Sohnes Sauls, zu David kam, fiel er huldigend auf sein Antlitz nieder. Und David sprach: „Meribbaal!“ Und er gab zur Antwort: „Dein Knecht ist zur Stelle.“ (7) Und David sprach zu ihm: „Fürchte dich nicht! Denn ich habe nichts anderes im Sinn, als an dir Huld zu erzeigen um Jonathans, deines Vaters, willen; ich will dir allen Landbesitz Sauls, deines Ahns, zurückgeben. Du selbst aber sollst für immer dein Brot an meinem Tisch finden.“ (8) Da warf er sich huldigend nieder und sagte: „Was ist dein Knecht, daß du dich dem toten Hund, wie ich's bin, zugewendet hast?“ (9) Aber der König rief Ziba, den Dienstmann Sauls, und sprach zu ihm: „Alles, was Saul und seinem ganzen Hause eigen war, habe ich hiemit dem Sohn deines Herrn verliehen. Du hast ihm das Ackerland zu besorgen, du, deine Söhne und deine Knechte, und hast es einzubringen, so daß der Sohn deines Herrn Nahrung hat und leben kann. Meribbaal selbst aber, der Sohn deines Herrn, soll immerdar sein Brot an meinem Tisch finden.“ Ziba aber besaß 15 Söhne und 20 Knechte. (11) Und Ziba antwortete dem König: „Ganz so, wie mein Herr, der König, seinem Knecht befiehlt, wird dein Knecht tun.“

So aß nun Meribbaal fortan am Tisch Davids,[2] wie einer aus der Reihe der Königssöhne. (12) Und Meribbaal hatte einen noch kleinen Sohn namens Micha. Alles aber, was im Hause Zibas wohnte – die waren Knechte für Meribbaal. (13) Meribbaal aber blieb in Jerusalem wohnen; denn am Tisch des Königs war er ständiger Gast. Und er war lahm an beiden Füßen.

Es bedarf keiner großen Beobachtungsgabe, um festzustellen, daß diese Erzählung von Davids Gnadenerweisung an Meribbaal nicht an der Stelle steht, an die sie nach dem zeitlichen Ablauf des Geschehens gehörte. Der Bericht setzt – im jetzigen Zusammenhang des Buches ganz unvermittelt – mit der Erwägung Davids ein, wie er, getreu seinem Bunde mit Jonathan (1. Sam. 18, 3; 20, 16; 23, 18), das einst dem Freund vor Gott gegebene Versprechen (1. Sam. 20, 15. 42) einlösen könne (V. 1). Man hat sich den König im Kreis seiner Getreuen vorzustellen, wenn er seinen Entschluß kundgibt, „um Jonathans willen“ Gnade an den Letzten aus dem Hause Sauls zu erweisen. Seine Frage an die Umgebung, wer von Sauls Nachkommen etwa noch am Leben sei, setzt voraus, daß diese fast vollständig umgekommen und ausgerottet sind. Dies war mit dem Ende der Gilboaschlacht (1. Sam. 31) noch keineswegs gegeben (vgl. 2, 8–10. 12–32; 3, 6ff.; 4, 1–12). Sucht man denn das hier Berichtete zeitlich einzuordnen, so wird man etwa auf den geschichtlichen Augenblick geführt,

---

[2] So mit LXX an Stelle des hebr. „an meinem Tisch“, das sich schwer in den Berichtsstil des Satzes fügt.

in dem nach dem blutigen Ende von Ischbaals Königtum David die Herrschaft über das ganze Israel angetreten hatte. Auf diese Zeit von Davids unumschränkter Herrschaft mag schon eine kleine Äußerlichkeit im Stil der Erzählung hinweisen. Es fällt auf, wie betont und wie häufig sie vom „König" redet (vgl. V. 2. 3. 4. 5. 9. 11. 13). Daß in dieser selben Zeit schwerste Verluste über das Haus Sauls gekommen sind, muß aus den fluchenden Worten Simeis, des unentwegten Parteigängers des ersten Königshauses, erschlossen werden (16, 7 f.), und geht außerdem aus dem Bericht 21, 1–14, der jetzt dem Buch als Nachtrag angefügt ist, mit aller Deutlichkeit hervor.

So wird hier erneut deutlich, daß das 2. Samuelisbuch nicht einfach den geschichtlichen Gang der Ereignisse verfolgt und deshalb auch nicht richtig gehört und gelesen wird, wenn man in ihm eine Wiedergabe des Gesamtverlaufs der Geschichte Israels oder auch des Königtums in der Zeit Davids finden wollte. Vielmehr werden nur bestimmte Geschehnisse herausgehoben und angeleuchtet. Die Darstellung erfolgt gewissermaßen nach Schwerpunkten, mitunter, so auch im Fall unseres Berichts, ohne Rücksicht auf die zeitliche Reihenfolge.[3] So bekommt man im ganzen Buche an Stelle einer durchgängigen Geschichtsdarstellung eine Reihe von Themen vor Augen geführt, deren jedes durch eine Anzahl einzelner Erzählungen Farbe, Anschaulichkeit und sein besonderes Gewicht gewinnt. Diese Themenabfolge ist eine

[3]Die neuere atl. Forschung hat durch eingehende Untersuchungen wahrscheinlich gemacht, daß 2. Sam. 9 der Anfang eines ursprünglich selbständigen Erzählwerks ist, dem die Berichte bis Kap. 20 und 1. Kön. 1. 2 angehören, vielleicht auch bereits große Teile von Kap. 7 und 6, 16. 20ff.; vielleicht noch, wie Hertzberg (a.a.O. S. 240) erwägt, 3, 14–16; 4, 1–12. Diese „*Überlieferung von der Thronnachfolge Davids*" (so der Titel der entscheidenden Arbeit von L. Rost, die 1926 veröffentlicht wurde) schreibt man einem Verfasser zu, der den behandelten Vorgängen zeitlich ganz nahe stand und in hohem Maße die Fähigkeit zu „echt historischer und zugleich hochdramatischer Schilderung" (Alt, a.a.O. Bd. II, S. 67) und tiefe, geistliche Einsicht besaß. In der Stoffauswahl gehorcht auch diese alte Schrift dem Bestreben, nur ein bestimmtes Thema herauszustellen und lebendig zu machen. Deshalb gibt es zum Teil zeitliche Überschneidungen mit jener anderen, David etwa zeitgenössischen „*Schrift von Davids Aufstieg*" (1. Sam. 16 – 2. Sam. 5. 8); vgl. z. B. 2. Sam. 10; 12, 26ff. mit 2. Sam. 8 (Alt, a.a.O. Bd. II, S. 36). Zusammen mit anderen älteren Werken wie z. B. der „Lade-Erzählung" (1. Sam. 4–6; 2. Sam. 6) und verschiedenen Listen, die zunächst Archivzwecken gedient haben mochten (z. B. 2. Sam. 3, 1 ff.; 5, 13 ff.; 8, 15ff.), bildet sie das Material, aus dem der Gestalter unseres Buches unter behutsamer Schonung der ihm vorliegenden Überlieferungen ein großartiges Bild schuf. An bestimmten Themen und Stücken der Frühgeschichte Israels will dieses Bild grundlegende Züge des Herrscherwaltens Gottes sichtbar machen. Es dient damit der Ausrichtung der Botschaft von Gott, der in Einem der Heilige und der zur Gemeinschaft mit seinem Volk und dem Menschengeschlecht Schreitende ist, anders gesagt: der seinem Namen: „Ich werde da sein, als der ich da sein werde" – oder: „Ich werde da sein" Ehre macht.

der besonderen Eigentümlichkeiten der biblischen Erzählweise überhaupt.[4]

In seiner Burg zu Gibea hat einst (vgl. 1. Sam. 16, 14ff.) der verstörte König Saul seine Umgebung beauftragt, nach einem Mann zu suchen, dessen Saitenspiel ihm in Stunden seiner lähmenden Gemütsschwere Erleichterung schaffe. Dieser Mann wurde in der Person Davids gefunden, der so an den königlichen Hof kam. Seitdem war das Geschick der beiden, in gegenseitiger Anziehung (1. Sam. 16, 21) und Abstoßung (1. Sam. 18, 6ff.), in Freundschaft (1. Sam. 18, 1ff. 20ff.) und Verfeindung (ab 1. Sam. 19, 1ff.) aufs engste ineinander verflochten.[5] Im Verlauf der Geschichte dieser Schicksalsverkettung hat Saul Leben und Krone verloren, David das Königtum gewonnen. Der neue König, in unumschränkter Herrscherstellung über ganz Israel, sieht sich vor den Trümmern des Hauses seines Vorgängers. Eine ganze Flut von Katastrophen ist über dasselbe gegangen und hat Sauls Nachkommenschaft so dezimiert, daß David[6] Grund zu der Frage V. 1 hat, wer überhaupt von ihr noch am Leben ist. So wiederholt sich denn jetzt in gewissem Sinn jene Szene in Sauls Burg mit umgekehrtem Vorzeichen im Palast Davids. Der König David läßt Nachforschungen anstellen nach einem Mann aus dem zerstörten Königshaus, an dem er Gunst erweisen, den er an seinen Hof ziehen kann. Der hier ausfindig gemacht werden soll, hat freilich nicht die Aufgabe, das beschwerte Gemüt des Königs zu erquicken. Hier handelt ein König, dem es an nichts fehlt, und der frei und souverän Gnaden austeilen will. Ist er aber im Unterschied zum gemütskranken Saul wirklich der Freie und gänzlich Unbelastete? Durch seinen vor Gott geschlossenen Bund mit Jonathan ist er lang nach dessen Tod unverbrüchlich gebunden. „Um Jonathans willen“ will – oder muß? – er den Gnadenerweis geben. Ist er nicht überdies durch die von Gott gefügte Schicksalsverflechtung mit dem Hause Sauls diesem für immer verbunden? Blieb diese nicht in Kraft auch jetzt, da fast alle Söhne und Nachkommen Sauls umgekommen sind? Es scheint, daß David die geistliche Einsicht besaß und der unlöslichen Verbundenheit zwischen sich und Saul Rechnung trug, die nicht der Zufall einer geschichtlichen Gegebenheit, sondern Gott

[4] v. Rad und Noth haben dies vor allem für den Pentateuch – die 5 Bücher Mose – festgestellt; vgl. Kraus, a.a.O. S. 405–409.

[5] Vgl. Band 11I, S. 132ff.

[6] Nach 21, 1–14 ist David an mindestens einer dieser Katastrophen persönlich beteiligt. Vgl. auch 16, 7f.

der Herr selbst gestiftet hatte. So wäre es denn nicht nur und nicht in erster Linie ein Akt königlicher Großmut, sondern im tiefsten eine Tat des Glaubens und Gehorsams, wenn David dem etwa noch vorhandenen Nachkommen Sauls Gnade erweisen will. So wie jene Wiedereinsetzung der Saulstochter Michal in ihre Rechte als Königsgemahlin (3, 13) nicht schon mit der Liebe des Ehemanns und mit politischen Erwägungen des Königs, der auf die legitime Verbindung seines neuen Königtums mit dem ersten Königtum in Israel Wert legt, wirklich erklärt ist. David weiß um seine bleibende Gebundenheit an Sauls Haus und gehorcht ihr um Gottes willen, so mit seinem Verhalten gegenüber Michal, so auch in seiner Suche nach einem etwa noch lebenden Nachkommen Sauls. Daß David in der Tat solche geistlichen Erwägungen kennt, wird aus seinem Wort an Ziba (V. 3) deutlich: die Huld *Gottes* will er dem gesuchten Sauliden erzeigen (vgl. 1. Sam. 20, 14).

Sauls Haus ist zerstört, vielleicht schon bis zum letzten Mann. Aber es gibt noch Parteigänger des toten Königs im Lande. Einer von ihnen, Ziba, nach V. 10 ein vermöglicher, vielleicht auch im Zug der Belehnung durch Saul (vgl. 1. Sam. 22, 7) groß gewordener Grundbesitzer, wird zu David gebracht und über die Verhältnisse im Hause Sauls befragt. Er gibt die nötigen Auskünfte über Jonathans Sohn und dessen Aufenthaltsort.[7] Das geschieht allerdings so knapp und zurückhaltend, daß man darin fast einen Hinweis sehen möchte, wie abgeneigt der „Knecht“ Sauls dem neuen König war, und wie wenig Gutes er ihm zutraute. Er scheint es nicht für möglich zu halten, daß ein David für den letzten Sauliden einen Gnadenerweis im Sinne hat, und will vielleicht mit dem Hinweis auf Meribbaals Lähmung und seine damit gegebene Ungefährlichkeit David von einem möglichen neuen Gewaltakt gegen den Enkel seines Herrn abbringen.[8]

In welch düsterem Licht ein wenn auch noch so ungefährlicher Mann aus dem Hause Sauls nach all dem Vorgefallenen David sehen mußte, macht das Verhalten Meribbaals erschütternd deutlich. Er fürchtet für sein Leben, als er auf des Königs Befehl von seinem Zufluchtsort weggeholt und in die Königsburg zu Jerusalem geführt wird, und ergibt sich mit seinem Sich-niederwerfen zur Huldigung in die Hand des Herrschers und ins scheinbar Unvermeidliche. David hat

---

[7] Aus 17, 27 ist zu schließen, daß der Wohnort Machirs, der Meribbaal bisher verborgen und geschützt hatte, in der Nähe von Mahanajim im Ostjordanland zu suchen ist.

[8] Vgl. Hertzberg, a.a.O. S. 240.

Mühe, ihm die Furcht zu nehmen. Das ermutigende: „Fürchte dich nicht!“ (V. 7) begründet der König mit seiner Treuepflicht gegenüber Jonathan, die ihn bindet. Der Meribbaal zugedachte Hulderweis besteht einmal darin, daß ihm das gesamte Vermögen des Hauses Sauls an Grund und Boden, welches sich offenbar bisher in Davids Besitz befand, zurückgegeben wird. Sodann wird Meribbaal, nun nicht mehr nur auf gute Freunde seines Vaters angewiesen, sondern ein gewissermaßen wieder selbständiger Mann mit eigenem Vermögen, ständig an Davids Hof gezogen. Seine Güter hat die Familie Zibas zu bewirtschaften. Zur Abrechnung und vielleicht auch zur Ablieferung der Ackererträgnisse muß Ziba in Jerusalem erscheinen, wo sein Grundherr Meribbaal, in nächster Nähe Davids und dessen Söhnen gleichgestellt (V. 10–11), lebt und in beschränkter Weise Hof hält (vgl. 13, 7. 8. 20. 23; 15, 1).[9]

Aus Gefährdung, Verborgenheit und hilfloser Abhängigkeit (V. 4) ist denn Meribbaal durch Davids Gnadenerweisung herausgeführt und ehrenvoll in des Königs Nähe versetzt worden. David hat ihm seine volle Huld erzeigt und sich zum Vollstrecker der Huld Gottes (V. 3) gemacht. Die bisherigen Erzählungen haben jedoch immer wieder deutlich gemacht, wie in Davids Entscheidungen glaubendes und gehorsames Verhalten gegen den Herrn und zugleich umsichtiges Denken des Politikers miteinander verflochten sind.[10] Politische Überlegungen sind denn auch bei der Meribbaal gewährten Gunst zu vermuten, und werden überdies da und dort in der Erzählung angedeutet. So, wenn V. 12 beiläufig erwähnt, daß Meribbaal einen kleinen Sohn hatte, der bei den nach wie vor vorhandenen Parteigängern Sauls immerhin den Gedanken an eine mögliche Wiederherstellung eines saulidischen Königtums lebendig erhalten konnte. Die späteren Erzählungen 16, 1–4; 19, 25–31 zeigen, daß derartige Gedanken im Bereich des Möglichen lagen, und daß David mit der Versetzung Meribbaals an seinen Hof nicht nur Gott gehorchte und dem toten Freund Bund und Versprechen hielt, sondern zugleich auch in politischer Klugheit sich und sein Haus vor allen etwaigen Überraschungen durch Ansprüche eines Nachkommen Sauls auf den Thron schützen wollte.

Von Michal, der Tochter Sauls, nach 3, 13–16 wieder zur rechtmäßigen Gemahlin des Königs erhoben, sagte 6, 20–23, daß ihr die

[9] Aus diesen Stellen geht hervor, daß die Söhne des Königs, wie eigene Besitzungen hatten, so auch in der Davidsstadt ihr eigenes Haus mit Hofstaat führten; dassselbe Recht gewährt der König dem Sohn Jonathans.

[10] Vgl. z. B. 1. Sam. 30; 2. Sam. 1, 1ff.; 2, 1ff.; 6.

Mutterschaft versagt wurde. Aus ihrer Ehe mit David geht kein Sohn hervor, der als Nachkomme Sauls Davids Thronfolger werden könnte. Meribbaal und sein Sohn Micha werden auf ihre Weise zu Ehren gebracht und zu Gastfreunden des Königs erhoben. Gleichzeitig sind sie durch diese huldvolle Maßnahme für die Thronfolge ausgeschaltet. David wie sein Haus bleibt zwar in der Schicksalsverflochtenheit mit Saul und dessen Nachkommen. Aber es lebt und besitzt Kraft und Würde in keinem Stück von der Verbindung mit den Sauliden her. Es stellt einen gänzlich neuen Anfang dar. Menschlich gesehen lebt dieses Haus davon, daß in ihm viele Söhne geboren wurden. Kap. 7 hat aber neben jene Berichte von dem kräftigen Stamme des Hauses Davids, der sich selber machtvoll verzweigt (3, 2ff.; 5, 13ff.), die Botschaft gestellt, daß der Herr den Anfang dieses lebenerfüllten Hauses setzte, und daß mit seinem Anfang und seiner Erhaltung für immer eine neue Seite des Waltens Gottes mit den Menschen aufgeschlagen ist. So kann man mit W. Vischer die Botschaft, die in all diesen Vorgängen laut werden will, zusammenfassen: „Davids Haus ruht allein auf der Gnade."[11]

8. Der Krieg Davids mit Ammon und den Aramäern

2. Sam. 10, 1–11, 1:

(1) Und es begab sich danach, daß der König der Ammoniter[1] starb und sein Sohn Hanun[2] an seiner Statt König wurde. (2) David sprach bei sich: „Ich will Hanun, dem Sohn des Nahas, Huld erweisen, wie sein Vater mir Huld erwies." So sandte David hin, um ihm durch seine Knechte wegen seines Vaters sein Beileid auszusprechen. Als nun die Knechte Davids in das Land der Ammoniter kamen, (3) da sagten die Obersten der Ammoniter zu ihrem Herrn Hanun: „Geht David etwa nach deiner Ansicht darauf aus, deinen Vater zu ehren, wenn er dir Beileidsboten geschickt hat? Hat David seine Knechte zu dir nicht etwa zu dem Zweck gesandt, die Stadt zu erforschen, sie auszukundschaften und zu zerstören?" (4) Da ließ Hanun die Knechte Davids dingfest machen, die Hälfte ihres Bartes scheren, ihre Gewänder zur Hälfte bis zum Gesäß abschneiden, und schickte sie fort. (5) Als man David davon Meldung machte, schickte er ihnen entgegen, da die Männer

---

[11] A.a.O. Bd. II, S. 264.

[1] 1. Chron. 19, 1 nennt bereits im Eingang der Erzählung seinen Namen Nahas, d. h. „Schlange".

[2] D. h.: „Dem man gnädig ist."

schwer beschimpft waren. Und der König ließ ihnen sagen: „Bleibet in Jericho, bis euer Bart wieder gewachsen ist; dann könnt ihr zurückkommen!“ (6) Als nun die Ammoniter merkten, daß sie bei David in bösem Geruch standen, da sandten die Ammoniter hin und verpflichteten sich gegen Entgelt die Aramäer von Beth-Rehob und die Aramäer von Zoba mit 20000 Mann Fußvolk, den König von Maacha mit 1000 Mann und die Leute von Tob mit 12000 Mann. (7) Als David das vernahm, sandte er Joab aus und das ganze Heer, nämlich die Kriegsgewohnten.[3] (8) Da rückten die Ammoniter aus und stellten sich am Toreingang in Schlachtordnung auf, während die Aramäer von Zoba und Rehob, sowie die Leute von Tob und Maacha gesondert im freien Felde standen. (9) Als nun Joab erkannte, daß er eine Kampffront vor und hinter sich hatte, da machte er eine Auswahl aus allen Erlesenen Israels und stellte sich (damit) den Aramäern gegenüber zur Schlacht bereit. (10) Den Rest des Kriegsvolks übergab er seinem Bruder Abisai. Der stellte sich gegenüber den Ammonitern auf. (11) Und er sprach: „Sind mir die Aramäer über, mußt du mir zu Hilfe kommen; sind die Ammoniter dir überlegen, dann werde ich herbeieilen, um dir zu helfen. (12) Sei ein Mann und laß uns tapfer sein für unser Volk und für die Städte unseres Gottes! Der Herr aber tue, was ihm wohlgefällt.“ (13) Als nun Joab und das Kriegsvolk bei ihm im Kampf mit den Aramäern zusammenstieß, da ergriffen sie die Flucht vor ihm. (14) Die Ammoniter aber sahen, daß die Aramäer flohen, und schon flohen sie vor Abisai und kamen in die Stadt. Joab aber ließ von den Ammonitern ab und ging nach Jerusalem.

(15) Als nun die Aramäer sahen, daß sie sich vor Israel geschlagen geben mußten, da sammelten sie sich zuhauf. (16) Und Hadadeser sandte hin und hieß die Aramäer auf der anderen Seite des Stromes ausziehen. Und sie kamen nach Chelam, an ihrer Spitze Sobach, der Feldhauptmann Hadadesers. (17) Als man David davon Nachricht gab, da versammelte er ganz Israel, setzte über den Jordan und gelangte nach Chelam. Die Aramäer stellten sich zur Schlacht gegen David auf und kämpften mit ihm. (18) Die Aramäer aber mußten vor Israel fliehen, und David vernichtete von den Aramäern 700 Gespanne und 40000 Mann.[4] Sobach aber, ihren Feldhauptmann, traf er so schwer, daß er daselbst starb. (19) Als nun alle Hadadeser unterstellten Könige sahen, daß sie sich von Israel hatten schlagen lassen müssen, da machten sie Frieden mit Israel und unterwarfen sich ihnen. Und die Aramäer fürchteten sich, fernerhin den Ammonitern Hilfe zu leisten. (11, 1) Als aber ein Jahr darüber vergangen war, zur Zeit, da die Könige ausziehen, da sandte David Joab aus, und mit ihm seine Knechte und ganz Israel. Die rangen die Ammoniter nieder und schritten zur Belagerung von Rabba, während David in Jerusalem blieb.

---

[3] Gemeint sind die Berufskrieger der persönlichen Truppe Davids; vgl. zur Unterscheidung dieser Truppe vom allgemeinen Heerbann 11, 11.

[4] So mit dem Wortlaut in 1. Chron. 19, 18, da „Reiter“ im hebr. Text neben dem vorausgehenden „Gespann“ nur eine Verdoppelung ist.

Die außenpolitischen Erfolge Davids gegen Ammon und die Aramäer wurden in der Liste 8, 1–14 überblicksartig erwähnt (8, 3ff. 12). Nun werden sie in Form eines Kriegsberichts[5] anschaulich geschildert. Es handelt sich um zwei Feldzüge, gegen die Ammoniter (10, 1–14) und gegen die Aramäer (10, 15–19). In beiden wird sichtbar, welch schwere Bedrohung die sich konsolidierende Macht der Aramäerstämme und -staaten für das eben gebildete und aufstrebende Reich Israel unter David bedeutete. Sie stellt ein ungeheures Reservoir an Menschen und Kriegern dar, aus dem sich die Ammoniter ein Hilfsheer beschaffen können: für David eine geradezu erdrückende Übermacht, zumal dieser nach V. 7 nur seine Berufskriegertruppe unter Joab und Abisai ins Feld schickt – im Unterschied zu 11, 1, wo für die Zuendeführung der Unterwerfung der Ammoniter außerdem der gesamte Heerbann Israels zu Felde zieht. Schon die in V. 6 genannten Zahlen[6] lassen die Größe der Gefahr deutlich werden. Vor allem aber zeigt sich dies an den Worten, die Joab als der verantwortliche Heerführer an seinen Bruder Abisai richtet (V. 9–12). Er sieht sich auf seinem Marsch gegen die Hauptstadt Ammons[7] jählings von deren Heer, das sich vor der Stadt zum Kampf stellte, und dem aramäischen Hilfsheer in die Zange genommen (V. 9). Er muß seine zahlenmäßig weit unterlegenen Scharen in zwei Angriffskeile teilen, und wendet sich mit ausgesuchten Leuten selbst gegen die allem nach gefährlicheren Aramäer, während er Abisai mit dem Rest der Mannschaften gegen die Ammoniter ansetzt (V. 9. 10). Joab rechnet in beiden Treffen durchaus mit einem glatten Unterliegen vor dem Feind (V. 11). Und er weiß, daß in dieser Zweifrontenschlacht das Schicksal des ganzen Volkes Israel und des neugebildeten Reiches auf dem Spiele steht (V. 12). In dieser äußersten

---

[5] Die atl. Forschung sieht in diesem Kriegsbericht, dessen Schluß 12, 26–31 erscheint (12, 26 schließt unmittelbar an 11, 1 an), eine ehemals selbständige Überlieferung (Alt, a.a.O. Bd. II, S. 67), eine Art offizielles Dokument des königlichen Archivs (Hertzberg, a.a.O. S. 243). Der Gestalter unsres Buchs nahm sie gleich jenen andern schon vorhandenen Überlieferungen (vgl. S. 128, Anm. 3) in das Gesamtwerk auf. Er benötigte den Bericht, weil ohne ihn vieles von Davids Verschuldung an Bathseba und Uria unverständlich geblieben wäre. So bettet er diese denn in den Bericht vom Ammoniterkrieg ein, läßt ihn zunächst an dem Punkt abbrechen, an dem die Bathseba-Erzählung ihren Anfang nimmt (11, 1), um dann nach deren Vollendung 12, 26 seinen Schluß folgen zu lassen.

[6] Hertzberg vermutet allerdings, daß diese Zahlenangaben denen vom Aramäerfeldzug (10, 18; vgl. 8, 4) angeglichen worden und, sachlich gesehen, zu hoch gegriffen seien. Daß es sich in diesem Fall um angeworbene Söldnertruppen handelt und daß David seinerseits auch nur das Kontingent seiner Berufskrieger ins Feld schickt, spreche doch wohl für tatsächlich kleinere Verhältnisse. A.a.o. S. 244.

[7] Nach 11, 1 Rabba, das heutige Amman, im tief eingeschnittenen Tal des oberen Jabbok gelegen.

Gefahr spricht er aus, was nach den vorausgegangenen Erzählungen von dem in vielen harten Kämpfen Erprobten nicht anders zu erwarten ist: es gilt letzten, mannhaften Einsatz. Um so überraschender zeigen seine abschließenden Worte, daß auch in diesem rücksichtslosen Mann (vgl. 3, 27) ein echtes Wissen um die von Gott gegebene Sendung Israels und seines Landes lebt. Joab versteht nicht nur sein blutiges Handwerk, sondern steht auch glaubend vor dem Herrn, der, wie er in Israels vergangenen Tagen als Herr im heiligen Krieg sich kundgab, so auch jetzt in diesem Kampf auf Leben und Tod sich als der rechte Kriegsmann erweisen kann (V. 12; vgl. 2. Mose 15, 3; Richt. 5, 13).

V. 1–6a schildern, wie es zum Krieg mit den Ammonitern kam. Der Tod ihres Königs Nahas, des einstigen Gegners Sauls beim Kampf um Jabes (1. Sam. 11), gibt David Anlaß zu einer Beileidsbotschaft an den jungen Nachfolger Hanun. Dessen Ratgeber suchen jedoch hinter der freundlichen Botschaft des israelitischen Königs für ihr Volk lebensgefährliche Absichten. Man mag für diese mißtrauischen Mutmaßungen die Fühlungnahme Davids mit den Leuten von Jabes (2, 4–7) und noch andere Zeichen des Ausdehnungsstrebens des jungen Reiches unter seinem neuen König in Anrechnung bringen. Jedenfalls behandelt der so beratene Hanun die Leute Davids nicht als Gesandte in ehrenvollem Auftrag, sondern als Kundschafter und Spione, und schickt sie mit Schimpf und Schande nach Hause. Statt der vermuteten Absicht Davids mit Gewalt zu begegnen, erlaubt sich der Ammoniterkönig einen groben Spaß mit Davids Männern und damit eine hochfahrende Beleidigung Davids selbst. Das erinnert sehr an das nicht weniger hochfahrende Verhalten, mit dem einst sein Vater die Bürger von Jabes und ganz Israel ihre ärmliche Hilflosigkeit und seine machtvolle Überlegenheit spüren lassen wollte. Man kann daraus schließen, wie verächtlich man in der damaligen Umwelt über David dachte, dem Israel die Krone angeboten hat, und der sich da in Jerusalem anschickte, ein Reich zu formen. So leuchtet denn plötzlich zwischen den Zeilen dieses ganz nüchtern gehaltenen Kriegsberichts die Frage hervor, was denn an diesem kleinen Mann David in Wahrheit sei. Die Tat Hanuns gibt darauf die Antwort sehr bündig: Es ist nichts an ihm; es steckt auch nichts hinter dem ganzen Israel. Diesen „König" und mit ihm das angebliche Gottesvolk zu beleidigen, kostet nichts. Anders lauten schon die Worte Joabs; sie deuten das Geheimnis an, daß die Sache Davids und Israels aufs engste mit dem Herrentum Gottes verflochten ist. Und vollends deutlich ist das Zeugnis von Kap. 6, nach dem der Herr das Zeichen seiner Herrschaft in der Stadt Davids haben will, und von Kap. 7, nach dem Gott seinen Bund mit David und seinem Haus geschlossen hat. Das alles weiß aber der Ammoniterkönig nicht und kann es nicht wissen. Doch muß er es erfahren, soweit ein um Gott und seinen Weg nicht wissender Mensch es überhaupt erfahren kann. Nicht Gottes Wort, wie es an David erging, wohl aber harte, politische Tatsachen reden und geben die Antwort auf jene heimliche Frage. Die Aramäer zerstieben vor den zum Letzten entschlossenen Scharen Joabs, und darauf ebenso das Heer Ammons. Zu einer Belagerung und Eroberung Rabbas kommt es zunächst noch nicht. Die Beleidigung Israels und seines Königs ist gerächt. Die militärische Gefährdung von seiten Ammons ist fürs erste beseitigt. Joab kehrt mit seiner Truppe nach Jerusalem zurück.

Erneut aber droht dem Reich Davids eine tödliche Bedrohung von seiten der Aramäer. Nicht als Söldnertruppe im Dienst der Ammoniter, sondern in eigener Unternehmung erscheint ein von Hadadeser (vgl. 8, 3ff.) im ganzen Gebiet des oberen Euphrat – dieser ist in V. 16 mit „dem Strom" gemeint – aufgebotenes, riesiges Aramäerheer im Felde. Es wird jedoch von Davids Truppen, diesmal dem ganzen israelitischen Heerbann, völlig geschlagen.[8] Statt daß sie, wie geplant, dem Staat Israel den Garaus machen konnten, werden die geschlagenen Aramäer David tributpflichtig und können so auch Ammon nicht mehr zu Hilfe kommen. Beim Beginn der trockenen Jahreszeit kommt es denn sogleich zu einem neuen Feldzug Davids gegen Ammon. Was Hanuns Ratgeber vermutet und David unterschoben hatten, wird nun Wirklichkeit. Die Ammoniter sind auf sich allein angewiesen. Unter der Führung Joabs zieht Israels gesamtes Heer, darunter die Kerntruppe Davids, gegen sie heran. Dieser Übermacht ist Ammon nicht gewachsen. So kommt es zur Belagerung ihrer Hauptstadt Rabba. Gleichzeitig allerdings kommt es in der Burg zu Jerusalem und im Heer Davids zu einem Vorgang, der, scheinbar nur privater Natur, in Wahrheit aufs tiefste die Geschicke des Hauses und Königtums Davids formt.

---

[8] Trotz der gegenüber 8, 4 anderen Zahlen für das Aramäerheer ist wahrscheinlich das hier Berichtete derselbe Vorgang wie der 8, 3f. erzählte; vgl. Hertzberg, a.a.O. S. 245; Gressmann, a.a.O. S. 157.

III

DIE ERSCHÜTTERUNG DES REICHES

2. Sam. 11, 2–20, 26

A. Die heimliche Entscheidung über den Nachfolger auf Davids Thron

2. Sam. 11, 2–12, 31

1. Davids schuldhafte Heirat

2. Sam. 11, 2–27:

(2) Und es begab sich um die Abendzeit, daß David von seinem Lager aufstand und sich auf dem Dach des Königshauses erging. Da sah er vom Dach aus eine Frau beim Baden; und die Frau war von sehr schöner Gestalt. (3) Und David sandte hin und erkundigte sich nach der Frau. Es hieß: „Das ist doch Bathseba, die Tochter Eliams, die Ehefrau Urias, des Hethiters." (4) Da schickte David Boten und ließ sie holen. Und wie sie zu ihm kam, wohnte er ihr bei; sie befand sich gerade in den Tagen der Heiligung von ihrer monatlichen Unreinheit. Dann kehrte sie in ihr Haus zurück. (5) Und die Frau wurde schwanger. Da sandte sie hin und ließ David kundtun: „Schwanger bin ich."

(6) Da sandte David zu Joab: „Schick zu mir den Hethiter Uria!" Und Joab schickte Uria zu David. (7) Als nun Uria zu ihm kam, fragte David, ob es wohl stünde um Joab, um die Leute und um den Krieg. (8) Dann sprach David zu Uria: „Geh hinunter in dein Haus und bade deine Füße!" Als Uria das Königshaus verließ, kam hinter ihm drein eine königliche Spende zum Festschmaus. (9) Uria legte sich jedoch am Eingang des Königshauses schlafen mit all den Knechten seines Herrn und ging nicht zu seinem Hause hinab. (10) Davon gab man David Kunde: „Uria ist nicht in sein Haus hinabgegangen!" Da sprach David zu Uria: „Du kommst doch von auswärts. Wieso bist du nicht in dein Haus hinabgegangen?" (11) Darauf sagte Uria zu David: „Die Lade, auch Israel und Juda kampieren in Zelten, und mein Herr Joab samt den Knechten meines Herrn lagern auf dem Boden im Freien, und da sollte ich in mein Haus gehen, zu essen, zu trinken und mit meiner Frau zu schlafen? Bei deinem Leben und deiner Seele – das werde ich mitnichten tun!" (12) Da sprach David zu Uria: „Bleib auch heute

noch hier! Morgen will ich dich entlassen.“ So blieb denn Uria an jenem Tag, wie auch am folgenden in Jerusalem. (13) Da lud ihn David ein, daß er an seiner Tafel aß und trank, und machte ihn betrunken. Am Abend aber ging er hinaus, um sich an seiner Lagerstatt mit den Knechten seines Herrn schlafen zu legen. Doch in sein Haus ist er nicht hinabgegangen.

(14) Und es begab sich am Morgen, daß David einen Brief an Joab schrieb, den er durch Uria hinsandte. (15) Und er schrieb in dem Brief: „Auf, nehmet Uria nach vorne, wo der Kampf heftig tobt! Dann zieht euch hinter ihm zurück, daß er erschlagen wird und umkommt!“ (16) So begab sich's denn: bei der Belagerung der Stadt stellte Joab den Uria auf einen Posten, wo er besonders gefährliche Krieger wußte. (17) Und als die Männer der Stadt einen Ausfall machten und mit Joab handgemein wurden, da gab es Gefallene aus dem Volk, nämlich von den Knechten Davids, und dabei fand auch Uria, der Hethiter, den Tod.

(18) Da sandte Joab hin und ließ David über die ganzen Begebenheiten des Kampfes Kunde bringen. (19) Und er gab dem Meldegänger den Befehl: „Wenn du dem König den ganzen Hergang des Kampfes zu Ende erzählt hast, (20) und wenn sich's dabei begibt, daß der Zorn des Königs aufbraust und er dich anherrscht: ‚Warum seid ihr so nahe an die Stadt zum Kampf herangegangen? Wußtet ihr etwa nicht, daß sie von der Mauer herab schießen? (21) Wer hat Abimelech, den Sohn Jerubbaals,[1] erschlagen? Hat nicht ein Weib von der Mauer herunter einen oberen Mühlstein auf ihn geworfen, daß er in Thebez umkam? Warum seid ihr so nah an die Mauer herangegangen?‘ Dann sag: ‚Auch dein Knecht Uria, der Hethiter, ist umgekommen.‘“ (22) So ging denn der Meldegänger hin, kam und brachte David die Kunde, mit der ihn Joab geschickt hatte.[2] (23) Der Bote sprach zu David: „Die Männer waren uns überlegen und machten einen Ausfall gegen uns bis ins freie Feld. Dann aber waren wir an ihnen bis zum Toreingang hin. (24) Doch schossen die Schützen auf deine Knechte von der Mauer herab, und so fanden einige von des Königs Knechten den Tod; auch dein Knecht Uria, der Hethiter, ist tot.“ (25) Da sprach David zu dem Meldegänger: „Richte Joab aus: Laß dich diesen Vorfall nicht anfechten, denn das Schwert frißt einmal so, einmal so! Führe deinen Kampf gegen die Stadt kräftig fort, bis du sie zerstört hast! So rede ihm Mut zu!“

(26) Als aber die Frau Urias hörte, daß ihr Mann Uria ums Leben gekommen sei, da hielt sie ihrem Eheherrn die Totenklage. (27) Als aber die Trauer vorüber war, sandte David hin und nahm sie in sein Haus, und sie wurde seine Frau und gebar ihm einen Sohn. – Aber die Tat, die David vollbracht hatte, war schlimm in den Augen des Herrn.

---

[1] Im hebr. Text findet sich hier die spätere Verunstaltung des Namens „Jerubboseth“.
[2] LXX wiederholt im Folgenden das V. 20 Gesagte: „Und David wurde zornig auf Joab und sagte zu dem Boten: „Warum seid ihr so nahe an die Stadt herangegangen . . . usw . bis V. 22 Schluß.

Zu den vielen Frauen im Hause Davids tritt mit Bathseba eine weitere hinzu. V. 27 beschreibt im Hebräischen das Eingehen dieser neuen Ehe des Königs mit einem Wort, das bei den Berichten über seine früheren Eheschließungen nicht gebraucht wird. Es bedeutet soviel wie sammeln, aufnehmen, in Schutz nehmen, während sich 1. Sam. 25, 39. 43; 2. Sam. 5, 13 das übliche Wort für „nehmen" bzw. „zur Frau nehmen" findet. Genau dieses Wort aber liest man nun überraschenderweise in V. 4, in dem es sich ja keineswegs um eine rechtmäßig vollzogene Eheschließung handelt. David „nahm" sich hier die Frau, die einem seiner Truppenführer als Ehefrau angehörte. Er „nahm" Bathseba lediglich, um die jählings entzündete Gier seiner Sinne zu stillen. Er denkt zunächst keineswegs daran, eine Ehe einzugehen; das ist ja völlig ausgeschlossen. Die auffallende Schönheit (V. 2) ist Urias Ehefrau, und sie bleibt dies. Nachdem sie dem König zu Willen gewesen ist, und dieser sein stürmisches Verlangen an ihr befriedigt hat, kehrt sie in ihr Haus zurück. Es ist müßig, zu erwägen, inwieweit die Frau durch ihr Verhalten Davids Gier herausgefordert hat, ob sie des Königs Begehren nach ihrem Leib als eine Ehre empfand, und wie sie als eine Frau aus dem Volke Gottes mit dem Wissen um das Gebot des Herrn und um die Lebensgefahr für die Ehebrecherin fertig wurde. Die Erzählung berührt das alles mit keinem Wort. Sie beschäftigt sich ausschließlich mit der Tat Davids. Vom König ist allein die Rede, von seinem Erblicken der badenden Frau, seinem wilden Begehren, seinem Vorgehen, bis er am Ziel seiner Wünsche ist, und seinem Vergehen, das sich über alles Recht des Ehemanns und alles Recht Gottes hinwegsetzt. Auffällig betont ist dabei, wie David keineswegs heimlich zu Werke geht. Er begeht den Ehebruch in aller Öffentlichkeit, wenn er durch seine Diener Namen und Stand der begehrten Frau feststellen und sie danach in sein Haus bringen läßt. Es ist der König, der seine Machtfülle rücksichtslos für sich ausnützt. Es ist der Herrscher, der sich seiner Umgebung, wie sonst zur Erledigung seiner königlichen Befehle und zu politischen oder militärischen Unternehmungen, so jetzt zur Erfüllung seiner Mannesgelüste bedient. Der König vergeht sich an der Ehe eines Mannes, der für ihn und das Volk im Felde steht. Der König Israels begeht eine „Torheit in Israel" (vgl. 1. Mose 34, 7; Richt. 19, 23; Jer. 29, 23), d. h. eine gottvergessene Tat; er tut, als wäre nicht der Herr Israels Gott; er setzt sich über Gott hinweg in gottloser Selbstherrlichkeit. Und dies geschieht durch den Nachfolger Sauls, durch den Mann, der die Stelle des ersten Königs in Israel einnehmen mußte, weil dieser mit seiner Selbstherrlichkeit das Königtum verwirkt hat (1. Sam. 15).

Die erste selbstherrliche Mißachtung des Rechtes des Herrn ruft der zweiten. Bathseba läßt David wissen, daß sie ein Kind erwartet. Der König, dessen List und Verschlagenheit da und dort (vgl. 1. Sam. 21, 11 ff.; 27, 1–12; 29, 8) erwähnt wurde, gedenkt sich mit Leichtigkeit die Schlinge vom Hals zu streifen. Er bestellt den betrogenen Ehemann in die Burg, scheinbar zur Berichterstattung über die Kriegslage, in Wahrheit, um ihm die Einkehr zu Hause und den ehelichen Umgang mit seiner Frau zu ermöglichen und so sein Kind zu unterschieben. Uria durchkreuzt des Königs Plan. Er meidet sein Haus und sucht sich bei der Wachttruppe im Torbau des Königshauses sein Nachtquartier. Vom König darüber zur Rede gestellt und ausdrücklich ermuntert, seinen „Fronturlaub" gebührend zu benützen, erklärt Uria, daß er auch jetzt wie das Heer vor Rabba „im Dienst" ist und deshalb nicht wie ein Privatmann leben kann. Es liegt nahe, zur Erklärung des Verhaltens Urias an Stellen wie 1. Sam. 21, 5 zu denken, wonach während der Teilnahme am Kriegsdienst des Herrn das Privatleben ausgesetzt werden muß.[3] Alle Versuche Davids, Uria mit seiner Frau zusammenzubringen, sind umsonst. Uria lockt nicht das Festmahl, das ihm der König ins Haus schickt, nicht die gemütvolle Ermunterung Davids, sich von den Strapazen des Felddienstes zu erholen, und auch der Versuch, Urias Sinne durch berauschende Getränke zu brechen und ihn so des Königs Absicht gefügig zu machen, schlägt fehl. Es ist wiederum müßig, darüber nachzudenken, inwieweit Uria seinen König durchschaute, ob er in wohlberechneter Absicht mit seiner Weigerung an David die Rache des entehrten Ehemanns üben wollte, und ob er etwa auch seiner geschändeten Frau gram war. Die Erzählung verweilt auch an dieser Stelle nicht bei den etwaigen Absichten und Gedanken Urias, sondern faßt ausschließlich David ins Auge. Der Listige und in allen Lebenslagen Überlegene versucht List auf List, Plan auf Plan und – scheitert damit an Urias Festigkeit. Der Listenreiche, der die Torheit in Israel begangen hat, steht als der geprellte

[3] V. 11 gewährt einen interessanten Einblick in die militärischen Verhältnisse Israels zur Zeit Davids. Der Heerbann der Israeliten und Judäer, geschart um die, wie man hier ganz zufällig erfährt, ähnlich wie 1. Sam. 4, 4 ff. ins Feld mitgeführte Lade des Herrn, wird von der Berufskriegertruppe scharf unterschieden. Diese trägt die eigentliche Last der Kämpfe, während der Heerbann im Hintertreffen bleibt und deshalb auch während des Feldzugs und der langwierigen Belagerung in Zelten untergebracht ist. Vielleicht hat man auch an Nothütten aus Ästen und Laubgezweig zu denken; vgl. Caspari, a.a.O. S. 526, Anm. 7.

Tor da. Wiederum fällt an dieser Stelle der Erzählung auf, wie öffentlich die Absichten und die Not des listigen Toren auf dem Königsthron sind. Leute des Hofstaates melden David sofort, daß Uria nicht bei seiner Frau einkehrte; sie scheinen zu wissen, was dieser Umstand für den König an Pein und Not in sich schließt.

Doch ehe David wirklich vor Uria kapituliert, begeht er eine zweite „Torheit in Israel". Auch hier bedient er sich wiederum seiner königlichen Macht und Befehlsgewalt als oberster Kriegsherr. Er befiehlt in einem Schreiben (auch zu solchen Dingen muß der Inhaber des Schreiberamtes, 8, 17, herhalten!) an Joab, Uria auf einen Posten zu stellen, der dessen sicheren Tod bedeutet. So sucht sich David den leidigen Mann vom Halse zu schaffen. Ist der Störenfried in des Königs verwirrtem Weg verschwunden, dann wird die ganze, notvolle Affäre „erledigt" sein.

Er findet in Joab einen willfährigen Helfer für sein mörderisches Vorhaben. Das verwundert nicht im geringsten bei diesem Mann, der seinerzeit vor dem tückischen Mord an Abner nicht zurückgeschreckt war (3, 27), und den wir 20, 8–10 wiederum als skrupellosen Mörder kennen lernen werden. Wo es sich um seinen Vorteil handelt, geht Joab ohne Bedenken über Leichen. Er bietet ebenfalls ohne Bedenken die Hand, da jetzt sein König über Leichen gehen will. Die Kampfhandlung wird angesetzt, die Davids Vorhaben zum Ziel führt. Uria wird an den gefährlichen Posten gestellt und findet den ihm zugedachten Tod. Wieder verliert die Erzählung kein Wort darüber, was sich Joab bei der Ausführung des königlichen Befehls gedacht hat. Wohl aber lassen seine Worte, mit denen er den Meldegänger über das vor David zu wahrende Verhalten instruiert, erkennen, daß der König David sonst selbst im Kriegsfall ein entschiedener Feind allen unnötigen Blutvergießens ist. Joab erwartet einen Zornesausbruch seines obersten Kriegsherrn, wenn er von dem Soldatentod einiger seiner Krieger erfahren wird, der unvorsichtigem Vorgehen zugeschrieben werden muß. Am Wortlaut der Erzählung fällt auf, daß Joab dem Meldegänger bis in Einzelheiten hinein voraussagt, wie der König auf die Nachricht von der Schlappe seiner Truppen vor der Stadt Rabba reagieren wird. Man hat schon vermutet, daß der Text an dieser Stelle nicht gut erhalten sei[4] und daß die Sätze V. 20b und 21a erst in die Szene gehören, in welcher der Abgesandte Joabs vor David steht, so daß sie die tatsächliche Reaktion Davids wiedergeben. Mag indes

[4] So z. B. Hertzberg, a.a.O. S. 246, Anm. 2 und S. 250.

der jetzige Bericht auch seltsam erscheinen, so ist doch auffällig, daß er von LXX bestätigt wird. Nach deren Befund gehören die fraglichen Sätze ebenfalls in die Instruktion des Abgesandten durch Joab, nur daß sie dann in der Schilderung der Szene vor David erneut erscheinen. So muß man vielmehr fragen, was den Gestalter der jetzt in der Tat überraschenden Erzählung gerade zu dieser seltsamen Darstellung der Dinge veranlaßt haben konnte. Sollte nicht die Absicht dahinter stehen, ganz stark das höchst Verwunderliche herauszuheben, daß derselbe David zum Mord greift, der sonst als König und Feldherr sorgfältig über dem Leben jedes seiner Krieger wacht und seine Leute so umsichtig als irgend möglich schont? Stehe es mit der Absicht des Erzählers, wie es wolle, die Erzählung, wie sie nun ist, macht diesen Gegensatz im Verhalten Davids kraftvoll sichtbar. Der König *muß* nach seinem sonst an den Tag gelegten und jedermann bekannten Wesen Joab den Tod tüchtiger Krieger schwer verübeln. Er *muß* den Feldherrn der fahrlässigen Tötung zeihen. Und dieser selbe König *will* den Tod des einen Kriegers, der ihm im Wege steht. Erfährt er dessen Untergang im Kampf, wird er jenen Verlust verschmerzen. Und so geschieht es denn auch in der Tat. Unendlich viel kraftvoller als in der Darstellung von LXX stellt die uns vorliegende Erzählung ins Licht, wie der König entgegen der von Joab erwarteten Reaktion lediglich anhört, was der Bote zu melden hat, um dann sogleich einzig mit dem frivolen Wort vom wechselnden Geschick im Kriege (V. 25) zu antworten, mit dem der Bote Joab beruhigen soll.

David hat mit einem fürchterlichen Fluch Gottes Gericht über Joabs Haupt und Haus herabbeschworen, als dieser seinen Feind Abner ermordete (3, 28f.). Er entbindet Joab jeder Verantwortung, als er ihm zu seinem Mord an Uria geholfen hat. Joab braucht sich den immerhin empfindlichen Verlust nicht anfechten zu lassen. Ja, der König ermuntert ihn zur unbeschwerten Fortsetzung des Krieges gegen Ammon und wünscht ihm die glückhafte Vollendung desselben bis zum Fall der feindlichen Hauptstadt. So fällt denn die ganze Verantwortung für Urias Tod auf den König. Die Schuld am Mord verteilt sich nicht auf zweier Männer Schultern. David ist allein der Mörder Urias, und dies nach seinem eigenen, königlichen Wort. So muß aber auch über seinem Haupte der Fluch schweben, den er einst über den Mörder Joab ausgesprochen hat.

Ein verurteilter und unter den Fluch Gottes gestellter König vollendet nun, was er mit dem ehebrecherischen Tun an Bathseba und mit der raffiniert durchgeführten Beseitigung ihres Ehemanns begonnen hat. Nach dem Ablauf der Trauerzeit holt er die „Witwe“ Urias in sein Haus und reiht sie unter die Frauen seines Hofstaates ein. Das Kind Davids und Bathsebas, ein Sohn (V. 27), wird im Palast des Königs geboren und gilt denn als Königssohn gleich jenen anderen Söhnen der Königsfrauen, von denen Kap. 3 und 5 die Rede war.

Von Gott war in der ganzen dramatischen Erzählung bis zu diesem Punkt nirgends die Rede. Ein bedeutsamer Kunstgriff des Erzählers, der mit diesem Schweigen von Gott aufs schärfste die „Torheit“, d. h. die völlige Gottlosigkeit im Planen und Tun Davids ans Licht treten läßt. Erst das allerletzte Sätzlein der Bathseba-Erzählung stellt in schroffem Gegensatz zum Bisherigen heraus, daß alles, was David fern von Gott getan hat, von Gott gesehen und in Gottes Augen schlimm war.

2. Nathans Prophetenspruch über David und das Königshaus

2. Sam. 12, 1–23:

(1) Und der Herr sandte Nathan[1] zu David. Der ging zu ihm und sagte zu ihm: „Zwei Männer lebten in derselben Stadt, der eine reich, der andere arm. (2) Der Reiche besaß Schafe und Rinder, eine riesige Menge. (3) Der Arme aber hatte gar nichts außer einem einzigen kleinen Lamme, das er sich gekauft hatte. Und er zog es auf, so daß es bei ihm und seinen Söhnen groß wurde; es aß von seinem Bissen und trank aus seinem Becher, es schlief in seinen Armen und war ihm wie eine Tochter. (4) Da kam von auswärts ein Besuch zum reichen Mann. Dem tat es leid, von seinen Schafen und Rindern zu nehmen, um dem Wanderer etwas zuzubereiten, der bei ihm eingekehrt war, und er nahm das Lamm des armen Mannes und bereitete es dem Manne zu, der zu ihm gekommen war.“ (5) Da loderte Davids heftiger Zorn wider den Mann auf, und er sprach zu Nathan: „So wahr der Herr lebt, ein Kind des Todes ist der Mann, der solches verübt hat. (6) Dazu hat er das Lamm vierfach zu ersetzen dafür, daß er dies Ding gemacht und kein Mitgefühl bewiesen hat.“[2]

(7) Da sprach Nathan zu David: „Du bist der Mann! So spricht der Herr, der Gott Israels: ‚Ich habe dich zum König über Israel gesalbt, ich habe dich aus der Hand Sauls gerettet. (8) Ich habe dir das Haus

---

[1] LXX ergänzt: „Den Propheten.“

[2] Manche Textforscher vermuten hier als ursprünglichen Sinn: „und daß es ihm (um sein Eigentum) leid war“; vgl. z. B. Hertzberg, a.a.O. S. 247.

deines Herrn[3] gegeben und dazu die Frauen deines Herrn in deine Arme, und ich habe dir das Haus Israels und Judas gegeben. Und wenn das zu wenig ist, kann ich dir noch dies und das hinzutun. (9) Warum hast du das Wort des Herrn[4] verachtet, daß du tatest, was in meinen Augen böse ist? Uria, den Hethiter, hast du mit dem Schwert erschlagen, und seine Ehefrau hast du dir zum Weibe genommen, ihn aber hast du ermordet durchs Schwert der Ammoniter. (10) Und nun, nicht soll das Schwert von deinem Hause weichen ewiglich dafür, daß du mich verachtet und die Frau Urias, des Hethiters, genommen hast, daß sie deine Frau werde!' (11) So spricht der Herr: ‚Ich lasse fortan Schlimmes über dich aus deinem Hause aufstehen, und ich werde deine Frauen vor deinen Augen wegnehmen und werde sie einem von denen neben dir geben,[5] daß er deinen Frauen beiwohne im Angesicht der Sonne, die jetzt scheint. Denn du hast deine Tat heimlich getan; aber ich will dieses Vorhaben öffentlich vor ganz Israel und am hellichten Tag vollbringen!'"

(13) Da sagte David zu Nathan: „Ich habe gegen den Herrn gesündigt." Und Nathan sprach zu David: „So hat auch der Herr deine Sünde vergeben. Du sollst nicht sterben. (14) Weil du aber mit dieser Tat den Feinden des Herrn Anlaß zu lästern gegeben hast, so muß der Sohn, der dir geboren ist, des Todes sterben."

(15) Und Nathan kehrte in sein Haus zurück. Der Herr aber schlug das Kind, das Urias Ehefrau David geboren hatte, daß es schwer krank wurde. (16) Und David suchte Gott des Knaben wegen auf, und David hielt ein strenges Fasten, und wenn er nach Hause kam, nächtigte er im Trauergewand[6] und lag auf dem Boden. (17) Da traten die Ältesten seines Hauses zu ihm und wollten ihn von der Erde aufrichten. Doch er wollte nicht und aß auch nicht mit ihnen. (18) Und es begab sich am 7. Tag, daß das Kind starb. Die Knechte Davids aber fürchteten sich, ihm kundzutun, daß das Kind gestorben sei; denn sie sagten sich: „Siehe, als das Kind noch lebte, hörte er nicht auf unsere Stimme, wenn wir mit ihm reden wollten. Wie könnten wir ihm sagen: ‚Das Kind ist tot' – daß er sich ein Leid antut?" (19) Als nun David merkte, daß seine Knechte so miteinander flüsterten, da begriff David, daß das Kind tot war. Und David fragte seine Knechte: „Ist das Kind tot?" Sie antworteten: „Ja, es ist tot." (20) Da erhob sich David vom Boden, wusch und salbte sich und wechselte seine Kleidung. Dann ging er in das Haus des Herrn, um anzubeten. Darauf ging er wieder in sein

[3] Manche vermuten hier „die Tochter deines Herrn" und am Schluß des Verses „die Töchter Israels und Judas". Nach dieser Auffassung redet der ganze Satz von den vielen Möglichkeiten, die David für seine legale Heiratspolitik offen standen. Dem entsprechend übersetzt Gressmann, a.a.O. S. 155, „und wären das noch zu wenige, so würde ich dir noch diese oder jene hinzufügen".

[4] Manche halten „das Wort" für einen späteren, im Blick auf das 6. Gebot eingefügten Zusatz, so z. B. Gressmann, a.a.O. S. 155; Hertzberg, a.a.O. S. 247.

[5] Diese Übersetzung versucht, den hier überraschenden Plural im hebr. Text wiederzugeben. Für gewöhnlich ersetzt man ihn durch „dem neben dir".

[6] So mit LXX, weil das Fehlen des Wortes sinnstörend ist.

Haus und verlangte, daß man ihm zu essen bringe, und er nahm Speise zu sich. (21) Da sprachen seine Knechte zu ihm: „Was ist das für ein seltsam Ding, das du machst? Wegen des Kindes, da es noch lebte, hast du gefastet und geweint. Und nun das Kind tot ist, bist du aufgestanden und hast Speise zu dir genommen?“ (22) Er sprach: „Solange das Kind lebte, fastete und weinte ich, denn ich dachte: Wer weiß, der Herr erbarmt sich meiner, daß das Kind am Leben bleibt. (23) Nun es aber tot ist, warum soll ich da im Fasten bleiben? Kann ich es denn wieder holen? Ich bin's, der zu ihm gehen muß, aber es wird nicht zu mir kommen.“

Zum zweiten Mal erscheint der Prophet Nathan vor David. Wie 7, 4ff. tut er dies auf Grund einer Offenbarung des Herrn. Als Gottes Gesandter hat er dem König eine für dessen Person und Haus entscheidende Eröffnung zu machen. Im Unterschied zu 7, 5 beginnt er sie jedoch nicht mit dem autoritativen: „So spricht der Herr.“ Vielmehr trägt er dem König einen Rechtsfall vor. Er hat von einem himmelschreienden Unrecht zu berichten, das in einer Stadt des Landes geschehen ist. Der schändliche Fall berührt den König direkt, gehört er doch in den Bereich seines Amtes als des obersten Gerichtsherrn in Israel, der die Verantwortung dafür trägt, daß dort das Recht Gottes gewahrt bleibt und das Unrecht geahndet wird.

Der Vorfall, der nach dem Richter schreit, ist erschreckend abscheulich. Ein reicher Herr hat seinem bettelarmen Nachbarn oder Hintersassen das eine Lamm weggenommen, das dessen einziger Besitz und ganze Freude war. Er schonte seine Herde und hat seinem Gastfreund mit dem Schaf, an das der Arme sein ganzes Vermögen und alle Liebe gewendet hatte, das vom Gastrecht erforderte Mahl bereitet. Diese Untat, wie von unverständlichem Geiz diktiert, so auch von abgrundtiefer Roheit und Gefühllosigkeit zeugend, entflammt des königlichen Richters hellen Zorn. Er spricht Recht und fällt das Urteil: Der reiche Missetäter hat das Leben verwirkt. Der betrogene und um seine ganze Habe gebrachte Arme bekommt für seinen, näher besehen, unersetzlichen Verlust vierfältiges Entgelt. Dieser Urteilsspruch ehrt David als König, und ist ein Zeichen für die hohe Auffassung, die er von seinem Amt als Schirmer des Rechtes und als Beistand der Benachteiligten und Beleidigten hat. Die Erzählung stellt damit erneut Davids besondere Vorzüge ins Licht, hier sein empfindliches, klares Rechtsgefühl, so wie sie vorher (11, 20f.) mit Joabs Worten seine hohe Achtung des Menschenlebens zur Darstellung gebracht hat. Durch beides ist er denn in der Tat als der Mann ausgewiesen, der mit Fug und Recht als König in Israel waltet, dessen Gott das Recht lieb hat.

Und derselbe, der so klarsichtig des Richteramts waltet, wird nun mit einem Ruck durch den Propheten auf den Platz des Verurteilten gestellt. „Du bist der Mann", sagt Nathan dem König; der Mann nämlich, dem eben des Königs Mund das Todesurteil gesprochen hat. David hat selbst sein Leben als verwirkt beurteilt. Die Erzählung von seinem Zornesausbruch will doch wohl so verstanden sein, daß David nicht ahnte, wie nahe der vorgetragene Rechtsfall *ihn* anging, und wie er mit dem gefällten Urteilsspruch sich selbst die Schlinge um den Hals legte. Es ist auch kein Grund zu dem Gedanken gegeben, David müsse doch unweigerlich das Erscheinen des Propheten mit seiner verbrecherischen Tat in Zusammenhang gebracht haben. Die Erzählung zeigte bisher einen König, der durch Monate hindurch ohne Bedenken und Hemmungen seinen bösen Weg von der Gier zur Untat und ins Verbrechen ging. Schläft ein Gewissen, so ist keineswegs gesagt, daß es durch den bloßen Anblick eines Dieners Gottes geweckt werden muß. Doppelt nicht, da man wohl Nathan als einen der vertrauten Berater Davids anzusehen hat, der ständig beim König aus- und einging.

Mit dem schlafenden Gewissen des Königs mag es auch zu erklären sein, daß der Prophet erst auf dem Umweg über die erdichtete Schandtat des reichen Mannes den König von seiner Schändlichkeit überführt, ehe er ihm (V. 7bff.) Gottes Spruch und Urteil ansagt. Trotz der Bemerkung von der Heimlichkeit der Tat Davids (V. 12a) weiß man in dem engen Hofstaat des Königs genug von dem, was seiner Eheschließung mit Bathseba vorangegangen ist; auch der Hofprophet dürfte durchaus um Davids „Heimlichkeiten" gewußt haben. Wird ihm jetzt durch den Herrn der Auftrag zuteil, als sein Gerichtsbote vor David zu treten, so ist es doch seiner Entscheidung anheimgegeben, wie er sich dem ersten Mann im Staate gegenüber seines Auftrags entledigt. Der Furcht, daß der, der so brutal und gewalttätig an Bathseba und Uria handeln konnte, sich auch an dem Gesandten Gottes vergreifen könnte, wird man es nicht zuschreiben dürfen, wenn Nathan dem Gottesspruch diese Einleitung gibt. Fürchtet er sich doch keineswegs, im gegebenen Augenblick dem König ungeschminkt seine Sünde auf den Kopf zuzusagen. Vielmehr wird man in dem Vorgehen Nathans die tiefe Weisheit des Seelsorgers erkennen sollen, dem es um die Herbeiführung einer wahrhaftigen Buße und Beugung des hochgestellten Sünders vor dem Herrn geht. Zur Echtheit der Buße und Beichte gehört nun aber einmal, daß der Schuldige sich selbst im wirklichen Lichte sieht, bewußt die völlige Verurteilung seiner selbst vollzieht und ohne Ausflüchte sich zu seiner Sünde bekennt. Zu solcher uneingeschränkten Selbstverurteilung ist es einst bei Saul nicht gekommen, als Samuel als Gerichtsbote Gottes vor ihn trat (vgl. 1. Sam. 15, 14–31). Nathan führt seinen König wirklich in die Buße.

Nachdem sich David selbst das Urteil gesprochen hat, verkündigt ihm Nathan den Urteilsspruch Gottes. Die Form des göttlichen Urteils ist genau die gleiche wie beim Spruch über Eli (1. Sam. 2, 27–34) und über Saul (1. Sam. 15, 16–23). Erst wird der ganze Reichtum der Begnadigung dargetan, die dem jetzt so schwer Verschuldeten vom Herrn widerfahren ist (V. 7b–8). Sodann folgt das „Warum?" (V. 9), mit dem Gott sein fassungsloses Erstaunen über das wahrhaft unbegreifliche Handeln des reich begnadeten Menschen kundtut. Zuletzt zieht Gott aus dem unvereinbaren Widerspruch zwischen seinem Tun und demjenigen des seiner vergessenden, undankbaren Menschen den Schluß („und nun...", V. 10ff.): Über den an der *Gnade* schuldig Gewordenen ergeht das volle Gericht.

Eben diese in die Augen springende Parallele des Nathanwortes mit 1. Sam. 2 und 15 scheint uns die Ansicht mancher Erklärer in Frage zu stellen, nach der das in dem kurzen Ausspruch (V. 7a) enthaltene Todesurteil über David im ursprünglichen Bericht alles gewesen sei, was Nathan zu sagen hatte, während die Verse 7b–12 eine auf Grund der späteren Schicksale des Hauses Davids hinzugefügte Weiterung darstellen.[7] Es ist zwar unbestreitbar, daß zwischen dem Ausspruch V. 7a einerseits und V. 7b–12 andererseits ein Unterschied der Art festzustellen ist. Jener ist ein Todesurteil über Davids Person, diese Verse enthalten eine zwiefache Drohung (V. 10 und 11), die Davids Untat mit Ereignissen der folgenden Zeit in Beziehung setzt, wie sie vor allem Kap. 13–19 berichtet werden. Doch ist der Schluß keineswegs einsichtig, daß diese Drohungen erst sinnvoll wären, nachdem das Todesurteil über David zurückgenommen worden war. Eli empfing den Spruch über seine Entsetzung aus dem Priesteramt, und blieb trotzdem noch einige Zeit Priester. Sauls Verwerfung als König Israels hat keineswegs zur selben Stunde das Ende seiner Regierung und seines Lebens herbeigeführt. Ist über David das göttliche Todesurteil gesprochen, so muß das ebensowenig bedeuten, daß sein Leben so-

[7] Vgl. Gressmann, a.a.O. S. 159; Hertzberg, a.a.O. S. 252f.

gleich ende, und ihn folglich die Drohungen V. 7bff. nicht berühren können.

Bei der Aufzählung der David erwiesenen göttlichen Gnadentaten wird zunächst seine Salbung (1. Sam. 16) erwähnt, sodann seine Rettung vor den Nachstellungen Sauls (V. 7b) und seine volle Einsetzung in dessen Erbe. Bekam er dessen Haus, so wird man vor allem an 9, 7 zu denken haben, wonach David der ganze Grundbesitz der Familie Sauls zugefallen war, den er nachher großmütig Meribbaal zurückgab. V. 8a weckt die Frage, ob David – was in den Berichten des 2. Samuelisbuches sonst nicht erwähnt wird – bei der Übernahme der Regierung das Gleiche tat, was nach 16, 20ff. Absalom mit den Nebenfrauen seines Vaters getan hat. In jedem Falle hat Gottes Gnade David den Weg gebahnt, durch den Erwerb vieler Frauen sein Haus zu bauen und groß zu machen. Daß er sich durch eine Mordtat wiederum eine Frau verschafft, ist in nichts begründet als in einer bewußten Nichtachtung, ja Verachtung des so übergütigen Herrn.

Die erste Drohung hebt auf den Mord an Uria ab (V. 10), der David auf unmögliche Weise und krummen Wegen in den Besitz Bathsebas brachte. V. 11f. spricht ausdrücklich von Davids ehebrecherischem Verhalten, und sagt diesem die gerechte Strafe Gottes an. „Die heimliche Tat“ (V. 12a) will nicht so sehr dahin verstanden sein, daß Davids Vergehen mit Bathseba etwa verborgen geblieben wäre. Vielmehr wird mit dieser Wendung die gemeine Hinterlist seines Handelns (11, 2–4) gekennzeichnet. Dieser Ehebruch wird damit geahndet, daß einer seiner Söhne in voller Öffentlichkeit sich Davids Frauen aneignen wird. Womit David sündigte, damit wird ihm vergolten. Er mordete Leben und verliert deshalb das seinige. Er tötete Uria mit dem Schwert. Deshalb wird das Schwert in seinem Hause wüten. Er stahl sich eine Frau und wird erleben, daß ihm seine Frauen gestohlen und geschändet werden. So lautet das Urteil Gottes.[8]

David nimmt Urteil wie Strafandrohung Gottes an, ohne einen Versuch der Entschuldigung oder Beschönigung zu machen, wie er ehedem von Saul bei seiner Verurteilung gemacht wurde (1. Sam. 15, 20f.). David hat nichts zu sagen als: „Ich habe gegen den Herrn gesündigt.“ Ein Zeichen echter Buße und wahrer Sündenerkenntnis! Er sieht nicht so sehr den ermordeten Uria und die geschändete Frau, sondern

---

[8] Diese Erklärung will nicht ausschließen, daß die eine oder andere Wendung in dem Gottesspruch erst auf Grund der späteren Geschehnisse während des Aufstandes Absaloms geformt worden sein kann. Vgl. vor allem die letzten Worte von V. 11 und 12 mit 16, 22.

den entehrten Herrn und Gott. Er bekennt sich nicht nur zum Verbrechen, an Menschen begangen, sondern erkennt in diesem Verbrechen Sünde, d. h. Auflehnung gegen Gott, Beleidigung und Entehrung des Herrn, totale Trennung von dem heiligen Gott. Und damit liefert er sich ganz dem ewigen Richter aus. Ein Vorgang, der nicht nur für das Bild, das wir von David haben, von Bedeutung ist, sondern der weit darüber hinaus mit großer Kraft sagt, was es um die echte Buße ist, und worin wahre Erkenntnis der Sünde und Auslieferung an Gott den Herrn besteht, ohne die es für niemand Heilung und Genesung noch Vergebung geben kann (vgl. Ps. 51, 6).

Davids rückhaltloses Bekenntnis der Sünde wird in geradezu überraschender Abfolge mit der Erklärung seiner Entsündigung durch Gott beantwortet. Die Sünde ist weggenommen, das Todesurteil aufgehoben. Wodurch? – kann man kaum umhin, zu fragen. Und ebenso möchte man die Frage stellen, wie Nathan dazu kommt, so „kurzerhand“ dem geständigen und bußfertigen David zuzusprechen, daß seine Sünde nicht mehr vorhanden ist. Nach welcher „Logik“ ist das so und muß auf das eine das andere folgen? Gewiß nicht nach menschlicher Logik. Gewiß auch nicht etwa nach der unbegreiflichen Einsicht des Propheten in die Pläne und Maßnahmen Gottes. Wohl aber deshalb, weil Gott der Gnädige und Barmherzige ist. Er hat sich als dieser unbegreiflich Gnädige an David seither erwiesen (V. 7b.8). Gott ändert sich nicht, wenn der Mensch ihn mit Füßen tritt. Er ist auch als der heilige Richter nach wie vor unverändert der Gnädige, und ist, seinem unbegreiflich wundersamen Namen entsprechend, auch jetzt zugegen. Er ist als der Gnädige „da“, wenn er David durch seinen Knecht zur Buße führt. Und er ist als der Gnädige „da“, als David, endlich aus dem Schlaf des Gewissens erwacht und zur Kapitulation gebracht, sich wieder bei ihm einstellt. So ist Gott. Er läßt den Sünder David nicht in der Sünde. Er will den Tod des Sünders nicht und bringt ihn deshalb zur Erkenntnis seiner Sünde. Er nimmt dem Schuldigen, der sein Leben als verwirkt bekennt, nicht das Leben. David muß nicht sterben. Sterben aber wird – an seiner Statt – der im Ehebruch erzeugte Sohn (V. 14). Es ist nicht an dem, wie die „Feinde des Herrn“ in ahnungsloser Lästerung sagen, daß Gott sein Opfer haben müsse und nur gegen Blut das Leben schenken könne. Wohl aber läßt er den Schuldigen wissen und persönlich erfahren, was es sei, ihn, den Ewigen und Heiligen, zu beleidigen und von ihm begnadigt zu sein. Was David tat, schändet Gottes Namen und Ehre, gibt seinen Feinden Anlaß, da seine Knechte Sünder sind, ihn als einen seltsamen, als einen „unmöglichen" Gott zu lästern. So richtet Gott vor David sein Zeichen auf, daß er wohl des Sünders Heiland und Gott ist, daß es aber nicht sein „Plaisier" oder gar sein „Handwerk" ist, Sündern gnädig zu sein. Gottes Gnade ist nicht billig. Sie kostet Großes, sie kostet Leben. Das erfährt David am Zeichen des Todes, den sein unschuldiges Kind erleidet. Der Vater darf leben, weil sein Kind stirbt. Stellvertretender Tod! Für David ein nicht zu übersehendes Merkzeichen, welches Gewicht die Sünde hat, und welches Gewicht die Wegnahme der Sünde hat. Wer könnte dies aber als Glied der Gemeinde Jesu lesen, ohne daß ihm von da ein neues und tief demütigendes Licht über „den Sohn" aufginge, der starb, weil wir nicht in der Sünde verlorengehen, sondern leben sollen (Joh. 3, 16; Röm. 4, 25), und der im letzten und vollen Maß das Geheimnis der Stellvertretung in sich schließt und uns vor Augen stellt (Röm. 8, 32; 1. Joh. 2, 1; Hebr. 2, 17)?

Es scheint, daß die Erzählung selbst in ihrem Schlußteil einen deutlichen Hinweis auf solch tiefere Zusammenhänge gibt, in denen das Sterben des Kindes aus der ehebrecherischen Verbindung gesehen werden soll. Aus welchem anderen Grunde sollte sie sonst das eigenartige Verhalten Davids während der 7 Tage der tödlichen Erkrankung des Kindes und wiederum nach dessen Tode in solch auffälliger Breite schildern?[9] David hat vernommen, daß dem Kind das Leben genommen wird, während er sein Leben neu geschenkt bekam. Nun ist es mit schwerer Krankheit geschlagen; der erste Schritt zu diesem stellvertretenden Sterben, an dem David täglich die Tiefe seiner Sünde und die Unerbittlichkeit des Gnadenhandelns Gottes vor Augen hat. In der Tat erfährt er keine „billige Gnade". Sie wird ihm bitter schwer; wer weiß, ob nicht noch viel schwerer, als ihm das Eingestehen seiner Schuld geworden ist. Darauf weist sein Ringen mit Gott um das bedrohte Leben des Sohnes, in dem er alles einsetzt, was er einsetzen kann. Während das Kind mit dem Tode ringt, „sucht David seinetwegen den Herrn auf" (V. 16). Man hat sich das allem nach so zu denken, daß er die Tage, statt in den königlichen Gemächern und

[9] Gressmann betont a.a.O. S. 160, dieses Verhalten Davids sei aus schriftstellerischer Absicht nicht zu erklären und daher wohl als Tatsache anzuerkennen. Er will das eigentlich Bemerkenswerte darin sehen, daß David mit seinem Verzicht auf die Pflicht der Trauerriten „das Recht der Persönlichkeit gegenüber der Mode, die damals im allgemeinen sehr streng war, vertritt". Damit wird aber u. E. ein moderner Gedanke in den Bericht eingetragen.

bei den Amtsgeschäften, im Heiligtum verbringt. Kehrt er von dort in sein Haus zurück, so bleibt er der Hoftafel fern, um die Nächte im Büßergewand auf dem Fußboden zuzubringen. Er begibt sich aller Zeichen der königlichen Würde und stellt seine Lebensgewohnheiten ein, so daß die maßgebenden Leute am Hofe daran Anstoß nehmen. Doch scheitern alle ihre Versuche, den König von seiner anstößigen Selbsterniedrigung abzubringen, an dessen todernstem Wissen um die „Last" der Gnade und an seinem leidenschaftlichen Ringen mit Gott, daß ihm auch das Leben des Kindes geschenkt werde (V. 17). Von Davids Buße, der er im Anblick des Sterbens seines Sohnes solche Form gab, kann man in der Gemeinde Jesu Christi nicht ohne tiefes Erschrecken und Beschämtwerden hören. Sie hat das Sterben *des Sohnes* hinter sich und bekommt es unermüdlich vor Augen gestellt. Sie verdankt dem Tod Jesu „als eines unschuldigen und unbefleckten Lammes" (1. Petr. 1, 19) ihre Begnadigung zum Leben. Und doch wird unter uns so bedrückend selten die Folgerung eines Lebens in der demütigen Beugung über den unermeßlich hohen Kosten, die an uns gewandt worden sind, daraus gezogen.

Das leidenschaftliche Flehen Davids um das Leben seines Kindes wird nicht erhört. Das Kind stirbt nach 7 Tagen. Man fürchtet bei Hofe, ihm die Nachricht zu bringen, wohl weil man dort nicht ahnte, was David bei seinem Bußfasten tatsächlich bewegt. Man sieht darin nur ein Zeichen der väterlichen Liebe und fürchtet einen Ausbruch letzter Verzweiflung bei David, wenn er von dem Tod seines Kindes erfährt. Doch als David den angstvollen Mienen und Flüsterreden seiner Umgebung entnimmt, was geschehen ist, beendet er mit einem für seine Umgebung erneut unbegreiflichen und anstößigen Entschluß seine Buße und Selbsterniedrigung und kehrt wieder zur gewohnten Lebensführung zurück. Er weiß nun, daß Gottes an ihm erwiesene Gnade hart ist und den Tod des Unschuldigen einschließt. Und er sagt auch dazu ein Ja mit dem ganzen Menschen und mit seiner ganzen Lebensführung. Sein Leben begleitet für immer die Erinnerung, daß es – aus Gnade – seines Kindes Leben gekostet hat. Es steht fortan im Zeichen des stellvertretenden Sterbens, das gleichzeitig Schatten und Licht darauf wirft: Schatten, weil Davids Leben das Opfer eines Lebens kostete; Licht, weil dieses Sterben des Unschuldigen bestätigt, daß ihm zwar keine billige, aber volle Gnade gewährt ist. Gottes Entscheidung ist in nicht zu übersehender Weise gefallen: Der Sohn starb – David lebt. Er lebt freilich nur für die begrenzte

Zeit des irdischen Daseins. Ist sie abgelaufen, so steht auch ihm der Weg bevor, den das Kind gehen mußte, der Weg zu den Toten. *Der* Sohn dagegen, dessen Tod der Gemeinde Jesu die Tiefe ihrer Verlorenheit und Begnadigung zeigt, ist nicht nur wie Davids Sohn zu den Toten gegangen. Gott hat ihn auferweckt. Er hat nach seiner Macht das dargegebene Leben „wiedergenommen" (Joh. 10, 18) und ist damit für die Seinigen, die ihm gehorsam werden, „eine Ursache zur *ewigen* Seligkeit" (Hebr. 5, 9) und der „Erstgeborene von den Toten" geworden (Kol. 1, 18).

3. Die Geburt Salomos

2. Sam. 12, 24–25:

(24) Nachdem David seine Frau Bathseba getröstet hatte, ging er zu ihr und wohnte ihr bei. Und sie gebar einen Sohn, dem gab er den Namen Salomo. Auf den warf der Herr seine Liebe. (25) Und er ließ seinen Willen durch Nathan, den Propheten, kundtun,[1] der ihm den Namen „Jedidja" gab – um des Herrn willen.

David ist nicht allein vom Sterben des Kindes betroffen. Er vergißt über dem, was es für ihn selbst bedeutet, die Mutter nicht, die um ihr Kind trauert, und tröstet sie. Der hebr. Text gebraucht dafür das gleiche Wort wie in der Erzählung von der Übermittlung des königlichen Beileids an den Ammoniterkönig (10, 2). Dies läßt sich leicht in der Form der zu jener Zeit üblichen Gepflogenheiten unter Staatsoberhäuptern vorstellen. Welchen Trost aber hat der Ehemann für seine Frau, da er doch mit dem damaligen Volk Gottes die noch begrenzte Erkenntnis von Gottes Weg mit den Menschen teilte und von dem gestorbenen Kind nur zu sagen vermochte, er werde ihm einst an den Ort der Toten nachfolgen? Die Erzählung sagt nichts darüber. Sie hat aber berichtet, daß David einen weiten Weg geführt worden ist, seit er der Bathseba erstmals ansichtig wurde. Er wurde zum Sklaven seiner Lust, zum Ehebrecher und Mörder; er wurde zum gewissenlosen Verächter des Herrn. Durch Gottes Erbarmen wurde er zum Sünder, dem jede Selbsttäuschung vergangen ist. Und der Bekenner seiner Sünde empfing Gottes Vergebung. Von einem Menschen, der das

[1] So in freier Übersetzung des hebr. Wortlauts.

durchlebt hat, läßt sich wohl denken, daß er seine Frau in ihrer Trauer zu trösten verstand, auch wenn er von keiner Hoffnung über dieses Leben hinaus weiß. Er hat – im Rahmen des Bundes, den Gott dem alten Israel gewährte –, womit man trösten kann: lebendiges Wissen um Gottes Erbarmen und das Wort von Gottes gnädigem Tun.

Für das verlorene Kind empfängt Bathseba wieder einen Sohn. So muß sie, mit der sich David am Herrn versündigt hat, nicht das Los von Michal teilen (6, 23), sondern wird erneut in die Reihe der Frauen eingefügt, die dem König einen Sohn schenken. Durch ihre neue Mutterschaft wird sie zu einem lebendigen Glied des Hauses, auf dem die göttliche Verheißung der Beständigkeit ruht (vgl. Kap. 7). Ihr Sohn erhält den Namen Salomo. Er ist aus dem hebr. Wort „schalom" gebildet, das äußeres und inneres Wohlsein, allseitige Befriedigung, auch Freundschaft, gutes Einvernehmen bedeutet. Mit dieser Namengebung bringt David zum Ausdruck, wie er sich aus dem furchtbaren Geschehen hervorgehen sieht: als den Geretteten, für den alles wieder in Ordnung gebracht ist. Der Sohn Bathsebas ist ihm gleichsam die leibhaftige Bestätigung Gottes dafür, daß am Schluß der langen, wirren Geschichte voll abgrundtiefer Versündigung und Demütigung die Wiederherstellung Davids, der Sieg der göttlichen Gnade steht. Bekennt der wieder angenommene König mit dem Namen seines Sohnes, was ihm aus Gnaden zuteil geworden ist, so gibt der Herr mit einer Namengebung für den Neugeborenen zu erkennen, wozu er ihn aus Gnaden bestimmt hat. Auf göttliche Weisung hin muß der Prophet Nathan – nun ein drittes Mal der Bote des Herrn an David – das Kind „Jedidja", d. h. „Jahwehs Geliebter", nennen. Dieser Name tut kund, was im Rat Gottes über Salomo beschlossen ist. Die Frage, wer David auf dem Thron folgen soll, ist heimlich und für den, der um Herkunft und Hintergründe des Beinamens Salomos weiß, recht offenkundig von Gott entschieden. Deong hn der Frau, die nach menschlichen Maßstäben am allerwenigsten dessen „würdig" ist, trifft Gottes Wahl; gerade auf den wirft der Herr seine Liebe. Damit wiederholt sich die Erwählung Davids in seinem Hause. Nach 1. Sam. 16, 6ff. hat Gottes Erwählung aus der Schar der Söhne Isais mit David gerade den Jüngsten herausgegriffen. Den, an den bei Samuels Vorhaben keiner auch nur dachte, hat Gott „mit dem Herzen ersehen". Und nun wird in Davids Haus aus der großen Schar der königlichen Söhne gerade der Sohn Bathsebas, die auf so unwürdige und unrechtmäßige Weise Davids Frau geworden war, von Gott „geliebt", erwählt. Und zugleich wird damit der tiefe Gegensatz zu dem, was der Herr über das Haus Sauls verfügte, sichtbar. Sauls Sohn Jonathan war mit all den liebenswerten und glänzenden Vorzügen ausgestattet, die ihn wie geschaffen für den Thronfolger erscheinen ließen. Sein Vater hat jedoch damit, daß er das Königtum verwirkte, zugleich die Thronfolge Jonathans unmöglich gemacht (vgl. 1. Sam. 13 und Bd. 11^I^, S. 96ff.). Wenn jetzt im Hause Davids die Wahl Gottes auf Salomo als den Nächsten auf dem Thron fällt, so geschieht das gewiß nicht in einfacher Umkehrung des Geschicks des Hauses Sauls um Davids willen. Vielmehr muß Salomo den Beinamen Jedidja, bekommen „um des Herrn willen" (V. 26), damit es nicht nach dem Verdienst der Werke gehe, sondern Gnade Gnade sei (vgl. Römer 11, 6).

4. Die Beendigung des Ammoniterkriegs

2. Sam. 12, 26–31:

(26) Und Joab kämpfte gegen das Rabba der Ammoniter und nahm die Königsstadt[1] ein. (27) Da sandte Joab Melder zu David mit der Nachricht: „Ich habe gegen Rabba gekämpft, auch habe ich die Wasserstadt eingenommen. (28) Nun denn, nimm den Rest des Kriegsvolks zuhauf, belagere die Stadt und nimm sie, damit nicht ich der Eroberer der Stadt sei und mein Name über ihr genannt werde!" (29) Da bot David das gesamte Kriegsvolk auf, zog nach Rabba, bekämpfte es und nahm es ein. (30) Und er nahm die Krone ihres Königs von dessen Haupt – ihr Gewicht betrug ein Goldtalent mit einem kostbaren Stein –, die kam nun auf das Haupt Davids; und Beute führte er aus der Stadt, eine gewaltige Menge. (31) Das Volk aber, das darin wohnte, führte er weg und setzte sie an der Säge ein, an den Eisenschneiden und den Eisenäxten oder brachte sie an Ziegelöfen; ebenso verfuhr er mit allen Städten der Ammoniter. Darauf kehrte David und das ganze Kriegsvolk nach Jerusalem zurück.

Nachdem die Bathseba-Erzählung zum Abschluß gebracht ist, folgt der Erzähler wieder dem Bericht über den Ammoniterkrieg, den er

---

[1] Manche Erklärer ändern hier nach V. 2 zu „Wasserstadt". Bleibt man, was durch LXX nahegelegt wird, bei „Königsstadt", so hat man nicht an die Königsburg zu denken, als deren Eroberer man nach V. 30 David ansehen muß. Vielmehr würde es sich um eine in Rabba übliche Bezeichnung des am Bach gelegenen Stadtteils handeln, in dem vielleicht der König gewisse Besitzungen oder Gärten hatte. Vgl. Hertzberg, a.a.O. S. 256.

11, 1 unterbrochen hatte. Wie der Fall der ammonitischen Hauptstadt zeitlich mit den Geschehnissen, die sich nach Kap. 11. 12 in Jerusalem zugetragen haben, verflochten ist, ist nicht zu erkennen. Klar wird dagegen, daß man sich mit 11, 26ff. wieder wie 10, 1–11, 1 inmitten des erregenden politischen Geschehens befindet, in dem es um den Bestand des jungen Reiches Israel ging. Davon mag in der Aufforderung Joabs an seinen König noch etwas nachklingen. Nach langer Belagerung der Stadt Rabba ist dem Heerführer Davids die Eroberung eines Stadtteils im tief eingeschnittenen Jabboktal gelungen. Er bittet den König, mit einem neuen Truppenaufgebot zu erscheinen und die Eroberung zu vollenden. Daraus läßt sich einerseits auf die militärischen Schwierigkeiten, die der israelitischen Seite aus der Anlage der Stadt und der Feindschaft des Ammoniterstaates erwuchsen, andererseits auf das Ziel des ganzen Krieges schließen. Es geht um die völlige Zerschlagung des Ammoniterreiches, das für Davids Staat allem nach eine ernste Bedrohung darstellte. Muß David der Ruhm des Eroberers zufallen, und sein Name über der gewonnenen Hauptstadt genannt werden (V. 28), so wird sichtbar, daß das unterworfene Ammon nicht etwa Israels Stammesgebieten einverleibt werden, sondern David persönlich als Vasallengebiet unterstehen soll. Darauf weist auch V. 30 hin, dem zufolge die Krone des Ammoniterkönigs auf David überging. Die Angabe über ihr Gewicht (nach neuen Berechnungen ist 1 Goldtalent = 59 kg) ließ verschiedene Erklärer zu der Vermutung greifen, daß es sich nicht um die Krone des Königs, sondern um die der Statue des Ammonitergottes Milkom handelte.[2] Jedoch weist die Wendung: „Sie kam nun auf Davids Haupt" mehr in die erstere Richtung. Das allerdings für eine Königskrone erstaunliche Gewicht ließe sich vielleicht auch aus volkstümlichem Denken erklären, das den Glanz und das Gewicht des Staatswesens in einprägsamen und bildhaften Redensarten zum Ausdruck bringen kann wie der: „Die Krone unseres Königs ist ein Goldtalent schwer."

David, der Träger der Herrschaft Ziklag, Juda, Israel und Jerusalem, hat mit der Übernahme der Herrschaft über Ammon bereits 5 Kronen auf seinem Haupt vereinigt. Die Krone Ammons gewann er sich allerdings, wie die Erzählung ausdrücklich betont, nicht durch seine Berufskrieger, sondern durch den Einsatz des gesamtisraelitischen Heerbanns

---

[2] Da die hebr. Worte nur aus Konsonanten bestehen, besteht in der Tat vom Text her gesehen kein Hindernis, statt „*Milkam*" (= ihres Königs) *Milkom* zu lesen.

(V. 28f.).[3] Die in der Stadt gemachte Beute, deren riesenhafte Ausmaße V. 30 ebenfalls hervorhebt, fällt David persönlich zu und bringt ihm ungeheuren Machtzuwachs. Die Bewohner der Stadt werden zu Fronarbeitern des Königs gemacht. Nach der Übersetzung Luthers freilich spricht V. 31 von einer grausamen Anwendung des damaligen Kriegsrechtes. Danach hätte David die Bevölkerung der ammonitischen Hauptstadt in furchtbarer Grausamkeit zerstückelt und verbrannt. Daß David zu solchem Verfahren mit überwundenen Feinden fähig war, zeigte sich 8, 2. Außerdem läßt Amos 1, 13 erkennen, daß gerade die Ammoniter für besondere Unmenschlichkeit ihren Gefangenen gegenüber bekannt waren, so daß sich diese Auffassung von V. 31 als Vergeltungsmaßnahme Davids verstehen ließe. Auf der anderen Seite läßt sich nicht recht begreiflich machen, warum die Tötung der Ammoniter durch Werkzeuge der Handwerker statt durch das Schwert der Krieger erfolgt sein soll. Außerdem sagt V. 31, David sei mit allen Städten der Ammoniter gleich verfahren. Was hätte ihm die Krone Ammons eingebracht, wenn er das Volk völliger Vernichtung preisgegeben hätte? So legt der Text die heute allgemein vertretene Deutung nahe, daß David sich die Volkskraft der Ammoniter zunutze machte, indem er die Unterworfenen als Arbeiter für den wirtschaftlichen Aufbau seines Reiches einsetzte.

B. Die Entscheidung zwischen Amnon und Absalom

2. Sam. 13, 1–14, 33

1. Amnons Vergehen an Absaloms Schwester

2. Sam. 13, 1–22:

(1) Danach begab sich dies: Absalom, der Sohn Davids, hatte eine schöne Schwester, Thamar mit Namen, und in die verliebte sich Davids Sohn Amnon. (2) Und Amnon wurde ganz krank vor Qual um seiner

[3] Alt ist in seiner Studie „Die Staatenbildung der Israeliten in Palästina" (a.a.O. Bd.II, S. 55ff.) diesen Dingen nachgegangen und sucht zu zeigen, daß die Verwendung des israelitischen Heerbanns für Zwecke der Machterweiterung Davids eine Zumutung für die Reiche Juda und Israel bedeutete, die je länger, desto schwerer zu rechtfertigen gewesen sei und zu wachsenden Spannungen führen mußte. Nach dem Herkommen war der Heerbann Israels und Judas eine Organisation der nationalen Streitkräfte für die

(Halb)schwester Thamar willen. War sie doch Jungfrau, so daß es Amnon unmöglich erschien, ihr auch nur das Geringste anzutun. (3) Nun hatte Amnon einen Freund namens Jonadab, Sohn des Simea, des Bruders Davids. Und Jonadab war ein überaus schlauer Mann. (4) Der sprach ihn an: „Warum bist du so elend, Königssohn, Morgen um Morgen? Willst du mir's nicht mitteilen?" Amnon erwiderte ihm: „Nach Thamar, der Schwester meines Bruders Absalom, brenne ich vor Liebe." (5) Da riet ihm Jonadab: „Leg dich zu Bett und stell dich krank. Kommt dann dein Vater, nach dir zu sehen, so sage ihm: ‚Es soll doch meine Schwester Thamar kommen und mir zu essen geben. Aber sie soll die Speise vor meinen Augen bereiten, damit ich zusehen kann und so von ihrer Hand esse!'" (6) Und richtig, Amnon legte sich und stellte sich krank; und als der König kam, nach ihm zu sehen, da sagte Amnon zum König: „Es soll doch meine Schwester Thamar kommen und vor meinen Augen zwei Kuchenwickel machen, daß ich sie von ihrer Hand essen kann." (7) Da schickte David zu Thamar ins Haus und ließ ihr sagen: „Geh doch ins Haus deines Bruders Amnon und mach ihm die Krankenspeise!" (8) Thamar ging denn ins Haus ihres Bruders Amnon. Er lag, und sie nahm den Teig, knetete, formte die Kuchenwickel vor seinen Augen und machte die Kuchen fertig. (9) Dann nahm sie die Pfanne und wollte ihm vorlegen. Er aber weigerte sich, zu essen. Vielmehr sagte Amnon: „Tut alle Mannsleute hinaus von mir!" Da gingen alle Männer hinaus von ihm. (10) Und jetzt sagte Amnon zu Thamar: „Bring die Speise in die Kammer, damit ich von deiner Hand esse!" Da nahm Thamar die Kuchenwickel, die sie bereitet hatte, und brachte sie ihrem Bruder Amnon in die Kammer. (11) Als sie ihm aber zu essen reichte, da hielt er sie fest und sagte zu ihr: „Komm, leg dich zu mir, meine Schwester!" (12) Sie sagte zu ihm: „Nicht, mein Bruder, nimm mir meine Frauenehre nicht! Denn so tut man nicht in Israel. Tu nicht solche ‚Torheit'! (13) Ich, wohin soll ich meine Schande tragen? Du würdest wie einer der ‚Toren' in Israel dastehen. Rede doch gleich mit dem König, denn er wird mich dir nicht versagen!'"

(14) Aber er wollte nicht auf ihre flehentlichen Worte hören, sondern überwältigte sie, nahm ihr die Ehre und begattete und beschlief sie. (15) Und sogleich erfaßte Amnon ein ganz gewaltiger Haß. Und weil der Haß, mit dem er ihrer überdrüssig war, größer war als die Liebesleidenschaft, in der er gegen sie entflammt gewesen war, sagte Amnon ihr: „Auf, troll dich!" (16) Sie aber erwiderte ihm: „Unter keinen Umständen! Diese Übeltat ist größer als die andere, die du mir angetan, wenn du mich nun fortjagst!" Aber er wollte nicht auf sie hören. (17) Er

---

Landesverteidigung. Führt David laufend den Heerbann ins Feld, um Gebiete zu unterwerfen, die nicht den Reichen Israel und Juda zuwuchsen, sondern in die Abhängigkeit allein vom König kamen, so bedeutet das einen Bruch mit dem Herkommen, der sich mit der Zeit gegen Davids Politik auswirken mußte. Krisen wie der Aufstand Absaloms erklären sich nach Alt daraus, daß David mit seinem Vorgehen, wenn es auch durch geschichtliche Notwendigkeiten geboten war, für das Empfinden des Volkes von Israel und Juda den Bogen überspannt hat.

rief seinem Knecht, seinem Kammerdiener, und gebot ihm: „Jag sie weg, die da, fort von mir, auf die Gasse, und riegle die Tür hinter ihr zu!" (18) (Sie trug ein Gewand mit Ärmeln, denn so trugen die Königstöchter, solang sie noch Jungfrauen waren, die Obergewänder.) Da trieb sie sein Kammerdiener hinaus auf die Gasse und verriegelte die Tür hinter ihr. (19) Thamar aber streute Staub auf ihr Haar, und das Ärmelgewand, das sie trug, zerriß sie; und ihre Hand auf ihr Haupt gepreßt, ging sie unter lautem Schreien ihres Weges. (20) Da sagte ihr Bruder Absalom zu ihr: „Hat der saubere Amnon, dein Bruder, sich mit dir zu schaffen gemacht? Nun, meine Schwester, schweig nur still! Er ist ja dein Bruder. Nimm dir die Sache nicht zu Herzen!" So blieb denn Thamar, und zwar als verwüstete Einsame, im Haus ihres Bruders Absalom.

(21) Als der König David alle diese Vorkommnisse erfuhr, geriet er in heißen Zorn.[1] (22) Absalom aber redete kein Wort mit Amnon, weder im Bösen noch im Guten. Denn Absalom hegte Haß gegen Amnon, weil der seiner Schwester Thamar die Ehre genommen hatte.

Schwelender Haß nagt an Absalom und vergiftet das Verhältnis zu seinem Bruder Amnon, der als Ältester unter den Söhnen Davids das erste Anrecht auf die Thronfolge hatte. Damit schließt der 1. Teil der neuen Erzählungsreihe, gleichsam der Auftakt zu dem Drama, das die zwei Königssöhne, die ihres Vaters besondere Liebe besaßen, zu Todfeinden macht und den durch Geburt zum Thronfolger bestimmten Amnon das Leben kostet. Man hat noch im Ohr die Worte der prophetischen Botschaft Nathans, daß die Wahl des Herrn auf Salomo gefallen ist (12, 25). Für den König scheint das, was er selbst ins Auge gefaßt hat, schwerer zu wiegen als das aus Prophetenmund Vernommene. Seine „Liebe" gehört seinem ältesten Sohn Amnon. Folgt man bei V. 21 LXX und bedenkt seinen fürsorglichen Besuch bei dem scheinbar lebensgefährlich Erkrankten und seine Willfährigkeit gegenüber dessen Wünschen (V. 6f.), so legt sich der Schluß nahe, daß David diesen Sohn bei sich als Thronfolger erkoren hat und als den kommenden König vor sich sieht. Eine solche Verschlossenheit Davids gegenüber dem von Gott ergangenen Bescheid wird wieder 18, 5 und 19, 1 berichtet werden, wo er um Absalom als den nunmehr von ihm erwählten Thronfolger bangt und – klagt. Ein überraschender und des Nachdenkens werter Tatbestand, auf den die Erzählung sozusagen zwischen den Zeilen aufmerksam macht! David, auf den selbst Gottes

---

[1] LXX hat hier noch den weiteren Satz: „Doch kränkte er das Gemüt seines Sohnes Amnon nicht, denn er liebte ihn, da dieser sein Erstgeborener war."

Wahl wider alles Erwarten gefallen war (1. Sam. 16, 7ff.; vgl. 2. Sam. 12, 7), rechnet in seinem eigenen Haus so gar nicht mit Gottes wählender Majestät, daß er einzig der Wahl seines Herzens und seines Auges Gewicht beimißt. Und dabei ist Gottes Beschluß ihm kundgetan! Der Prophet hat zu ihm geredet, dessen Botschaft er rückhaltlos Gehör schenkte, als sie von der Sendung seines Hauses sprach, und als sie ihn in die tiefste Buße führte. Dieser David ist ein Mann, für den Gott lebendige Wirklichkeit geworden ist, der Gott glaubte und vor ihm klein und demütig geworden ist. Und der gleiche Mann zeigt sich jetzt in der Frage der Thronfolge wie unberührt von Gottes Wort und Willen und zeigt damit auf das Rätsel des vor Gott stehenden Menschen hin, der hier seinem Herrn glaubt und dort ihm gegenüber merkwürdig verschlossen sein kann.

Die Todfeindschaft zwischen Absalom und Amnon hat keine politischen Hintergründe und rührt nicht von einer heimlichen Eifersucht gegen das natürliche Vorrecht des Erstgeborenen her. Jedenfalls deutet die Erzählung nichts derartiges nur auch von ferne an. Absaloms tödlicher Haß hat seinen Grund vielmehr in der leidenschaftlichen Gier Amnons nach seiner schönen Halbschwester Thamar. Diese wohnt, solange sie Jungfrau ist, in einem besonderen Haus der Königsburg, das sie mit ihrem Vollbruder Absalom, und vielleicht auch mit der königlichen Mutter teilt (vgl. 3, 3). Die Liebe des Königssohnes erscheint allerdings in recht zweideutigem, besser sehr eindeutigem Licht, wenn er ganz krank davon wird, daß er Absaloms Schwester nichts antun kann (V. 2). V. 1 redet von der Schönheit der von Amnon heiß begehrten, doch durch die Sitte im Volke Gottes seiner Gier unerreichbaren (vgl. V. 12) Königstochter, und lenkt den Blick zu 11, 2 zurück, nach dem schon einmal die Schönheit einer Frau zu einem Verhängnis in Davids Haus geworden ist. Mit großer Kunst hat so der Erzähler, ohne viele Worte darüber zu sagen, dargestellt, wie Gottes strafender Arm die Geschlechtssünde Davids damit heimsucht, daß nun die gleiche sinnliche Leidenschaft in seinem Sohn auflodert und sein Haus verheert.

David selbst muß in seiner nachgiebigen Liebe gegen Amnon, wenn auch ahnungslos über die ihm zugedachte Rolle, Helferdienste leisten, damit der schlau eingefädelte Plan des mit Amnon befreundeten[2]

[2] Unwillkürlich denkt man bei der Freundschaft der beiden, die sich zur gemeinen Tat verbinden, an den Bund zwischen Jonathan und David, der von so ganz anderer Art war.

Jonadab gelingt, und der von Leidenschaft fast kranke Königssohn die Schwester in seine Gewalt bekommt. Vielleicht auch dies wieder ein leiser Hinweis des Erzählers auf die Majestät des richtenden Gottes, wenn David nicht nur im Sohn das Abbild und den Erben seiner eigenen sinnlichen Gier vor Augen gestellt bekommt, sondern, ohne zu ahnen, wozu er die Hand bietet, noch selbst zu Amnons Schandtat mithelfen muß.

Auf die Weisung ihres königlichen Vaters hin geht Thamar in Amnons Haus, um dem erkrankten Bruder das Essen zu bereiten, das er sich von ihrer Hand gewünscht hat. Sehr breit wird geschildert, wie die Königstochter im Vorraum des Krankengemachs zu Werke geht und die Kuchen fertigmacht,[3] während Amnon ihr von seinem Lager her zuschaut. Ehe sie aufträgt,[4] schickt Amnon alle Mannsleute hinaus. Noch ahnt Thamar nichts von seinem gemeinen Vorhaben. Sie reicht ihm, nichts ahnend, die erbetene Speise, und jetzt kommt brutal heraus, was er eigentlich von seiner schönen Schwester will: ihren Leib und ihre Jungfrauschaft. Sie wehrt sich (vgl. 5. Mose 22, 23 f.): „In Israel tut man so nicht." Was Amnon will, ist eine „Torheit", d. h. ein gottvergessenes Tun. Sie erinnert an ihr Los, schändete er sie. Hat sie ihre Ehre verloren, so wird sie kein Mann je zur Frau haben wollen. Sie warnt ihn vor seiner Zukunft: der Nachfolger des Königs wird als Gottloser und Gottesverächter dastehen. Sie schlägt ihm vor, da er sie so heiß begehrt, die Einwilligung des Königs zu einer Ehe einzuholen.[5] Es ist umsonst. Amnon braucht Gewalt und befriedigt seine wilde Lust. Kaum gebüßt, schlägt die Lust in Ekel und Geschlechtshaß um. Trotz der wiederum flehentlichen Bitten, ihr nach dieser Schän-

---

[3] Der hebr. Text gebraucht zu ihrer Bezeichnung zwei verschiedene Worte: „birja", gelegentlich das „Trauerbrot", hier offenbar eine Speise, die dem Kranken wohltut, und „lebiba", das vielleicht mit dem hebr. Wort für Herz (lebab) zusammenhängt und entweder eine Kuchenart bezeichnet, bei deren Herstellung eine Herzform entsteht, oder aber sagen will, daß ein Mensch mit dem „Herzen", d. h. mit großem Appetit danach verlangt. Ob sie gebacken oder gekocht wurde, läßt sich nicht klar erkennen. V. 9 steht das hebr. Wort für „ausschütten", was an eine gekochte Speise denken lassen könnte. Vgl. Hertzberg, a.a.O. S. 260.

[4] Manche Erklärer vermuten (V. 9) den Ausfall einiger Worte, die besagten, Thamar habe Amnons Diener gerufen, ihm die von ihr bereitete Speise zu servieren. Darauf dann dessen Weigerung, sie von seiner Hand anzunehmen, und der Befehl an alle Männer, das Gemach zu verlassen (Gressmann, a.a.O. S. 161; Hertzberg, a.a.O. S. 258; Kautzsch, Die heil. Schrift des A.T., Mohr 1896, S. 331).

[5] Ehen zwischen Halbgeschwistern, in der Schrift 1. Mose 20, 12 bei Abraham erwähnt, werden später in Israels Rechtsordnung verboten; vgl. 3. Mose 18, 9; 5. Mose 27, 22. Falls derartige Rechtssätze zur Zeit Davids schon durchgängige Gültigkeit besessen haben sollten, wäre dieser Vorschlag in der Richtung zu verstehen, daß der König als oberster Gerichtsherr aus besonderem Grunde eine Ausnahme von Brauch und Regel genehmigen kann.

dung die Ehe zu gewähren, damit sie nicht ein verpfuschtes Leben vertrauern muß (vgl. 5. Mose 22, 28f.), jagt Amnon die Schwester brutal und roh aus dem Hause und läßt seinem Drängen durch den Knecht nachhelfen. Amnons Tür ist ihr verschlossen. Sie ist eine vernichtete Frau. Das zeigt ihr wildes Klagen, der Riß im Gewand, das die Königstochter im ledigen Stande ziert, der Staub auf dem Haar und die aufs Haupt gepreßte Hand. Verwüstet, verödet und fürs Leben eine Einsame geworden, kehrt sie in Absaloms Haus zurück. Trösten kann der sie nicht. Seine gutgemeinten brüderlichen Worte können ihr ja nicht wiedergeben, was Amnon in seiner Gier ihr genommen hat. Rächen aber kann er sie. Und Absalom brütet Rache wider Amnon, während David zwar seinem Erstgeborenen zürnt, ihn aber nicht die Härte des Rechtes Gottes spüren läßt. Ein zweiter Eli, dieser David, der seine Vaterliebe höher stellt als den Willen und das Recht des Herrn! (Vgl. 1. Sam. 2, 29.) „Liebe“ stand am Anfang des Geschehens. Haß ist sein Ergebnis und sein Ende. Und dieser Haß ist der Anfang zu dem nun folgenden Drama, in dessen Verlauf Amnon ums Leben kommt, und David den von ihm erkorenen Thronfolger verliert.

2. Absaloms Rache an Amnon

2. Sam. 13, 23–37:

(23) Und es begab sich nach Verlauf von 2 Jahren, daß Absalom die Schafscherer in Baal-Hazor hatte, das bei Ephraim liegt. Da lud Absalom alle Söhne des Königs ein. (24) Und Absalom ging zum König und sprach: „Siehe, die Schafscherer hat dein Knecht, so gehe doch der König und seine Knechte mit seinem Knecht!“ (25) Der König aber erwiderte Absalom: „Nicht doch, mein Sohn; wir können doch nicht alle zuhauf hingehen; wir wollen dir nicht zur Last liegen.“ Und wie er in ihn drang, wollte er doch nicht und gab ihm den Abschiedssegen. (26) Da sagte Absalom: „Kann denn nicht mein Bruder Amnon mit uns gehen?“ Darauf der König: „Warum soll er mit dir gehen?“ (27) Wie nun Absalom in ihn drang, da schickte er Amnon mit ihm, wie auch alle Söhne des Königs.[1]

(28) Absalom aber gebot seinen Knechten: „Gebt acht, wenn Amnon beim Wein guter Dinge wird, und ich sage euch: ‚Erschlagt Amnon!‘,

[1] LXX fährt fort: „Und Absalom veranstaltete ein Gelage, wie der König ein Gelage gibt.“

dann bringt ihn ums Leben. Habt keine Angst! Denn ich nehm's auf mich. Ich hab's euch geboten. Seid mutig und zeigt euch als beherzte Männer!" (29) Und Absaloms Knechte taten an Amnon, wie Absalom geboten hatte. Da sprangen alle Söhne des Königs auf, bestiegen jeder sein Maultier und flohen. (30) Während sie noch unterwegs waren, kam schon das Gerücht zu David: „Absalom hat alle Söhne des Königs erschlagen, und es ist keiner von ihnen übriggeblieben!" (31) Da stand der König auf, zerriß seine Gewänder und warf sich zur Erde nieder. Alle seine Knechte standen, das Gewand zerrissen.

(32) Da nahm Jonadab, der Sohn Simeas, des Bruders Davids, das Wort und sprach: „Mein Herr denke nicht, daß sie alle jugendlichen Söhne des Königs umgebracht haben! Denn allein Amnon ist tot. Denn auf Absaloms Mund lag's von dem Tag an, da der seiner Schwester Thamar die Ehre nahm. (33) Nun denn, es setze sich doch mein Herr König nicht in den Kopf, daß er dächte, alle Königssöhne seien tot. Einzig und allein Amnon ist tot."

(34) Absalom war geflohen. – Wie nun der Wächter seine Augen aufhob, da sah er plötzlich eine Menge Leute laufen – auf der Horonaimstraße[2] an der Seite des Berges.[3] (35) Da sagte Jonadab zum König: „Siehst du, da kommen die Söhne des Königs. Wie dein Knecht gesagt hat, so ist's." (36) Kaum hatte er seine Worte beendet, da traten die Söhne des Königs ein, erhoben ihre Stimmen und weinten. Auch dem König und seinen sämtlichen Knechten kamen die Tränen, und sie weinten laut. (37) Absalom aber hatte die Flucht ergriffen und war zu Thalmai, dem Sohn Ammihurs, dem König von Gesur, entwichen. Der König[4] aber trauerte um seinen Sohn alle Tage.

Aus dem schwelenden Haß sind bittere Tränen geworden. Die zweite Szene des Dramas zwischen Absalom und Amnon endet mit dem Bild der tiefen Erschütterung im Hofstaat Davids. Der König in Tränen, das Gewand zum Zeichen des Schrecks und der Trauer zerrissen. Alle Söhne des Königs weinen. Und auch die Umgebung des Königs schämt sich der Tränen nicht. Daran wird offenbar, welches Gewicht man dem Tod Amnons am Hof beimißt. Der Thronfolger ist erschlagen; durch Absaloms hinterlistigen Mord ist nicht nur dem Vater der geliebte Erstgeborene, sondern auch dem Reich der Thronfolger genommen worden. Zum Schwert hat David seine Zuflucht genommen, um sich in seiner ausweglosen Lage Luft zu schaffen. Das Schwert wendet sich nun gegen ihn selbst und verheert sein Haus. Der göttliche Drohspruch, durch Nathan dem König überbracht, beginnt sich auch in dem Stück

[2] So nach dem Vorschlag der Textforscher im Anschluß an LXX-Lesarten.
[3] LXX fährt fort: „Da kam der Späher und meldete dem König: Männer habe ich gesehen, sie kommen die Horonaim-Straße herunter, am Abhang."
[4] So mit LXX deutlicher.

zu erfüllen, daß Mord und Totschlag in seiner Familie wüten werde. Dort bei Davids Mord an Uria, wie hier, da Absalom seiner Schwester Ehre mit dem Schwert rächt, wird die Tat mit kalter Berechnung ins Werk gesetzt. Weder David noch Absalom handeln im Affekt. Der König hat mit Bedacht den Plan ausgeheckt, der Uria das Leben kosten muß. Absalom hat, wie V. 23 ausdrücklich hervorhebt, zwei Jahre lang auf die günstige Gelegenheit gewartet, bis er seine mörderischen Absichten an Amnon verwirklichen kann.[5] Ebenso folgt dort bei David, wie hier bei Absalom der Mord aus der geschlechtlichen Verfehlung; das Schwert soll die Schwierigkeiten und Nöte gutmachen, die aus einer Versündigung gegen das 6. Gebot entstanden sind. Und endlich muß ähnlich wie 13, 6. 7 wieder der König, der einst gemordet hat, ahnungslos die Hand dazu bieten und den Weg ebnen, daß Absalom seinen Mordplan an Amnon ausführen kann.

Er hat dafür ein festliches Gelage ausersehen, das auf seiner landwirtschaftlichen Besitzung aus Anlaß der Schafschur stattfindet (vgl. 1. Sam. 25, 2ff.; Bd. 11[I], S. 206).[6] Er lädt seine Brüder, die „Söhne des Königs", zum Fest ein; nach V. 27 sind darunter offenbar die Prinzen, abgesehen vom Thronfolger, zu verstehen. Sodann begibt er sich zum König, um auch das Oberhaupt des Hauses einzuladen. Er erwartet vielleicht schon von vornherein heimlich, der König werde nicht selbst kommen, dafür aber um so gewisser den Kronprinzen, sozusagen als seinen Stellvertreter, entsenden. Eigentümlich hartnäckig „dringt" Absalom in den königlichen Vater (V. 25. 27). Als dieser fast gewaltsam die Unterredung abbricht und Absalom mit dem Entlaßgruß gehen heißt, bittet dieser, dann doch Amnon zu schicken. David hat Bedenken, diesem Wunsch zu willfahren: „Warum soll er mit dir gehen?" Deutet diese Frage auf ein leises Wissen Davids um das gespannte Verhältnis zwischen seinen beiden ältesten Söhnen und auf

[5] Ob ihm außer der Absicht, Thamars Entehrung zu rächen, auch der Gedanke, sich selbst die Thronfolge zu sichern, zum Mord an Amnon trieb, kann man sich fragen. Die Erzählung sagt darüber nichts. 15, 1ff. zeigt immerhin, daß er nach der Herrschaft strebte. Doch ist für das in 13, 23ff. Erzählte andererseits zu bedenken, daß er, vollbrachte er den Mord am Thronfolger, auch sein Leben verwirkt hat und nicht daran denken konnte, an Amnons Statt der Nächste am Thron zu sein.

[6] V. 23 gestattet nebenbei einen interessanten Einblick in die wirtschaftlichen Verhältnisse der Söhne Davids. Wie sie in der Stadt und Burg des Königs ihr eigenes Haus haben, sind sie, zumindest Absalom, Besitzer von Grund und Boden, dessen Ertrag (hier der von den Herden des Weidelandes) ihr Einkommen bildet und eine prinzliche Hofhaltung ermöglicht (vgl. 9, 7. 10). Hertzberg spricht wegen der Ortsangabe, die auf das Gebiet Benjamins weist, die Vermutung aus, daß diese Liegenschaft Absaloms aus dem Besitz des Hauses Sauls stammen könnte. A.a.O. S. 263.

eine Ahnung hin, daß dem Thronfolger von Absalom Gefahr droht? Kurz, er gibt dem neuen Ansturm des Bittenden nach und schickt Amnon mit. So geht dieser in sein sicheres Verderben – auf Davids Geheiß, der, wie Amnon (13, 7), so auch Absalom die Bitte nicht abschlagen kann.

Auf Absaloms Landgut ist alles für den geplanten Anschlag vorbereitet. Etwaige Bedenken seiner Leute, Hand an den Kronprinzen zu legen, zerstreut Absalom mit der Versicherung, daß er allein für die Folgen der Tat aufkommen werde (V. 28). So nimmt das Fest – LXX hebt V. 27 sein königliches Gepränge hervor – seinen Verlauf, bis es mit Amnons Ermordung sein jähes Ende findet. Vom Entsetzen gepackt, stieben die Gäste in wilder Flucht davon. Vielleicht gehörten die Eingangsworte von V. 34, die von Absaloms Flucht berichten, in der ursprünglichen Fassung der Erzählung an diese Stelle[7]. Der Erzähler vermeidet es, die Szene zu schildern. Vielmehr legt er allen Nachdruck auf die Vorgänge in der Hofburg Davids, wo früher als die Geflüchteten das Gerücht von dem gräßlichen Ende des Festes Absaloms eintrifft.

Bei Hof wird gemeldet, alle Geladenen und damit alle Königssöhne hätten den Tod gefunden. Das hat auf David eine ähnliche Wirkung wie die tödliche Erkrankung des Kindes der Bathseba. Stumm, mit allen Zeichen der Trauer und des Schreckens steht die Hofgesellschaft um den König, der mit zerrissenem Gewand und Herzen auf dem Boden liegt, ein von Gottes Gericht Getroffener und in Beugung und Schmerz vor Gott Zerschlagener.

Jonadab redet dem König tröstend zu. Er, der Amnon jenen verhängnisvollen Rat gegeben hatte, weiß besser als andere, was zwischen Amnon und Absalom stand. Er „weiß" daher auch, wieviel an dem Gerücht ist. Es kann keine Rede davon sein, daß Davids ganzes Haus ausgelöscht ist. Absalom hat vielmehr nur seine Rechnung mit dem Schänder seiner Schwester beglichen. Und Jonadab triumphiert (V. 25), als der Späher die Ankunft der Königssöhne meldet.[8] Seine

---

[7] Vgl. Hertzberg, a.a.O. S. 262.

[8] Auf Grund der ortskundlichen Untersuchungen von Alt und Eissfeldt nimmt Hertzberg, a.a.O. S. 264, an, daß V. 34 statt „Horonaim"-Straße „Bachurim"-Straße gelesen werden müsse. Von dem Südhügel Jerusalems aus ist wegen der nordwestlich liegenden Höhen die von Jerusalem nach Nordwesten führende Horonaimstraße nicht einzusehen, wohl aber die Bachurimstraße, die über den Ölbergabhang nach dem davidischen Jerusalem führt (vgl. 16, 5). Doch muß ja der Späher (V. 34) nicht unbedingt auf dem Burgturm postiert gedacht sein. Das Gerücht (V. 30) kann ebensogut veranlaßt haben, daß ein Späher ausgesandt wurde, um die Straße zu Absaloms Landgut zu beobachten.

Deutung des Geschehens hat nicht getrogen. Nur Amnon ist tot. Freilich besagen die Tränen der Heimgekehrten, das Weinen des Königs und seiner Umgebung, wie wenig dieser Tod für Davids Haus eine Kleinigkeit oder Nebensache war. Vollends macht der kleine Satz am Schluß des ganzen Abschnitts, der von Davids unausgesetztem Trauern um den Erschlagenen berichtet, die einschneidende Bedeutung des Todes Amnons für David deutlich. Die Pläne, die er mit diesem Sohn hatte, sind zerschlagen. Dem Reich ist der Thronfolger genommen. Und auch Absalom, der Mörder und ins Ausland Geflüchtete, scheidet als Thronfolger aus. Es ist eine schwerwiegende Erschütterung des Staates, den David mit staatsmännischer Kunst errichtet hat. Das wird in dieser abschließenden Szene eindrücklich geschildert.

3. Absaloms Begnadigung

2. Sam. 13, 38–14, 33:

(38) Absalom also hatte die Flucht ergriffen und war nach Gesur entwichen. Und er verweilte da 3 Jahre. (39) Aber das Gemüt des Königs ließ nach, mit Absalom zu hadern;[1] denn er hatte sich damit abgefunden, daß Amnon tot war. (14, 1) Joab aber, der Sohn der Zeruja, merkte, daß Davids Herz Absalom zugetan war. (2) Deshalb schickte Joab nach Thekoa und ließ von da eine kluge Frau holen. Der sagte er: „Spiele die Trauernde und lege Trauergewänder an! Salbe dich auch nicht mit Öl und gebärde dich wie eine Frau, die seit langem um einen Toten trauert! (3) Und so geh zum König und sprich zu ihm, wie ich dir's angebe!" Und Joab legte ihr die Worte in den Mund. (4) Und die Frau aus Thekoa ging[2] zum König hinein und warf sich auf ihr Antlitz zu Boden, um zu huldigen, und sprach: „Hilf, o König!" (5) Der König sprach zu ihr: „Was hast du?" Darauf sie: „O, eine Witfrau bin ich, und mein Mann ist gestorben. (6) Nun hatte deine Magd zwei Söhne; die beiden bekamen Streit auf dem Felde, und es war niemand da, der sie auseinanderriß. So schlugen sie aufeinander los, bis der eine den anderen umgebracht hatte. (7) Und jetzt hat sich die ganze Sippe gegen deine Magd erhoben; sie sagen: ‚Gib den Mörder seines Bruders heraus, damit

---

[1] So nach einem Vorschlag der Textforschung, den auch die neue Ausgabe der hebr. Bibel anbietet; der hebr. Wortlaut selbst spricht von einem „Aufhören des Ausziehens Davids gegen Absalom"; doch macht ja die Erzählung selbst keinerlei Andeutungen davon, daß sich David Absaloms zu bemächtigen gesucht hätte.

[2] So mit LXX statt des nicht recht verständlichem „sie sprach" im hebr. Text.

wir ihn für das Leben seines Bruders töten, den er erschlagen hat, und auch den Erben ausrotten!' So wollen sie die Kohle auslöschen, die mir geblieben ist, und meinem Mann nicht Namen noch Erben auf dem Erdboden lassen." (8) Da sprach der König zu der Frau: „Geh nach Hause. Ich will deinetwegen Verfügung treffen." (9) Die Frau aus Thekoa aber antwortete dem König: „Auf mir, mein Herr König, liegt die Schuld und auf meines Vaters Haus; der König und sein Thron ist schuldlos." (10) Der König erwiderte: „Wer gegen dich redet, den bring her zu mir, und er wird dir fernerhin keine Unruhe mehr machen!" (11) Sie sprach: „Es wolle doch der König des Herrn, deines Gottes, ausdrücklich Erwähnung tun, damit der Bluträcher nicht des Unheils mehr mache und man meinen Sohn austilge." Da sprach er: „So wahr der Herr lebt, es soll kein einziges Haar deines Sohnes auf die Erde fallen!"

(12) Da sagte die Frau: „Es möge doch deiner Magd erlaubt sein, ein Wort an meinen Herrn König zu richten!" Darauf er: „Sage an!" (13) Die Frau sagte: „Und weshalb hast du eben dies gegen Gottes Volk im Sinn – und indem der König diese Entscheidung traf, steht er als Schuldiger da –, wenn der König den von ihm Verstoßenen nicht zurückholt? Denn sterben müssen wir wohl und sind wie Wasser, das auf die Erde gegossen ist und das man nicht wieder aufsammeln kann; aber Gott rafft ein Leben nicht weg, sondern macht sich ernstlich Gedanken, daß ein Verstoßener nicht von ihm verstoßen werde. (15) Nun denn, daß ich gekommen bin, um meinem Herrn König dieses Anliegen vorzutragen, rührt daher, daß die Leute mir Angst machten, und da hat sich deine Magd gesagt: Ich möchte gern mit dem König reden; vielleicht wird der König das Wort seiner Magd wahr machen. (16) Denn der König wird sein Ohr neigen und seine Magd aus der Hand des Mannes retten, der darauf aus ist,[3] mich und zugleich meinen Sohn aus dem Erbteil Gottes zu vertilgen. (17) So sagte sich deine Magd: Es möchte doch das Wort meines Herrn Königs zur Beruhigung gereichen; denn wie der Engel Gottes ist mein Herr König, so daß er vernimmt, was richtig und was verkehrt ist. Und der Herr, dein Gott, sei mit dir!"

(18) Der König antwortete und sprach zu der Frau: „Verhehle mir ja nichts von dem, wonach ich dich nun frage!" Darauf die Frau: „Mein Herr König möge reden!" (19) Und der König sprach: „Ist die Hand Joabs bei alledem mit dir?" Die Frau sagte: „So wahr du lebst, mein Herr König, es ist nicht möglich, nach rechts oder links vor dem auszuweichen, was mein Herr König spricht. Ja, dein Knecht Joab hat mir den Auftrag gegeben, und er hat in den Mund deiner Magd alle diese Worte gelegt. (20) Um der Sache ein anderes Gesicht zu geben, hat dein Knecht Joab dieses gemacht. Und mein Herr ist weise nach der Weisheit des Engels Gottes, daß er hinter alles kommt, was auf Erden ist."

---

[3] Nach LXX eingefügt.

(21) Darauf sprach der König zu Joab: „Gut denn, ich habe diese Angelegenheit in Ordnung gebracht. So geh und führe den Jungen, den Absalom, wieder zurück!" (22) Da warf sich Joab auf sein Antlitz nieder, huldigte und segnete den König. Und Joab sagte: „Heute hat dein Knecht erfahren, daß ich Gnade vor deinen Augen gefunden habe, mein Herr König; hat doch der König das Anliegen seines Knechtes in die Hand genommen." (23) So machte sich Joab auf den Weg nach Gesur und brachte Absalom nach Jerusalem. (24) Der König aber entschied: „Er hat sich in sein Haus zu verfügen. Doch mein Angesicht bekommt er nicht zu sehen." So verfügte sich Absalom in sein Haus, aber dem König durfte er nicht unter die Augen treten.

(25) Aber Absalom gleich gab es keinen Mann in ganz Israel – so schön und so hoch zu preisen; von der Fußsohle bis zum Scheitel fand sich kein Makel an ihm. (26) Und wenn er sein Haupt scheren ließ – es geschah nämlich von Zeit zu Zeit, daß er sich scheren ließ; denn es drückte ihn schwer, so daß man es schor –, dann wog man sein Haupthaar auf 200 Schekel nach dem königlichen Gewicht. (27) Und Absalom wurden drei Söhne geboren, dazu eine Tochter, namens Thamar; die wurde eine Frau, schön von Gestalt.

(28) Absalom wohnte in Jerusalem zwei Jahre lang, ohne daß er des Königs Angesicht zu sehen bekam. (29) Da schickte Absalom zu Joab, um ihn zum König zu senden. Der aber wollte nicht zu ihm kommen. Da schickte er noch ein zweites Mal, aber wieder wollte er nicht kommen. (30) Da sprach er zu seinen Knechten: „Ihr wißt ja das Grundstück Joabs neben dem meinen. Er hat Gerste darauf. Geht und steckt es in Brand!" So steckten denn Absaloms Knechte das Grundstück in Brand. (31) Jetzt machte sich Joab auf und ging zu Absalom ins Haus und fragte ihn: „Weshalb haben deine Knechte das Grundstück angesteckt, welches mein ist?" (32) Absalom erwiderte Joab: „Du weißt, ich habe zu dir geschickt und dir sagen lassen: ‚Komm hierher, daß ich dich zum König sende und ihm sagen lasse: Was bin ich nur von Gesur hergekommen? Es wäre besser für mich, ich wäre noch daselbst. Nun will ich endlich das Angesicht des Königs sehen; und wenn mir eine Schuld aufliegt, soll er mich töten!'" (33) Daraufhin ging Joab zum König und tat es ihm kund. Dieser ließ Absalom rufen. Und wie er vor den König trat, warf er sich huldigend vor ihm nieder, das Antlitz vor dem König tief auf den Boden geneigt; der König aber küßte Absalom.

Der zum Brudermörder gewordene und deshalb am eigenen Leben bedrohte Absalom wird begnadigt. Seine selbsterwählte Verbannung wird rückgängig gemacht. Das zerschnittene Band zwischen ihm und seinem königlichen Vater wird wieder geknüpft. Die letzten Sätze in Kap. 14 stellen diese bedeutsamen Vorgänge in dem eindrücklichen Bild dar: David küßt Absalom, der eben noch in tiefster Unterwürfigkeit mit der Gebärde des um Gnade Flehenden auf den Boden gestreckt vor ihm gelegen hat. Der Vater schließt den schuldig gewordenen, „verlorenen" Sohn in seine Arme. Er gewährt ihm damit wieder die Gnade, „das Angesicht des Königs zu sehen" und im Haus des Vaters aus und ein zu gehen, worauf der Heimgerufene 2 Jahre lang vergeblich hatte warten müssen (V. 24. 28). David, als König zum Schirmer des Gottesrechts in Israel gesetzt und zum Richter über den Rechtsbrecher berufen, macht Absalom gegenüber von dem anderen Recht des Königs Gebrauch, Gnade vor Recht ergehen zu lassen. Er schenkt Absalom das Leben, das dieser durch seinen Mord an Amnon verwirkt hat, und eröffnet ihm die Möglichkeit, an Stelle des von ihm umgebrachten Thronfolgers selbst nun der Nächste am Thron zu sein (vgl. V. 1).

David tut Absalom dasselbe, was ihm selbst widerfahren ist. Die Begnadigung des Brudermörders vollzieht der, welcher selbst einen Mord auf sich geladen hat und begnadigt worden ist. Er, dem selbst das verwirkte Leben von Gott geschenkt worden ist (12, 13), gibt Absalom dem Leben wieder. Dieser Zusammenhang drängt sich jedenfalls unwillkürlich durch die äußere Aufeinanderfolge von Kap. 11f. und Kap. 13f. auf. Um so auffallender ist jedoch, sinnt man diesem Zusammenhang nach, daß die Erzählung selbst nicht mit der leisesten Andeutung in diese Richtung weist und offensichtlich bewußt darüber schweigt, wie hier der selbst Begnadigte Gnade walten ließ. Dieser überraschende Zug in der Erzählung wird durch die sogleich in die Augen fallende Ähnlichkeit des entscheidenden Vorgangs stark unterstrichen, der dort zu Davids, hier zu Absaloms Begnadigung führte. Durch die erfundene Geschichte von einem schreienden Rechtsbruch (12, 1–4) wird David zu dem Urteilsspruch geführt, der ihn bindet und zum Eingeständnis seiner Sünde nötigt, und dem Gottes Freispruch folgt. Und wieder bringt ein erdichteter Vorfall aus dem täglichen Rechtsleben (14, 4–7) David dazu, den bindenden Spruch zu fällen, der jedenfalls den ersten Schritt zu Absaloms Begnadigung und Wiedereinsetzung in die Rechte des Königssohnes bedeutet. Mit großer und sicher beabsichtigter darstellerischer Kunst[4] stellt der Erzähler die Ähnlichkeit der beiderseitigen Vorgänge heraus, um gerade damit auch ihre ganze Verschiedenheit deutlich zu machen. Die Fabel vom Reichen und Armen erzählt der Prophet, der im Auftrag Gottes zu David kommt. Die Fabel von der Witwe und ihrem von der Blutrache

---

[4] Dem hier berichteten vorsichtigen Vorgehen Joabs stehen die Berichte 3, 24f.; 19, 6ff. gegenüber, nach denen Joab ganz anders mit David redet und ihm ohne Umschweif mit offenen und harten Worten seine Meinung mitteilt und seine Forderungen stellt.

bedrohten Sohn hat Joab ersonnen; durch eine „kluge“ Frau aus Thekoa[5] läßt er sie dem König vortragen und vor ihm „spielen“ (V. 2). Dort ist Gott am Werk, der David durch seinen Boten führen will und führt. Hier dagegen ist der Vetter und Heerführer Davids am Werk und will durch sein Werkzeug den König zu der Tat drängen, die ihm um des königlichen Hauses und des Staates willen unerläßlich erscheint. Nathans Fabel zeitigt eine geistliche Frucht, die des Joab verfolgt ein politisches Ziel und hat ein Ergebnis, das sich weiterhin als der Anfang eines neuen und schlimmeren Unheils erweist (vgl. Kap. 15 ff.).

Die von Joab beauftragte Frau trägt David einen Rechtsfall vor, um seinen königlichen Rechtsentscheid zu erreichen. Sie tritt – anders als Nathan – nicht als Klägerin, sondern als eine selbst in Rechtsnot geratene, arme Frau auf. Sie gibt sich als schutzlose Witwe aus, die vor den Rechtsforderungen der Sippe ihres Mannes nur noch beim obersten Richter im Land Hilfe finden kann (V. 4. 17). Nach dem Brauch der Blutrache[6] fordert die Verwandtschaft das Leben ihres einzigen noch lebenden Sohnes, der seinen Bruder erschlug. Damit würde „der Name“, d. h. das Leben ihrer ganzen Familie im Land für immer ausgelöscht. Mit dem Gleichnis von der glimmenden Kohlenglut im Herd, nach deren Erlöschen kein Gericht mehr gekocht werden kann, bringt die Frau die ihrem Haus und ihr selbst drohende Katastrophe bildhaft zum Ausdruck (V. 7 b). Sie traut David zu, daß er sich als König stärker erweist als die wenn auch noch so durch das Pochen auf Recht und Brauch starke Sippe. Wendet sie sich als die Schutzlose an den König in dem Vertrauen, daß er sich ihr zuliebe der Macht des alten Brauchs der Blutrache widersetzt, so kommt darin ähnlich wie 11, 20 ff. zum Vorschein, daß man im Volk um Davids Hochachtung vor dem Menschenleben weiß.

David verspricht ihr, den Fall zu ihren Gunsten zu entscheiden. Doch ist ja nach ihrer erneuten Bitte V. 9 das bloße Königswort nicht imstande, das Unheil von ihr und ihrer Sippe abzuwenden. Beriefe sie sich auf des Königs Spruch, so müßte sich der Zorn der nach Blut-

[5] Die kluge, eigentlich „weise“ Frau – eine andere wird 20, 16 erwähnt – ist eine Erscheinung wie im antiken, so auch im heutigen Volks- und Dorfleben. Ein kleiner, aber nachdrücklicher Hinweis darauf, daß Israel sich nicht „von Natur“ von den Sitten und Bräuchen der übrigen Völker unterscheidet, sie vielmehr mit ihnen teilt. Einzig der grundlegend und fortgesetzt an die Menschen Israels ergehende Ruf Gottes macht aus ihnen das unverkennbar Besondere, das Volk des Herrn.

[6] Diese Sitte war wie in andern Völkern, so auch in Israel heimisch und fand in dessen Rechtsordnungen ihren Niederschlag und dies keineswegs nur in solchen aus der vorköniglichen und vorstaatlichen Zeit (vgl. 4. Mose 35, 12. 25. 27; 5. Mose 19, 6. 12).

rache verlangenden Mannesverwandtschaft erst recht gegen sie wenden und sie samt ihren Angehörigen verschlingen. Deshalb ruht sie nicht, bis der König *im Namen des Gottes Israels* seinen richterlichen Entscheid gegen die Macht der Blutrache fällt. Mit dieser zweiten List, die ihr glückt, hat sie denn David an den Punkt geführt, an dem Nathan sein: „Du bist der Mann“ sprach. Sie legt den König *vor Gott* darauf fest, daß der Mord am Bruder nicht durch Blut gesühnt werden soll (V. 13).

Mit vorsichtigen, aber trotzdem deutlichen Worten nennt alsdann die Frau den König einen vor Gott Schuldbeladenen, wenn er weiterhin die Verbannung Absaloms aufrecht erhalte und so seinen Sohn als Verstoßenen behandle. Sie spricht im Interesse des Volkes, das den Schaden davon hätte, wenn der gegebene Thronfolger in der Fremde bleiben müßte. An dieser Stelle wandelt sich der Charakter der Fabel mit ihrem politisch aktuellen Hintergrund und Ziel fast zu einer Predigt. So erklärt die Frau David, daß trotz des unvermeidlichen Sterbenmüssens aller Menschen Gott nicht geringschätzig mit einem Menschenleben verfährt, sondern auch und gerade den Verstoßenen wieder begnadigt (V. 14).[7]

Obwohl nun am Ziel ihrer Wünsche bzw. ihres Auftrags angelangt, lenkt die Frau die Rede wieder auf ihren angeblichen „Fall“ zurück (V. 15–17). Sie hält damit den Schein aufrecht, als sei sie in eigener Sache ins Haus des Königs gekommen, und als diene des Königs Sache mit und gegen Absalom ihr nur nebenbei als unterstützendes Beispiel. Doch wollen diese letzten Sätze offenkundig nicht allein zur Tarnung ihres eigentlichen Anliegens dienen. Vielmehr nennen sie mit ihren entscheidenden Wendungen dem König einige wesentliche Gesichtspunkte für die Entscheidung in seiner Sache mit Absalom. Diese Wendungen sind eigenartig schillernd und doppeldeutig. „Die Leute machen der Frau Angst“ (V. 15) – nach der Fabel: die drohende Verwandtschaft –, in Wirklichkeit: Gottes Volk, das den Schaden litte, käme Absalom nimmer zurück. Ihr Erscheinen vor dem König ist ihr durch die berechtigte Hoffnung nahegelegt, daß er hören und ihre Rede wahr machen wird (V. 15f.) – nach der Fabel: daß nicht ihr Sohn und sie selbst umkommen muß –, in Wirklichkeit: daß nicht Absalom und David zugleich das Urteil trifft. Sie wagt ihre Bitte, um nicht aus dem Erbteil Gottes vertilgt zu werden (V. 16) – nach der Fabel möchte

[7] Vielleicht will V. 14a trotz der allgemeinen Wendungen speziell auf Amnon weisen, der ja nicht dadurch ins Leben zurückkehrt, daß die ganze Schärfe des Gesetzes seinem Mörder gegenüber in Geltung bleibt. Vgl. Hertzberg, a.a.O. S. 268.

sie ihren Anteil am Lande Gottes behalten –, in Wirklichkeit müht sie sich darum, daß dieses Land, Gottes Lehen an Isräel, auch nach Davids Tod den richtigen Mann zum König habe, und dieser Israel wie dem Hause Davids erhalten bleibe. Der König vermag wie Gott selbst,[8] was richtig und verkehrt ist, zu bestimmen (V. 17) – nach der Fabel: was in der Rechtsnot der Witwe richtig ist und falsch wäre –, in Wirklichkeit: was Absalom gegenüber richtig ist und verkehrt wäre. Das letzte Wort der Frau ist ein Segenswunsch über den König (V. 17) – nach der Fabel, da er der Schutzlosen zu Hilfe kommt –, in Wirklichkeit sagt sie dem König Gottes Geleit zu, wenn er ihre Rede wahr macht und seinem Verstoßenen die Heimkehr erlaubt.

Jetzt durchschaut David Rede und „Spiel" der Bittstellerin. Er weiß auch um ihren Auftraggeber Joab. V. 1 deutet an, daß Joab den König seit langem auf seine Einstellung gegen Absalom hin beobachtet hat. Vielleicht sind dem jetzt gemachten listigen Versuch, eine Aussöhnung herbeizuführen, schon andere Versuche vorausgegangen. Die Frau bekennt sich dazu, Joabs Werkzeug zu sein, und tut dies mit Worten, bei denen man nicht recht weiß, ob sie einen Zug von Humor enthalten oder völlig ernst gemeint sind. Wieder vergleicht sie den König mit dem Engel Gottes. Wie man vor Gott selbst nichts verbergen kann, so konnte nun auch sie Herkunft und Absicht ihres Spiels und ihrer Fabel nicht vor David verheimlichen. *Er* ist der Kluge, der die kluge Frau durchschaut. Damit läßt sie dem König den Vorrang der Weisheit, nachdem ihre Klugheit und Joabs List es dem König abgewonnen haben, daß Absalom nicht länger in der Fremde bleiben muß.

Die Rolle der Frau ist damit zu Ende. Die Erzählung erwähnt sie nicht mehr, sondern eilt rasch zu dem Punkt weiter, wo Joab, der geheime Drahtzieher des bisher Geschilderten, von David den Befehl zur Heimholung Absaloms erhält (V. 21). Die von Dankbarkeit und Lob überströmenden Worte Joabs (V. 22), doppelt auffallend bei dem Mann, der nach 3, 24 und 19, 6ff. auch so ganz anders mit seinem königlichen Herrn reden konnte, lassen erkennen, welch große politische Bedeutung er der Wiedereinsetzung Absaloms in seine alten Rechte beimaß, und wie sehr ihm die Aussöhnung des Vaters mit seinem verbannten Sohn am Herzen lag. Man mag daraus ersehen,

---

[8] „Der Engel Gottes" ist die in der Bibel mancherorts erwähnte irdische Erscheinungsform Gottes, deren er sich bedienen kann, um einem Menschen seine Offenbarungen zuteil werden zu lassen, vgl. z. B. 1. Mose 21, 17; 2. Mose 14, 19; Richt. 6, 20. „Der Engel des Herrn", vgl. 1. Mose 16, 7; 22, 11; 2. Mose 3, 2 u. a.

wie lebhaft die führenden Männer am Hofe Davids die Fragen der Thronfolge bewegt haben, wie sie sich ihre eigenen Gedanken darüber machten, ja, daß es vielleicht unter ihnen gewisse Parteibildungen zugunsten des einen oder andern der Königssöhne gab. Nathan sah in Salomo den kommenden Mann (12, 25). In Joab lernt man jetzt einen führenden Hofbeamten kennen, der in Absalom den gegebenen Nachfolger auf Davids Thron sah. Allem nach ist David diese Parteinahme Joabs für Absalom bekannt (vgl. V. 18f.); jedenfalls gibt der König ihm den Auftrag, den Verbannten aufzusuchen und nach Jerusalem zu geleiten. Doch geht Joabs Rechnung nicht glatt auf. Die Rückkehr bringt Absalom nicht auch die volle Wiedereinsetzung in seine Rechte, vor allem nicht die volle Würde des anerkannten Thronfolgers. Er wohnt wieder in der Stadt Davids und ist ein völlig freier Mann. Nur ist ihm das Entscheidende nicht gewährt: der Umgang des Sohnes mit dem Vater, des Kronprinzen mit dem König.

Joab, der so heftig die Begnadigung und Rückkehr Absaloms betrieben hat, ist aber nachher auffallend zurückhaltend, als Absalom, ungeduldig über den jahrelangen Aufschub seiner vollen Wiederannahme beim Vater, ihn als Vermittler seines Begehrens zum König schicken will. Zweimal geht er stillschweigend über die Aufforderung, zu Absalom zu kommen, hinweg. Er zeigt sich damit wieder als der Mann, der durchaus seinen eigenen Kopf hat und sich seine Freiheit auch vor den Höchstgestellten im Staat bewahrt. Der Grund für diese plötzliche Zurückhaltung, sich wieder bei David für Absalom zu verwenden, ist nicht zu erkennen. Sollten ihm über dem merkwürdigen Widerspruch in Davids Verhalten gegen Absalom, einerseits der bei Hof bekannten Zuneigung (V. 1), andererseits der strikten Weigerung, den Heimgekehrten zu empfangen, Bedenken darüber gekommen sein, ob seine Pläne für Absalom unter solchen Umständen je zu einem guten Ende zu führen seien? Jedenfalls rührt er keinen Finger mehr für seinen ehemaligen Schützling. Erst, als Absalom Gewalt braucht und dem plötzlich so Zurückhaltenden die Gerstenernte anzünden läßt, erscheint er wutentbrannt in dessen Haus, um dann endlich doch den Dienst zu übernehmen und für Absalom die volle Begnadigung durch den König zu erwirken. Das klare Entweder – Oder, vor das Absalom seinen Vater durch Joab stellt: ganze Wiederannahme und Versöhnung – oder Hinrichtung! (V. 32), mag als ein Zeichen dafür genommen werden, daß auch Absalom selbst eindeutig die Thronfolge für sich begehrt.

In die Erzählung sind einige Angaben über die Person Absaloms eingefügt (V. 25–27), die ihn rein äußerlich als wie zum König geschaffen erscheinen lassen. Die Schilderung seiner männlichen Kraft und Schönheit[9] erinnert an die Kennzeichnung Sauls 1. Sam. 9, 2; 10, 23; sie weckt allerdings auch die Erinnerung an die Samuel zuteil gewordene Erkenntnis, daß Gottes Erwählen nach anderen Maßstäben geschieht als der Menschen Urteil, das auf Gestalt und Manneskraft sieht (1. Sam. 16, 6. 7). Diese seine Ausstattung mit jedermann imponierenden Vorzügen mag u. a. Absaloms selbstverständliches Rechnen mit seiner Thronfolge erklären; ebenso auch Davids besondere Zuneigung zu diesem Sohn, nachdem er Amnon verloren hat, und endlich die Parteinahme Joabs für diesen scheinbar so besonders königlichen Mann. Die Angabe über Absaloms Söhne stößt sich mit 18, 18, wonach er keine männlichen Erben besaß. Man wird anzunehmen haben, daß diese 3 Söhne jung gestorben sind. In diese Richtung weist es wohl auch, daß nur von Absaloms Tochter Thamar Näheres berichtet wird.

Joabs Vermittlung führt zu dem gewünschten Ergebnis. David gewährt Absalom die so lange verweigerte persönliche Audienz. Diese schließt mit dem kurzen Satz: „Der König küßte Absalom" (V. 33). Und die ganze Auseinandersetzung zwischen Amnon und Absalom endet mit dem eindrucksvollen Bild: Der Vater hält den verlorenen Sohn in seinen Armen. Allerdings ist dies nicht wie in Jesu Gleichnis (Luk. 15, 11 ff.) der Beginn des Festes, sondern der Beginn eines neuen und noch viel größeren Unheils im Haus Davids und im Reich Israel.

C. Die Entscheidung gegen Absalom

2. Sam. 15, 1–19, 44

1. Absaloms Aufstand

2. Sam. 15, 1–12:

(1) Und es begab sich danach, daß Absalom sich einen Wagen und Pferde beschaffte und 50 Mannen als seine Vorläufer. (2) Und Absalom machte sich früh auf, stand am Weg zum Tor, und immer, wenn sich

[9] Die Gewichtsangabe für das von Zeit zu Zeit geschorene Haupthaar des herrlichen und deshalb beliebten Mannes – mehr als 2 kg nach heutigem Gewicht – will natürlich nicht wörtlich verstanden sein. So erzählte man vielmehr übertreibend im Volk, wenn man die königliche Art dieses schönen Königssohnes anschaulich machen wollte.

jemand einfand, der eine Streitsache hatte und zum König gehen wollte, um einen Urteilsspruch zu erlangen, rief ihn Absalom an und sagte zu ihm: „Von welcher Stadt bist du?" Sagte der dann: „Aus dem und dem Stamm Israels ist dein Knecht", (3) so sagte ihm Absalom: „Gib acht, deine Sache ist gut und recht, aber bei dem König hast du keinen Menschen, der dich hört." (4) Und weiter sagte Absalom: „Wer wollte doch mich zum Richter im Lande machen! Zu mir müßte jeder kommen, der einen Rechtshandel hat und einen Urteilsspruch braucht, und ich würde ihm zum Recht verhelfen." (5) Und so oft dann einer herantrat, sich vor ihm zur Huldigung niederzuwerfen, streckte er sofort seine Hand aus, hielt ihn und küßte ihn. (6) In dieser Weise hielt es Absalom mit jedem von Israel, der zum König zum Gerichtsentscheid gehen wollte. Und so stahl Absalom das Herz der Leute von Israel.

(7) Und es begab sich nach Verlauf von 4 Jahren,[1] daß Absalom zum König sagte: „Ich möchte hingehen und mein Gelübde in Hebron einlösen, das ich dem Herrn getan habe. (8) Denn ein Gelübde tat dein Knecht, als ich in Gesur in Aram weilte, des Inhalts: Bringt mich der Herr wirklich nach Jerusalem zurück, so will ich dem Herrn einen Dienst abhalten!" (9) Der König sprach zu ihm: „Zieh im Frieden!" So machte er sich denn auf und ging nach Hebron.

(10) Gleichzeitig aber schickte Absalom Geheimboten in allen Israelstämmen umher mit der Botschaft: „Wenn ihr den Schall des Horns vernehmet, dann rufet aus: ‚Absalom hat das Königtum in Hebron angetreten!'" (11) Mit Absalom gingen 200 Männer aus Jerusalem, die eingeladen waren und ahnungslos mitgingen und von dem ganzen Vorhaben nichts wußten. (12) Auch sandte Absalom nach Ahitophel, dem Giloniten, Davids Ratgeber, als er die Opferfeier hielt (daß er käme) **aus seiner Stadt, aus Gilo. So wurde die Verschwörung mächtig, und das Volk lief in Haufen Absalom zu.**

Wieder erhebt sich Königsjubel in der Stadt Hebron. Der Schall der Hörner, offenbar durch Signalposten von Bergkuppe zu Bergkuppe weitergegeben (V. 10), meldet allerorts, wo Israeliten wohnen: Israel hat wieder einen König. Es ist freilich ein böser Klang im Ruf der Trompeten und in dem Ruf, der in Hebron anhebt und sich in allen Dörfern und Städten Israels fortsetzt: „Absalom hat das Königtum angetreten." Denn der alte König, dem einst der jüdische Stämmeverband in Hebron zugejubelt hatte (2, 4), und dem 7½ Jahre danach in der gleichen Stadt die nördlichen Stämme die Krone angetragen und als Herrscher gehuldigt hatten (5, 3), lebt noch. Der neue Königsjubel in der alten Krönungsstadt und am uralten Heiligtum vor ihren

[1] So mit einer Lesart der LXX, da die Angabe des hebr. Textes „40 Jahre" offensichtlich nicht zutreffend ist.

Toren[2] bedeutet Aufruhr und Umsturz. Absaloms Regierungsantritt schließt Davids Absetzung in sich. Der Schöpfer des imponierenden Großreichs ist vom Thron gestoßen. Sein Lebenswerk ist bis auf den Grund erschüttert und in Frage gestellt.

Der Umsturz ist von langer Hand vorbereitet. 4 Jahre lang – die 40 Jahre des hebr. Textes sind sicher eine Verschreibung – arbeitet Absalom im Geheimen auf sein Ziel, den Thron zu gewinnen, hin, bis er zum entscheidenden Schlag gegen David ausholt. Die Meinung der Erzählung ist offenbar, daß diese 4jährige Wühlarbeit Absaloms nach seiner vollen Aussöhnung mit David ihren Anfang genommen hat. Der „Sohn, welcher verloren war und wieder gefunden wurde", und dem der Vater den Kuß der Versöhnung gibt (14, 33), ist also in Wirklichkeit nicht heimgekommen und mit seinem Vater innerlich geeint. Er hat nur Unterwerfung und Aussöhnung *gespielt.* Er hat in Wahrheit den Sturz des endlich erweichten Vaters und seine eigene Erhebung an dessen Platz im Sinn. Liebe, die insgeheim abgewiesen und mit Füßen getreten wird; huldreiche Zuwendung, die an ein verhärtetes Herz verschwendet wird! So ließe sich nach den Worten des Propheten Nathan (12, 7ff.) zusammenfassen, was Gott mit David „erlebt" hat. Und so wiederholt es sich auf der menschlichen Ebene zwischen David und seinem Sohn. Für jeden, „der Ohren hat, zu hören", ein erschütterndes Zeichen dafür, wie unerbittlich und unheimlich gerecht Gott ist; ein Zeichen für „die Güte und den Ernst Gottes" (Röm. 11, 22). Gott hat David die Sünde wider die empfangene Liebe und Wohltat vergeben. Wenn aber jetzt der wieder von Gott in Gnaden Angenommene am eigenen Leib den Schmerz der übel belohnten Liebe durch Absalom erfahren muß, so wird ihm damit ein mächtiger Anlaß zur bleibenden Reue und Erkenntnis seiner Sünde gegeben (vgl. 15, 25f.; 16, 10ff.). Zieht der Sohn das Schwert gegen den Vater, der ihn wieder angenommen hat, so kann David der göttlichen *Vergebung* gewiß

---

[2] Nach 5, 3 wurde der Bund Davids mit Israel in Hebron „vor dem Herrn" geschlossen. Daraus schließen die atl. Forscher mit Recht, daß der politische Akt der Krönung und Königsproklamation wie der sakrale Vorgang der Salbung an dem noch heute bei Hebron gezeigten Heiligtum Mamre stattgefunden hat. Durch die Abrahamsüberlieferung (1. Mose 13, 18; 14, 13; 18, 1) als Stätte der Erscheinung Gottes vor dem Stammvater gekennzeichnet, wurde Mamre mit seinen heiligen Terebinthen in späteren Zeiten zum Mittelpunkt des südpalästinischen Stämmebundes (vgl. oben S. 28) und so auch der Ort für die vor dem Gott Israels vollzogene Königskrönung, wie einst Davids, so jetzt auch Absaloms. Vgl. Noth, a.a.O. S. 109, 158, 162, 174; Alt, a.a.O. Bd. I, S. 54f.; Bd. II, S. 45, Anm. 2; Hertzberg, a.a.O. S. 272. Der Hinweis auf Absaloms Gottesdienst (V. 8) und Opferfeier (V. 10) in Hebron macht deutlich, daß auch seine Ausrufung zum König im Heiligtum bei Hebron vorgenommen worden ist.

sein, aber er soll nie seine Schuld und Sünde vor Gott *vergessen* und die Gnade Gottes als billiges Geschenk verachten können. Wieweit Gottes erzieherische Weisheit bei David diese Frucht getragen hat, kann niemand sagen. Die Erzählung aber „sagt", wenn auch nicht mit ausdrücklichen Worten, jedem, der in ihr Gottes Wort zu vernehmen willens ist, daß Gott so ist und handelt, daß Gott Gnade *schenkt*, aber daß sie keine *billige* Gnade ist, die man auf Mutwillen ziehen kann (Jud. 4).

Die wohlüberlegten und durch Jahre hin verfolgten Machenschaften Absaloms legen die Frage nahe, ob er lediglich aus persönlichem Ehrgeiz und Machthunger das Königtum für sich erstrebt hat. Die Eingangsverse berichten bei aller Kürze sehr anschaulich, was Absalom unternahm, um langsam, aber sicher die Herrschaft Davids zu unterminieren. Er umgibt sich mit einer Leibgarde und hält sich Wagen und Rosse nach ausländischem Vorbild (V. 1). Er übt scharf und mit Erfolg Kritik an der Rechtsprechung Davids (V. 2–4). Endlich legt er ein betont leutseliges Wesen an den Tag (V. 5). Dieser Schilderung läßt sich ohne weiteres entnehmen, daß Absalom den alten Gegensatz zwischen Israel und Juda für seine Zwecke ausnützt, ebenso, daß er mit allen Mitteln seine Person in den Augen vor allem der Angehörigen der Nordstämme in ein gutes Licht zu setzen weiß. Dazu die glänzende kronprinzliche Hofhaltung, die seine schon an sich imponierende Erscheinung in noch glänzenderem Licht erscheinen läßt. Dazu das betonte Reden davon, daß Israel an ihm einen besseren Richter hätte als am König. Darum die bewußte Abwehr aller Versuche, ihm die in Davids Hofzeremoniell übliche demutsvolle Huldigung zu erweisen. Aus diesem Vorgehen Absaloms ergibt sich weiterhin klar, daß sich in den Stämmen Israels eine wachsende Unzufriedenheit mit Davids Herrschaftsweise breitgemacht hatte. Es ist darüber hinaus möglich, daß sich in Absaloms Methoden, „das Herz der Männer Israels zu stehlen", ein ernsthafter politischer Gedanke abzeichnet. Es ist mindestens der Erwägung wert, ob Absaloms Gebaren und seine Kritik an David nicht der Ausdruck einer den Auffassungen Davids völlig entgegengesetzten Auffassung vom Königtum in Israel verrät.

Das Halten von Wagen und Rossen gehört zu den Dingen, die in Israel bisher verpönt waren. David hat wohl, seinem eigenen Herkommen nach und den militärischen Erfordernissen seiner Zeit entsprechend, die Söldner- und Berufskriegertruppe als das im Krieg entscheidende Mittel erkannt und gebraucht (vgl. 2, 3; 2, 13ff.; 5, 6ff;

8, 18; 11, 11). Doch hat er die in der Umgebung Israels, besonders bei den Großmächten wie Ägypten, längst gebrauchte Waffengattung des pferdebespannten Kriegswagens nicht für das Heerwesen seines Reiches übernommen (vgl. 8, 4). So „modern“ er denn einerseits in der Kriegstechnik war, so sehr hat er mit dem bewußten Verzicht auf die Kriegswagentechnik wieder an den Überlieferungen Israels festgehalten. Wenn Absalom sich für seine Person den Kriegswagen beschafft, so könnte er damit immerhin vor Israel zum Ausdruck bringen wollen, daß er, wäre er einmal der Herrscher, einen neuen Schritt zu tun willens ist; daß er das längst Fällige und Gebotene in der Heeresgestaltung tun und Israel kriegstechnisch auf die Höhe der Zeit führen wird. Also gegenüber den „altväterischen“ Gepflogenheiten unter David ein wirklich zeitgemäßes Königtum!

Der von Absalom zur Schau getragene Eifer um wahre Rechtsprechung und seine Klage über Davids Versäumnisse auf diesem Gebiet rührten an den Lebensnerv des Volkes Israel. Als das Volk des Bundes Gottes ist Israel unter das Recht Gottes gestellt; es ist ein Volk des Rechts und steht und fällt mit der Wahrung des Rechts und damit, daß die mit der Rechtsprechung betrauten Organe wie Priester, Richter, Älteste, und nunmehr in erster Linie der König das Recht nicht verkürzen. David hat das Amt des obersten Gerichtsherrn wahrgenommen. Man hat ihn als Sachverwalter des Rechts gekannt und ernst genommen (12,1 ff.; 14, 4ff.). Er wurde aus allen Gebieten Israels – in besonders schwierigen Rechtsfällen und zu festgesetzten Terminen – aufgesucht (V. 2. 6). Nun war er aber der Herrscher eines überaus vielgestaltigen und komplizierten Staates geworden. Das von ihm geschaffene Großreich setzte sich aus verschiedenen Völkergruppen zusammen, bei denen auch verschiedene Rechtsnormen in Kraft standen. Im eigentlichen „Staatsvolk“, den Stämmen Israels, galt das alte, heilige Gottesrecht. In der Stadt Davids galt das Königsrecht. Die so verschiedenartig dem Reich zugewandten, einverleibten oder tributpflichtigen Gebiete der Philister, der Kanaaniterstädte, der ostjordanischen und aramäischen Bevölkerungsteile erbrachten für Rechtsgestaltung und -handhabung neue Erfordernisse. Für den Gebieter eines solch vielgestaltigen Großreichs war *Israel* in der Tat nur noch ein Teilstück des großen Ganzen, dem er nur mit Mühe das ihm zukommende Recht zukommen lassen konnte. Mehr als verständlich, daß die Bürger *Israels*, vor allem die der Nordstämme, sich in ihrem Recht durch den König verkürzt sahen! Und was Wunder, daß Absalom in seinen Unterredungen mit den Rechtsuchenden unermüdlich davon spricht, daß die Bürger Israels im Großreich Davids notwendig in ihrem Recht verkürzt bleiben müssen – es sei denn, man setze ihn zum Richter im Lande ein. Es ist möglich, daß Absalom eine Gestalt des Königtums ins Auge faßte und für richtig hielt, in dem die Stämme Israels sich nicht mehr mit einer Nebenrolle begnügen mußten, sondern als das eigentliche Staatsvolk zu ihrem vollen Recht kamen.

Als der Herr eines Großreichs hat David nach der Weise orientalischer Despoten ein Zeremoniell eingeführt, das in Israel als dem Gott untertanen Volke sehr wohl auf innersten Widerspruch stoßen mußte (vgl. 9, 6. 8; 14, 22; 14, 33). Es ist möglich, daß Absalom mit seinem leutseligen Gebaren (V. 5) nicht nur für den Augenblick die Stimmung im Volk für sich gewinnen will, sondern auch eine Auffassung der Königsherrschaft vertritt, für die ein Israelit nicht in erster Linie Untertan eines absolutistischen Großherrn, sondern vollberechtigter Bürger des Volkes Gottes ist. So würde Absaloms Auffassung des Königtums in Israel, wie einen Schritt in der kriegstechnischen Entwicklung nach vorn bedeuten, so auch gleichzeitig in der Wertung des Volkes Israel und seiner einzelnen Glieder an die ältere Zeit anknüpfen.[3]

In großartig bildhafter Weise zeichnet der Erzähler mit einem einzigen kurzen Satz die jahrelang dauernden Umsturzvorbereitungen Absaloms: „Er stahl das Herz der Männer Israels." Der Satz sagt nicht, daß Absalom mit haltlosen Verdächtigungen des Königs gearbeitet habe. Er läßt das vor Menschen und vor Gott Verwerfliche am Vorgehen des Thronräubers nicht in einer Verdrehung der Tatsachen erkennen, deren sich Absalom David gegenüber schuldig gemacht hätte. Der Satz sagt nicht einmal, Absalom habe *David* das Herz der Leute aus Israel gestohlen. Er hebt in seiner grandiosen, knappen Plastik die *heimliche* und dem gewiegten Staatsmann David völlig verborgen bleibende Wühlarbeit Absaloms hervor.

David – auch hier wieder der gegen den Kronprinzen unbegreiflich schwache und nachsichtige Vater und der wie mit Blindheit geschlagene König – ahnt noch nichts, als Absalom den letzten Schritt unternimmt und das feingesponnene Netz, in dem sich der König fangen muß, zusammenzieht. Er schöpft keinen Verdacht, wie ihm Absalom

[3] Zu den mutmaßlichen Hintergründen der wachsenden Unzufriedenheit der Israeliten mit Davids Regierungsweise, die Absalom auszunutzen verstand, vgl. Noth, a.a.O. S. 174f.; Alt, a.a.O. Bd. II, S. 54ff.

als der fromme Mann gegenübertritt und sich zur Einlösung eines – vor mehr als 6 Jahren! – getanen Gelübdes nach Hebron Urlaub geben läßt. Die Erwähnung des frommen Gelübdes *muß* kein leerer Vorwand sein. Es ist denkbar, daß Absalom sich in der Zeit seiner Verbannung die entscheidenden Gedanken über eine notwendige Neugestaltung des Königtums in Israel gemacht hat; denkbar auch, daß er damals schon für den Fall seiner Rückkehr in die Heimat den Plan eines Gottesdienstes am uralten Stammesheiligtum gefaßt hat, der das Zeichen des Aufruhrs und Umsturzes sein und den Anfang seiner richtigen und besseren Königsherrschaft über Gottes Volk bilden soll.

Wie sorgfältig Absalom seine eigentlichen Pläne und Absichten wie vor dem königlichen Vater, so auch vor den Männern des Hofes Jahre hindurch verborgen hielt, zeigt die Nachricht V. 11, daß 200 Männer aus der nächsten Umgebung Davids sich zu dem Opferfest nach Hebron einladen ließen und mit Absalom dorthin zogen, ohne von seinem intriganten Spiel das geringste zu ahnen. Am Hof weiß kein Mensch etwas davon, was im Lande vorgeht, und was in Hebron vor sich gehen soll. Im ganzen Land dagegen, vor allem bei den Israeliten, ist es ein offenes Geheimnis, daß Absalom David stürzen wird. Man ist dort auch über das Zeichen im Bild, das den vollzogenen Umsturz ankündigt und im ganzen Gebiet Israels den Aufruhr entfesselt.

In Ahitophel, einem Ratgeber Davids, nach 11, 3; 23, 34 dem Großvater Bathsebas, gewinnt Absalom für seine Sache einen gewichtigen Helfer. Ahitophel, nach 15, 31. 34; 16, 23; 17, 1–14 ein Mann von hervorragendem politischem Scharfblick, ist geradezu die Seele der Umsturzbewegung. V. 12 läßt es jedenfalls so erscheinen, daß Ahitophels Person und Ankunft der Verschwörung erst ihre volle Kraft gab. Damit gibt die Erzählung schon hier einen nachdrücklichen Hinweis auf die später ausführlicher gekennzeichnete Bedeutung dieses ehemaligen Ratgebers an Davids Hof. Was diesen Mann von David schied und auf die Seite des Usurpators trieb, erfährt man nicht. War es Davids Vergehen an Bathseba? War es die Enttäuschung über die Entwicklung des Königtums unter David? War es die Überzeugung, daß Israel einen König von der Art braucht, wie Absalom einer zu werden versprach? Auf jeden Fall: die Verschwörung gegen David hat unheimliche Ausmaße angenommen. Israel rebelliert und sagt sich vom Herrscher des Großreichs los. Einer seiner bedeutendsten Ratgeber steht in der Umsturzbewegung. Und der Sohn aus dem Hause mit der großen Verheißung setzt sich an die Stelle des Vaters. Die große Entscheidung zwischen David und Absalom ist im Gang. Wer wird den Thron innehaben und im Volke Gottes König sein? Und wer verfügt über die Zukunft des Hauses Davids und des Volkes Gottes? Der Davidssohn? – Israel? – Ahitophel? Oder nicht doch allein der Herr, der durch Nathan verkündigen ließ, welchen der Söhne Davids er geliebt und ersehen hat?

2. Davids Flucht

2. Sam. 15, 13–16, 14:

(13) Da kam einer[1] zu David mit der Meldung: „Es ist unabänderlich – das Herz eines jeden in Israel hängt an Absalom!" (14) Da sprach David zu allen seinen Knechten, die bei ihm in Jerusalem waren: „Auf, wir müssen fliehen, denn es gibt für uns keine Rettung vor Absalom! Macht euch eilends fort, sonst übereilt er uns, bringt das Schlimmste über uns und schlägt die Stadt mit der Schärfe des Schwerts!" (15) Da erwiderten die Knechte des Königs dem König: „Ganz, wie der Herr[2] König beschlossen hat. Deine Knechte sind bereit!" (16) So zog der König von dannen, und sein ganzer Hofstaat folgte ihm auf dem Fuße nach. Doch ließ der König die[3] 10 Nebenfrauen zurück, das Haus zu hüten. (17) Wie nun der König, gefolgt von der ganzen Mannschaft, von dannen gezogen war, da machten sie beim letzten Haus Halt. (18) Und alle seine Knechte standen[4] an seiner Seite, während alle „Krether und Plether", sowie Itthai[5] und alle Gathiter, 600 Mann, die mit ihm aus Gath gekommen waren, am König vorbeimarschierten.

(19) Da sprach der König zu Itthai, dem Gathiter: „Warum willst auch du mit uns gehen? Kehr um und bleib beim König! Bist du doch kein Eingeborener und, auf deinen Heimatort gesehen, in der Verbannung. (20) Gestern bist du angekommen, und heute soll ich dich mit uns auf die Irrfahrt treiben, wo ich doch gehen muß, wohin ich eben gehe? Kehr heim und bring deine Brüder nach Hause; der Herr aber erweise an dir Huld und Treue."[6] (21) Darauf gab Itthai dem König zur Antwort: „So wahr der Herr lebt, und so wahr mein Herr König lebt, wahr-

[1] Im hebr. Text steht „der" Bote; es soll damit der eine Mann bezeichnet werden, der es mitten im allgemeinen Abfall übernahm, David zu warnen.
[2] Der hebr. Text hat die Wendung „mein Herr König".
[3] Weil nach 16, 21 ff. diese Frauen aus dem Harem Davids im Verlauf des Aufstands eine besondere Rolle spielen, wird schon hier mit dem bestimmten Artikel auf sie hingewiesen.
[4] So mit einer kleinen Veränderung, die vom Sinn des Satzes gefordert wird.
[5] Der Name muß wegen des V. 19 Folgenden hier eingesetzt werden.
[6] So deutlicher mit LXX.

lich, da, wo mein Herr König ist – es sei zum Tod oder zum Leben –, da wird der Platz deines Knechtes sein." (22) Da sprach David zu Itthai: „So geh und zieh vorbei!" So zog denn Itthai, der Gathiter, mit allen seinen Männern und dem ganzen Troß[7], den er bei sich hatte, vorbei. (23) Und alle Welt weinte mit lauter Stimme, während der ganze Haufe vorbeimarschierte. Der König aber stand[8] am Bach Kidron, während alles Volk in Richtung der Wüste vorüberzog.

(24) Da fanden sich auch Zadok nebst allen Leviten, welche die Lade des Bundes Gottes trugen, ein – auch Abjathar[9]; sie stellten die Lade Gottes hin. Abjathar aber brachte Opfer dar, bis alles Volk ganz von der Stadt her vorübergezogen war. (25) Darauf sprach der König zu Zadok: „Bringe die Lade Gottes in die Stadt zurück! Finde ich Gnade in den Augen des Herrn, so wird er mich zurückbringen und sie und ihre Wohnung mich wieder sehen lassen. (26) Spricht er aber so: ‚Ich habe kein Gefallen an dir' – so bin ich bereit; er tue mir, wie es in seinen Augen gut ist." (27) Weiter sprach der König zu Zadok, dem Priester: „Du bist doch einsichtig; kehre nur im Frieden zur Stadt zurück;[10] ebenso dein Sohn Ahimaaz und Jonathan, der Sohn Abjathars, eure beiden Söhne, die ihr da bei euch habt! (28) Seht, ich will bei den Furten der Steppe verweilen, bis von euch Bescheid kommt, mich ins Bild zu setzen." (29) So brachte Zadok – und Abjathar – die Lade Gottes nach Jerusalem zurück, und sie blieben daselbst. (30) David aber ging den Abhang des Ölbergs hinauf, Schritt für Schritt unter Tränen, sein Haupt verhüllt. Barfuß schritt er einher. Und der ganze Haufe, der bei ihm war – einer wie der andere hatten sie ihr Haupt verhüllt und schritten unter Weinen bergan. (31) Es war aber David hinterbracht worden:[11] „Ahitophel gehört zu den Verschworenen auf der Seite Absaloms." Da sprach David: „Mache doch zur Torheit den Rat Ahitophels, o Herr!"

(32) Als nun David zum Gipfel kam, dorthin, wo man Gott anbetet, da kam ihm Husai, der Arkiter, entgegengezogen, das Gewand zerrissen und Erde auf seinem Haupt. (33) David sagte zu ihm: „Wenn du mit mir weiterziehst, so wirst du mir zur Last sein, (34) kehrst du jedoch zur Stadt zurück und sagst zu Absalom: ‚Dein Knecht bin ich, König; ich will's sein. Knecht deines Vaters, das war ich früher; aber jetzt bin ich dein Knecht', dann kannst du mir den Rat Ahitophels vereiteln. (35) Und sind nicht zudem mit dir dort die Priester Zadok und Abjathar? Und so sei's: Jede Begebenheit, die dir aus dem Haus des

---

[7] Dabei ist an die Familien der Gathitersöldner zu denken.
[8] Wie bei Anm. 4 ist eine kleine Wortänderung vom Sinn her erfordert.
[9] Aus LXX läßt sich erkennen, daß auch schon hier ursprünglich der Name des 2. Priesters am Hofheiligtum Davids stand, während ihn der hebr. Text erst im folgenden Satz nennt.
[10] Wenn hier nach dem hebr. Text wiederum Abjathars Rücksendung nicht erwähnt wird, so mag dies die spätere Änderung eines ursprünglichen „Kehret um" sein, die auf Grund der unter Salomo erfolgten Ausmerzung Abjathars aus dem Hofstaat erfolgt ist; vgl. 1. Kön. 2, 26f.
[11] So mit LXX.

Königs zu Ohren kommt, sollst du den Priestern Zadok und Abjathar melden. (36) Dort stehen bei ihnen ihre beiden Söhne bereit, Ahimaaz des Zadok, Jonathan des Abjathar; ihr könnt mir durch sie von allen Vorkommnissen Nachricht geben, die ihr erfahrt." (37) Da kam Husai, Davids Freund, in die Stadt, gerade als Absalom in Jerusalem einmarschierte.

(16, 1) Als David ein wenig vom Gipfel weitergezogen war, da kam ihm Ziba, der Hausvogt Meribbaals, entgegen mit einem Paar gesattelter Esel, darauf 200 Brote, 100 Rosinentrauben, 100 frische Früchte und ein Schlauch Wein. (2) Da sprach der König zu Ziba: „Was willst du damit?" Ziba antwortete: „Die Esel sind für die Familie des Königs zum Reiten, das Brot und die Früchte zur Verköstigung der Männer und der Wein zum Trinken, wenn einer in der Wüste ermattet!" (3) Darauf sagte der König: „Und wo ist der Sohn deines Herrn?" Ziba antwortete dem König: „Natürlich, der blieb in Jerusalem, denn er sagte sich: ‚Heute werden sie mir das Haus Israel, das Königreich meines Vaters, zurückgeben!'" (4) Da sprach der König zu Ziba: „So sei dein aller Besitz Meribbaals!" Ziba sagte: „Ich werfe mich zur Huldigung nieder. Ich möchte Gnade finden in den Augen meines Herrn, des Königs." (5) Kaum war der König David bis nach Bachurim gelangt, da kam plötzlich von dort ein Mann aus dem Geschlecht des Hauses Sauls mit Namen Simei, Geras Sohn, herausgelaufen; er lief heraus unter Flüchen und Verwünschungen. (6) Und er warf mit Steinen nach David und all den Knechten des Königs David; alles Volk und alle Kriegsleute gingen ihm ja zur Rechten und Linken. (7) Und so rief Simei bei seinem Fluchen: „Hinaus und fort mit dir, du Blutmensch, du Ungetüm! (8) Zurückfallen ließ auf dich der Herr alles Blutvergießen im Hause Sauls, an dessen Statt du König wurdest. Das Königtum hat der Herr in die Hand deines Sohnes Absalom gegeben. Und du bist in deinem Unglück. Denn ein Blutmensch bist du!" (9) Da sagte Abisai, der Sohn der Zeruja, zum König: „Was will dieser tote Hund da meinen Herrn König verfluchen? Ich will hinüber und ihm seinen Kopf vor die Füße legen!" (10) Da sprach der König: „Was habe ich mit euch gemein, ihr Söhne der Zeruja? Wenn er den Fluch spricht und wenn der Herr ihn hieß: ‚Fluche David!' – wer will dann sagen: ‚Warum tust du so?'" (11) Und David sprach zu Abisai und zu all seinen Knechten: „Siehe, mein Sohn, der aus meinen Lenden hervorging, trachtet mir nach dem Leben; wieviel mehr nun der Benjaminiter! Laßt ihn in Ruhe; er soll seine Flüche sprechen. Denn der Herr hat's ihn geheißen. (12) Vielleicht wird der Herr auf mein Elend blicken und erstattet der Herr mir Gutes für sein Fluchen am heutigen Tage." (13) Und David samt seinen Männern gingen des Wegs, Simei aber ging am Berghang immer neben ihm her, fluchte, warf mit Steinen – immer neben ihm her, und warf mit Erdschollen. (14) So gelangte der König und alles Volk, das er bei sich hatte, ermattet zum Jordan,[12] und daselbst atmete er auf.

[12] So mit einer LXX-Lesart; der Sinn des Satzes fordert hier eine – im hebr. Text offenbar ausgefallene – Ortsbezeichnung.

David auf Fluchtwegen – ein erregendes Thema – wie in den Erzählungen von Davids Aufstieg (1. Sam. 19f.; 22–26), so jetzt, da er, über Nacht vom Throne gestoßen, seine Rettung wieder in der Flucht suchen muß. Einst hat ihm Sauls wütender und blinder Haß für viele Jahre das Los der Flucht von Schlupfwinkel zu Schlupfwinkel in der Wüste auferlegt. Jetzt, da die Stämme Israels ihm die Gefolgschaft aufsagten, und da Absalom im Eilmarsch gegen Jerusalem zieht und den Vater am Leben bedroht, ist die Flucht Davids nur eine kurze Episode. Was sich zwischen der eiligen Musterung am letzten Haus von Jerusalem (15, 17f.) und der Ankunft am Jordan (16, 14) abspielt, drängt sich auf knapp einen Tag zusammen. In wenigen Stunden ist die Flucht vom Kidrontal über den Ölberg und durch die trostlose Landschaft der sich ostwärts anschließenden Wüste geschehen. Und schon nach kürzester Zeit ist der geflüchtete und ins Ostjordanland ausgewichene David wieder in der Lage, die Entscheidungsschlacht gegen Absalom zu wagen und zu gewinnen.

Und doch wird dieser eine Tag, werden diese wenigen Stunden, da David wieder auf der Flucht sein muß, mit einer auffallenden Genauigkeit und Ausführlichkeit dargestellt. Man ist fast versucht, in der Schilderung dieser Episode geradezu einen, wenn nicht *den* Höhepunkt des Weges, den der König David geführt wurde, zu sehen. In der Tat muß es ja auffallen, wie knapp die Erzählung über David gefaßt ist, wo es um seine außenpolitischen Erfolge, um die Errichtung und Einrichtung seines Großreichs geht (vgl. Kap. 5; 8). Da gibt der Erzähler weithin gar keine eigentliche Schilderung, sondern begnügt sich größtenteils mit bloßen Aufzählungen. Das geschieht in deutlicher Parallele zu der Darstellung Sauls im 1. Samuelisbuch. Auch dort wurden die Tatsachen der geschichtlichen Errungenschaften und Leistungen des ersten Königs der Israeliten nur in großen Umrissen sichtbar gemacht (1. Sam. 11, 1–11; 14, 47–52; vgl. auch 2. Sam. 1, 24). Ausführlich und anschaulich dagegen wird die Erzählung nur da, wo sie von Sauls Erhöhung aus der Verborgenheit und Niedrigkeit durch Gottes Erwählen spricht (1. Sam. 9f.; 12) – und wieder, wo sie seine Unfähigkeit bzw. Unwürdigkeit für den Dienst des „Nagid" (1. Sam. 13–15) und sodann vor allem seine wilde Auflehnung gegen die auf den neuen Gesalbten gefallene Wahl Gottes und seinen verbissenen Kampf gegen David schildert. Die biblische Erzählung will bewußt nicht die Geschichte Israels und seine erste Königszeit darstellen, so wie dies etwa das Anliegen des heutigen Geschichtsforschers ist.[13] Sie will vielmehr im Gewand geschichtlicher Darstellung Verkündigung von Gottes Weg mit den Menschen sein. Sie bedient sich dafür der aus der volkstümlichen Überlieferung genommenen Berichte. Sie zeichnet auf dem Hintergrund geschichtlicher Tatbestände das eigentliche Geheimnis der Gestalt Sauls als eines Zeichens für göttliches Erwählen und Verwerfen; sie berührt deshalb die großen Leistungen dieses ersten Königs für Israels staatliche und militärische Entwicklung flüchtig, um den ganzen Nachdruck darauf zu legen, wer Saul vor und durch Gott ist, und wie Gott sich in der Geschichte Sauls als der Wahre und Lebendige offenbart.[14]

Nicht wesentlich anders verfährt die biblische Erzählung bei der Darstellung der Regierungszeit Davids. Auch hier ist es ihr darum zu tun, daß das eigentliche Geheimnis, das Besondere dieses Menschen, den „der Herr mit seinem Herzen ansah" (1. Sam. 16, 7), erfaßt und daß das „Herz" Gottes erkannt werde, der David zum Gesalbten bestimmt und als seinen Gesalbten einen eigenartigen Weg führt. Gewiß konnte der Gestalter des biblischen Berichtes über David – anders als bei Saul – auf Quellen zurückgreifen, die nach dem Urteil der Sachverständigen weithin als ausgezeichnete und verläßliche Geschichtsschreibung von Zeitgenossen der Ereignisse anzusprechen sind.[15] Dennoch ist es auffallend, daß er fast ausschließlich nur die beiden ihm vorliegenden Geschichtswerke vom Aufstieg Davids (1. Sam. 16 bis 2. Sam. 5) und von der Thronfolge Davids (2. Sam. 7; 9–20; 1. Kön. 1f.) zu Wort kommen ließ. Die staatsmännische Bedeutung und die großartige Leistung Davids als Heerführer und König wird – genau wie bei Saul – nur in knappen Strichen angedeutet (2. Sam. 5; 8). Sie bildet nur den Hintergrund für das eigentliche Ziel der Darstellung, nämlich die Verkündigung von Gottes Weg mit dem König David, und für die Herausstellung des eigentlichen Geheimnisses der Gestalt des Mannes nach dem Herzen Gottes. Und was wäre nun das Besondere an Davids Person und Weg? Offensichtlich nicht dies, daß er der Schöpfer eines mächtigen Reiches war und für etliche Jahrzehnte den Vorderen Orient unter seiner Herrschaft einte.

Ist dies auch zweifellos die große geschichtliche Tat Davids gewesen, so liegt doch im ganzen 1. Teil der Erzählung (1. Sam. 16–2. Sam. 5) das Schwergewicht darauf, daß David eben als der von Gott erwählte

---

[13] Vgl. z. B. Noth, „Geschichte Israels", S. 142ff.
[14] Vgl. Bd. 11I, S. 108.
[15] Vgl. u. a. Alt, a.a.O. Bd II, S. 33ff.

Gesalbte zu leiden bekommt, vor seinem Verfolger auf dem Königsthron jahrelang auf der Flucht sein muß, und „nicht hat, da er sein Haupt hinlege" (Luk. 9, 58). Weiter: daß David bei all seiner wahrlich oft bewiesenen Tatkraft und Klugheit nicht sich selbst und seiner Umsicht die endliche Rettung verdankt, sondern allein dem Herrn, der ihn vor Saul und dem Feind in der eigenen Brust bewahrt und ihn aus der Bedrängnis des Mächtigen wie aus der Verstrickung in eigene Schuld rettet. Im 2. Teil des Berichts (2. Sam. 7ff.) haben wir David auf dem Gipfel der Macht vor uns. Doch liegt auch hier das eigentliche Gewicht der Darstellung darauf, wie der große Herrscher trotz all seiner Macht und staatsmännischen wie militärischen Wendigkeit durch eigene und fremde Schuld in Bedrängnis, Leid und Leiden kommt; wie er in diesem Leiden wiederum nicht seiner Geschicklichkeit, sondern allein der bewahrenden Erbarmung Gottes seine Rettung verdankt. So möchte denn in der Tat auch nach der Absicht des Gestalters unseres ganzen Buches der vorliegende Abschnitt über Davids Flucht vor Absalom – äußerlich gesehen ein besonderer Tiefpunkt seines königlichen Weges – in Wirklichkeit ein gewichtiger Höhepunkt des Geschehens sein.[16] Kommt doch eben jetzt, da vor David erneut sozusagen der Boden unter den Füßen weicht, da Israel seiner Herrschaft müde ist und sich einen anderen zum König erwählt hat, so daß er wieder in der eiligen Flucht sein Heil suchen muß, wie kaum sonst hell ans Licht: einzig der Herr ist Davids Burg und Schirm. Allein bei dem Herrn steht es, ob David angesichts der ins Übermaß gewachsenen Bedrängnis, Rat- und Hilflosigkeit noch eine Zukunft hat. Ganz und gar dem Herrn muß David es anheimstellen, wie sein Geschick gestaltet und etwa zum Guten gewendet wird.[17]

---

[16] Vgl. Hertzberg, a.a.O. S. 280.

[17] Im Anhang zum 2. Samuelisbuch ist u. a. (Kap. 22) ein Lied aufgenommen, das sich auch im Psalter als Psalm 18 findet. Dieses Lied, das von maßloser und auswegsloser Bedrängnis sagt, aus der allein die rettende Tat Gottes herausführte, soll allem nach als ein Kommentar zur Geschichte Davids verstanden werden und will ein Hinweis darauf sein, worin das Besondere der Gestalt dieses Königs zu sehen ist. Man vergleiche auch die sog. Davidspsalmen. Der hebr. Ausdruck „le-David" in den Überschriften muß nicht die Verfasserschaft Davids bezeichnen, sagt aber auf jeden Fall, daß das Lied „in Beziehung" zu David zu sehen ist, d. h. etwas zeichnet, was für David als den Gesalbten des Herrn wesentlich ist. Sie reden fast alle von den Bedrängnissen, in die der Betende sich gestoßen sieht, in denen ihm allein die Hoffnung auf des Herrn Erbarmen bleibt und aus denen einzig der Arm des Herrn retten kann oder gerettet hat. Diese Lieder sind so wie Ps. 18 = 2. Sam. 22 Zeugnisse davon, wie die Gemeinde Gottes ihren und ihres Gesalbten Weg zu sehen hat, und zugleich Hinweise auf das Geheimnis des Gesalbten, wie es in David erstmals beispielhaft angedeutet und in der Person und im Weg Jesu endgültig und in Wahrheit erschienen ist.

Die neue Flucht, zu der sich David angesichts der Meldung über die Vorgänge in Hebron genötigt sieht, ist, wie gesagt, im Unterschied von den Jahren seiner Flucht vor Sauls Nachstellungen nur eine kurze Episode. Es währt nur Stunden oder Tage, bis er sich im Ostjordanland wieder im Besitz einer Macht sieht, die ihm erlaubt, den Aufstand Absaloms niederzuwerfen und den Thron wieder einzunehmen. Immerhin wußte David nicht von Anfang an, daß Absaloms Unternehmen ihm nicht das gleiche Elend auferlegen wird, das ihm einst durch Sauls Haß bereitet worden war. Absalom ist der König Israels. Er ist es nicht nur durch einen Handstreich. Israel hat sich gegen David und für Absalom entschieden und diesen zu seinem König gemacht. In seiner Unterredung mit dem philistäischen Söldnerführer Itthai trägt David dem neugeschaffenen Tatbestand Rechnung und spricht von Absalom als „dem König" (15, 19). Dasselbe läßt sich aus den Worten erkennen, mit denen er Husai an den Hof Absaloms gehen und sich dem neuen König anbieten heißt (15, 34). Die Lage ist für David zunächst ähnlich wie damals, als er vor Saul fliehen mußte. Der andere ist im vollen Besitz der königlichen Macht. David ist jetzt, wie einst Saul gegenüber, der gänzlich Entmächtigte. Nur ist der Sturz diesmal viel gewaltiger. Saul hatte David seines Hofamtes und seines militärischen Postens entsetzt. Der Umsturz unter Absalom wirft David von der Höhe des Herrschers über ein Großreich in das Elend eines Mannes, der nicht weiß, was ihm noch an Getreuen verbleibt und wo er Zuflucht finden soll.

Über die ganze Schwierigkeit seiner Lage gibt sich David keiner Täuschung hin. Vor Itthai gibt er sich als einen Mann zu erkennen, der „gehen muß, wohin er eben geht", d. h. der zunächst nicht von ferne weiß, wie sich sein Geschick weiterhin gestalten wird (15, 20). Vor den beiden Priestern erwägt er in allem Ernst die Möglichkeit, daß Gott der Herr sich wider ihn entschieden und ihm sein Wohlgefallen für immer entzogen hat (15, 26). Und die Kunde vom Übergang seines Ratgebers Ahitophel auf die Gegenseite (15, 31) sagt David mehr als klar, was die Stunde für ihn geschlagen hat: die Gefahr, die ihm von diesem Mann und seiner Politik droht, kann einzig noch durch das Dazwischentreten Gottes von seinem Haupte abgewendet werden.

Die Erzählung von Davids Flucht vor Absalom beginnt und schließt je mit einer Szene, die Davids Notlage in ihrem ganzen Ausmaß sichtbar werden läßt. Dort der jähe, eilige Aufbruch des Hofes, bei dem die Kunde von den Geschehnissen in Hebron wie eine Bombe eingeschlagen hat (15, 13 f.), weil man völlig ahnungslos gewesen war; hier die schimpfliche Demütigung, die der entthronte König sich auf seinem ganzen Fußmarsch durch die Wüste von Simei, einem Verwandten Sauls, gefallen lassen muß (16, 5 ff.). Die Szenen zeigen je auf ihre Weise, wie David ganz und gar auf den Nullpunkt geführt und in die Tiefe gestürzt ist. Verwirrung und hastiger Aufbruch in Jerusalem – das ist der Anfang; ermattete Ankunft am Jordan, wo der gehetzte Haufe der Flüchtenden nach den körperlichen Anstrengungen des Eilmarsches durch die wasserlosen und unwirtlichen Berge der Wüste Juda und nach den seelischen Qualen durch Simeis Fluchsprüche vorübergehend wieder Ruhe findet – das ist der Schluß. Wie eine Klammer umschließt dieser deprimierende Anfang und Schluß eine Reihe von Begebenheiten, deren jede, für sich genommen, für David eine glückhafte Überraschung darstellt und ganz dazu angetan sein könnte, dem tödlich gefährdeten und verlassenen König wieder Mut zu machen und zu zeigen, daß er keineswegs *nur* der Verlassene ist. Womit David nach der Regierungsübernahme durch Absalom keineswegs rechnen konnte, geschieht: Schritt um Schritt stoßen Gruppen und Männer zu ihm, welche die Revolution nicht anerkennen, sondern dem Gestürzten die Treue halten. So erscheint Itthai aus Gath mit seiner 600 Köpfe zählenden Truppe von philistäischen Söldnern und reiht sich trotz der von David vorgebrachten Warnung der königlichen Truppe ein (15, 18 ff.). Es erscheinen die Priester des Heiligtums, das durch David in Jerusalem errichtet worden war, und bringen die Lade, das altheilige Zeichen des Bundes und der Gegenwart Gottes, mit; bereit, mit dem Entthronten ins Elend zu ziehen und ihm auf ihre Weise zu bezeugen, daß der Herr auch da mit ihm ist (15, 24 ff.). Auf der Höhe des Ölbergs, im Angesicht der Stadt, in die kurz darauf schon Absalom einzieht, erzeigt Husai David mit allen Gebärden des Schmerzes und der Bestürzung seine Freundestreue (15, 32 ff.); nach Davids Worten und Plan (V. 33 f.) zu schließen, ist er bereits einer von den Alten, der für die Fliehenden eine Belastung wäre, aber mit seiner Erfahrung ihnen an Absaloms Hof gute Dienste tun kann. Und endlich – schon auf dem Weg in die Wüstenlandschaft – bringt Meribbaals Haushofmeister Ziba 2 Eselslasten Lebensmittel herbei, die er samt den Tieren David und seinem Gefolge zur Verfügung stellt (16, 1 ff.).

Die Erzählung macht bei jeder dieser Begegnungen das Überraschende dieser für David glückhaften und verheißungsvollen Begebenheiten deutlich. Jedesmal beginnt der Urtext die neue Szene mit „hinneh" = siehe da! – womit die hebr. Sprache das Plötzliche und Unerwartete eines Geschehens zum Ausdruck bringt. Es wird an der Erzählung auch deutlich, wie David alle diese Begegnungen als beglückende Wohltaten auf seinem herben Weg ins Elend empfand. Jedenfalls ist bemerkenswert, wie seine ihm von jeher eigene Umsicht und Klugheit sich an diesen glückhaften Ereignissen entzündet, wie sie seinem Geist in aller Ratlosigkeit Auftrieb geben, weitschauende Pläne zu entwerfen und Gegenminen gegen Absalom zu legen, mit Hilfe deren er – vielleicht! – doch wieder das Heft in die Hand bekommen könnte. So läßt er sich, wenn auch nach einigem Widerstreben, den Zuzug der Philistertruppe gern gefallen (15, 22). So bittet er die beiden Priester, mit der Lade nach Jerusalem zurückzukehren und dort am Hof Absaloms für ihn Augen und Ohren offen zu halten, ja, wenn es die Umstände erlauben, ihm durch die Priestersöhne Ahimaaz und Jonathan für sein weiteres Verhalten wichtige Nachrichten zu geben (15, 27f.). So bittet er Husai, den Parteigänger des neuen Königs zu spielen und, wo immer möglich, die gefährlichen Ratschläge Ahitophels am Hof Absaloms unschädlich zu machen bzw. in ihr Gegenteil zu verkehren (15, 34). Und so verfügt er, obwohl des Thrones entsetzt doch ganz der König, der gültige Entscheidungen treffen kann, daß fortan der ganze, einst an Meribbaal zurückgegebene Landbesitz Sauls Ziba gehören soll und Meribbaal zur Strafe für seine angebliche Verräterei (vgl. die Erklärung zu V. 3 und zu 19, 25ff.) ein Habenichts wie ehedem sein muß (16, 4). Davids Geist ist wieder wach. Seine Fähigkeit, auch in den schlimmsten Lagen den Kopf oben zu behalten, erweist sich Schritt für Schritt. Und doch – alle *seine* Pläne, dem abrollenden Schicksal Schach zu bieten und Absaloms Unternehmungen abzufangen, sind zunächst nur *Pläne*, nur *Möglichkeiten* zu einer glückhaften Wendung. Sie stehen unter dem Vorzeichen „Vielleicht". Und daneben stehen die Worte, mit denen David immer wieder sich und anderen seine Lage schonungslos und illusionslos vor Augen führt (15, 20. 26. 33; 16, 10). Sie stehen unter dem Vorbehalt, den David – jetzt in vollem Ernst der auf Gott Angewiesene und wahrhaft vor dem Herrn Glaubende – ohne Rückhalt macht: „Ich bin bereit. Der Herr tue mir, wie es in seinen Augen gut ist" (15, 26)! So sind ja auch alle diese für David günstigen Begegnungen mit Itthai, den Priestern, Husai und Ziba wie durch eine Klammer umschlossen von jener ersten Szene der Ratlosigkeit und Verlassenheit beim Aufbruch von der Stadt und jener letzten Szene der tiefen Demütigung durch das – im Namen des Herrn! – gesprochene Fluchen Simeis auf dem ganzen Weg bis zur Ankunft am Jordan. Davids klare Erkenntnis seiner Lage und jene beiden Szenen am Anfang und Ende des ganzen Geschehens können keinen Zweifel daran lassen, wie vollkommen undurchsichtig zunächst alles für David ist und wie allein der Herr in diesem Dunkel für David den von ihm geplanten Weg sieht und weiß.

Wie gefährlich das Unternehmen Absaloms für David war, läßt sich an dessen sofortiger Entscheidung erkennen. Er unterläßt jeden Versuch, sich auf dem Thron zu behaupten oder sich in der Stadt zu verteidigen. Hat doch nicht eben nur der Kronprinz sich in einer augenblicklichen Laune die Krone aufs Haupt gesetzt. Israel, seit Jahren der Herrschaft Davids überdrüssig und seit Jahren entsprechend bearbeitet und vorbereitet, hat Absalom an seines Vaters Statt zum König gemacht. Dieser hat alle Trümpfe und alle Machtmittel in seiner Hand und zunächst auch das Recht auf seiner Seite. Sofortige Flucht unter Hinterlassung des ganzen königlichen Besitzes, auch des Heiligtums, ist das Gebot der Stunde. Es ist keine Zeit zu verlieren. Sagt es der Text auch nicht sogleich ausdrücklich, so ist doch deutlich zwischen den Zeilen zu lesen, daß Absalom im Eilmarsch gegen Jerusalem heranzieht. In der Tat erfolgt der Einzug Absaloms in die von David geräumte Stadt, kaum daß David am letzten Haus der Stadt seine Getreuen gemustert hat, den Hang des Ölbergs hinaufgegangen und über dessen Kuppe ostwärts in die Wüste eingetreten ist (15, 37).[18]

Daß David auch in diesem Augenblick der Not sich auf seine ihm seit Jahrzehnten persönlich verbundene Söldnertruppe verlassen kann, ist nicht weiter verwunderlich. Immerhin wird ausdrücklich erwähnt, daß sie sich ihm erneut in unbedingter Treue verschreiben und sein Schicksal mit ihm teilen will (15, 18). Sie steht denn auch bei der Musterung, so recht des Königs Garde, um ihn geschart, als David feststellen will, wer jetzt im allgemeinen Abfall noch zu ihm hält. Die aus fremden Söldnern gebildete Truppe der „Krether und Plether" unter Führung Benajas (8, 18) erweist sich – auch dies wohl begreif-

---

[18] Auch die Wahl des Fluchtweges durch David zeigt, wie gefährlich seine Lage war. An Judäa im Süden hat David keinen Rückhalt. Vermutlich (vgl. 19, 12) waren auch die Judäer abtrünnig geworden; auf jeden Fall aber hatte Absalom die Gegend in der Gewalt. Nach Norden auszuweichen, machen der Stamm Benjamin und die Nordstämme Israels unmöglich. Im Westen wohnten die mit Gewalt unterjochten Philister; ihr Gebiet konnte keineswegs eine geeignete Zufluchtsstätte für David sein. So blieb denn einzig der Weg durch die Wüste Juda ins Ostjordanland.

lich – als David treu ergeben. Überraschend für ihn ist jedoch, daß Itthai mit seinen 600 Söldnern aus Gath und deren Familien sich auch jetzt auf seine Seite schlägt. Aus Davids Worten (15, 19f.) läßt sich entnehmen, daß Itthai sich mit seiner Truppe kurz zuvor dem Herrscher des Großreichs zum Dienst verpflichtet hatte.[19] Vertragsgemäß könnte er jetzt mit Fug und Recht dem neuen Inhaber des Throns Dienst leisten; er ist keineswegs weiterhin David verpflichtet. Itthai macht von dem Angebot, das übrigens die männliche, königliche und gläubige Haltung Davids in helles Licht setzt, keinen Gebrauch. Er verschreibt sich David rückhaltlos, auf Gedeih und Verderb, mit einem trefflichen Manneswort[20] (15, 21). Ein kleines, aber sprechendes Zeichen für die imponierende Art des königlichen Soldaten David, die offensichtlich Männer vom Schlag Itthais ohne äußeren Zwang an sich band. – Ob denn nicht auch das V. 23a erwähnte laute Weinen „aller Welt" von der Bewegung zu verstehen sein sollte, die bei den Getreuen Davids angesichts dieses seltenen Beispiels von Zuneigung zu ihrem Herrn Platz griff?[21] Außer seiner Truppe nimmt David, abgesehen von 10 seiner Nebenfrauen, seine ganze Familie mit auf die Flucht (15, 16; 16, 2). Nach Absaloms Regierungsübernahme wäre zumindest das Leben seiner Brüder als möglicher Revolutionäre gegen dessen Herrschaft aufs äußerste gefährdet (vgl. Richt. 9, 5; 1. Kön. 2, 13ff.).

Militärisch verfügt denn der flüchtende David über eine nicht unansehnliche Truppe. Aber auch aus dem religiösen Bezirk erhält er ermutigenden Zuzug. David hat dem alten Kriegsheiligtum Israels in seiner Stadt seinen Platz gegeben. Dieses Heiligtum der Lade soll ihn nun auf seiner Flucht als das Zeichen der Gegenwart Gottes begleiten. Zadok und Abjathar bringen die Lade ins Kidrontal, eben in dem Augenblick der Musterung und ehe der Aufstieg zum Ölberg beginnen soll. Sie stellen das heilige Gerät nieder, und vor dem Abmarsch werden Opfer vor demselben dargebracht. Der Gedanke der Priester ist durch-

---

[19] So wie einst (1. Sam. 27, 1ff.) David als Führer einer Söldnertruppe bei dem Philisterkönig Achis von Gath in Dienst getreten war, hatte sich hier umgekehrt ein gathitischer Krieger mit seinem Gefolge zum Dienst des Herrn im Lande verpflichtet. Die Bemerkung n V. 19 von Itthais Verbannung aus Gath kann von freiwilliger Selbstverbannung, d. h. Auswanderung (so Gesenius, hebr. und chald. Handwörterbuch 1883, S. 158), oder von einer wirklichen Verbannung, etwa auf Grund seiner zu David neigenden und in Gath als Verrat empfundenen Haltung (Hertzberg, a.a.O. S. 276), verstanden werden.

[20] Das Wort Itthais wird nicht umsonst, weit über seinen eigentlichen Anlaß hinaus, auch da bedacht, wo es sich um die Nachfolge des Jüngers Jesu Christi handelt.

[21] Anders Hertzberg, a.a.O. S. 277, der dabei an die in Jerusalem zurückbleibende Bevölkerung denkt.

sichtig. Die Lade zog mit den Scharen Israels, als das Volk noch nicht ansässig war. Unter diesem Geleit wußte sich Israel als die Heerschar, mit der Gott seinen, den heiligen Krieg führt, um seinen Namen auf Erden und sein Recht, auf Erden der Herrscher zu sein, kundzumachen. Geht nun die Lade mit Davids Truppe und Haus, so ist dieser Zug, mag er auch äußerlich ins Elend gehen und in der äußersten Bedrängnis geschehen, als ein Krieg, in dem der Herr Anführer ist, ausgewiesen. David schickt jedoch die Priester mit der Lade[22] zur Stadt zurück. Er ist nicht dem verkehrten Glauben verfallen, der nach 1. Sam. 4, 3ff. einst den Israeliten zum Verhängnis geworden war, als ließe sich durch das Mitführen der Bundeslade der Herr *zwingen*, die menschliche Sache zu der seinigen zu machen. Vielmehr weiß David in wahrhaftigem Glauben, daß die Ordnung seines Weges und seiner persönlichen Zukunft einzig bei dem Herrn steht (15, 25f.). Gott kann ihn für seine Person verwerfen, so wie er Saul verworfen hat. Gott kann ihn freilich auch wieder nach Jerusalem und auf den Thron zurückführen. Dann wird er die Lade und ihre Stätte wiederum sehen. Hier wird deutlich, daß David wohl mit der Möglichkeit seiner Verwerfung rechnet, gleichzeitig aber die Zusage Gottes als unverbrüchlich festhält, daß er Israel und damit auch Davids Geschlecht einen beständigen Raum verschafft habe. Beides ein Zeugnis echten Glaubens in David, der an Gottes Wort nicht zweifelt, deshalb die Lade an ihrem ein für allemal bestimmten Platz wissen will, und der auch nicht meint, aus Gottes Wort für sich selbst irgendwelche Begünstigung ableiten zu können. Ist auch Davids Lebenswerk durch Absaloms Staatsstreich in Frage gestellt, so soll deshalb nicht in Frage gestellt sein, daß Jerusalem, die Wohnung des Hauses Davids, auch der Ort ist, da Gottes Bundeszeichen, Name und Ehre wohnt.

Der so gläubig auf Gottes Wort Bauende und auf den Herrn Gerichtete ist allerdings zugleich der klarschauende Politiker. Absalom wird sich an den Priestern nicht vergreifen. Es wird ihm alles daran liegen, daß auch seine Herrschaft dadurch ihr Gewicht bekommt, daß Jerusalem die Stadt der Lade und des Heiligtums ist. Sind aber die beiden Priester, wie David jetzt weiß, innerlich auf seiner Seite, so werden sie ihm, der ja über Absaloms nächste Maßnahmen völlig im unklaren und deshalb in seinen eigenen Plänen gebunden ist, entscheidend zur

[22] Soweit man dem etwas undurchsichtigen Wortlaut entnehmen kann, wäre Zadok als der Hüter der Lade anzusehen, während Abjathar als der eigentliche Hohepriester die Darbringung des Opfers vollzieht.

Hilfe werden mit jeder Nachricht, die sie durch ihre Söhne[23] an ihn leiten werden.

Der Heerhaufe Davids steigt sodann den Hang des Ölbergs hinauf. Am König ist nichts Königliches mehr. Barfuß, verhüllten Hauptes und unter Weinen, wie ein Büßender schreitet er inmitten seines Gefolges einher, das auch seinerseits durch das Verhüllen des Hauptes und durch Wehklagen seinem Schmerz Ausdruck gibt (15, 30). Hat David durch sein Beispiel dem flüchtenden Zuge dieses Kennzeichen einer Bußfahrt gegeben, so kommt darin wiederum zum Ausdruck, wie völlig er in den für ihn schmerzlichen und demütigenden Ereignissen die Hand des Herrn sieht. Gewiß hat Israel ihn verworfen und sein eigener Sohn ihn vom Thron gestoßen. Aber David bleibt nicht bei den im Vordergrund stehenden, sichtbaren menschlichen Mitspielern des Geschehens stehen, sondern weiß sich von Gott auf die Flucht gewiesen und aller Königswürde beraubt. Er weiß auch um die von Gott gefügten Zusammenhänge seines jetzigen Elends mit seiner Schuld (12, 10). So beugt er sich denn in diesem Wissen unter seine Schuld und unter die Führung Gottes als der Büßende. Nicht wer hoffärtig sich selbst rechtfertigt, sondern wer bußfertig sich selbst richtet, kann die Hoffnung haben, daß ihn das Erbarmen Gottes auch wieder aus dem Elend führt.

Wie völlig David sich Gott ausgeliefert weiß und ausliefert, zeigt sich an seiner Antwort auf die Nachricht von Ahitophels Übergang ins Lager Absaloms. Für David ist nichts mehr davon zu erwarten, daß Absalom in seiner Unerfahrenheit entscheidende Fehler und Versäumnisse begehen möchte. Einer der hervorragendsten Ratgeber Davids, einer, der David bis ins Innerste kennt, steht dem neuen König zur Seite und wird ihm raten, was David vernichten kann. David weiß nur zu gut, wessen er sich von dem „Rat Ahitophels" zu versehen hat (15, 31). Er hat nichts, aber auch gar nichts in der Hand, um die von Ahitophels Klugheit ihm drohende Gefahr zu bannen. Er kann nur den Einen, der die Weisen in ihrer Klugheit erhascht (1. Kor. 3, 19), bitten. Gott allein kann, wenn er will und David gnädig ist, Ahitophels Weisheit zur Torheit machen und David dennoch retten.[24]

---

[23] Nach 17, 17 kehrten diese nicht mit nach Jerusalem zurück, sondern hielten sich am Brunnen Rogel, ganz in der Nähe des Stadtberges, vorsorglich verborgen, um sogleich bereit zu stehen, David die erwünschten Nachrichten an den Jordan zu überbringen.

[24] In diesem Gebet leuchtet etwas von dem auf, was danach Paulus als das große Wunder der Gerechtigkeit Gottes rühmt. Gott hat die Weisheit der Menschen, mit der sie ihn zu erkennen meinten und doch nur verkannten, zur Torheit gemacht und hat wiederum beschlossen, durch die „Torheit", die närrische Botschaft vom gekreuzigten Gottessohn, die Glaubenden zu erretten. 1. Kor. 1, 18–25.

Kaum ist dieser Gebetsschrei verklungen – der Zug hatte unterdes die Höhe des Ölbergs erreicht –, tritt Husai vor den König. Er ist von jeher der Freund und Getreue Davids, wie sein Aufzug und seine Gebärden schon rein äußerlich beweisen. Es scheint, als habe Husai seine unverbrüchliche Freundschaft damit erzeigen wollen, daß er David ins Elend folgt. David bittet ihn, davon Abstand zu nehmen, weil er, vermutlich ein alter Mann, damit nur eine Belastung würde. Dagegen erwägt David, ob nicht eben dieser gute Freund eines der Werkzeuge sein möchte, durch die Gott die Weisheit Ahitophels zur Torheit machen könnte. Wenn David Husai das gefährliche Doppelspiel, an Absaloms Hof den Rat des neuen Königs zu mimen und in Wahrheit für die Sache Davids zu arbeiten, vorschlägt, und wenn Husai bereitwillig auf den Vorschlag eingeht, so muß es sich immerhin um einen dem König sehr nahe stehenden Mann, vielleicht einen beamteten Ratgeber ähnlich wie Ahitophel, gehandelt haben. Rasch – man meint fast schon den Heerzug Absaloms sich der Stadt nahen zu hören – orientiert David Husai noch über seine übrigen Parteigänger in Jerusalem, Zadok und Abjathar, und über die Wege, auf denen wichtige Vorgänge an Absaloms Hof ihm zur Kenntnis gebracht werden können. Der tödlich Gefährdete hat die Sache mit Ahitophel völlig in Gottes Hände übergeben – im Gebet. Er hat gleichzeitig, da ihm der befreundete und treu gebliebene Ratgeber in den Weg geschickt wird, seinerseits Ahitophel einen Gegenspieler zugesellt. Man wird nicht sagen dürfen, David habe dem Gebet nachhelfen wollen. Wußte er doch nicht im geringsten, wie Husai bei Absalom ankommen, und wie der feingesponnene Plan hinauslaufen wird. Vielmehr ist Davids Gebet wirkliches, echtes Gebet. Und es bleibt nach wie vor Gottes Sache, ob er es erhören und den Gedanken Davids bejahen will, daß der ihm unversehens und überraschend in den Weg geschickte Husai wirklich ein Werkzeug in der Hand Gottes gegen Ahitophel sei. – Das Gefolge Davids eilt weiter, hinaus in die Wüste. Husai geht den Berg hinab und trifft am Stadttor mit der Truppe Absaloms zusammen. Noch einmal ein Zeichen dafür, wie die hier berichteten Ereignisse sich Schlag auf Schlag gefolgt sind, und wie David nur um Haaresbreite dem Zugriff Absaloms entgangen ist.

Kurz hinter der Ölbergkuppe kommt Ziba dem flüchtenden Zug entgegen. Was er an Lebensmitteln bei sich hat, bedeutet nur eine kleine Hilfe angesichts des großen Gefolges Davids. Doch zeugt die Gabe davon, daß Ziba sich wirklich in die Lage des so jählings auf die

Flucht Getriebenen hineindachte. Wer weiß, ob bei dem hastigen Aufbruch in Jerusalem an alles unterwegs Nötige gedacht wurde? Zur königlichen Familie gehören Frauen und Kinder. Manche davon werden den Strapazen der Wüstenwanderung nicht gewachsen sein. Hier sind 2 Reittiere. Die Männer brauchen Nahrung, und auf dem Weg durch die wasserlose Wüste könnte mancher erschöpft liegenbleiben; hier sind Brote, Früchte, frische und getrocknete, und ein Schlauch voll Weins. Zibas Geschenk reicht nicht zur Verköstigung der großen Schar und nicht für längere Zeit. Aber für den ersten Augenblick und für den beschwerlichen Zug durch das wilde Wüstengebirge bedeutet es doch eine spürbare Hilfe. So entgegenkommend Zibas Verhalten gegenüber David ist, so fragwürdig ist sein Verhalten gegenüber seinem Herrn. Er bezichtigt ihn vor David der Verräterei an seinem Wohltäter. Die Deutung, die Ziba dem Verbleiben Meribbaals in Jerusalem gibt, ist offenkundig seine eigene Erfindung.[25] Denn wie könnte Meribbaal im Ernst aus der Regierungsübernahme durch Absalom für sich den Wiedergewinn des saulidischen Königtums erwarten? Ist Absalom König über Israel, so kann der Saulsnachkomme nicht ebenfalls auf den Thron kommen. Seltsamerweise durchschaut David das hinterhältige Vorgehen des Haushofmeisters nicht. In der Erbitterung über die vermeintliche Verräterei Meribbaals, der ihm doch nichts als Dank schuldig wäre, nimmt er kurzerhand seine Verfügung von Kap. 9, 7 ff. zurück und belehnt Ziba mit dem früheren Landbesitz Sauls. Besteht die Deutung eines heimtückischen Vorgehens Zibas zu Recht, dann erhebt sich auch bei seiner David erwiesenen Freundlichkeit die Frage, ob sie wirklich uneigennützig und nicht vielmehr wohl berechnet war, um Davids augenblickliche Situation auszunutzen und den König zu der Verfügung zu veranlassen, die er dann auch wirklich traf. Die ausgesprochene Unterwürfigkeit (16, 4 b), die sich stark von seinem wesentlich zurückhaltenderen Gebaren (9, 3 f.) abhebt, könnte diese Deutung durchaus bestätigen.

Und nun folgt eine letzte Begegnung, diejenige mit Simei, dem Verwandten Sauls, die von ganz andrer Art als die bisherigen Begegnungen ist und das ihre dazu beitrug, daß David und sein Gefolge „ermattet“ am Jordan anlangten. Im hebr. Text hebt wiederum ein „hinneh“ = „siehe da!“ das unerwartete Erscheinen des Mannes hervor. Plötzlich kommt er hervorgeschossen. Aber er bleibt dem Zug

---

[25] Das sucht die Übersetzung: „Er blieb in Jerusalem, denn er sagte sich“, auszudrücken.

des flüchtenden Königs den ganzen, langen Weg durch die Wüste hindurch zur Seite, wie der Text zweimal ausdrücklich hervorhebt (16, 13) – ein unheimlich quälender Begleiter.[26] Simeis Fluchworte über David gründen sich auf die großen Blutverluste, die das Haus Sauls getroffen haben, und die Simei David zur Last legt. Es ist deutlich, daß die erst im Anhang des 2. Samuelisbuches nachgetragenen Geschehnisse (2. Sam. 21) schon längst zurückliegen. Möglicherweise aber sieht Simei den König wie durch den Tod der 7 Söhne Sauls, so auch durch den Untergang des Hauses Sauls überhaupt belastet, wenn er ihn mit den stärksten Ausdrücken als einen Blut- und Unmenschen hinstellt. Jedenfalls deutet er das Unglück, das David jetzt getroffen hat, als Gottes gerechte Strafe für alles Blut, das angeblich durch Davids Schuld im Hause Sauls geflossen ist.

Abisai, einer von den V. 6 erwähnten „Kriegsleuten“, den ganz besonders mit David verbundenen „Gibborim“ (vgl. 23, 18f.), will den fluchenden Mann für immer stumm machen. Wie er einst ohne Bedenken die Ermordung Sauls auf sich genommen hätte (1. Sam. 26, 8), um seinem Herrn David Luft zu schaffen, so ist Abisai auch jetzt wieder bereit, sich vor seinen König zu stellen und ihm den lästigen Quälgeist vom Halse zu schaffen. Ist Simei doch nur „ein toter Hund“ (16, 9), der den Herrn König beleidigt. Der grobe Soldatenausspruch wird darauf hinweisen wollen, daß Simei mit seinem Eintreten für das längst erloschene Haus Sauls selbst zu den Toten gehört.

David wehrt Abisai, Simei zu erschlagen. Er läßt sich die Beleidigung gefallen und will es nicht hindern, daß die Stimme von drüben her, die Beschimpfungen und die Steinwürfe sein Elend vertiefen und seine Seele ermatten. Ist er auch am Tode Sauls und seiner Nachkommen nicht selbst schuldig geworden, so nimmt er doch die Beschimpfung „Blutmensch“ an. Es klebt ja wirklich unschuldiges Blut an seinen Händen.[27] Gott hat ihm das längst aufgedeckt. So wird auch Gott die Hand im Spiel haben, wenn Simei ihn jetzt mit diesem ehrenrührigen Titel eines Mörders und blutbefleckten Ungeheuers belegt. Mit der

---

[26] Die Landschaft der Wüste Judas ostwärts Jerusalems und des Ölbergs mit ihren vielen schmalen, tief eingesägten Tälern macht es leicht vorstellbar, daß Simei am diesseitigen Berghang gehend, dem Zug Davids am jenseitigen Hange folgte und diesen über die kurze Entfernung mit seinen Fluchsprüchen und mit seinen Steinwürfen erreichen konnte.

[27] An Davids Verhalten läßt sich hier ein geistliches Gesetz ablesen, das einem für die Seelsorge an der eigenen Seele sehr anschaulich machen kann, daß man Schimpf und Scheltwort reichlich verdient hat und sich wohl als Gottes harte Gerechtigkeit gefallen lassen soll, auch wenn das scheltende Wort an der falschen Stelle trifft.

Beugung unter Gottes rechtes Gericht geht bei David allerdings Hand in Hand die Erwartung, daß Gott ihm das im Übermaß durch Simeis Fluchen Zugefügte einst durch besondere Erweisung der Güte wieder erstatte. Simei belastet David mit Blutschulden, die er nicht auf sich geladen hat. David beugt sich darunter, hofft jedoch zugleich, daß Gott in seiner Gerechtigkeit das heute zuviel Gelittene und Ertragene durch gnädige Führungen ausgleiche.[28] Wie einst in der Wagenburg Sauls weiß David auch jetzt sein Los und seines Feindes Tun und Schelten in Gottes Hände gestellt und von ihm gefügt (1. Sam. 26, 5ff.). Deshalb kann er jetzt wie damals in Abisais Vorschlag nur einen Versuch sehen, Gott in den Arm zu fallen und ins Werk zu pfuschen. Und davor fürchtet sich nicht nur der David, dem Saul in die Hand gegeben war, sondern auch der König, der im äußersten Elend seinen Weg in die ihm unbekannte Zukunft gehen muß.

David auf Fluchtwegen – ein erregendes Thema. Doppelt, wenn es richtig gesehen ist, daß diese Erzählung einen Höhepunkt des Weges Davids darstellt. Nicht an dem großen König und Beherrscher des Großreichs, sondern an dem ins Leiden Geführten, an dem im Leiden unter eigener und fremder Schuld Bereiten, Gott alles und sich selbst anheimzustellen – tritt das Besondere der Gestalt des Gesalbten David in Erscheinung. Jedenfalls ist es dieser Zug im Bilde Davids, der uns hinüberweist zu dem eigentlichen König des Volkes Gottes, zu *dem* Gesalbten, dem Christus *Jesus*. Er ist – jedenfalls zunächst – nicht als der Herrscher in Glanz und Herrlichkeit erschienen. Er hat nicht das Bild des großen Königs von 2. Sam. 5 und 8 in seiner Person wiederholt. Vielmehr hat er sich dazu hergegeben, in der Gestalt eines Knechtes zu gehen, niedrig zu sein, keine Stätte zu haben, da er sein Haupt hinlegen kann, die fremde Schuld zu der seinigen zu machen und an ihr nicht allein zu leiden, sondern auch zu sterben. So allerdings ist er von Gott erhöht und dazu ersehen, daß sich alle Kniee vor ihm beugen und er der wahre König „des Großreiches Gottes" im Himmel und auf Erden und unter der Erde ist (Phil. 2, 6–11).

---

[28] Nur, wer selber frei ist von solchem Rechnen mit Gott nach den Maßen des Ausgleichs, soll den ersten Stein auf David werfen und ihn als noch in Bann „alttestamentlichen" Denkens gefangen sehen. Es ist allerdings richtig, daß einem *echten* Nachfolger Jesu vor dem Bild des Gekreuzigten alle Gedanken an einen Anspruch auf göttlichen Ausgleich für zu Unrecht empfangenes Leiden endgültig vergehen. Er weiß in echter Christen-Reue, wie groß das Gewicht seiner Sünde ist, und daß keine Schmach, die ihn trifft, das Maß des ihm Zustehenden übersteigen kann.

3. Die Geschehnisse in Jerusalem

2. Sam. 16, 15–17, 23:

(15) Absalom aber und alles Kriegsvolk, die Männer Israels, waren in Jerusalem angelangt – Ahitophel in seinem Gefolge. (16) Und es begab sich, als der Arkiter Husai, Davids Vertrauter, zu Absalom hineinging, da rief Husai Absalom zu: „Es lebe der König! Es lebe der König!" (17) Absalom sprach zu Husai: „Das ist deine Liebe zu deinem Freunde? Warum bist du nicht mit deinem Freund gegangen?" (18) Da gab Husai Absalom zur Antwort: „Keineswegs! Denn welchen der Herr erwählt hat und dieses (Kriegs)volk und alle Männer Israels, des will ich eigen sein, und bei ihm will ich bleiben. (19) Und zum anderen: Wem sonst sollte ein Mann wie ich dienen? Muß das nicht vor seinem Sohn geschehen? Wie ich vor deinem Vater gedient habe, so will ich's nun vor dir halten."

(20) Absalom sprach zu Ahitophel: „Gebt Rat! Was sollen wir unternehmen?" (21) Ahitophel gab Absalom zur Antwort: „Geh zu den Nebenfrauen deines Vaters ein, die er zurückgelassen hat, das Haus zu behüten. Vernimmt dann ganz Israel, daß du dich bei deinem Vater unmöglich gemacht hast, werden alle, die auf deiner Seite sind, starke Hände bekommen." (22) So errichtete man für Absalom das (Braut)zelt auf dem Dach, und Absalom ging vor den Augen ganz Israels zu den Nebenfrauen seines Vaters ein. (23) Und Ahitophels Rat, so oft er zu jener Zeit ihn gab, war so, wie wenn man Gott um Bescheid fragte. Soviel galt jeder Ratschlag Ahitophels – sowohl bei David, als auch bei Absalom.

(17, 1) Ahitophel sprach zu Absalom: „Ich möchte mir[1] gern 12000 Mann aussuchen, aufbrechen und noch heute Nacht hinter David herjagen (2) und über ihn kommen, da er ermattet ist und seine Hände nicht rühren kann; wenn ich ihn in Schrecken jage, wird alles (Kriegs)-volk bei ihm die Flucht ergreifen, und ich kann den König allein erschlagen. (3) So will ich alles Volk zu dir zurückführen, wie eine Braut zu ihrem Mann heimkommt. Trachtest du doch nur einem einzigen Mann nach dem Leben, das ganze Volk aber soll unangetastet bleiben."[2] (4) Und der Plan hatte Hand und Fuß nach dem Urteil Absaloms und aller Ältesten Israels.

(5) Doch sprach Absalom: „Rufe doch auch Husai, den Arkiter, daß wir erfahren, was auch er dazu sagt." (6) Als Husai zu Absalom hineinging, sprach Absalom zu ihm: „So und so hat sich Ahitophel geäußert. Sollen wir seinen Plan ausführen oder nicht?[3] Sage an!" (7) Da sagte Husai zu Absalom: „Verkehrt ist der Rat, den Ahitophel dieses Mal gab."

---

[1] Mit LXX eingefügt.

[2] Der Satz folgt von „wie eine Braut . . ." an LXX, da der hebr. Text keinen klaren Sinn gibt.

[3] So nach dem Vorschlag des textkritischen Apparats der Biblia Hebraica.

(8) „Und“ – fuhr Husai fort – „du kennst deinen Vater und seine Männer. Sie sind erprobte Kriegshelden und grimmen Mutes wie eine Bärin auf dem Felde, der man die Jungen geraubt hat. Und dein Vater ist ein kriegserfahrener Mann und wird seine Krieger niemals zur Nacht ruhen lassen. (9) Man sieht es ja geradezu vor sich, wie er sich jetzt in irgendeinem dieser vielen Löcher oder sonst irgendeinem Platz verborgen hat; geschieht es, daß er schon am Anfang über das (Kriegs)volk[4] herfällt, und man hört dann: ‚Das Volk, das Absalom nachfolgt, hat eine Niederlage getroffen‘, (10) so wird auch der, welcher ein tapferer Held ist, welcher einen löwengleichen Mut hat, gänzlich verzagt werden. Weiß doch ganz Israel, daß dein Vater kriegserprobt ist und kriegserfahren die, welche er bei sich hat. (11) Vielmehr rate ich meinerseits: Man sammle das ganze Israel von Dan bis Beerseba um dich, so zahlreich wie der Sand am Meer; und du mußt persönlich mit in den Kampf gehen. (12) Kommen wir so über ihn an irgendeinem Ort, wo immer er zu finden ist, dann sind wir's, die über ihm sind, so wie der Tau auf den Erdboden fällt, und nichts bleibt übrig von ihm und all den Männern seines Gefolges – auch nicht einer. (13) Und wenn er seine Macht in eine Stadt zusammenzieht, dann muß ganz Israel Seile an diese Stadt legen, und wir schleifen alles zu Tal, daß daselbst kein Steinchen mehr zu finden ist.“ (14) Da sprach Absalom und alle Männer Israels: „Treffender ist der Rat Husais, des Arkiters, als Ahitophels Rat.“ Der Herr aber hatte verfügt, Ahitophels richtigen Rat zu vereiteln, damit der Herr das Unheil über Absalom brächte.

(15) Da sprach Husai zu Zadok und Abjathar, den Priestern: „So und so hat Ahitophel Absalom und die Ältesten Israels beraten, und so und so habe ich dagegen geraten. (16) Nun schickt eilends hin und meldet David: ‚Verbring ja nicht die Nacht in der Steppen-Niederung,[5] setze ja noch gleich über! Sonst ist dem König und allem Volk, das er bei sich hat, die Vernichtung gewiß.‘“ (17) Und Jonathan und Ahimaaz standen am Brunnen Rogel bereit, und eine Magd[6] ging hin und brachte ihnen die Meldung, daß sie wiederum hingingen und dem König David Meldung brächten. Denn die beiden konnten sich in der Stadt nicht selbst blicken lassen. (18) Jedoch erspähte sie ein junger Mensch und meldete das Absalom. – Die beiden eilten weg und gelangten zum Haus eines Mannes in Bachurim, der eine Zisterne in seinem Hof hatte; in die stiegen sie hinunter. (19) Die Frau aber holte eine Decke her und breitete sie über den Brunnenrand und verteilte zerstoßene Getreidekörner darauf, so daß nichts zu merken war. (20) Als nun Absaloms Knechte zu der Frau ins Haus kamen und fragten: „Wo sind Ahimaaz und Jonathan?“ – da antwortete ihnen die Frau: „Sie sind über das Wasserbächlein gegangen.“ Sie begaben sich auf die Suche,

---

[4] So mit LXX.

[5] Gemeint ist die, abgesehen von der Jericho-Oase, völlig unfruchtbare Landschaft des Jordangrabens.

[6] Im hebr. Text drückt der bestimmte Artikel aus, daß für die Übermittlung der Botschaft aus der Stadt eine gewisse Dienerin ausgewählt worden war.

fanden sie aber nicht; da kehrten sie nach Jerusalem zurück. (21) Kaum waren sie hinweggegangen, da stiegen jene aus dem Brunnen herauf und liefen, um dem König David Meldung zu machen. Und sie sagten David an: „Auf, setzt eilends über den Fluß, denn so und so hat Ahitophel eurethalben geraten!“ (22) Da brach David auf mit all dem Volk, das er bei sich hatte, und sie setzten über den Jordan; bis der Morgen anbrach, fehlte auch nicht einer mehr, der nicht den Jordan überschritten hätte. (23) Ahitophel aber, als er inne ward, daß sein Rat nicht durchgeführt wurde, sattelte seinen Esel, brach auf und begab sich nach Hause in seine Stadt. Er bestellte sein Haus und erhängte sich. So starb er und wurde in der Grabstätte seines Vaters begraben.

Deutlich kreist dieser ganze Abschnitt um die Gestalt des Ahitophel. Als einziger aus Absaloms Gefolge wird er gleich bei dessen Einzug in Jerusalem mit Namen erwähnt (16, 15). Und nachher tritt Zug um Zug heraus, wie dieser an Geist und Scharfsinn allen anderen überlegene Mann die eigentliche Seele des Aufstandes gegen David ist. Absalom, wohl der Kopf desselben und durch Israels Entscheidung nunmehr rechtmäßiger König geworden, ist völlig auf Ahitophel angewiesen und sozusagen dessen Werkzeug. Im ersten Kronrat, der in dem drängenden Durcheinander der Besetzung Jerusalems und der Regierungsübernahme stattfindet, ist es unter den Männern seines Hofes einzig Ahitophel, dessen Rat der junge König zunächst hören will (16, 20). Kap. 16 schließt sodann mit einem Satz, der im Rückblick auf die ganze Zeit, während der Ahitophel als königlicher Ratgeber im Amte war – erst am Hofe Davids, nunmehr im Dienste Absaloms –, die hervorragenden Fähigkeiten dieses einen Mannes kennzeichnet. Ein nachdrücklicher Vergleich macht sichtbar, welch großer Wert während seiner ganzen Wirksamkeit seinen Ratschlägen beigemessen wurde – auch von seiten Davids, dem ja wahrlich selbst ein nicht geringes Maß von Genialität und Scharfsinn in politischen und militärischen Dingen eigen war. Über einen einzuschlagenden Weg war man, wenn man Ahitophels Rat einholte, ebenso sicher, wie wenn man durch das Losorakel bei Gott Gewißheit gesucht hätte (vgl. 1. Sam. 22, 15; 23, 2. 9ff.; 28, 6; 2. Sam. 2, 1; 5, 19. 23). Wie Gottes Wort, so galt den Zeitgenossen Ahitophels Rat als unfehlbar. Dieser aufschlußreiche Satz blickt zunächst zurück auf Ahitophels erste Beratung Absaloms, vor den Augen der Stadt den von David zurückgelassenen Teil des königlichen Harems in Besitz zu nehmen (16, 21 f.), und zeigt damit, daß dieser Rat – so gewiß er dem göttlichen Recht und dem menschlichen Empfinden ins Gesicht schlägt (vgl. 3. Mose 18, 8;

5. Mose 27, 20) – menschlich gesehen für das Gelingen der Unternehmung Absaloms und für die Sicherung seiner Herrschaft der einzig richtige und Erfolg versprechende war. Gleichzeitig gilt aber der Satz auch für den sogleich 17, 1ff. berichteten Vorschlag Ahitophels, der, wäre er durchgeführt worden, mit aller Wahrscheinlichkeit die sichere Vernichtung Davids bedeutet hätte. Dieser Rat leuchtet denn auch dem Kronrat ein (17, 4), und der Erzähler selbst steht nicht an, ihn als den in der augenblicklichen Lage *richtigen* Rat zu bezeichnen (17, 14). An diesem zweiten Rat wird, wenn nicht alles trügt, überdies auch offenbar, daß Ahitophel selbst um seine entscheidende Bedeutung wie um Absaloms militärische Unerfahrenheit weiß. Sieht er doch den guten Ausgang des ganzen Thronwechsels damit gegeben, daß er selbst an der Spitze einer ausgesuchten Truppe David noch in derselben Nacht überfällt, den König von seinen Kriegern trennt und ihn, den Gefährlichsten auf der Gegenseite, erledigt. Absalom soll indes zu Hause bleiben und warten, bis er am nächsten Morgen alles in Ordnung gebracht und ihm die bisherigen Parteigänger Davids zugeführt hat, so daß das Land ohne jeden weiteren Bürgerkrieg in der Zeitspanne von ein oder zwei Tagen befriedet ist.

Und wieder erscheint die Gestalt Ahitophels ganz am Ende des Abschnitts. Wortlos verläßt er die Stadt Jerusalem, als er sieht, daß sein Rat nicht durchgeführt wird. Der Lotse verläßt das Schiff, weil er weiß, daß es auf falschem Kurs ist, und überläßt es seinem Schicksal. Allerdings geht Ahitophel seiner Wege, nicht um sich aus dem für seine Sicht unabwendbaren Untergang der Sache Absaloms herauszuhalten. Er begibt sich in seine Heimatstadt, bringt seine persönlichen Dinge in Ordnung und – gibt sich selbst den Tod. *Die Sache* ist verloren, die er mit seinem Rat zum Erfolg hatte führen wollen. So gibt er *sich selbst* mit ihr verloren. Das findet in beidem seinen Ausdruck: daß er aus freien Stücken in den Tod geht, und daß er den Strang nimmt.[7]

Von diesem Ende und der Selbstverurteilung Ahitophels her fällt denn auch ein neues Licht auf die ganze Rolle, die er seit dem Über-

---

[7] Der Selbstmord ist im Bereich des A.T. schon an sich eine „unmögliche Möglichkeit“ und in den ganz wenigen Fällen, die wir kennen, das Zeichen, daß der betreffende Mensch in völliger Nacht der Gelöstheit von Gott angelangt ist; vgl. Bd. 11[I], S. 250f. Weiter mag die Erinnerung an biblische Erzählungen dienlich sein, nach denen das Erhängen die Strafe für den Feind Gottes ist, der sich seiner Herrschaft, wenn auch unwissend, widersetzt; vgl. Jos. 8, 29. Überdies bezeugt die 5. Mose 21, 22f. aufbewahrte, uralte Rechtsregel, daß ein Gehenkter sichtbarlich den Fluch Gottes auf sich liegen hat, weshalb Leichname Erhängter im Lande, in dem Gottes Recht und Herrschaft gilt, vor Anbruch der Nacht wieder abgenommen werden müssen.

wechseln von David zu dem Usurpator spielt, sowie auf die Ratschläge, mit denen er seinem neuen Herrn die eben errungene Herrschaft zu sichern sucht. Was Absalom – freilich ahnungslos über die wahre Sachlage – Husai höhnisch vorwirft, daß er seine Liebe zu seinem Freund seltsam bewähre, wenn er dem zuläuft, der jetzt die Macht in Händen hat (16, 17) – das hat Ahitophel ausgeführt. Der Ratsherr Davids hat seinen Herrn verraten und, wenn wir auch seine Beweggründe nicht kennen, seine großen Fähigkeiten dazu hergegeben, den von Gott Erwählten zu vernichten.[8]

Der erste Rat, mit dem Ahitophel Absalom veranlaßte, sich vor ganz Israel als den rechtmäßigen Nachfolger seines Vaters dadurch zu erweisen, daß er sich dessen Frauen aneignet, hält sich zunächst ganz im Rahmen des zu jener Zeit Üblichen.[9] Doch weiß Ahitophel nicht nur um das Gewicht dieses Vorgehens, das eine Art Staatsakt ist, jedermann das unverbrüchliche Ende der Herrschaft Davids anzeigt und so die Parteigänger des neuen Königs diesem um so fester verbinden muß. Vielmehr weiß er ebenso klar um die menschliche Ungeheuerlichkeit dieses „Staatsakts", der, weil hier der Sohn zu den Frauen seines Vaters eingeht, zugleich „Staatsverbrechen" ist, eine zum Himmel schreiende Blutschande, durch die Gottes Recht und Bund mit Füßen getreten wird. Ahitophel rät dem König damit eine Tat an, die ihn vor seinem Vater „stinkend machen" muß, wie es in der Lutherübersetzung drastisch heißt.

Ein infernalischer Rat also! Menschlich gesehen wohl überaus geschickt, wirkungsvoll und klug, aber vor Gott und im Volke Gottes dennoch eine „Torheit". Und ein geradezu diabolischer Ratgeber, der da Absalom zur Seite steht! Er weiß, welches die entscheidenden Schachzüge sind, David matt zu setzen. Aber er wählt hier bewußt den Schritt, den Gott jedem Angehörigen seines Bundesvolkes verboten hat. Wie soll der „Bund" Festigkeit haben, den Absaloms oberster Ratgeber zwischen dem neuen König und Israel für immer festmachen will, wenn diese Festigkeit mit einem Schritt erkauft ist, der den Bruch des Bundes Gottes in sich schließt? So überlegen denn Absalom seinem Vater gegenüber scheint, weil er Ahitophels Klugheit und Rat

---

[8] So hat W. Vischer Grund zu dem an die neutestamentliche Parallele erinnernden Urteil, er sei „der Judas des A.T." (a.a.O. S. 271). Im A.T. wie im N.T. ist denn auch das Ende dessen, der Gottes Gesalbten preisgibt, dasselbe, nämlich die völlige Verzweiflung, die Gottesferne und deshalb das Selbstgericht des Todes durch den Strang.

[9] Nach 12, 8 weiß Nathan wie jedermann, daß auch David im Anfang seiner Regierung diesem Brauch gefolgt ist.

auf seiner Seite hat, so ist er doch von Anfang an verloren, da er den weisen „Toren", d. h. den Gottlosen, der Gott und sein Recht zur Seite wirft, zum Ratgeber haben muß.

Der zweite Rat Ahitophels ist auf den ersten Blick einzig durch die klare Erfassung der militärischen und politischen Notlage Davids diktiert. Ahitophel weiß um die hastige Flucht Davids mit all dem, was sie an Schwächung seiner Tat- und Überlegungskraft im Gefolge hat. Er weiß – doppelt als dessen langjähriger Ratgeber –, daß man dem klugen und wendigen König nur beikommen kann, wenn rasch gehandelt wird, so daß er keine Zeit hat, sich zu sammeln und wirksame Maßnahmen zu seinem Schutze zu treffen. Daher sein Vorschlag, daß er selbst noch in der Nacht den König einholt und, dank der Verwirrung durch einen jähen Überfall in der Dunkelheit, erledigt (17, 2). Der Plan ist gut und muß, menschlich gesprochen, unweigerlich das schmähliche Ende Davids herbeiführen (17, 14). Er ist auch insofern gut, als er die Aussicht auf die Vermeidung eines Krieges von Israeliten gegen Israeliten und, nach dem Tode Davids, auf den selbstverständlichen Übergang seiner Gefolgsleute zu Absalom und auf einen allgemeinen friedlichen Anfang für dessen Herrschaft gibt. Kraftvoll bringt Ahitophel diese für Absalom und jedermann wünschenswerte Wendung der Dinge mit dem Bild von der Braut zum Ausdruck, die dem Bräutigam am Hochzeitstage zugeführt wird. Daß Absalom alle zu Untertanen gewinne, die in Israel wohnen, daß er wirklich die „Hochzeit" mit Israel feiern könne, hat aber die eine Voraussetzung, daß David gewaltsam beseitigt wird. Dazu will Ahitophel in eigener Person sogleich mit einer Truppe abmarschieren, und er findet dafür die begeisterte Zustimmung des Königs und der Ältesten in seiner Umgebung (17, 4). Ein Plan, der einem nur politisch denkenden, d. h. nur von der menschlichen Berechnung des Erfolgs geleiteten Mann alle Ehre macht.[10] Aber auch ein Plan, der außer acht läßt, was David Saul gegenüber nie außer acht ließ (1. Sam. 24, 7; 26, 9; 2. Sam. 1, 14–16). David ist der Gesalbte Gottes. An Gottes Eigentum will Ahitophel die Hand legen; über den Gott allein verfügen darf, den will Absaloms Ratgeber töten. So ist auch hier wiederum in dem militärisch und staatsmännisch glänzenden Plan eine strikte Auflehnung gegen Gott verborgen. Und der politisch kluge Ratgeber Absaloms

---

[10] „Es wäre wohl um David geschehen gewesen, wenn Absalom diesen Rat ausgeführt hätte" (W. Vischer, a.a.O. S. 270f.).

ist in Wahrheit schlecht beraten und berät seinen Herrn zum Unheil, da er über das vor Gott Entscheidende hinweggeht.

Ahitophel ein Ratgeber von großem Format! Aber ein Mann, der seinen Rat ohne Gott und wider Gott findet und gibt. Und der Herr macht denn auch diesen Rat zunichte, bis dem diabolischen Ratgeber nichts anderes mehr bleibt als das fürchterliche Ende im selbsterwählten Tod am Strick. Das Werkzeug, das Gott gebraucht, den Rat Ahitophels zu vereiteln und statt Davids Untergang seine Rettung herbeizuführen, ist jener Alte, den David selbst an Absaloms Hof beordert hat. Husai spielt, was Ahitophel in Wirklichkeit getan hat. Er geht nach Davids Weisung zu Absalom und bietet ihm seine Dienste an, knapp nachdem dieser in Jerusalem eingetroffen ist. Husai wird recht schroff angelassen. Sein Huldigungsspruch, mit dem er bei Absalom erscheint, kann diesen nicht ohne weiteres betören. Er kennt Husai als den Freund Davids und gibt ihm mit höhnischen Worten zu bedenken, wo jetzt der Platz für den Freund und bewährten Berater des Gestürzten wäre. In seiner mehr als verhängnisvollen Lage – so der Hohn Absaloms – könnte David wohl Freunde brauchen, die ihm, dem Ratlosen, mit Rat zu Hilfe kämen. Husai läßt sich nicht abweisen. Er trägt diesen Hohn und diese Schmach – für den gefährdeten Herrn auf seiner Flucht. Auch damit ein wirklicher Freund und wahrer Ratbeschaffer! Und er spielt, auch er ein Meister der Politik und der Menschenbehandlung und nicht geringeren Formats als Ahitophel, den Mann, der den Tatsachen Rechnung trägt. Er stellt zunächst fest, daß in Israels Staatsleben ein Neues geschaffen wurde. Absalom ist jetzt der rechtmäßige Herrscher. Alles, was die Autorität eines Königs in Gottes Volk ausmacht,[11] ist bei Absaloms Erhebung zum König geschehen: der Herr hat ihn erwählt,[12] die Ältesten und ganz Israel haben der göttlichen Wahl zugestimmt. Ist denn nicht mehr David, sondern dessen Sohn der rechtmäßige König über Israel, so ist damit gegeben, daß der „Freund des Königs", der dem König verpflichtete Beamte, seinem Dienst nachkommt. Er gehört von Amts wegen an den Hof und nicht an die Seite des gestürzten Königs. Er tut vor dem König Dienst, wie einst vor David, solang dieser König war, so jetzt

[11] Vgl. Alt, a.a.O. Bd. II, S. 23.

[12] Bei der sehr gedrängten Darstellung der Vorgänge in Hebron (15, 10) ist allerdings die religiöse Zeremonie einer Einholung des göttlichen Spruchs über Absalom nicht erwähnt. Doch ist sie aus dem religiösen Charakter der ganzen Feierlichkeit bei Absaloms Krönung zu erschließen, was hier durch Husais Worte bestätigt würde.

vor seinem Sohn, da Israel ihn an seines Vaters Statt zum König machte. Diese Begründung ist für Absalom durchschlagend, da ihm ihr wahrer Hintergrund nicht durchsichtig ist. Husai sagt wohl, daß Absalom der rechtmäßige Herrscher ist. In Wahrheit gesteht er aber Absalom die „Krone" nicht zu und dürfte er ihm wohl auch nicht zugestanden haben, daß *der Herr* ihn erwählt hat. Für Husai ist – damit unterscheidet er sich im tiefsten von seinem Gegenspieler Ahitophel – *David* der vom Herrn Erwählte und Gesalbte. Deshalb steht er nur zum Schein Absalom zu Diensten; in Wirklichkeit will er der Sache Davids dienen.

Die Gelegenheit dazu erhält er sogleich, als Ahitophel im Rat der Ältesten Absalom die sofortige Verfolgung Davids vorgeschlagen und die Zustimmung der anderen bekommen hat. Husai war bei dieser Beratung nicht zugegen gewesen. Doch wird er auf Absaloms Wunsch noch nachträglich zugezogen (17, 5). Der König möchte nicht handeln, ehe er zuvor auch die Ansicht des anderen Alten gehört hat, der Davids Freund gewesen war, der jetzt die Partei gewechselt hat und der als ein mit David besonders Vertrauter ein gewichtiges Wort darüber zu sagen haben wird, wie man dem vom Thron Gestürzten sicher den Garaus machen kann. So wird Husai herbeigeholt, bekommt mitgeteilt, was Ahitophel als die zunächst zu ergreifende Maßnahme geraten hat und was schon so gut wie beschlossen ist. Er soll sein Urteil abgeben, ob der geplante Weg Erfolg verspricht oder nicht.

Die Lage ist für Husai äußerst schwierig, viel schwieriger als bei seiner ersten Begegnung mit Absalom. Dort mußte er lediglich das Mißtrauen des jungen Königs überwinden. Er hat dies mit einem knappen, sachlichen Wort zuwege gebracht. Jetzt dagegen sieht sich Husai vor der Aufgabe, den so eindeutig richtigen Vorschlag Ahitophels durch einen Rat zu ersetzen, der sicherer zur Vernichtung Davids zu führen scheint und doch Davids Rettung und Absaloms Untergang in die Wege leitet. Von Husai ist damit ein sowohl politisches als auch psychologisches Meisterstück verlangt. Er kann sich dazu nicht mehr wie 16, 18f. der nüchternen Sachlichkeit, die mit den schlichten Tatsachen rechnet, bedienen. Denn eben das, was Ahitophel riet, ist von solch nüchterner Sachlichkeit geprägt und trägt den Tatsachen Rechnung. Das weiß Husai, und so muß er die Tatsachen auf den Kopf stellen, ein wahres Phantasiegebäude errichten und ihm den Charakter größter Tatsachennähe geben. Mit staunenswerter Meisterschaft der Täuschung und der Beredsamkeit entledigt sich Davids heimlicher

Helfer dieser Aufgabe. Er stellt die Tatsachen auf den Kopf. Von dem Ratlosen, der David zunächst wirklich ist, malt er mit eindrücklich farbigen Worten ein Bild äußerster Wachsamkeit und letzter Entschlossenheit, die den von Ahitophel geplanten nächtlichen Überfall geradezu zu einer Katastrophe mit unausdenklichen Folgen für den Anfang der Herrschaft Absaloms werden lassen müßten (17, 8f.). Er mischt dabei Phantasie und Wahrheit. Wahr ist, daß David ein wendiger und fähiger Krieger ist und schon oft schwierigste Lagen gemeistert hat; wahr ist auch, daß mit seinen Kriegern nicht zu spaßen ist. Phantasie dagegen ist, daß David sich jetzt in der Nacht gleich einem gereizten Bären irgendwo auf die Lauer gelegt hat, um seine Verfolger übel zu empfangen und mit blutigen Köpfen nach Hause zu schicken. Husai weiß, daß der gestürzte König in Wirklichkeit in dieser Nacht auf der Flucht und wie äußerlich verwundbar, so auch innerlich zutiefst verwundet und ratlos ist, und daß er, um eigene Entschlüsse zu fassen, Zeit braucht und einer Nachricht über Absaloms Pläne bedarf (15, 28. 35f.). Um die Blößen seines aus Wahrheit und Phantasie gemischten Gedankengebäudes zu verdecken, entwickelt er eine Beredsamkeit, die mit kräftigen Bildern die Gemüter der Zuhörer fesselt. Eindrücklich ist das Bild von der ihrer Jungen beraubten Bärin, das Bild des zu allem entschlossenen, gefährlich in einem Hinterhalt versteckten David und das Bild von der sicher zu erwartenden Katastrophe in Israel, wenn eine Niederlage der Truppen Absaloms bekannt würde; müßte sie doch sogar dem an Mut dem Löwen Gleichen jeden Mut nehmen, für Absaloms Sache weiter Gutes zu hoffen. – Damit ist von Husai begründet, warum er Ahitophels Rat „dieses Mal" für verkehrt erklären muß (17, 7). Er tritt nun auch seinerseits mit einem Vorschlag hervor (17, 11–13). Dessen Ziel ist, David Zeit zu verschaffen und eine sofortige Verfolgung von ihm abzuwenden. Er muß aber den Anschein erwecken, daß er noch viel gewisser Davids tatsächliche Vernichtung und Absaloms umfassenden Sieg gewährleiste. Auch dabei muß die bilderreiche Beredsamkeit ersetzen, was dem Rat an Gründung in den Tatsachen mangelt. Erst müßte nach ihm der ganze Heerbann von Israel und Juda („von Dan bis Beerseba" ist die geläufige anschauliche Kennzeichnung für die Bewohner aller israelitischen und judäischen Stammesgebiete) aufgeboten werden. Mit dem Bild vom Sand am Meeresufer erweckt er vor dem jungen König die Vorstellung der Macht, über die dieser gebietet und verfügen kann. Dieses Riesenaufgebot wird David zur gegebenen

Stunde das Ende bereiten; das Bild vom Tau, der am Morgen das Erdreich bedeckt, soll vor Absalom und seine Ratgeber die Vorstellung des unwiderstehlich alles Zudeckenden zaubern. Findet Israels Heer David aber in einer festen Stadt, so wird es – und damit steigert Husai seine Beredsamkeit völlig ins Pathetische und Phantastische – mit Stricken die Mauern und Häuser ins Tal schleifen. Es ist ein „Meisterstück orientalischer Beredsamkeit", was Husai im Rat der Ältesten zu bedenken gibt – so Hertzberg[13]. Besonderen Wert legt er auch darauf, daß Absalom sich persönlich an der Spitze des Heerbanns ins Feld begeben soll (17, 11). „Ein Appell an die Eitelkeit des Prinzen?"[14] Auf jeden Fall ein Versuch, Absalom mit um so größerer Sicherheit zu verderben, wenn er, der an Kriegskunst David weit Unterlegene, zum Treffen mit seinem Vater ausziehen wird.

Die Rede schlägt ein. Seltsam, da darin doch so offenkundig aufgebauscht und Schaum geschlagen wird, während Ahitophel sich größter Nüchternheit und Sachlichkeit befleißigt hatte. Hertzberg verweist zur Erklärung auf „die im Morgenland häufig zu machende Beobachtung", daß gerade solche Redekunst, wie sie Husai gebraucht, verfängt. In der Erzählung selbst wird die Erklärung damit gegeben, der Herr habe die Anordnung getroffen, daß Ahitophels Rat verworfen und derjenige Husais angenommen wurde (17, 14). Eine der ganz seltenen Stellen im 2. Samuelisbuch, in der ausdrücklich das Walten Gottes erwähnt ist; und darum eine besonders eindrückliche Stelle! Es wird sozusagen der Vorhang zur Seite geschoben, und man sieht: während die Menschen Rat suchen und geben, überlegen und Beschlüsse fassen, Anordnungen treffen und verwerfen, ist der Herr unsichtbar als der allein wahre Ratsherr und König unter ihnen am Werk und trifft seine Entscheidung, für die er die scheinbar so selbstherrlichen Menschen als Werkzeuge gebraucht.

Nach 17, 15 hat es den Anschein, als ob nach Husais Rede nicht sogleich im Rat der Ältesten entschieden wurde, daß nach seinem Rat verfahren werde. Husai hat für David geredet und damit getan, was zunächst in seiner Macht stand. Ob die Entscheidung für seinen oder Ahitophels Rat fällt, weiß er nicht. So läßt er durch die Priester, durch eine dafür vorgesehene Magd (17, 17) und weiter durch die beiden Priestersöhne David ausrichten, daß er ja nicht tue, was Ahitophel

---

[13] A.a.O. S. 284.
[14] Ebenda.

voraussetzt, und was – würde je doch Ahitophels Vorschlag aufgegriffen – seinen sicheren Untergang bedeuten würde. Vielmehr solle er noch in der Nacht über den Jordan setzen und im Ostjordanland Zuflucht suchen (17, 21).

So fein der Nachrichtenweg von Husai zu David erdacht ist – die Botengänger standen außerhalb der Stadt bereit, verborgen am Brunnen Rogel[15]; jene Magd kann kein Verdacht treffen, wenn sie die Stadt verläßt, um an den Brunnen zu gehen – um ein Haar wäre die entscheidende Nachricht doch nicht an den tödlich Gefährdeten gelangt. Ein junger Mensch beobachtete die Priestersöhne und die Magd am Brunnen Rogel und machte Absalom Meldung davon. Offenbar weiß man bei Hofe um die Rolle der beiden. Sofort wird ihre Verfolgung aufgenommen. Allein die List, mit der eine Bauernfrau in Bachurim die Gesuchten in der Zisterne ihres Hofes versteckt und die Verfolger irreführt[16], rettet sie vor Verhaftung und Tod und verschafft David die Nachricht, auf die er wartet (15, 28).

Noch in der Nacht setzt dann der – für alle Fälle gewarnte – König über den Jordan und bringt sich dadurch mit seinem ganzen Gefolge in Sicherheit. Ahitophel, die Gestalt, um die die Darstellung dieses ganzen Abschnitts kreist! – so wurde eingangs gesagt (S. 199). Sein Gegenspieler ist Husai, nicht weniger bedeutungsvoll als jener diabolische Ratgeber. Im Lauf der Auslegung hat sich indes gezeigt, daß sowohl Ahitophel als auch Husai mit all ihrer Klugheit und Verschlagenheit, mit ihrer Sachlichkeit und Beredsamkeit nur Werkzeuge sind. Der Entscheidende ist auch hier – wie denn 17, 14 ausdrücklich anmerkt – Gott, der Herr. Er widersteht der Gottlosigkeit Ahitophels, so menschlich klug und einleuchtend sie ist. Er benützt Husais Freundesdienst für David, so sehr auch Pathos und Phantasterei seine Rede eigentlich jedem Einsichtigen verdächtig machen müßten. Er benützt die Priestersöhne und die List einer Bauernfrau, um David die Nachricht zukommen zu lassen, dank deren er den nächsten Schritt zu seiner Rettung tun kann.

[15] Er lag in der Nähe des Zusammentreffens von Kidron- und Hinnomtal.
[16] Mit beidem erinnert sie an das Tun Rahabs in Jericho (Jos. 2, 4–6).

4. Absaloms Untergang

2. Sam. 17, 24–18, 32:

(24) David war nach Mahanajim gelangt, als Absalom über den Jordan setzte, er selbst und alle Männer Israels mit ihm. (25) Den Amasa aber hatte Absalom an die Stelle Joabs über den Heerbann gesetzt. Amasa aber war der Sohn eines Mannes namens Jithra, des Ismaeliten;[1] der war zu Abigal, der Tochter des Nahas, eingegangen, einer Schwester der Zeruja, der Mutter Joabs. (26) Israel und Absalom hatten ihr Heerlager im Lande Gilead.

(27) Und als David nach Mahanajim kam, da! – Sobi, Sohn des Nahas aus Rabba, das den Ammonitern gehörte, Machir, Sohn des Ammiel aus Lodebar, und Barsillai, der Gileaditer aus Rogelim (brachten) (28) Ruhebetten, Becken, Tongefäße; ferner Weizen, Gerste, Mehl, Röstgetreide, Bohnen, Linsen, Geröstetes, (29) Honig, Butter, Schafe und Kuhkäse – all das schafften sie für David und das Volk, das er bei sich hatte, zur Verköstigung herbei; denn sie sagten sich: „Die Leute sind hungrig, matt und durstig geworden in der Wüste."

(18, 1) David hielt Musterung über das (Kriegs)volk, das er bei sich hatte, und setzte über sie Befehlshaber von Tausend- und Befehlshaber von Hundertschaften. (2) Dann übergab er das Volk zu einem Drittel Joab, zu einem Drittel Abisai, dem Sohn der Zeruja, Joabs Bruder, und zu einem Drittel Itthai, dem Gathiter. Und der König sprach zu dem Volk: „Ich muß unbedingt auch selbst mit euch ins Feld ziehen." (3) Da sagten die Leute: „Niemals darfst du ausziehen. Denn wenn wir je fliehen müßten, wird man unser nicht weiter achten; und sollte die Hälfte von uns umkommen, über uns wird man sich keine Gedanken machen. Du aber bist wie unser[2] 10000. So ist es das Richtige, wenn du uns von der Stadt her zur Hilfeleistung bereitstehen wirst!" (4) Da sprach der König zu ihnen: „Was in euren Augen richtig erscheint, will ich tun." Und damit trat der König seitlich des Tores, während alles Volk nach Hundert- und Tausendschaften ausmarschierte. (5) Und der König gab Joab, Abisai und Itthai Anweisung: „Verfahrt mir nur ja gelinde mit dem Jungen, mit Absalom!" Und das ganze Volk hörte, wie der König allen Befehlshabern die Sache mit Absalom anbefahl.

(6) So zog das Volk zu Felde, Israel entgegen, und es kam zur Schlacht im Waldgebiet von Ephraim. (7) Und daselbst wurde das (Kriegs)volk Israels von den Knechten Davids geschlagen, so daß es dort an jenem Tage zu einer großen Niederlage kam – 20000 Mann.[3]

[1] So mit einer LXX-Lesart, auch 1. Chron. 2, 17. Der hebr. Text hat dafür „des Israeliten", was eine Selbstverständlichkeit wäre und sich daher als eine spätere Korrektur erweist, die vielleicht eine dunkle Familiengeschichte und einen daraus resultierenden Makel des Führers des Heerbanns der Israeliten verwischen sollte; vgl. Hertzberg, a.a.O. S. 289.

[2] Mit LXX.

[3] Mit LXX.

(8) Und der Kampf breitete sich über das ganze Land dort aus, und der Wald verschlang mehr Leute im Volk, als das Schwert an jenem Tage fraß. (9) Und es traf sich, daß Absalom den Knechten Davids zu Gesicht kam. Absalom ritt nämlich auf einem Maultier, und das Maultier geriet unter das Geäst der (von da an bekannten) großen Terebinthe, und er blieb mit seinem Haupt an der Terebinthe hängen und schwebte zwischen Himmel und Erde, da das Maultier unter ihm weitergerannt war. (10) Das sah einer und meldete es Joab: „Denk dir, ich habe Absalom an der Terebinthe hängen sehen.“ (11) Da sagte Joab zu dem Mann, der ihm die Meldung gemacht hatte: „Was? Du hast's gesehen? Warum hast du ihn nicht an Ort und Stelle niedergeschlagen? Und ich hätte dir 10 Silberstücke und einen Gürtel gegeben!“ (12) Der Mann sagte zu Joab: „Wenn ich auch 1000 Silberstücke auf meinen Händen wägen könnte, würde ich nicht meine Hand nach dem Königssohn ausstrecken; denn vor unseren eigenen Ohren hat dir sowie Abisai und Itthai der König anbefohlen: ‚Habt acht, wer's auch sei, auf den Jungen, auf Absalom!‘ (13) Oder, hätte ich auch an mir selbst Betrug erwiesen – vor dem König bleibt nichts verborgen, und du würdest dann abseits stehen.“ (14) Da sagte Joab: „Ich kann mich nicht so bei dir verweilen“, nahm drei Wurfstöcke in seine Faust und stieß sie Absalom mitten in den Leib, während er noch lebend mitten in der Terebinthe hing.[4] (15) Darauf traten 10 junge Leute, Waffenträger Joabs, herzu und schlugen Absalom tot.

(16) Hierauf stieß Joab in das Horn, so daß das Volk von der Verfolgung Israels abstand und umkehrte; denn Joab hatte dem Volk Einhalt geboten. (17) Absalom aber nahmen sie und warfen ihn im Wald in eine große Grube, und darüber errichteten sie einen mächtigen Steinhaufen. Ganz Israel aber war geflohen – ein jeder in sein Zelt. (18) Absalom aber hatte zu seinen Lebzeiten das Mal, das im Königstal steht, nehmen und für sich errichten lassen, denn er sagte: „Ich habe keinen Sohn, damit meines Namens gedacht werde.“ Er benannte das Mal nach seinem Namen, und man nennt es „Absaloms Hand“ bis zum heutigen Tage.

(19) Ahimaaz aber, der Sohn Zadoks, sagte: „Ich möchte gern laufen und dem König die gute Botschaft bringen, daß der Herr ihm Recht verschafft hat gegenüber seinen Feinden.“ (20) Joab gab ihm zur Antwort: „Nein, ein Mann der guten Botschaft bist du heute nicht. Du magst gute Botschaft bringen an einem anderen Tag; heute aber wirst du nicht gute Botschaft bringen. Denn der Grund ist: Der Königssohn ist tot.“ (21) Und Joab sprach zu dem Kuschiten:[5] „Lauf, melde dem König, was du gesehen hast!“ Und der Kuschit warf sich vor Joab nieder und lief weg. (22) Aber Ahimaaz, der Sohn Zadoks, fing noch

[4] Wörtlich müßte übersetzt werden: „ins Herz“. Da das hebr. Wort für Herz („leb“) jedoch sogleich auch von dem für Absalom verhängnisvollen Baum gebraucht ist, ist es richtiger, „leb“ beidemal übertragen als Bezeichnung der Mitte, dort des Körpers, hier des Baumes zu fassen; dies, zumal der Stoß Joabs Absalom nicht getötet hat, vgl. V. 15.
[5] Das heißt ein Mann aus Kusch; es handelte sich also um einen afrikanischen Sklaven.

einmal an und sagte zu Joab: „Es komme, was da wolle, ich möchte auch gerne laufen, hinter dem Kuschiten her.“ Joab antwortete: „Warum nur willst du laufen, mein Sohn? Es ist keine gute Botschaft, die etwas einbringt!“ (23) Er sprach:[6] „Komme, was will! Ich laufe doch.“ Darauf jener: „So lauf denn!“ Und Ahimaaz lief den Weg über die Jordanaue, so daß er den Kuschiten überholte.

(24) David weilte gerade zwischen den beiden Toren. Als sich nun der Späher zum Dach des Tores begab, zur Mauer hin, und seine Augen in die Ferne richtete, da sah er: Da! Ein Mann kommt gelaufen – allein. (25) Der Späher erhob seine Stimme und gab dem König Meldung davon. Da sagte der König: „Ist er allein, so hat er eine gute Botschaft auszurichten.“ Der aber eilte und eilte und kam näher. (26) Da sah der Späher einen anderen Mann laufen. Und der Späher rief zum Tor hin: „Da! Noch einer, der allein gelaufen kommt!“ Der König sagte: „Auch das ist einer mit guter Botschaft!“ (27) Der Späher sagte: „Soviel ich sehen kann, läuft der erste so, wie nur Ahimaaz, der Sohn Zadoks, läuft.“ Der König sprach: “Das ist ein trefflicher Mann. Und mit guter Botschaft wird er kommen.“ (28) Da rief Ahimaaz dem König zu: „Heil!“ – und warf sich vor dem König auf sein Angesicht nieder und sprach: „Gepriesen sei der Herr, dein Gott, der die Männer, welche ihre Hand gegen meinen Herrn König erhoben haben, dahingegeben hat!“ (29) Der König sprach: „Heil ist doch wohl der Junge, Absalom?“ Ahimaaz sagte: „Ich sah das große Getümmel, als der Knecht des Königs Joab deinen Knecht wegsandte. So weiß ich nicht, was geschah.“ (30) Da sprach der König: „Tritt beiseit und stell dich daher!“ So trat er zur Seite und blieb da stehen. (31) Da kam auch gerade der Kuschit. Und der Kuschit sprach: „Mein Herr König lasse sich gute Botschaft sagen! Denn der Herr hat dir heute Recht verschafft gegenüber allen, die gegen dich aufgestanden sind.“ (32) Da fragte der König den Kuschiten: „Ist der Junge, Absalom, heil?“ Der Kuschit gab zur Antwort: „Wie dem Jungen möge es den Feinden meines Herrn König ergehen und allen, die sich wider dich zum Bösen erhoben haben!“

Dieser Bericht über den Zusammenbruch der Aufstandsbewegung Absaloms und dessen Untergang ist sehr eigenartig. Die Angaben über die Vorbereitungen zum entscheidenden Treffen und über das Geschehen in der Schlacht selbst sind auffallend knapp. Doch erfährt man alles, was zu einem einigermaßen anschaulichen Bild der Vorgänge nötig ist – so zunächst von der Aufstellung der gegnerischen Lager und Truppenverbände (17, 24 ff.). David hat sich mit seinen Söldnerkontingenten (vgl. 15, 18 ff.) in der befestigten Stadt Mahanajim festgesetzt.[7]

---

[6] Des deutlichen Sinnes wegen mit LXX eingefügt.

[7] Die Stadt liegt etwas nördlich des Jabbokflusses, der von Rabba-Ammon her in großem Bogen zum Jordan fließt.

Absalom hat mit dem israelitischen Heerbann, den er unter die Führung des Amasa, eines Verwandten Joabs und auch Davids, gestellt hatte, den Jordan überschritten und „im Lande Gilead", also der Landschaft nördlich des Jabbok-Unterlaufs, sein Lager aufgeschlagen. Aus den von David unterworfenen und ihm persönlich unterstellten Gebieten des Ostjordanlandes (vgl. 8, 12; 12, 29 f.), sowie den nördlich des Jabbok gelegenen israelitischen Landen[8] empfängt David entscheidende Hilfe. Gewichtige Grundbesitzer, so der Ammoniter Sobi,[9] und wieder die Israeliten Machir[10] und Barsillai erscheinen in Mahanajim bei David – der Text bringt in seiner Weise das Überraschende des Vorgangs zum Ausdruck, was auch unsere Übersetzung wiederzugeben versucht. Sie führen große Traglasten von Lebensmitteln und Gütern für den täglichen Gebrauch mit sich. Dadurch wird der König instand gesetzt, seine Leute mit allem Nötigen zu versorgen, ohne es gewaltsam von den Bewohnern des Landes nehmen zu müssen. Die Erzählung, sonst in diesem Bericht oft so knapp im Stil, zählt hier geradezu liebevoll in allen Einzelheiten auf, was die drei Mächtigen aus ihrem Besitz als Proviant und Ausstattung für Davids Gefolge heranschaffen ließen. Sie malt damit auf ihre Weise ein anschauliches Bild von der freudigen Überraschung bei der Umgebung Davids, wie da Traglast um Traglast abgeladen, Ballen um Ballen aufgebunden wurde, und wie die zunächst aller Mittel baren Männer mit ihren Familien vor den ausgebreiteten Schätzen standen. Die Hilfeleistung der drei ostjordanischen Großen ist ein Zeugnis wahren Einfühlungsvermögens und echter Freundlichkeit, wie sich aus der kleinen Bemerkung V. 29 b ergibt: „Sie sagten sich: Die Leute sind hungrig, matt und durstig geworden in der Wüste."

Ebenso knapp wird sodann berichtet, wie David in Mahanajim seine Söldnerscharen mustert, ordnet und neu einteilt (18, 1 ff.). Die Tausend- und Hundertschaften bekommen ihre Offiziere, und die gesamte Truppe wird in drei Treffen gegliedert, über die Joab, Abisai und

[8] Gilead, nach Jos. 17, 1 ff. seit langem Wohnsitz manassitischer Geschlechter, und das sogleich 18, 6 erwähnte „Waldgebiet Ephraims", ist ein Stück des ostjordanischen Kolonisationsgebietes der im Westjordanland ansässigen Ephraimiten; vgl. Jos. 17, 14 ff.

[9] Er ist der Bruder des von David geschlagenen ehemaligen Ammoniterkönigs Hanun (10, 1 ff.) und zeigt mit seinem Verhalten, daß es unter den führenden Ammonitern durchaus auch solche Männer gab, die Davids Großreichspolitik für richtig hielten und sich gerne dem großen König unterstellten.

[10] Bei Machir hatte nach 9, 4 einst der Saulsnachkomme Meribbaal Zuflucht gefunden, bis er von David wieder zu Ehren gebracht wurde. Es ist durchaus denkbar, daß diese von David bewiesene Großmut den einstigen Anhänger des Hauses Saul zu Davids Parteigänger gemacht hat.

Itthai den Oberbefehl übernehmen.[11] Nach seiner früheren Gewohnheit (vgl. 5, 17ff.; 12, 28ff.) denkt David zunächst daran, selbst die Truppen gegen Absaloms Heer zu führen und sein militärisches Können bei der Entscheidungsschlacht in die Wagschale zu werfen. Er steht erst davon ab, als ihm die Truppen zu bedenken geben, daß bei der bevorstehenden Entscheidung alles an der Erhaltung seiner Person liegt. Die Worte der Krieger (V. 3) lassen erkennen, daß sie sich über die Gefährlichkeit des bevorstehenden Treffens keiner Täuschung hingeben. Sie rechnen mit der Möglichkeit ihrer Niederlage und halten es im Blick darauf für wünschenswert und notwendig, daß der König für den Notfall noch mit einer Reservetruppe im Hintergrund steht, um das Schlimmste zu verhüten. Aus all dem ergibt sich nebenbei, daß David im Ostjordanland keine weiteren Truppen aushob, um seine Macht zu verstärken. Vielmehr schien es ihm eher Erfolg zu versprechen, wenn er sich nur auf seine in vielen Kämpfen erprobten und ihm treu ergebenen Söldner verläßt und mit ihnen den Kampf wagt. Ist diese Truppe auch an Zahl klein und dem großen Aufgebot auf der Seite Absaloms weit unterlegen, so bietet sie doch mit ihrer Schlagkraft und Kriegstüchtigkeit die Gewähr eines Sieges über den wohl zahlreicheren, aber schwerfälligen und viel weniger kampfgeübten Heerbann Israels, den Absalom ins Feld führt.

Die Schlacht selbst wird mit nur 2 kurzen Versen (V. 7f.) geschildert. Man erfährt, daß aus Absaloms Heer 20000 Mann den Tod fanden. Der Gedanke Davids, dem Heerbann Israels nur mit seiner kleinen Söldnertruppe entgegenzutreten, hat sich denn als richtig erwiesen. Die katastrophale und offenbar sehr rasch erfolgte Niederlage des Heeres Absaloms wird aber nicht einzig durch die überlegene Kriegskunst der Truppen Davids herbeigeführt. Auch das Gelände, in dem die Schlacht geschlagen wurde, hat das Seine dazu beigetragen. Der Wald ist für viele der auf seiten Absaloms Umgekommenen das Grab geworden. Ja, der Text sagt, daß der Wald mehr Leute verschlang als das Schwert der Leute Davids.[12] Der Kampf wird abgeblasen, sobald das Haupt des Aufstandes den Tod gefunden hat. Joab befiehlt seinen

---

[11] Es fällt auf, daß der 8, 18 als Führer der Krether und Plether genannte Benaja hier, wie auch 15, 18 nicht genannt ist.

[12] Das „Waldland Ephraim" darf man sich nicht als einen Hochwald vorstellen, vielmehr als ein von Felsen übersätes Dickicht von Buschgesträuch und Bäumen, wie man es noch heute in der Gegend nördlich des Jabbok vorfindet.

Truppen, die Verfolgung einzustellen und die Feindseligkeiten zu beendigen (18, 16). Ihn beherrscht derselbe Gedanke wie vorher Ahitophel, nur freilich in umgekehrter Richtung. Es ist genug, wenn der entscheidende Mann nicht mehr lebt (vgl. 17, 2f.). Damit ist der Aufstand zusammengebrochen, und es gibt keinen Grund mehr, das Morden fortzusetzen. Je rascher der Bürgerkrieg zu Ende ist, desto sicherer ist Gewähr geboten, daß David das Volk wieder auf seine Seite bekommt.

So sehr sich die Erzählung bei der Darstellung der entscheidenden militärischen Vorgänge äußerster Kürze befleißigt, so breit wird sie bei der Schilderung der Szenen, in denen es um die Person und das Leben Absaloms geht. Davon ist zunächst die Rede bei dem Ausmarsch der Truppen Davids zur Schlacht. Der König, der am Torweg den Vorbeimarsch seiner Krieger abnimmt, welche die Entscheidung darüber herbeiführen sollen, wer fortan der König im Land sein wird, hat nur den einen Gedanken, daß „dem Jungen, dem Absalom" kein Leid geschieht. Den drei Befehlshabern bindet er die Schonung seines Lebens aufs Herz, und das so, daß jeder einzelne Krieger es hören muß und darüber Bescheid weiß, wie die ganze Liebe des Vaters Absalom gehört (18, 5. 12). Seltsam, möchte man sagen, wo doch eben Absalom den Aufstand jahrelang vorbereitet und angezettelt hat, wo doch einzig dieser Mann das komplizierte Gebilde des Reiches bis auf den Grund erschüttert und gefährdet und zudem noch als Sohn seinen Vater ins Herz getroffen und gedemütigt hat wie sonst keiner. Als Staatsmann und Soldat muß auch David wissen, was Joab wußte (18, 14ff.): daß an der Erledigung Absaloms und daß an dem Kopf dieses einen Menschen alles gelegen ist, soll das Reich wieder befriedet und die Gefahr für die Herrschaft Davids gebannt werden. Aber David ist eben auch Vater, und wer will mit dem Herzen eines Vaters rechten, das allen anderen Erwägungen und auch allen Staatsnotwendigkeiten zum Trotz das eigene Fleisch und Blut mehr liebt als sich selbst? Überdies, wer will heute noch sagen, welche Hoffnungen der König David auf diesen äußerlich so glänzenden und gewinnenden Absalom als Kronprinz gesetzt hat, mag er sich auch noch so sehr an ihm, dem Vater und König, und an seinem Lebenswerk, dem Reich, verschuldet haben? David hat durch Nathan Gottes Beschluß vernommen, seinem Haus für Israels Wohl dauernden Bestand zu geben (Kap. 7). Wer weiß, ob er sich nach Amnons Tod einen Besseren und Geeigneteren unter seinen Söhnen denken konnte, der als der Nächste nach ihm Träger dieser einzigartigen Verheißung Gottes sein konnte, als eben „den Jungen, Absalom"?

Dieses Wort, in dem Davids ganze Liebe zu dem aufrührerischen Sohn und Kronprinzen lebendigen Ausdruck findet, erscheint wiederum in dem Gespräch zwischen Joab und dem Krieger (18, 9ff.). Dieser Mann hat das Verhängnis mit angesehen, das Absalom betroffen hat. Auf eiliger Flucht im Waldgestrüpp ist er, auf seinem Maultier reitend, mit dem Kopf in einer Terebinthe hängengeblieben. Das Tier ist unter ihm weggerast; der Königssohn hängt wehrlos im Geäst und kann sich nicht befreien.[13] Der Krieger, der seine Entdeckung Joab meldet, wird vom Befehlshaber barsch angefahren, warum er dem Aufrührer nicht den Tod gegeben habe; ein reicher Lohn wäre ihm dafür sicher gewesen. Der Krieger bedankt sich mit starken Worten für solchen Lohn. Wäre der Geldeswert auch hundertmal größer, in Wahrheit wäre sein Lohn ja nur des Königs Zorn und ein schmählicher Tod; ein Lohn also, mit dem er sich nur selbst betrogen hätte (18, 12f.). Der König würde doch auf jeden Fall erfahren, daß Hand „an den Jungen" gelegt worden ist,[14] entgegen seinem ausdrücklichen Befehl; er würde kurzen Prozeß mit dem Mörder machen, und „der Herr Oberbefehlshaber" seinerseits würde „von nichts wissen wollen" und seine Hände in Unschuld waschen (18, 13).[15] Für den Krieger hat nicht die günstige Gelegenheit Gewicht, nicht die Meinung Joabs, nicht die Aussicht auf klingenden Lohn, sondern einzig das Wort und der Wille Davids. Jeder, der in die Schlacht zog, hat das letzte Wort des Kriegsherrn deutlich gehört: An seinen „Jungen", den Kronprinzen, darf keiner die Hand legen. Die drei Befehlshaber wurden insonderheit darauf verpflichtet, acht zu geben, daß keiner der Ihren unbedacht oder versehentlich am Tod des Königssohnes schuldig werde. So erinnert der Krieger den Feldhauptmann an die ihm doppelt aufliegende Pflicht, Absalom wenn möglich unversehrt zu seinem Vater zurückzubringen.

---

[13] Unfreiwillig aufgehängt – eine merkwürdige Gemeinschaft des Schicksals, in der er mit seinem diabolischen Ratgeber Ahitophel steht, welcher sich selbst erhängte.

[14] Auch hier wieder, wie bei der weisen Frau aus Thekoa (14, 20), die unter Davids Knechten und Untertanen verbreitete Überzeugung, daß dem Scharfblick des Königs nichts verborgen bleibt und vor seinem Gericht alles an den Tag kommt.

[15] Der offene und sehr kameradschaftliche Ton, in dem der Krieger mit seinem Befehlshaber spricht, zeigt, wie in der Truppe Davids die Zusammengehörigkeit der Söldner stärker war als das Vorgesetzten- und Untergebenenverhältnis. Vgl. wie auch Joab mit David reden konnte (3, 24f.).

Einst hat Joab – wer weiß aus welchen politischen Erwägungen heraus? – eben das als seine Aufgabe gesehen, die Versöhnung zwischen David und Absalom, der des Brudermordes wegen außer Landes hatte gehen müssen, herbeizuführen. Er hatte damals alle Hebel in Bewegung gesetzt, bis David ihn ermächtigt hatte, den Verbannten wieder zurückzuführen (14, 1 ff.). Jetzt aber setzt er sich unbedenklich über Davids eigenen Willen hinweg, bedeutet dem Krieger, er habe lange genug geschwatzt, und er seinerseits habe keine Zeit zu verlieren. Absalom, so geschickt in seine Hand gefallen, muß sofort sterben. So eilt er zu der Terebinthe, die den Königssohn gefangen hält, stößt ihn herab vom Baum und sorgt dafür, daß ihn seine Waffenträger vollends zu Tode bringen. Joabs eigenmächtiges Vorgehen dürfte wie bei 14, 1 ff. von staatsmännischen Überlegungen diktiert sein. Der Bestand des Reiches und die rasche Wiederherstellung des Friedens fordert das Leben Absaloms. Von einer Aussöhnung Absaloms mit David verspricht er sich nichts. So tut er kurzerhand, was der König ausdrücklich untersagt hatte – wieder ganz der Mann, der sich ohne Gewissensbedenken schon manchmal gegen des Königs Willen und Entscheidung zur Wehr gesetzt hat (3, 24 ff.) und der bald darauf im Fall des Amasa wiederum über Davids Willen hinweggehen wird (vgl. 20, 8 ff.).

Doch spielt auch bei Joab das Wort Davids von „dem Jungen, Absalom“ wenig später eine Rolle, als es gilt, dem König in Mahanajim die Botschaft von dem errungenen Sieg über die Aufrührer zuzustellen. Ahimaaz, der eine der beiden Überbringer jener überaus gewichtigen Botschaft Husais (17, 17 ff.), erbittet sich den ehrenvollen Dienst, als Siegesbote zu David zu laufen. Der gegenüber dem Gesamtgeschehen eigentlich recht nebensächliche Vorgang wird wiederum in einer auffallend breit ausgeführten Szene geschildert (18, 19–32!). Ahimaaz sieht in dem Sieg Davids das Eingreifen des Herrn, der das Recht wiederherstellte, welches Absalom und seine Parteigänger gebrochen hatten. So formuliert er selbst die Botschaft, die den König erfreuen soll: „Der Herr hat dir gegenüber deinen Feinden Recht verschafft!“ Wahrlich eine „gute Botschaft“,[16] zumal sie nicht nur einen militärischen Sieg, sondern Gottes Tat, die Sieg gab, zu vermelden hat. Joab widerrät Ahimaaz, diesen Sieg an David zu melden. Der Tod

[16] Für beides, das Hauptwort „die gute Botschaft“ und das Zeitwort „Botschaft bringen“, ist im Hebr. das Wort „besorah“ bzw. „bisser“ gebraucht, das LXX mit euangelion und euangelizein wiedergibt. In der Antike sind Siegesnachrichten so bezeichnet worden. Von da aus bekam auch in der Gemeinde des N.T. die Nachricht vom Sieg der Gerechtigkeit Gottes über der Menschen Sünde die Bezeichnung „Evangelium“.

Absaloms macht aus der Siegesnachricht für David das Gegenteil einer guten Botschaft; ja, wer weiß, bei dem oft jäh ausbrechenden Zorn des Königs (4, 9ff.; 11, 20; 12, 5), ob den Überbringer dieser Botschaft nicht persönlich Schlimmstes erwartet. Einbringen jedenfalls wird sie einem Boten nichts, wie Joab auf die zweite Bitte des Ahimaaz hin deutlich sagt (18, 22). So wird zunächst an des Priestersohnes Stelle ein afrikanischer Sklave, wohl einer der Krieger Davids, abgesandt. Doch kaum ist der losgelaufen, drängt Ahimaaz erneut darauf, Siegesbote zu sein. Und trotz wiederholter und sehr viel deutlicherer Warnung Joabs vor den möglichen Folgen, die er zu gewärtigen habe, eilt er dahin. Er wählt den weiteren Weg, der zunächst in die Jordanaue hinunterführt, der aber schnelleres Laufen ermöglicht. So überholt er den Afrikaner aus Kusch und wird als erster vom Späher auf dem Turm der Stadtmauer von Mahanajim entdeckt.

David, durch den Späher über den dahereilenden Läufer in Kenntnis gesetzt, weiß, daß ihm Sieg gemeldet wird. Würde ihm Schlimmes zu melden sein, wäre eine Niederlage erlitten worden, müßten ja viele Flüchtende kommen. Der zweite Meldegänger, der allein gelaufen kommt, bestärkt Davids Zuversicht. Als dann der Späher gar in dem ersten, der sich der Stadt nähert, den für seine Läuferkunst offensichtlich bekannten Ahimaaz erkennt, ist David vollends überzeugt, er werde gute Botschaft erhalten. Ahimaaz ist „ein guter Bote"; hat er doch zusammen mit Jonathan zur Rettung des fliehenden Königs nicht wenig beigetragen (17, 17ff.)

Nun treffen die beiden nacheinander beim König ein. „Heil"! (hebr. „schalom") ruft Ahimaaz, noch atemlos vom Laufe. Kaum aber hat er seine Meldung abgegeben, fragt der König, seinen Heilsruf aufnehmend, nach Absalom: „Ist heil (im Hebr. wieder „schalom") der Junge, Absalom?" Ahimaaz, wohl der Warnungen Joabs eingedenk, redet sich geschickt hinaus, er habe im Tumult seines Aufbruchs nichts über Absaloms Geschick erfahren. Der Kuschit, inzwischen eingetroffen, gibt fast wörtlich gleich wie Ahimaaz seine Meldung ab. Und auch ihm stellt der König nur die eine Frage nach „dem Jungen, Absalom". Mit verbrämten und doch dürren Worten sagt der Kuschit die Wahrheit, den Aufrührer habe mit Recht getroffen, was allen gebührt, die ihre Hand gegen den König David zu erheben wagen.

In den Angaben über den äußeren Hergang der Dinge äußerst knapp, wird die Erzählung immer dort breit ausladend, wo von Davids Liebe zu Absalom und von seiner Sorge um dessen bedrohtes Leben die Rede ist. Daran läßt sich erkennen, daß der Erzähler in der Tat hier jene Geschichte zu Wort kommen läßt, die sich mit der *Thronnachfolge Davids* beschäftigt. Diese Absicht der Darstellung erklärt, warum so eingehend von den Hoffnungen, die David auf Absaloms Erhaltung setzt, und von der grausamen Enttäuschung dieser Hoffnungen geredet wird, während sich die Darstellung im übrigen auf das Nötigste beschränkt. Viermal wird im Lauf der Erzählung Davids Wort von „dem Jungen, Absalom" wiederholt. Seine ganze Liebe gehört ihm. Sein ganzer Stolz ist dieser glänzende Sohn gewesen. Große Hoffnungen hat er mit Absalom verbunden. Der Herr aber hat wider „den Jungen" Davids entschieden. Nicht er, der Brudermörder und jetzt auch Thronräuber, wird Träger der Verheißung über Davids Haus und Israels kommender König sein. Er war dies zwar für kurze Zeit, indem er sich selbst, wenn auch mit Israels Zustimmung, dazu gemacht hat. Doch König über Gottes Volk wird keiner durch eigene Wahl. Bei dem letzten und letztlich allein rechten König über Gottes Volk aus Juden und Heiden, Jesus Christus, wird es sogar so sein, daß er vom Volk verworfen wird (Joh. 19, 15), und daß ihm gerade so, durch die Auferweckung von den Toten und die Erhöhung zu Gott die göttliche Einsetzung zum bleibenden König zuteil wird.

5. Die Rückkehr Davids

2. Sam. 19, 1–44:

(1) Der König erbebte vor Schmerz, ging zum Obergemach des Torbaus hinauf und wehklagte. Und so rief er im Gehen: „Mein Sohn Absalom, mein Sohn, mein Sohn Absalom! Ach, wäre doch ich an deiner Statt gestorben, Absalom, mein Sohn, mein Sohn!" (2) Da meldete man Joab: „Sieh doch, der König vermag nichts als zu weinen und ein Klagegeschrei um Absalom zu erheben." (3) So wurde die Rettung an jenem Tage zu einer Trauer für das ganze Volk; denn das Volk hörte an jenem Tag: „Der König zergrämt sich um seinen Sohn." (4) So stahl sich das (Kriegs)volk an jenem Tag nur noch zur Stadt hinein, wie sich das Volk solcher davonstiehlt, die sich mit Schande bedeckten, da sie in der Schlacht geflohen sind. (5) Der König aber hatte sein Angesicht verhüllt; und es klagte der König mit lauter Stimme: „Mein Sohn Absalom! Absalom, mein Sohn, mein Sohn!"

(6) Da ging Joab zum König ins Haus hinein und sprach: „Beschämt hast du heute alle deine Knechte ins Angesicht hinein, die heute dir

selbst, deinen Söhnen, deinen Töchtern, deinen Frauen und deinen Nebenfrauen das Leben gerettet haben. (7) Liebe gegen deine Hasser, Hassen gegen deine Freunde! Heute hast du's an den Tag kommen lassen, daß dir an Befehlshabern und Kriegern nichts gelegen ist. Ja, ich hab's heute durchschaut, daß, wenn Absalom lebte, und wir alle heute tot lägen, deinen Augen das richtig erschiene. (8) Doch nun, auf, geh hinaus und sprich freundlich mit deinen Knechten! Denn bei dem Herrn schwöre ich's: Gehst du nicht hinaus, dann bleibt nicht einer mehr diese Nacht bei dir, und das wird für dich schlimmer sein als alles Schlimme, das von deiner Jugend an bis jetzt über dich gekommen ist." (9) Da stand der König auf und nahm im Tor Platz. Und man gab allem Volk kund: „Jetzt hat der König im Tor Platz genommen." Da erschien alles Volk vor dem König.

Israel aber war geflohen, einer wie der andere, in ihre Zelte. (10) Und es geschah, daß das ganze Volk in allen Stämmen Israels zu rechten anfing: „Der König hat uns aus der Hand unserer Feinde befreit, er hat uns aus der Hand der Philister errettet, und nun hat er aus dem Land hinaus fliehen müssen vor Absalom. (11) Absalom aber, den wir über uns gesalbt hatten, ist im Kampf gefallen, und nun: Warum macht ihr den Mund nicht auf, den König in sein Haus zurückzuführen? (12) Und dieses Reden des ganzen Israel gelangte zum König. Da sandte der König David zu Zadok und zu Abjathar, den Priestern, mit dem Bescheid: „Redet zu den Ältesten Judas also: ‚Warum wollt ihr die Letzten sein, den König in sein Haus zurückzuführen?[1] (13) Meine Brüder seid ihr, mein Bein und Fleisch seid ihr. Warum wollt ihr die Letzten sein, den König zurückzuholen?' (14) Zu Amasa aber sollt ihr sagen: ‚Bist du nicht mein Bein und Fleisch? Gott tue mir dies und das, wenn du nicht für alle Zeit in meinem Dienst Feldhauptmann sein wirst an Joabs Stelle!'" (15) So neigte er das Herz aller Männer Judas, als wäre es nur ein Mann, daß sie zum König sandten: „Kehr zurück, du sowie all deine Knechte!"

(16) So trat denn der König den Rückmarsch an und gelangte bis zum Jordan. Juda aber war im Gilgal angekommen, dem König entgegenzuziehen und den König über den Jordan zu führen. (17) Und Simei, der Sohn Geras, der Benjaminit aus Bachurim, kam eilig daher und zog mit den Männern Judas hinab dem König David entgegen. (18) Er hatte 1000 Mann aus Benjamin bei sich, sowie Ziba, den Knecht des Hauses Sauls, samt dessen 15 Söhnen und 20 Knechten. Die waren in den Jordan gesprungen, ehe der König da war, (19) und hatten den Übergang gemacht, um das Haus des Königs überzusetzen und zu machen, was in seinen Augen richtig sein würde. Simei aber, der Sohn Geras, fiel vor dem König nieder, als er den Jordan überschreiten wollte, (20) und sagte zum König: „Nicht anrechnen möge mir mein Herr die Schuld, und du wollest nicht dessen gedenken, was dein

---

[1] Gegenüber dem hebr. Text und auch LXX sind in dieser Übersetzung nach dem Vorschlag im text-krit. Apparat der Biblia Hebraica einige Satzteile so umgestellt, daß das Geschehen sinngemäß wiedergegeben ist.

Knecht an dem Tage, an dem mein Herr König aus Jerusalem gezogen ist, Verkehrtes getan hat; der König möge es sich nicht zu Herzen nehmen! (21) Denn dein Knecht hat eingesehen; ‚Ich habe mich versündigt.' Nun bin ich aber auch heute als erster vom ganzen Haus Joseph heruntergekommen, meinem Herrn König entgegen." (22) Da hob Abisai, der Sohn der Zeruja, an und sprach: „Dafür sollte Simei nicht getötet werden, daß er über den Gesalbten des Herrn Fluch sprach?" (23) David aber antwortete: „Was habe ich mit euch zu schaffen, ihr Söhne der Zeruja, daß ihr mir heute zum Satan werden wollt? Heute sollte jemand in Israel getötet werden? Habe ich nicht erfahren, daß ich erst heute König über Israel geworden bin?" (24) Und der König sprach zu Simei: „Du mußt nicht sterben." Der König gelobte es ihm mit einem Eide.

(25) Und Meribbaal, der Nachkomme Sauls, kam herab, dem König entgegen. Und er hatte an seinen Füßen nichts gemacht, hatte an seinen Händen nichts getan,[2] hatte seinen Bart nicht gepflegt und hatte seine Kleider nicht gewaschen von dem Tage an, da der König fortgezogen war, bis zu dem Tage, da er wohlbehalten nach Jerusalem heimkehren würde.[3] (26) Und es begab sich, als er dem König begegnete, da sagte der König zu ihm: „Warum bist du nicht mit mir gegangen, Meribbaal?" (27) Er antwortete: „Mein Herr König, mein Knecht betrog mich. Denn dein Knecht sprach: ‚Ich will mir die Eselsstute satteln lassen, aufsteigen und mit dem König ziehen.' Denn dein Knecht ist doch lahm. (28) Er hat aber deinen Knecht bei meinem Herrn König verleumdet. Aber mein Herr König ist wie der Engel Gottes. So tue, was in deinen Augen richtig ist. (29) Da das ganze Haus meines Ahns nichts als Kinder des Todes waren vor meinem Herrn König, und du deinen Knecht unter die Gäste an deinem Tisch versetzt hast, was gäbe es da noch einen Rechtsanspruch für mich, weiterhin zum König meine Stimme zu erheben?" (30) Da sprach der König zu ihm: „Was hältst du so lange Reden? Ich gebe den Entscheid: Du und Ziba, ihr sollt euch den Landbesitz teilen." (31) Da sprach Meribbaal zum König: „Auch das Ganze mag er nehmen, nachdem mein Herr wohlbehalten nach Hause gekommen ist."

(32) Auch Barsillai, der Gileaditer, war aus Rogelim herabgekommen. Er geleitete den König über den Jordan, um ihn am Jordan zu verabschieden. (33) Barsillai aber war ein sehr alter Mann von über 80 Jahren, und er hatte den König während seines Aufenthalts in Mahanajim versorgt, denn er war ein sehr mächtiger Mann. (34) Und der König sprach zu Barsillai: „Zieh du mit mir hinüber! Ich will dich bei mir in Jerusalem versorgen." (35) Da sagte Barsillai zum König: „Wieviel Zeit mag ich noch zum Leben haben, daß ich mit dem König nach Jerusalem hinaufziehen sollte? (36) 80 Jahre alt bin ich heute. Kann ich da noch Gut und Böse auseinanderkennen? Wird dein Knecht noch schmecken,

[2] Dieser Satzteil nach einer LXX-Lesart.

[3] Aus V. 26 herausgenommen, da dort offensichtlich fehl am Platz. Nach V. 25 fand die Begegnung nicht bei Jerusalem statt.

was ich da essen oder trinken würde? Oder kann ich noch auf die Stimme der Sänger und Sängerinnen hören? Warum soll dein Knecht noch meinem Herrn, dem König, zur Last fallen? Nur ein wenig über den Jordan möchte dein Knecht den König geleiten. Warum will der König mir diese Wohltat zur Vergeltung erweisen? (38) Dein Knecht möge zurückkehren dürfen, daß ich in meiner Stadt sterben kann, beim Grab meines Vaters und meiner Mutter. Doch da steht dein Knecht Chimham, der ziehe mit meinem Herrn König hinüber. Ihm tue, was in deinen Augen richtig erscheint!" (39) Und der König sprach: „Chimham soll mit mir hinüberziehen, und ich will an ihm tun, wie es in deinen Augen richtig erscheint. Und alles, was du dir an Aufwand wünschest, will ich dir erfüllen." (40) So zog denn alles Volk über den Jordan, und auch der König zog dann hinüber. Der König küßte Barsillai und segnete ihn, dann kehrte der in seinen Heimatort zurück. (41) Der König aber zog nach dem Gilgal weiter, und Chimhan[4] zog mit ihm.

Das ganze Volk Juda aber geleitete den König, und ebenso die Hälfte des Volkes Israel. (42) Da traten plötzlich alle die Männer Israels zum König und sagten zum König: „Warum haben unsere Brüder, die Männer Judas, dich weggestohlen und haben den König, haben sein Haus über den Jordan geführt und alle Männer Davids, die er bei sich hatte?" (43) Da gab jedermann in Juda dem Mann aus Israel Antwort: „Weil der König mir nahesteht. Was erhitzest du dich deswegen? Haben wir etwa ein Stück vom König aufgefressen oder haben wir ihn entführt?" (44) Und jedermann in Israel gab dem Mann Judas Antwort und sprach: „Zehn Teile habe ich am König, dazu bin ich der Erstgeborene[5] vor dir. Warum hast du mich zurückgesetzt? Und lag nicht bei mir der erste Gedanke, meinen König zurückzuholen?" Aber die Reden des Mannes Judas waren schärfer als die Reden des Mannes Israels.

Zunächst muß David in die Wirklichkeit, die in Gestalt seiner von siegreichem Kampf heimkehrenden Krieger nach ihm verlangt, zurückkehren. Das Wort des kuschitischen Läufers, dem David entnehmen muß, daß Absalom tot ist, trifft ihn ins Herz. Wankend, als hätte ihn ein furchtbarer Schlag getroffen, erhebt er sich von seinem Platz, zieht sich ins oberste Turmgemach zurück und, schon im Weggehen, wehklagt er um den Toten. Ohne Aufhören geht über seine Lippen nur der eine Klageruf: „Absalom, mein Sohn, mein Sohn!" Man sieht es fast handgreiflich vor sich, wie die beiden Siegesboten samt der Umgebung des Königs betreten und ratlos dastehen. „Absalom, mein Sohn, mein Sohn!" – das ist alles, was ihr Herr zu ihrer Botschaft zu

[4] Offenbar wurde der Name „Chimham" und „Chimhan" ausgesprochen.
[5] So dem Sinn entsprechend mit LXX.

sagen weiß. Sie spricht von gewaltigem Sieg und vom glücklichen Ende des gefährlichen Aufstandes. Sie bedeutet, daß Davids Person und mit ihr das Reich gerettet ist. Doch David sieht nicht den Sieg und sieht nicht die Rettung. Er sieht nur, daß sein Sohn umgekommen ist. Ganz, wie Joab es hatte kommen sehen: „die gute Botschaft" wird dieses Mal keine gute Botschaft sein (18, 20); ja viel schlimmer noch, als Joab es sich gedacht hat: die „gute Botschaft" hat sich für David in eine reine Trauerbotschaft verwandelt und findet ihr Echo nur in des Königs Klageruf um Absalom und in seinem Wunsch, daß doch er an Stelle seines Sohnes gestorben wäre (19, 1). Vergessen ist alles, was er noch einen Tag zuvor auf die fürsorglichen Bedenken seiner Krieger hin selbst eingesehen hatte, daß an der Erhaltung seiner Person alles gelegen sei (18, 3f.). Da dieser Wunsch, er möchte an Absaloms Statt tot sein, David beherrscht, ist es, als wäre in ihm der König vollständig vor dem Vater dahingeschwunden.[6] Vergessen über all seinem persönlichen Schmerz sind beim König auch die Truppen, die vom Schlachtfeld zurückkehren und erwarten durften, daß ihr König sie als die Sieger gebührend empfange und ihnen seinen Dank bezeuge. Als sie ausmarschierten, vielleicht um Davids wegen alles zu verspielen, da stand der König am Tor, ihren Vorbeimarsch abzunehmen. Nun sie zurückkehren, nachdem sie mit ihrem Einsatz David Leben und Krone gerettet hatten, finden sie den Platz leer, an dem der Herrscher stehen müßte. Den über diesen Empfang Verwunderten wird der Bescheid, daß der König über der Trauer um seinen Sohn alles andere vergessen hat. Meisterhaft schildert die Erzählung in wenigen Worten, wie betreten, enttäuscht und verbittert die Krieger durchs Tor ziehen. „Die Rettung", die sie erfochten haben, „wird zu einer Trauer", die sich auch auf ihre Gemüter legt, und „sie stahlen sich nur noch in die Stadt hinein", einer Truppe gleich, die sich vor dem Feind nicht mit Ruhm, sondern mit Schmach bedeckt hat.

Joab holt den König aus dem Gemach, in das er sich mit seinem Schmerz verkrochen hat, an den Platz zurück, an dem er jetzt gefordert ist. Mit harten Worten zeigt er David, wie er sich an seinen Kriegern und ihren Offizieren vergeht und mit seiner Verliebtheit in seinen Schmerz alles auf den Kopf stellt. Sein „Haß gegen seine Freunde",

---

[6] Daß dieser Haltung ihr voller Ernst zugebilligt werden muß, sei – diesmal mit einigen Sätzen von W. Vischer – wiederholt: „Dieser Schrei hat mit Affenliebe nicht das mindeste zu tun. Der Speer, mit dem Joab Absalom durchstochen hat, geht David ins Herz, weil er in das Herz der göttlichen Verheißung des Davidssohnes geht". A.a.O. S. 272.

die ihr Leben für ihn und seine Sache wagten und sein Haus retteten, und seine Liebe zu seinem zum Feinde gewordenen Sohn müsse eine Krise für den Staat heraufbeschwören, weit gefährlicher, als sie der eben glücklich niedergeschlagene Aufstand bedeutet hat (19, 8). Ähnlich wie bei dem Ringen zwischen Ahitophel und Husai (17, 1 ff.) ist man versucht zu sagen: Wer weiß, was für eine Katastrophe über Davids Herrschaft hereingebrochen wäre, wenn Joab nicht in dieser Weise mit seinem Herrn Fraktur geredet, und wenn dieser sich nicht seiner Trauer begeben und seine Schuldigkeit als König erkannt hätte und ihr nachgekommen wäre? So begibt sich denn David an den Platz im Tor und – die Krieger tragen ihm die erste Enttäuschung nicht nach. Sie erscheinen wieder vor ihm, formieren sich zum Zug, und der Einmarsch der siegreichen Truppe findet statt vor einem David, der, wenn auch im Inneren tief verwundet, wieder auf den Boden der Wirklichkeit gestellt und ganz der König und der Herr seiner Getreuen ist.

Im weiteren Verlauf des Kapitels ist sodann von einer ganzen Reihe von Begebenheiten die Rede, in denen David wieder Gelegenheit gegeben wird, sich als der König zu erweisen.[7] So wird zunächst die Kunst des Staatsmannes David gefordert, als ihm die Vorgänge in den Stämmen Israels, also bei den eigentlichen Trägern des Aufstandes und den hauptsächlichen Parteigängern Absaloms bekannt werden.[8] Im Nordreich gibt es bei den Leuten jeden Standes (V. 10) heftige Debatten über Recht und Unrecht, Sinn und Unsinn des Abfalls von David und der auf Absalom gesetzten Hoffnungen, die so rasch in nichts zergangen sind. Man erinnert sich wieder der Verdienste Davids um Israels

[7] Es ist möglich und sogar wahrscheinlich, daß der Bericht nicht die zeitliche Reihenfolge der verschiedenen Vorgänge wiedergibt. Um so kunstvoller erscheint dann die Komposition des Abschn. V. 9b–44. Es zeigt anhand einiger Begebenheiten, die im Zusammenhang mit Davids Rückkehr am Jordan spielten, welche politischen und persönlichen Aufgaben dem König nach dem Ende des Aufstandes Absaloms und des Abfalls der Stämme Israels erwachsen sind, und wie er sie gemeistert oder wenigstens zu meistern gesucht hat. Dabei werden die mehr persönlichen Dinge, die der König bei den Begegnungen mit Simei (19, 17–24), mit Meribbaal und Ziba (19, 25–31) und mit Barsillai (19, 32–41a) zu ordnen bekommt, eingebettet in die Darstellung der politisch recht schwer wiegenden Vorgänge im Staatsvolk, das jetzt seinen König wieder zurückholt, und der dabei auftretenden Schwierigkeiten zwischen den Israeliten einerseits und den Judäern andererseits (19, 9b–16; 19, 41b–44).

[8] Schon der kleine Bericht 17, 27–29 gibt zu erkennen, daß die Aufstandsbewegung nicht auf die ostjordanischen Reichsgebiete übergegriffen hatte. So scheint es überhaupt, daß sich die Revolution unter Absalom auf das eigentliche „Staatsvolk", darunter besonders Israel, beschränkt hat und daß dies wiederum im Zusammenhang mit der hier seit langem gärenden Unzufriedenheit über Davids Großreichspolitik zu sehen ist. Vgl. S. 177f.

Befreiung von den Feinden ringsum, besonders den Philistern. Man ermuntert die Verantwortlichen (V. 11 b), den Tatsachen Rechnung zu tragen (V. 11 a) und den König in Ehren wieder in seine Stadt zu geleiten. Auffallenderweise ist in all den Erwägungen und Überlegungen der israelitischen Bevölkerung keine Spur von Angst vor einer königlichen Rache für den Umsturz zu finden. Vielmehr rechnen alle selbstverständlich damit, daß David das Angebot Israels, ihn wieder zurückzuholen bzw. zurückzuführen, als eine Ehre betrachten und dankbar entgegennehmen werde. Kann dies in etwas anderem als in der ungebrochen im Volk lebendigen Überlieferung und Gewißheit seines Erwähltseins durch Gott seine Erklärung finden? In etwas anderem als in der, wenn man will: stolzen Überzeugung, daß Israel eben in dieser seiner Eigenart den wichtigsten und wertvollsten Stein in dem Gebäude des Großreichs Davids darstellt? Und, wenn auch David tatsächlich nicht an Bestrafung der abtrünnigen Stämme dachte oder denken konnte, sollte dies nicht wiederum darin begründet sein, daß er seinerseits Israel als das Volk mit der heiligen Überlieferung des *Gottesvolkes* achten und respektieren *mußte* – trotz allem, was ihm gerade von Israel zu Leid geschehen war?

An Strafe oder Rache denkt David in der Tat nicht. Wohl aber gedenkt er gleichzeitig keineswegs, Israel zu große Ansprüche und Rechte auf seine Person einzuräumen. Er bedient sich dazu des alten Gegensatzes zwischen Israel und Juda, zwischen Nord- und Südreich, und sucht ihn für sich und die neue Festigung seiner königlichen Herrschaft auszunützen. Der Weg, auf dem er es versuchte, war freilich nur dazu angetan, den Grund zur nächsten Krise im Reich zu legen (vgl. 19, 41 b–44 mit 20, 1 ff.). Durch die Priester Zadok und Abjathar nimmt er Verbindung mit den Ältesten in Juda auf und fordert sie unter Hinweis auf seine stammesmäßige Zugehörigkeit zu Juda (V. 12 f.) und durch das weitere Mittel der Bestätigung Amasas auf dem Posten des Befehlshabers des Heerbanns (V. 14) auf, den Männern Israels nicht den Vorsprung bei seiner Rückführung zu lassen. Davids Worte verfehlen denn auch ihre Wirkung in Juda nicht. Die Männer Judas – man wird wohl an den alsbald aufgebotenen Heerbann des Stammes zu denken haben – marschieren sogleich zum Heiligtum Gilgal im Jordangraben, um das königliche Gefolge beim Übergang über den Fluß zu geleiten. Wie V. 41 b zu erkennen gibt, treffen sie dort mit den Männern des israelitischen Heerbanns zusammen; dieser ist – freilich nur in halber Stärke – in der gleichen Absicht am Jordan erschienen. Über der Frage, wer das erste Recht an den König habe, kommt es zum Zwist, der –wie der Text nachdrücklich hervorhebt und anschaulich macht – in einen Streit aller gegen alle ausartet, nachdem sich die Israeliten zunächst beim König darüber beklagt hatten, daß ihnen die Judäer zuvorgekommen seien. Nennen sie das Vorgehen der Judäer geradezu „Diebstahl", so haben sie in der Tat den ersten Anspruch auf den König erhoben. Dies wird im Lauf des Streits ausdrücklich gesagt und mit der weit größeren Zahl der Stammesgebiete im Nordreich, sowie mit Israels „Erstgeburt vor Juda"[9] begründet. Die Judäer leiten ihr Recht, als erste den König zu geleiten, aus der Stammesverwandtschaft mit David ab; im übrigen sagen sie den Israeliten mit höhnischen Worten, daß ihnen genug vom König übrigbliebe (V. 43), während diese für sich in Anspruch nehmen, als erste im Volk die Idee, David in Ehren heimzugeleiten, gehabt zu haben (V. 44). Der Schlußsatz berichtet, daß der Zwist das Letzte war, was beim Übergang des Königs über den Jordan geschah, und daß auch David ihn nicht schlichten konnte (oder wollte?), und zeigt damit an, welch bedenkliche Folgen Davids Versuch, die alte Rivalität Israel – Juda auszunützen, zeitigte. Seine Rückkehr ist daher trotz des allseitigen Werbens um die königliche Gunst in keiner Weise nur ein glückhaftes Ereignis gewesen.

Wie die Israeliten und die Judäer, so sind auch die Benjaminiter zur Stelle und nehmen ihrerseits an dem Wettstreit, dem König das Geleit zu geben, teil. Man kann noch die ganze Leidenschaft erkennen, mit der sie allen anderen zuvorzukommen suchten. Kaum war das königliche Gefolge in der Ferne aufgetaucht, waren sie in den Fluß gesprungen und hindurchgewatet, um dem König schon am jenseitigen Ufer zu begegnen. Die benjaminitische Tausendschaft kommt mit Simei und auch Ziba, samt dessen Söhnen und Knechten; die beiden Männer, erklärte Anhänger des Hauses Saul, der erstere auch mit demselben verwandt, haben beim König besonders viel gut zu machen: Simei jene demütigende „Begleitung" Davids auf seiner Flucht durch die Wüste, Ziba seine, wie sich sogleich herausstellt, falsche Bezichtigung Meribbaals.

Und hier bekommt nun David Gelegenheit, wahrhaft König zu sein und dem an ihm schuldig Gewordenen Großmut zu erzeigen. Simei ist offenbar mit Zibas Leuten über den Fluß gegangen, um dem König

[9] Dieses vermutlich, weil Israel unter Saul zuerst staatliche Gestalt bekam, während Juda erst durch Davids Festsetzung in Hebron dazu gelangte und vielleicht überhaupt erst später als Israel in Palästina eine Rolle zu spielen begann.

sogleich am Ostufer entgegenzutreten.[10] Er wirft sich demütig vor David zur Erde nieder und bittet um Gnade. Unumwunden gibt er seine Schuld vor dem König zu und bekennt seine inzwischen gewonnene Einsicht, daß seine Fluchworte" verkehrt" gewesen sind. Der Herr, durch dessen Hand er David ins Unglück gestürzt glaubte, in dessen Namen er ihm daher fluchen zu sollen meinte, hat offenkundig nicht gegen, sondern für David entschieden. Simei bittet den König, die Erinnerung an seine Tat aus seinem Gedächtnis zu streichen und führt als Entlastungsgrund für sich an, daß er als erster aus allen Stämmen der nördlichen Reichshälfte vor dem König erschienen ist. Abisai, der schon vorher dem fluchenden Simei den Tod geben wollte, verlangt jetzt mit heftigen Worten den Tod des reuig Gewordenen (V. 22). Der König dürfe hier keine Gnade erzeigen, er müsse dem Recht den Lauf lassen; dürfe doch niemand ungestraft über den Gesalbten des Herrn den Fluch sprechen. An der Lagerstatt Sauls hatte Abisai seinerseits kein Bedenken, sogar an den Gesalbten die Hand zu legen (1. Sam. 26, 8); er mußte durch Davids strenges Wort davon zurückgehalten werden. Setzt sich derselbe Mann jetzt so eifrig für des Gesalbten unantastbare Person ein, um so die Notwendigkeit der Hinrichtung Simeis zu begründen, dann redet gewiß in ihm viel mehr der David ergebene Krieger, als der ehrfürchtig vor Gott stehende Mann. So wiederholt denn auch David das abweisende Wort, mit dem er am Tag seiner Flucht Abisais zufahrender Art gewehrt hatte (16, 10). Schwingt schon in diesen Worten Ärger, ja Entsetzen über die Härte und den Blutdurst der Zerujasöhne (vgl. 3, 28ff.), so wird das noch verstärkt an der Bezeichnung Abisais als „Satan", d. h. Versucher zum Bösen und Unheil, sichtbar (V. 23). Der Tag, da sich David erstmals wahrhaft der Liebe der Israeliten gewiß weiß, ist nicht dazu angetan, einen Mann aus Israel hinzurichten, wie schwer er sich auch vergangen hat. Simei wird begnadigt. Durch einen Eid bekräftigt ihm David, daß er nicht sterben muß. So bringt also David die Großmut auf, die das Vorrecht der Könige ist? Zunächst ist dieser Gnadenakt rein von der Klugheit des Politikers gefordert. David selbst läßt erkennen, daß ihn politische Überlegungen wesentlich mit zu Simeis

[10] Der hebr. Wortlaut, oben mit: „Sie hatten den Übergang gemacht" übersetzt, könnte unter Umständen auch sagen wollen, daß die Benjaminiter etwas wie eine Fähre für den Hofstaat machten. Ob sich alle Benjaminiter zum Übersetzen des königlichen Hofstaates erboten oder ob dies insonderheit die Angehörigen Zibas besorgten, wird aus der Darstellung nicht ganz deutlich.

Begnadigung geführt haben. In der Tat hätte es die Israeliten, die soeben wieder bereit waren, sich David zu unterstellen, befremden und zurückstoßen müssen, wenn dieser gleich bei seiner Rückkehr ein Exempel an einem der Ihrigen statuiert hätte. Begnadigt ist Simei denn. Mit Eid ist ihm Straffreiheit zugesichert. Vergeben aber hat ihm David sein Fluchen nicht, und die Bitte, jener Missetat nicht mehr zu gedenken, hat er Simei nicht erfüllt. Vielmehr hat David ihm die Tat des Hasses behalten und lebenslang nachgetragen. Sterbend gab er Salomo den bindenden Auftrag, die nur aufgeschobene Vergeltung zu üben und ihn nach seinem Tod an Simei zu rächen (vgl. 1. Kön. 2, 8f. 36ff.).[11] David ist der Gesalbte Gottes; er ist mit seinem ganzen Haus für alle Zeit in Gottes Plan mit Israel und der Menschheit eingefügt. Doch bleibt er ganz und gar ein Mensch von Fleisch und Blut, der zwar königlichen Großmut an Simei beweist, aber dem Schuldner nicht vergeben hat. Der Gesalbte im Purpur ist damit nur ein armer Schatten des letzten Gesalbten Gottes, der in der Fülle der Zeit in Davids Haus eingefügt wird (vgl. Matth. 1, 16–25), der als der König mit der Dornenkrone seinen Henkern vergibt (Luk. 23, 34) und zur Versöhnung der Schuldigen aller Welt und aller Zeiten den Tod am Kreuz auf sich nimmt.

Die Großmut des Königs wird erneut auf die Probe gestellt. Meribbaal erscheint vor ihm, um sich von dem Verdacht zu reinigen, der seit Zibas Verleumdung auf ihm lastet. Es ist kaum anzunehmen, daß sich diese Begegnung sogleich an diejenige mit Simei angeschlossen und also auf dem Ostufer des Jordans zugetragen hat. Es war schon davon die Rede, daß unser Kapitel die Begebenheiten nicht durchweg der zeitlichen Abfolge nach erzählt. Doch läßt sich aus V. 25f. erkennen, daß Meribbaal Jerusalem verließ, um den König irgendwo unterwegs zu treffen. Der ungepflegte äußere Aufzug, in dem er vor David tritt, verrät schon, wie unrecht ihm Ziba getan hat. Er ist ein eindrucksvolles Zeichen dafür, daß Meribbaal in David wirklich seinen Wohltäter gesehen hat, und daß ihm dessen Sturz ein Anlaß zur Trauer, nicht etwa – wie Ziba ihn verdächtigt hatte – zu eigennützigen Hoffnungen gewesen ist. Dennoch läßt ihn der König zunächst hart an mit

[11] Ein nachdenklich machendes Gegenspiel zu dem Verhalten Josephs, 1. Mose 50, 15–21. Als dessen Brüder, seine späte Rache fürchtend, im Namen des verstorbenen Vaters Jakob seine Vergebung erbitten, macht er sie darauf aufmerksam, daß er nicht „an Gottes Statt“ stehe. Nachdem Gott das Vergehen der Brüder an ihm „zum Guten umgesonnen hat“, ist kein Vergehen mehr vorhanden, über dem er mit ihnen noch rechten könnte.

der Frage, warum er seinerzeit nicht mit ihm auf die Flucht gegangen sei (V. 26). Meribbaal rechtfertigt sich unter Hinweis darauf, daß seine Absicht, mit dem Gefolge Davids zu reiten, dadurch vereitelt wurde, daß sein Knecht Ziba ihm zuvorkam und ihn verleumdete. Er appelliert mit dem Schluß seiner Rede an Davids richterliche Weisheit und Gerechtigkeit. Aus einem völlig dem Untergang geweihten Haus heraus hat ihn David einst an seinen Hof gezogen und zu seinem Tischgenossen erhoben. Inzwischen ist sein Name und Ruf durch Ziba schwer beschädigt worden. Da er von Anfang an von Davids Gnade lebt, gibt es für ihn keinen Rechtstitel, auf den er sich jetzt, da er bei David in schiefes Licht geraten ist, berufen dürfte. Der König, dem die Weisheit eines „Engels Gottes" verliehen ist (vgl. 14, 17), wird das rechte Urteil finden. Meribbaal hat David an die Gnade erinnert, die er ihm früher erwiesen hat und die jetzt nach neuem Gnadenerweis ruft. Er ist jedoch bereit, das Urteil des Königs anzunehmen, wie es auch ausfallen mag.

David muß die Unschuld Meribbaals erkennen. Andererseits hat er, der freundlichen Hilfeleistung Zibas zu Dank, diesem den ganzen Landbesitz des Hauses Sauls zugesprochen. Er kann dies nicht einfach zurücknehmen, wie er auch die über Meribbaal verhängte Strafe nicht aufrecht erhalten kann. So fällt er erneut seinen Rechtsspruch, nach dem künftig Meribbaal und Ziba sich in das Gut zu teilen haben. Die Antwort, die Meribbaal darauf gibt (V. 31), zeigt noch einmal deutlich, wie er in wahrer Dankbarkeit David zugetan und über dessen wohlbehaltene Wiederkehr nur froh ist und wie er keinerlei äußeren Vorteil – damit in angenehmem Gegensatz zu dem berechnenden Ziba! – für sich sucht.

Die Begegnung mit Barsillai endlich gibt David die Gelegenheit zum Dank, wie er eines Königs würdig ist. Er als einer der reichbegüterten Grundbesitzer des Ostjordanlandes, die David in Mahanajim großzügig unterstützt hatten – Barsillai scheint nach V. 33 über das in 17, 27 Berichtete hinaus David mit Lieferungen von Versorgungsgütern zu Hilfe gekommen zu sein –, geleitet den König bis zum Jordan, um sich dort zu verabschieden. David jedoch bietet ihm und seiner ganzen Sippe zum Dank für seine Hilfe in der Not den dauernden Verbleib an seinem Hofe an. Barsillai lehnt das fürstliche Anerbieten dankend ab. Einem Mann seines Alters bedeuten die Annehmlichkeiten und die Kultur des höfischen Lebens nichts mehr. Er wartet auf den Tod und will ihn in seiner Heimat erwarten, wo die Gräber seiner Eltern liegen. Bezeichnend für orientalische Höflichkeit und orientalische Auffassung des Gastrechts bzw. der Gastpflicht ist, wie Barsillai Davids Angebot als eine viel zu große Gegengabe für seinen geringen Dienst hinstellt. Er erwähnt nur das dem König jetzt gegebene Geleit, mit keinem Wort aber rührt er an die großen Lieferungen nach Mahanajim. Echte Manneshöflichkeit und Ritterlichkeit atmet auch Davids Antwort auf Barsillais Vorschlag, statt seiner seinen Sohn in den Hofstaat einzureihen. „Tue mit ihm, was dir richtig erscheint", sagt Barsillai dem König. Dieser nimmt das auf: „Ich will mit ihm tun, was *dir* richtig erscheint."

Die Berichte, vor allem diejenigen über die drei Begegnungen mit Simei, Meribbaal und Barsillai, geben in auffallender Breite die Gespräche der Beteiligten wieder. Fallen diese Reden hinüber und herüber auch für das politische Geschehen im Großen wenig ins Gewicht, so lassen sie doch um so besser erkennen, wer dieser König David ist, der da nach Überwindung der schweren Absalomkrise zurückkehrt. Er ist wieder ganz König. Er denkt und plant als Staatsmann, erweist Gnade und Großmut, spricht Recht und stattet Dank ab, wie es eines Königs würdig ist. Freilich, dieser König ist aus Fleisch und Blut, er schenkt Simei das Leben, kann ihm aber die erlittene Schmach nicht vergessen und vergeben. Und er beschwört mit seinem scheinbar so klugen Verhalten gegenüber Israel und Juda neues Unheil über sein Reich herauf. Davon ist sogleich Kap. 20 die Rede.

D. Die Entscheidung für David

2. Sam. 20, 1–26

1. Der Aufstand Sebas

2. Sam. 20, 1–22:

(1) Nun war dort zufällig ein verworfener Mensch namens Seba, der Sohn Bichris, ein Benjaminiter. Der stieß ins Horn und rief:
„Wir haben kein Teil an David,
wir haben kein Erbe bei Isais Sohn.
Jeder zu seinen Zelten, Israel!"

(2) Da zogen alle Männer Israels hinauf, weg aus der Gefolgschaft Davids hinter Seba, dem Sohn Bichris, her. Die Männer Judas aber blieben fest um ihren König geschart, vom Jordan weg bis nach Jerusalem. (3) Als David in sein Haus zu Jerusalem eingetreten war, da nahm er die zehn Nebenfrauen, die er, das Haus zu hüten, zurückgelassen hatte, und versetzte sie in ein bewachtes Haus. Er versorgte sie, verkehrte aber nicht mehr mit ihnen. So waren sie eingeschlossen bis an den Tag ihres Todes – Witwen, obwohl er am Leben war.

(4) Dann sprach der König zu Amasa: „Rufe mir die Männer Judas zusammen! Drei Tage – dann bist du zur Stelle!" (5) Amasa ging hin, Juda zusammenzurufen, verzog aber über die Frist hinaus, die er ihm gesetzt hatte. (6) Da sprach David zu Abisai: „Jetzt wird Seba, der Sohn Bichris, schlimmer für uns werden als Absalom! Nimm du die Knechte deines Herrn und jage ihm nach, sonst gewinnt er befestigte Städte und reißt uns das Auge weg."[1] (7) So zogen sie denn hinter ihm her aus: die Leute Joabs, die Krether und Plether und alle Krieger. Sie zogen von Jerusalem aus, um Seba, dem Sohn Bichris, nachzusetzen.

(8) Als diese bei dem großen Stein bei Gibeon waren, da war Amasa schon vor ihnen angelangt. Joab trug sein Waffenkleid geschürzt, darüber einen Gürtel und ein Schwert, das mit seiner Scheide an seine Hüfte gebunden war; trat diese heraus, so fiel es hervor. (9) Und Joab sprach zu Amasa: „Geht es dir gut, mein Vetter?" Und Joab ergriff mit der rechten Hand den Bart Amasas, um ihn zu küssen. (10) Amasa aber hatte nicht auf das Schwert acht gegeben, das Joab in der Hand hatte. Damit stieß er ihm in den Leib, so daß er seine Eingeweide auf die Erde schüttete. Er brauchte keinen zweiten Stoß, sondern war sofort tot. Joab aber und sein Bruder Abisai setzten Seba, dem Sohn Bichris, nach. (11) Aber ein Mann von Joabs Leuten war bei ihm stehengeblieben und rief: „Wer es mit Joab hält und wer für David ist, hinter Joab drein!" (12) Amasa aber lag blutüberströmt mitten auf der Straße. Da aber der Mann sah, daß alles Volk stehenblieb, schaffte er Amasa von der Straße weg aufs Feld und warf ein Kleidungsstück über ihn, weil jeder hinschaute, der dahin kam, und stehenblieb. (13) Als er ihn von der Straße weggeschafft hatte, zogen alle Männer hinter Joab her, um Seba, dem Sohn Bichris, nachzujagen. (14) Der aber zog in allen Stämmen Israels umher bis Abel Beth-Maacha, und alle Bichriter[2] versammelten sich und zogen ebenfalls hinter ihm her ein. (15) Als sie (nämlich Joab und seine Leute) ankamen, belagerten sie ihn in Abel Beth-Maacha und schütteten einen Belagerungswall auf die Stadt zu auf, der an der Mauer endigte,[3] und das ganze Volk, das bei Joab war, ging ans Werk, die Mauern zum Einsturz zu bringen.

---

[1] Entweder ein Bild für den Verlust von etwas Unersetzlichem (Hertzberg, a.a.O. S. 199), oder ein bildhafter Ausdruck für: „Er entzieht sich unserem Auge" (Gesenius, a.a.O. S. 551).

[2] Von der Textforschung an Stelle des völlig unverständlichen Wortes im hebr. Text vorgeschlagen.

[3] Wörtlich: Zu stehen kam.

(16) Da rief eine kluge Frau aus der Stadt heraus: „Hört doch, hört doch! Sagt doch zu Joab: ‚Komm hierher, daß ich mit dir reden kann!' " (17) Als er herantrat, sagte die Frau: „Bist du Joab?" Joab antwortete: „Ja, ich bin's!" Und sie sagte zu ihm: „Höre die Worte deiner Magd an!" Darauf er: „Ich bin bereit, zu hören." (18) Da sagte sie: „Früher pflegte man so zu sprechen: ‚Befragt nur Abel und Dan,[4] dann nimmt's ein gutes Ende!' (19) Ich bin eine der Friedlichsten und Treuesten in Israel, du aber suchst eine Stadt und Mutter in Israel umzubringen. Warum willst du das Erbteil des Herrn verderben?" (20) Da sprach Joab: „Das sei mir ferne, ferne sei mir das, wahrlich, ich will nicht verderben und vernichten. (21) So stehen die Dinge nicht. Vielmehr ein Mann vom Gebirge Ephraim mit Namen Seba, Sohn des Bichri, hat seine Hand gegen den König, gegen David, erhoben. Gebt ihn allein heraus, so ziehe ich von der Stadt ab." Und die Frau sagte zu Joab: „Gib acht, sein Kopf wird dir über die Mauer hinabgeworfen werden." (22) Und die Frau in ihrer Klugheit kam wieder zum ganzen Volke. Und sie schlugen Seba, dem Sohn Bichris, den Kopf ab und warfen ihn Joab hin. Der stieß ins Horn, und alles zertreute sich von der Stadt weg, jeder zu seinen Zelten. Joab aber kehrte nach Jerusalem zum König zurück.

Die Gegensätze zwischen Israeliten und Judäern, welche David seinen Zwecken dienstbar zu machen suchte, macht sich auch ein Mann aus Benjamin zunutze. Sein Name, Seba, Bichris Sohn, gibt keinen weiteren Aufschluß über ihn.[5] Er wird vom Erzähler „ein verworfener Mensch" genannt. Verständlich, da er das eben wieder geknüpfte Band zwischen David und Israel zerreißt und noch in der Jordanaue, während der Einholung Davids durch die verschiedenen Gruppen des Volkes, einen neuen Aufstand gegen den König entfesselt. Vielleicht ist aber bei der harten Bezeichnung – es ist die gleiche, die z. B. 1. Sam. 2, 12 von den Söhnen Elis in ihrer abgrundtiefen Verwerflichkeit gebraucht wird – vom Erzähler schon mitbedacht, daß der den Aufstand auslösende Spruch Geschichte gemacht hat. Seba ruft die Leute des israelitischen Heerbanns auf, David keine Gefolgschaft mehr zu leisten. Er tut das mit einem rhythmischen Spruch, der schon seit längerer Zeit in Israel umgegangen oder auch von Seba selbst aufgebracht sein kann. Die Worte des Spruches sprechen die völlige Geschiedenheit Israels von David aus. Mag dessen Erbteil Jerusalem und Juda sein – Israel hat nichts mit ihm zu schaffen.

---

[4] Von der Textforschung für ein sinnstörendes, ähnlich lautendes hebr. Wort vorgeschlagen, da Abel Beth-Maacha im Gebiete Dans zu suchen ist.

[5] Hertzberg, a.a.O. S. 301 spricht unter Hinweis auf 1. Mose 46, 21; 1. Chron. 7, 6. 8, wo ein Mann namens „Beker" als Sohn Sauls erwähnt wird, die Vermutung aus, Seba sollte vielleicht als Angehöriger des Geschlechts Sauls hingestellt werden.

Die Herrschaft über Israel soll David nicht mehr ausüben können. Für diesmal hat die Aufruhrlosung ihren lockenden Klang rasch verloren. Es ist Seba nicht einmal gelungen, wirklich das ganze Israel von David zu trennen und auf seine Seite zu bringen. Einige Generationen später jedoch, bei Rehabeams Regierungsantritt und bei seinem Versuch, die Huldigung des Nordreichs zu erzwingen, wurde dieser aufrührerische Reim erneut lebendig. Mit fast denselben Worten, durch die hier Seba die Israeliten zum Abzug verführt, trennt sich nun Israel für immer vom Hause Davids, um fortan, bis zum bitteren Ende durch die Assyrer 722, ein eigenes staatliches Leben zu führen (vgl. 1. Kön. 12, 16).

Doch wir greifen dem Gang der Erzählung vor. – Die zur Rückführung des Königs am Jordan erschienenen und durch ihre scheinbare Zurücksetzung von Seiten Davids (19, 42) und den Streit mit den Judäern erbosten Israeliten folgen der Parole Sebas und verlassen Gilgal. Sie überlassen Davids Wiederherstellung den anderen. Um so entschlossener betrachten die Judäer David als ihren Mann und seine Rückführung als ihre Sache; ausdrücklich ist V. 2 von „ihrem König" die Rede, den sie nach Jerusalem begleiten. Der Einzug in die Stadt und Burg Jerusalem wird nur wie im Vorbeigehen erwähnt (V. 3). Fein kommt darin zum Ausdruck, in welch bedrängter Lage David von neuem ist, als er von seiner Stadt wieder Besitz nimmt. Soll das Unternehmen Sebas nicht schlimme Formen annehmen, am Ende weiter als Absaloms Aufstand um sich greifen, so tut allerschnellstes Handeln not. Der judäische Heerbann, von dem Teile den König eingeholt hatten, muß schleunigst durch seinen Führer Amasa aufgeboten und zur Niederwerfung des Aufstandes eingesetzt werden. Auch die nur 3tägige Frist, die David Amasa für die Sammlung des Heerbanns läßt, zeigt, wie sehr nach des Königs Urteil Eile nottut. David seinerseits bringt in Jerusalem zu Ende, was aus der bösen Episode mit Absalom noch zu Ende zu bringen ist. Sein Haus wurde während seiner erzwungenen Abwesenheit von den zurückgelassenen zehn Nebenfrauen bewacht. Sie sind – zum Zeichen, daß Absalom König an Davids Statt sei – von diesem in Besitz genommen worden. Sie sind für David entehrt, wie er in ihnen geschändet wurde. Er beläßt sie am Hof und reicht ihnen, die selbst ohne Schuld sind, den Lebensunterhalt. Doch trennt er sie für immer von seiner Familie und schließt sie auf Lebenszeit in einem besonderen Hause ein. Dort leben sie wie Witwen; der König besucht sie nicht mehr. Ein Schicksal, wie es ähnlich der geschändeten Thamar, Absaloms Schwester, zuteil geworden war (vgl. 13, 20).

Amasa hat es nicht vermocht, seinen Auftrag in der befohlenen Frist zu erledigen. David, in Unruhe über die mögliche Ausweitung des Unternehmens Sebas (V. 6a), schickt seine eigene Söldnerschar, die er Abisai unterstellt, ins Feld. Joab, seines Postens als Heerbannführer entsetzt, gehört zusammen mit seinen Leuten (vgl. 18, 15) der Truppe Davids an, die jetzt eiligst die Verfolgung Sebas aufnimmt. Sie soll verhindern, daß Seba Rückhalt in einer festen Stadt finden und von dort aus dem Aufstand erst ein gefährliches Ausmaß geben kann.[6] Bei Gibeon holt Amasa die Männer Davids ein. Es wird erkennbar, wie er es sich hat alles kosten lassen, den Heerbann so rasch als möglich mobil zu machen und mit demselben Seba zu folgen. Allem Anschein nach ist er den Kriegern aus Juda weit vorausgeeilt; nach V. 11–13 jedenfalls kommen diese, weit auseinandergezogen, erst im Laufe der Zeit hinter ihrem Feldhauptmann drein. So hat Joab Zeit, zum zweiten Mal einen ihm vor die Nase gesetzten und deshalb verhaßten Nebenbuhler sich vom Leibe zu schaffen. Er verfährt mit derselben Hinterhältigkeit wie einst Abner gegenüber (3, 27). Er tötet Amasa im Meuchelmord, indem er ihn heuchlerisch als Freund und Vetter begrüßt und alsdann unversehens mit der Linken ersticht.[7] Joab und Abisai stürmen weiter, dem Aufrührer nach. Doch die judäischen Heerbannleute, die nach und nach zu der Mordstelle gelangen, bleiben, vom Anblick des in seinem Blute liegenden Führers wie gebannt, stehen. Das droht für den Auftrag neue Schwierigkeiten zu bringen. So schafft einer der Leute Joabs den Leichnam beiseite und deckt ihn zu. Gleichzeitig formt er seinerseits einen Schlachtruf, der die Männer Joab folgen heißt, sofern sie für David sind (V. 11). Offenbar ist mit dadurch, daß dieser Schlachtruf erscholl, Joab wieder der unbestrittene Feldherr des Heerbanns, während Abisai die Söldner Davids zu befehligen hat. Die vereinten Truppen folgen den Spuren Sebas. Dieser hat kein Glück mit seinem Vorhaben. Er sucht in allen Stämmen des Nordreichs Gefolgschaft zu finden. Doch vergeblich. Nur seine zu Anfang gewonnene Schar (V. 2a) und eine Gruppe von wahrscheinlich benjaminitischen Sippengenossen folgen ihm. Im äußersten

---

[6] David verfährt gegenüber Seba genau so, wie es einst Ahitophel Absalom angeraten hatte, um David in der ersten Verwirrung zu erledigen.

[7] V. 8.b ist in einem allerdings sehr wirren und undurchsichtigen Text von Joabs Aufzug die Rede. Allem nach trägt er zwischen Gewand und Gürtel, einem breiten Tuchstück, auf der Rechten einen verborgenen Dolch in nach unten geöffneter Scheide. Eine kleine Wendung mit dem Körper gibt den Dolch frei und ermöglicht Joab, ihn unbemerkt zu fassen und zuzustoßen.

Norden des Landes versteht er es, sich in einer Stadt festzusetzen. Abel Beth-Maacha scheint eine Art Provinzhauptstadt gewesen zu sein, wie ihre Bezeichnung als „Stadt und Mutter in Israel" (V. 19) nahelegt.

Dort wird Seba von Davids Truppen eingeholt. Man schreitet zur Belagerung, die mit allen Mitteln der Kriegstechnik jener Zeit betrieben wird. Ein Belagerungswall wird zur Stadtmauer hin vorgetrieben. Kurz, ehe die Belagerer dazu übergehen, in die Mauer Bresche zu legen, erscheint auf deren Zinne eine Frau von der Autorität und Geltung jener „Weisen" aus Thekoa (14, 2ff.). Ihre Klugheit wird sowohl in der Art, wie sie Joab umstimmt, kund, als auch darin, wie sie ihre Mitbürger dazu bekommt, Seba zu töten und sich mit dessen Kopf die Rettung vor Sturm und Untergang zu erkaufen. Joab bringt sie von seinem Vorhaben ab, indem sie ihn an ein altes Sprichwort erinnert, demzufolge in Abel und im Stamm Dan immer guter Rat zu finden war, wenn in einer Not des Volkes oder in einer Rechtsschwierigkeit ein solcher benötigt wurde. Wie könnte Davids Feldherr eine so wichtige Stadt, eine „Mutter in Israel", dem Untergang weihen und damit das Erbteil des Herrn verwirren und verderben?! In der Tat, das will Joab nicht. Wie er einst durch die Stimme einer klugen Frau David in seinen Entschlüssen beeinflußte, so läßt er sich jetzt selbst von der Frau in Abel Beth-Maacha bewegen, die Belagerung abzubrechen. Er fordert einzig den Kopf des Aufrührers. Der wird ihm auf Betreiben der Frau zugeworfen. Die Stadt ist frei. Der Heerbann kehrt nach vollbrachtem Auftrag in die Heimat zurück. Joab erscheint wieder in Jerusalem, durch die glückliche und rasche Beendigung des Aufstandes für David erneut der Unersetzliche, freilich durch die Mordtat an Amasa erneut auch der Entsetzliche geworden (1. Kön. 2, 5). Seba ist tot, sein Aufstand noch rascher als derjenige Absaloms in sich selbst zusammengebrochen. David ist wieder ganz Herr der Lage, seine Herrschaft im Großreich und auch in den Gebieten des eigentlichen Staatsvolkes der Israeliten und Judäer ist wieder befestigt. Sie steht fester da als je. Aber die Kap. 10–20 haben auch das andere gezeigt, in wieviel Schuld und Versündigung, eigene und fremde, sich die Herrschaft Davids verwickelt hat. Der Ahnherr des Christus Jesus herrscht als ein Schuldbeladener und konnte seine Herrschaft durch die von fremder Schuld heraufbeschworenen Krisen nur hindurchretten, indem er dabei seiner eigenen Schuld inne wurde und neue auf sich lud. Der Gesalbte vom Samen Davids nach dem Fleisch (Röm. 1, 3), Jesus, errichtete und vollendete seine Herrschaft damit, daß er alle fremde Schuld auf sich lud und sie am Kreuz von Golgatha ein für allemal zu Ende brachte. Durch das kostbare Blut Christi als eines unschuldigen und unbefleckten Lammes ist die Erlösung vom „eitlen Wandel" für alle beschafft (1. Petr. 1, 18f.).

2. Davids Hofbeamte

2. Sam. 20, 23–26:

(23) So war Joab Anführer des ganzen Heerbanns Israels; Benaja, der Sohn Jojadas, war über die Krether und Plether gesetzt. (24) Adoram[1] stand den Frondiensten vor, Josaphat, der Sohn Ahiluds, war der Kanzler. (25) Sewa war Schreiber, Zadok und Abjathar aber waren Priester. (26) Auch Ira, der Jairiter, ist Priester in Davids Diensten gewesen.

Deutlich setzt diese kleine Liste, eine Wiederholung von 8, 15–18, den Schlußsatz der Seba-Erzählung fort und zeigt als deren Ergebnis unter anderem, daß Joab wieder an seinem alten Posten steht. Als neues Amt erscheint hier das des Fronvogts Adoram. Es mag sein, daß das Amt später als die anderen eingerichtet wurde. Der Name des Schreibers lautet anders als 8, 17. Allem nach ist die ganze Überlieferung an diesem Punkt unsicher (vgl. 1. Chron. 18, 16 und die verschiedenen Namen in LXX-Handschriften „Susa", „Isus", „Jesus"). An Stelle der 8, 18b als Priester erwähnten Söhne Davids erscheint hier V. 26 neben Zadok und Abjathar Ira.

8, 15–18 hatte den Bericht vom Aufstieg Davids als ein sprechendes Beispiel für die treffliche Ordnung seiner Herrschaft im Reich abgeschlossen. Die Wiederholung der Liste hier, 20, 23–26, hat offensichtlich den Sinn, am Ende der Darstellung von den Krisen um den Thron Davids deutlich zu machen, wie das Reich wieder in Ordnung gekommen ist, eine Ordnung, die von den Beamten des Königs, den aus 8, 15ff. bekannten wie den später ins Amt gesetzten, wahrgenommen und gewährleistet wird.

Freilich, einer dieser Beamten, Joab, hat nicht wenig auch dazu beigetragen, Verwirrung zu stiften. Und der Herr dieser Amtsträger hat insonderheit selbst die Ordnung in seinem Reich in Frage gestellt. Ist sie nun doch wiederhergestellt, so ist das letztlich nicht Davids oder seiner Beamten Verdienst, sondern das Werk und Geschenk des Herrn.

---

[1] 1. Kön. 12, 18 lautet sein Name nach LXX Adoniram. So findet sich der Name auch 1. Kön. 4, 6; 5, 28 im hebr. Text.

IV

ANHANG: KENNZEICHEN DES REICHES

1. Der Sühnetod der sieben Nachkommen Sauls

2. Sam. 21, 1–14:

(1) Es gab einmal eine Hungersnot in der Zeit Davids, drei Jahre lang, ein Jahr nach dem anderen. Da suchte David das Antlitz des Herrn. Und der Herr gab den Bescheid: „Auf Saul und seinem Haus liegt Blutschuld[1] darum, daß er die Gibeoniter getötet hat." (2) Da ließ der König die Gibeoniter kommen und sprach zu ihnen – die Gibeoniter stammen übrigens nicht von den Söhnen Israels, sondern vom Rest der Amoriter her; obgleich nun die Söhne Israels ihnen einen Schwur getan hatten, hatte Saul versucht, sie auszurotten, da er um die Söhne Israels und Judas eiferte. – (3) David sprach also zu den Gibeonitern: „Was kann ich euch tun und womit soll ich Sühne leisten, damit ihr das Erbteil des Herrn wieder segnet?" (4) Da gaben ihm die Gibeoniter zur Antwort: „Wir haben keine Rechnung in Silber und Gold mit Saul und seinem Haus. Und uns steht nicht zu, jemand in Israel zu töten." Da sprach er zu ihnen: „Was sagt ihr, daß ich euch tun soll?" (5) Sie sagten zum König: „Der Mann, welcher uns aufgerieben hat und welcher gegen uns im Schilde geführt hat, wir sollen ausgetilgt sein und nicht mehr bestehen im ganzen Gebiet Israels, (6) von dessen Söhnen mögen uns sieben Männer gegeben werden, damit wir sie pfählen vor dem Herrn in Gibeon auf dem Berg des Herrn".[2] Der König sprach: „Ich selbst übergebe sie." (7) Doch verschonte der König Meribbaal, den Sohn Jonathans, des Sohnes Sauls, im Gedanken an den gegenseitigen Eid bei dem Herrn, den David und Jonathan, der Sohn Sauls, einer dem andern geschworen hatten. (8) So nahm der König die beiden Söhne der Rizpa, der Tochter Ajas, die sie Saul geboren hatte, Armoni und Meribbaal sowie die fünf Söhne der Merab,[3] der Tochter Sauls, die sie Adriel, dem Sohn Barsillais, des Meholathiters, geboren hatte. (9) Er übergab sie den Gibeonitern, und die haben sie auf dem Berg vor dem Herrn gepfählt, so daß alle sieben auf einmal umkamen,[4]

---

[1] So etwas einfacher mit LXX.

[2] So mit LXX-Handschriften. Der hebr. Text nennt als geplanten Hinrichtungsort „Gibea Sauls, des Erwählten des Herrn". Die derzeitige Forschung denkt jedoch durchweg an Gibeon als Ort der Tat Sauls und der nunmehr fälligen Sühne; vgl. Apparat der hebr. Bibel.

[3] So mit LXX-Handschriften an Stelle der nach 3, 15 sicher fälschlich im Hebr. genannten Michal.

[4] Wörtlich: Fielen.

und zwar haben sie in den ersten Tagen der Ernte, zu Beginn der Gerstenernte, den Tod gefunden. (10) Da nahm Rizpa, die Tochter Ajas, das Trauergewand und breitete es unter sich auf den Felsen, vom Beginn der Ernte bis sich Regen vom Himmel auf sie (die Toten) **ergoß, und sie ließ nicht zu, daß sich die Vögel des Himmels bei Tage auf sie niederließen, noch das Feldgetier bei Nacht.**

(11) Und es wurde David mitgeteilt, was Rizpa, die Tochter Ajas, Sauls Nebenfrau, getan hatte. (12) Und David ging hin und holte die Gebeine Sauls sowie die Gebeine seines Sohnes Jonathan von den Bürgern von Jabes in Gilead, welche diese vom Torplatz in Beth-Sean heimlich weggenommen hatten, wo die Philister sie aufgehängt hatten an dem Tage, da die Philister Saul am Gilboa schlugen. (13) Und so ließ er von dort die Gebeine Sauls und die Gebeine seines Sohnes Jonathan heraufbringen, und man sammelte die Gebeine der Erhängten (14) und bestattete sie mit den Gebeinen Sauls und seines Sohnes Jonathan im Land Benjamin, in Zela, im Grab des Kis, seines Vaters. Man tat alles, was der König angeordnet hatte. Und Gott ließ sich danach für das Land gnädig an.

Mit dieser Erzählung beginnt der Schlußteil des 2. Samuelisbuches, in dem eine bunte Reihe verschiedenartiger Stücke: Erzählungen (21, 1–14; 24, 1–25), Lieder (22, 1–51; 23, 1–7) und Listen (21, 15–22; 23, 8–39) vereinigt ist. Es stellt einen Anhang zu dem bisherigen Bericht über David in Form einer Zusammenstellung von Nachträgen dar. Was deren jetzige Anordnung und Reihenfolge veranlaßt hat, läßt sich nicht mit Sicherheit erkennen.[5] Gewichtiger ist aber die Frage nach dem Grund der Einfügung all dieser Nachträge überhaupt und gerade an dieser Stelle des Buches. Folgte der Bericht seit Kap. 9 der Darstellung des Erzählungswerkes von der „Thronnachfolge Davids", so verläßt er mit 20, 1–24, 25 deren Faden, um ihn erst wieder 1. Kön. 1 f. aufzunehmen. Der Gestalter des Buches bzw. des gesamten „deuteronomistischen Geschichtswerkes" hat die von ihm aufgenommenen Quellenschriften einerseits in ihrem stofflichen Bestand auf das sorgfältigste bewahrt und sie doch ganz und gar in den

[5] Hertzberg, a.a.O. S. 337, macht einen ansprechenden Versuch, die mutmaßlichen Absichten des Mannes, der das ganze Buch gestaltete, bei dieser Anordnung herauszustellen. Demnach hätte er die nach Stil und Denkweise, sowie durch ausdrückliche Bezugnahme (vgl. 24, 1) zusammengehörigen und vielleicht schon immer gemeinsam überlieferten Erzählungen 21, 1 ff. und 24, 1 ff. auseinandergenommen, um die letztere möglichst nahe an „den Bericht über Tempelbau und Tempelerbauer", die erstere in die Nähe der anderen Berichte über Davids Auseinandersetzung mit dem Hause Sauls zu rücken. Ferner hätte er die beiden, der Art nach keineswegs zusammengehörigen dichterischen Stücke 22, 1 ff. und 23, 1 ff. nebeneinandergestellt, die Listen aber, obwohl für beide eine gemeinsame Quelle, vielleicht „das Buch der Kriege Jahwes" (vgl. 4. Mose 21, 14) zu vermuten sei, getrennt, damit 21, 15 ff. wieder möglichst in die Nähe der anderweitig berichteten Kriegstaten Davids komme, die dann im Lied 22, 1 ff. ihre theologische Sinndeutung erhalten sollten.

Dienst seiner weitergreifenden Absichten bei der Gesamtdarstellung der Wege Gottes mit Israel während der Zeit seines staatlichen Bestehens genommen. Das ließ sich bei dem Erzählwerk vom Geschick der Lade beobachten, dessen Schluß (2. Sam. 6) vom übrigen abgetrennt und erst im Zusammenhang des Berichts über Davids Festsetzung in Jerusalem nachgeholt wurde. Ähnlich hat er den Bericht über den Krieg mit den Ammonitern dazu verwendet, um die Erzählung von Davids Versündigung an Bathseba und Uria einzufügen. Ebenso wird jetzt am Schluß des Buches die Darstellung, wie sie das Werk über die Thronnachfolge gibt, unterbrochen, um in Form eines Nachtrags oder Anhangs Berichte zu Wort kommen zu lassen, die nach dem Urteil des Gestalters für die Erkennnis des Weges und Werkes Davids, und ebenso für das Verständnis des Weges Gottes mit David bedeutsam sind und deshalb nicht übergangen werden dürfen. Der ursprüngliche Schluß des Werkes über die Thronnachfolge, die Erhebung des spät geborenen Salomo zum Nachfolger Davids, nachdem alle anderen durch Geburt, Alter, Vorzüge der Gestalt und Begabung ausgezeichneten Davidssöhne ausgeschieden sind (1. Kön. 1. 2), wird einem neuen Zweck dienstbar gemacht. Er bildet nunmehr den Eingang zu dem Bericht über die Königsherrschaft Salomos und die wiederum auf diese folgenden Geschehnisse der Königszeit Israels. Der Gestalter seinerseits gibt dem Bericht über die Königsherrschaft Davids eben in diesen Nachträgen seinen Abschluß. Daraus läßt sich erkennen, daß er im Rahmen des gesamten „deutoronomistischen Geschichtswerks“ den Bericht über David als einen in sich geschlossenen Abschnitt geben will. Deshalb hat er ihm mit Kap. 20–24 seine Abrundung verliehen.[6]

[6] Ist denn 2. Sam. 1–24 auch nach den immerhin als wahrscheinlich vorauszusetzenden Absichten des Gestalters eine in sich geschlossene Einheit, so liegt darin die Berechtigung, wie für 1. Sam. 1–31, so für 2. Sam. 1–24 eine selbständige Auslegung unter je ihrem besonderen Thema zu versuchen. – Nachdem es den atl. Forschern in vielfältigen Untersuchungen gelungen ist, die ursprünglich selbständigen Erzählwerke von der Lade, vom Aufstieg Davids, vom Ammoniterkrieg, von Davids Thronnachfolge aus dem Bestand des Buches herauszuschälen und als Quellen für dessen Darstellung erkennbar zu machen, muß ein doppeltes geschehen: Die Grundeinheiten jener ehemals selbständigen Erzählwerke müssen in ihrem Charakter beschrieben und nach ihrem Sinn und ihrer Absicht erklärt werden. Gleichzeitig verlangt das Gesamtwerk, das der Gestalter aus den verschiedenen, von ihm vorgefundenen Quellenschriften zusammengefügt hat, eine Erklärung. Der Gestalter des 2. Samuelisbuches wollte nicht nur den Aufstieg Davids oder die Geschehnisse um seine Thronnachfolge darstellen. Es war vielmehr sein Ziel, wesentlich mit Hilfe seiner Quellen, ein Bild von Davids Herrschaft zu geben, die Zeichen und Zeugnis von Gottes Erbarmung über Israel ist und ebenso Zeichen und Zeugnis der menschlichen Sünde, und die damit zugleich eine glückliche Zeit des Volkes Gottes und eine Epoche in der zum Untergang führenden Geschichte Israels ist. Es entspricht dem Ziel der ganzen Reihe der „Botschaft des Alten Testaments“, daß unsere Auslegung sich vor allem die Aufgabe gestellt sieht, das Buch in seiner heute vorliegenden Gestalt zu erfassen und seine Botschaft zu Gehör zu bringen.

Die Erzählung vom Sühnetod der sieben Nachkommen Sauls unterscheidet sich in stilistischen Eigentümlichkeiten und vor allem mit ihrer ganz von der unheimlichen Welt der sakralen Geheimnisse geprägten Denkweise deutlich von den bisherigen Berichten, die dem Werk über Davids Thronnachfolge entnommen sind. An diesen fiel die sachliche Darstellungsweise auf, in der das Geschehen, die Handlungen, die Worte und die Charaktere der verschiedenen Personen vergegenwärtigt und für sich selbst zum Sprechen gebracht werden; sie ist nur selten von einem fast scheuen Hinweis auf das unergründliche Geheimnis des herrscherlichen Waltens Gottes unterbrochen (11, 27; 12, 24; 17, 14). Demgegenüber sieht man sich 21, 1ff., genau wie wiederum 24, 1ff., in eine völlig andere Welt versetzt; da begegnet der jähe Einbruch von Gottes Strafgericht, weil ungesühnte Blutschuld auf dem Lande liegt, und es herrscht das Denken in Blutbann, Blutrache, Blutsühne, ja Menschenopfer vor. Gleichzeitig ist aber auch unverkennbar, wie die Erzählung mannigfach mit dem Werk über die Thronnachfolge verzahnt ist. Die Fluchworte Simeis über den fliehenden David (16, 5ff.), sowie die 9, 1 erwähnte Umfrage des Königs nach Überlebenden aus dem Hause Saul, setzen u. a. den 21, 1–14 berichteten furchtbaren und grausigen Aderlaß an Sauls Geschlecht voraus. Andererseits stellt V. 7 die Verbindung mit Kap. 9, und wieder V. 12b eine solche mit dem 1. Sam. 31 Erzählten her.[7]

Die Erzählung berichtet von einer schweren, jahrelang anhaltenden Hungersnot, die das Land heimsuchte. Nach V. 10 war der Regen ausgeblieben bzw. nicht in genügender Menge während der Herbst- und Winterzeit gefallen. Als eigentlicher Grund muß laut göttlichen Bescheids (V. 1) eine Blutschuld an den Gibeonitern, die Saul während seiner Regierungszeit auf sich geladen hatte, erkannt werden. Sie wird nun, Jahre nachher,[8] Volk und Land zum Verhängnis, bis sie auf furchtbarste Weise dadurch gesühnt wird, daß sieben Söhne bzw. Enkel

[7] Ist auch der ganze Charakter dieser mit Kap. 24 innerlich zusammengehörigen Erzählung ganz anders als derjenige der Kap. 9–20, so dürfte sie trotzdem ebenfalls von Zeitgenossen Davids oder Salomos stammen und dem unbekannten Verfasser der Thronfolgegeschichte bereits bekannt gewesen sein (vgl. Hertzberg, a.a.O. S. 309). Damit hätten wir einen lehrreichen Hinweis auf den lebendigen Reichtum des Denkens und Gestaltens in jener Zeit des Großreichs Davids. Neben den Menschen, denen es verliehen war, so grandios Geschichte des Volkes Gottes zu erzählen wie dies Kap. 9–20 aufweisen, standen andere, nicht weniger charakteristische Erzähler von Gottes Wegen mit Israel, deren Darstellung von einer anderen Schau bestimmt war, weil sie in anderer Weise des Waltens Gottes inne wurden und es erkannten.

[8] Auch wenn man 21, 1ff. wohl als in den Anfängen der Regierungszeit Davids geschehen sich vorzustellen hat, sind Sauls Bluttat und ihre durch David vorgenommene Sühnung durch Jahre voneinander getrennt.

Sauls das Leben lassen. Sie werden vor dem Herrn aufgehängt. Und ihr Sterben erwirkt denn auch, daß wieder Regen geschenkt wird und der Herr sein Land gnädig ansieht (V. 10. 14). Im jetzigen Zusammenhang, unter den Nachträgen zum Bericht über die Zeit und Person Davids, läßt die Erzählung eines der Merkmale des von David geschaffenen Reiches und seiner Herrschaft erkennen: David ist von Saul nicht zu trennen. So sehr sich die beiden ersten Gesalbten Israels auseinandergelebt haben (vgl. 1. Sam. 18ff. und Bd. 11I, S. 151ff.), und so grundlegend verschieden voneinander das staatsmännische Denken und das Lebenswerk beider gewesen ist[9] – sie gehören zusammen. Das hat die Erzählungsreihe 1. Sam. 16–31 in dramatischer Weise lebendig gemacht. Und das wird durch den Abschnitt 21, 1ff. abschließend noch einmal und in besonders eindrucksvoller Kraft herausgehoben. Die Tat des Königs Saul (V. 2b) greift in die Regierung Davids herein und zwingt diesem ein Handeln auf, zu dem er sich – so jedenfalls nach dem Wortlaut und der Darstellung der Erzählung (V. 2–7. 12–14) – nur schweren Herzens entschließen konnte.[10] Jahre nach Sauls Tod wird David mit Macht an Saul erinnert. Er wird daran erinnert, daß dieser Gesalbte Gottes erwählt war und verworfen wurde; hatte er doch in Ausübung seines Gesalbtenamts wohl um Israel geeifert, aber in allem Eifer sich dennoch vergriffen und Gottes Strafe heraufbeschworen. David muß töten, weil Saul getötet hat. Bei allem Glanz, der David, den großen Herrscher, umgibt, geht er doch im Schatten Sauls. Und Sauls längst dahinten liegende, vor dem Herrn aber keineswegs „verjährte“ Tat läßt auch auf David den Schatten fallen, daß er Menschenleben verderben muß. Ja, vielleicht muß noch ein Letztes von der unlöslichen Zusammengehörigkeit zwischen David und Saul gerade als Zeugnis dieser unheimlichen Erzählung gehört werden: abgründiges und hintergründiges Verhängnis greift von Saul herüber zu David. So ist auch er mit seiner Herrschaft vom Verhängnis berührt und der verhängnisvolle „Eifer für Israel und Juda“ (V. 2), der Volk und Land nicht schützte, sondern in den

---

[9] Das ist von Alt, a.a.O. Bd. II, S. 1ff.; 66ff. anschaulich gemacht worden.

[10] Sowohl die Episode mit Abners Versuch einer Wiederherstellung des Königtums Sauls, als auch Davids Verdacht auf Meribbaal (19, 26) machen erkennbar, daß sich David, im Anfang seiner Regierung und auch als Herr des Großreiches der vom Geschlecht Sauls immerhin möglicherweise drohenden Gefahren bewußt war. Trotzdem darf man das einhellige Zeugnis der Erzählungen, daß David von sich aus nichts getan hat, um das Geschlecht Sauls auszurotten, nicht überhören (1, 11ff.; 3, 33; 4, 9ff.; 9, 3) und ihn, diesem Zeugnis zuwider, zum Totengräber des Hauses seines Vorgängers stempeln.

Untergang führte, wirkt sich aus vom ersten König an über den glanzvollen Schöpfer des Großreichs, David, und durch die ganze lange Reihe der Könige bis zum Ende (vgl. Jes. 7; 28; 30; 31).

Die wirtschaftliche Katastrophe infolge des während dreier Jahre mangelnden Regens[11] wird für David der Anlaß, „das Antlitz des Herrn zu suchen" (V. 1). Es ist fast wörtlich dieselbe Wendung wie 12, 16, wo den König die Not um das Kind aus seiner ehebrecherischen Verbindung mit Bathseba dazu treibt, tagelang im Heiligtum zu verweilen, um Gottes Gnade für das todkranke Kind zu erlangen. Entsprechend hat man sich für 21, 1 vorzustellen, daß David, als die Regenfälle 3 Jahre hintereinander unnormal gering waren und die Hungersnot aufs höchste gestiegen war, als Büßender und Ratloser das Heiligtum aufsuchte. Er will in Erfahrung bringen, warum der Herr den Fluren seinen Segen verweigert und das Leben seines Volkes bedroht. Es ist ein wesentlicher Zug in dem Bilde Davids, welches die Berichte des 1. und 2. Samuelisbuches zeichnen, daß er an bestimmten

[11] Vgl. 1. Kön. 17. 18, wo aus der Zeit des Propheten Elia unter König Ahab von einer ähnlichen Katastrophe berichtet wird. Noch heute ist im Vorderen Orient bzw. dem syrischen Raum – im Unterschied von unserer Zone mit ihren 4 Jahreszeiten – Leben und Wirtschaft von dem Wechsel zweier Jahreszeiten geprägt. Alles hängt daran, daß nach der völlig regenlosen Sommerzeit, in der alles Leben in der Natur unter der Glut der Sonne verdorrt, durch die Regenfälle des Herbstes und Winters die Fruchtbarkeit wiedergeschenkt und das Leben von Mensch und Tier für das nächste Jahr gewährleistet wird. Die klimatischen Verhältnisse des Landes machen begreiflich, daß dort die Religion des sterbenden und auferstehenden Gottes beheimatet war. Der aus der Bibel als die große Versuchung für Israel bekannte „Baal" ist die an verschiedenen Orten unter verschiedenen Namen verehrte Personifikation der Fruchtbarkeit. Diese wird durch die Vereinigung des Gottes mit der Göttin heraufgeführt, bis mit dem Beginn der Hitzeperiode die Zeit im Jahreslauf wiederkehrt, da der Gott des Lebens stirbt und dem Gotte „Tod" das Feld überlassen muß. Die Gattin – Schwester des Getöteten sucht verzweifelt, bis sie ihn findet, und erfleht seine Wiederkehr ins Leben. Um seinerseits alles zu tun, damit der göttliche Lauf der Natur nicht unterbrochen werde, muß sich der Mensch in seinem religiösen Verhalten diesem Rhythmus einfügen; er muß das Kostbarste an Leben der Gottheit opfern (Kinder- und Menschenopfer) und in geschlechtlich-religiösen Feiern die Ehe des Gottes mit der Göttin Erdmutter nachahmen. Es ist kein Wunder, daß diese sog. kanaanäische Religion Israel zur ständigen Versuchung wurde, seit das Volk in dieser Welt Syriens und ihrem eigenartigen Klima beheimatet war. Ist Gottes Volk mit seinem ganzen natürlichen Bestand auf Gedeih und Verderb mit dem Rhythmus des Naturlaufs in diesem Land verflochten, was konnte dann für die große Masse und für nicht wenige auch der Führenden näher liegen, als die hier schon längst ausgeformten heiligen Übungen zur Inganghaltung des geordneten Naturlaufs ebenfalls zu übernehmen? Andererseits läßt das 21, 1 erwähnte Verhalten Davids erkennen, daß Israel nicht nur von dieser einheimischen Kanaanäerreligion versucht worden ist, sondern auch Abwehrkräfte gegen sie besaß. „Der Herr", der sich Israel durchs Wort offenbarte, gab sich als Herr zu erkennen, der Israels geschichtlichen Weg und ebenso den Lauf der Natur ordnet und beides souverän in der Hand hat. Sucht denn David angesichts der Naturkatastrophe „das Antlitz des Herrn", so ist das u. a. ein sprechendes Zeichen dafür, daß die Erkenntnis des Herrn und das lebendige Ergriffensein von ihm aller Vergöttlichung des Naturgeschehens und allen Versuchen, durch Magie der Zeremonien dasselbe zu beeinflussen, ein Ende setzt.

Wendepunkten für seine Entscheidung die Weisung Gottes einholte. So war der Priester, der das Orakel verwaltete, eine maßgebliche Gestalt in seiner Umgebung, als er noch der von Saul Gejagte war, und ebenso, als er zum Königtum gelangte (1. Sam. 23, 1ff.; 30, 8; 2. Sam. 2, 1; 5, 19.23). Nicht weniger bezeichnend für Davids Haltung ist das andere, daß er in Nathan einen Mann an seinem Hof hatte, der die Gabe der Prophetie besaß und dem König Gottes Weisung und Urteil vermittelte (7, 2ff.; 12, 1ff.). David, der über ein solch hohes Maß von Entschlußkraft, Scharfblick und Klugheit verfügt, hält sich bewußt im Rahmen der durch Gottes offenbarendes Handeln gegebenen Linien. Gott hat geredet und redet noch. Dem kann und will sich auch der König des Großreichs nicht entziehen. Und der Rede Gottes kann und möchte auch er nicht entraten.[12] Welches Heiligtum David aufgesucht hat, wird nicht gesagt. Es liegt wie bei 12, 16 nahe, an das Zelt in der Stadt Davids zu denken, in welchem die Lade ihren Platz gefunden hatte. Doch wäre auch die Vorstellung nicht abwegig, daß David eine Wallfahrt an ein Heiligtum außerhalb Jerusalems unternommen hat.[13] Dem König David wird der Bescheid zuteil, daß eine ungesühnte, schuldhafte Tat Sauls an den Gibeonitern das Unglück der Hungersnot verursacht hat. Was Saul im einzelnen den Gibeonitern angetan hat, läßt sich den kargen Andeutungen unserer Erzählung nicht entnehmen. Die Zwischenbemerkung (V. 2), die so eigenartig den Fluß der Erzählung unterbricht, erinnert an die kanaanitische Herkunft der Gibeoniter, die aber nach Jos. 9 dem Verband des in Gottes Bund stehenden Israel eingefügt waren und nach Jos. 9, 27 bestimmte Dienste am Heiligtum – vermutlich an dem uralten Heiligtum „der Höhe von

[12] Die Vielfalt der Wege, auf denen Gottes Wille und Entscheidung in Erfahrung gebracht werden kann, findet ihren Ausdruck in sehr bezeichnenden Wendungen. So „fragt man den Herrn", wenn man das Orakel zu Rate zieht, und „sucht den Herrn" bzw. „sein Antlitz", wenn man im Heiligtum durch den Priester oder einen Propheten Auskunft vom Herrn erbittet und empfängt. Diese Unterschiede im Ausdruck zeigen jedoch nicht allein, daß die Wege der Erfragung des göttlichen Willens und ihre „Technik" im alten Israel recht verschiedene gewesen sind. Vielmehr nötigen sie auch, das zu beachten, wie anders der fragende Mensch dabei jeweils vor Gott steht. Nimmt er das Orakel in Anspruch, so ergreift er sozusagen selbst die Initiative; er weiß, um was es geht, sieht aber zwei Möglichkeiten vor sich; durch's Orakel soll Gott die Entscheidung treffen, welcher der beiden Wege tatsächlich gegangen werden muß. Ein Vorkommnis, wie das 21, 1 berichtete, zeigt den Menschen dagegen in völliger Ratlosigkeit. Er weiß nicht, woran er ist, und erscheint deshalb als der Unwissende im Heiligtum, freilich auch in der Erwartung, daß Gott durch seine Werkzeuge die Blindheit von ihm nimmt und ihm über sein Walten und seinen Willen Klarheit gibt. Spricht endlich der Prophet wie z. B. 7, 2ff.; 12, 1ff., so tut Gott selbst den ersten Schritt. Der Mensch ahnt unter Umständen nicht, was Gott ihm aufzudecken hat oder aufträgt; er erfährt es, erschreckt oder beseligt, durch den Prophetenspruch, der ihn, den Menschen, „wie ein Blitz aus heiterem Himmel" trifft.

[13] Hertzberg erwägt im Blick auf das 1. Kön. 3, 4ff. von Salomo Berichtete eine Wallfahrt zur Großen Höhe von Gibeon.

Gibeon" – auszuüben hatten. Saul muß nun einschneidend in den alten Brauch und in die Rechte der Gibeoniter eingegriffen haben. Der Gottesbescheid (V. 1) spricht von einem Blutbad,[14] das Saul unter diesem Israel seit langem einverleibten kanaanitischen Volkssplitter angerichtet hat. Die Worte der überlebenden Gibeoniter (V. 5) reden nicht so eindeutig von Mord und Bluttat, sondern lassen zunächst an eine Aufhebung der gibeonitischen Rechte durch Saul denken, hervorgerufen, wie V. 2 andeutet, durch den Eifer des Königs für Israel und Juda; doch kann es sich – erwägt man den Wortlaut der Gottesrede und die Forderung der Gibeoniter nach blutiger Sühne – nicht um die bloße Änderung eines Rechtsstandes gehandelt haben. Diese dürfte vielmehr Hand in Hand mit einem Blutgericht über die Bevölkerung Gibeons vorgenommen worden sein. Die Gibeoniter können jedenfalls seit jener Unternehmung Sauls das Land Israels, Gottes Erbgut, nicht mehr segnen (V. 3), sei es, weil sie ihrer gottesdienstlichen Rechte beraubt sind, sei es, weil, seit Saul an ihnen wider Brauch und Recht gehandelt hat, ein schwerer Fluch oder Bann auf dem Lande lastet.

Im Heiligtum erfährt David nur, was der Grund für das Ausbleiben des Regens ist. Welcher Weg zu beschreiten sei, damit die Schuld gesühnt und der Fluch vom Land genommen werde, wird erst in der Unterredung des Königs mit den Überlebenden aus Gibeon geklärt. Ein Wergeld zu fordern, wie es die Satzungen des israelitischen Rechts als Sühne für bestimmte Fälle kannten (vgl. 2. Mose 21, 30), lehnen sie ab. Blutrache zu üben und sich so selbst ihr Recht vom Hause Sauls zurückzuholen, sind sie nicht befugt. Es liegt allein beim König, ob das Unrecht wieder gut gemacht und die alte Blutschuld gesühnt wird. David nimmt die Rolle des Mittelsmannes an. Doch bestimmt nicht er, worin die Sühne bestehen soll; die Gibeoniter werden aufgefordert, die verlangte Sühne zu nennen. Sie fordern die Hinrichtung von – wohl der heiligen Zahl wegen – 7 Männern aus dem Hause Sauls.[15] David gewährt das Geforderte und liefert 2 Söhne Rizpas, der Nebenfrau Sauls, und 5 Söhne Merabs, der Tochter Sauls, den Gibeonitern aus. Dreimal kurz nacheinander ist betont davon die Rede, daß der

[14] Da die 1. Sam. 21, 2; 22, 19 erwähnte Priesterstadt Nobe aller Wahrscheinlichkeit nach ganz in der Nähe Gibeons und damit dicht bei der Stadt Davids – wie vordem bei der Residenz Sauls, Gibea – gelegen war, mag erwogen werden, ob nicht Saul bei seinem Vorgehen gegen die Priesterschaft von Nobe gleichzeitig auch die Unternehmung gegen Gibeon durchgeführt hat; vgl. Hertzberg, a.a.O. S. 310.

[15] Die Art der Hinrichtung ist dem hebr. Wort V. 6. 9 nicht mit voller Sicherheit zu entnehmen. Die obige Übersetzung schließt sich an die Grundbedeutung des hebr. Worts „verrenken" an (Gesenius, a.a.O. S. 349). Das Entscheidende ist jedoch nicht die Tötung selbst, sondern daß die Leichen unbestattet Wind und Wetter preisgegeben werden.

König die 7 Saul-Nachkommen „geben" soll bzw. „übergeben" hat (V. 6. 9). Dadurch wird wieder deutlich ins Licht gerückt, wie völlig es in des Königs Hand liegt, ob er dem Verlangen der Gibeoniter nachkommt und die Sauliden herausgibt. Es ist auffallend, wie umständlich der sonst doch wahrlich rascher Entschlüsse fähige David verfährt (V. 3–6), um mit den Gibeonitern ans Ziel zu kommen. Will damit ein leises Zögern auf Seiten Davids angedeutet sein, der Denkweise der Gibeoniter seine Zustimmung zu geben und den von ihnen verlangten Weg zu gehen? Jedenfalls, was die Gibeoniter fordern und von David auch zugestanden bekommen, ist deutlich dem urtümlich religiösen, aber noch durch keine lebendige Offenbarung Gottes gereinigten Menschendenken entsprungen. Gewiß wollen die Gibeoniter die sieben Sauliden „vor dem Herrn" und „auf dem Berg des Herrn" hinrichten und nachher aussetzen (V. 6). Sie beweisen sich damit als Glieder des Bundes, in dem sich Israel mit seinem Herrn weiß. Sie beweisen aber damit zugleich, daß sie mit ihrer Einfügung in das Bundesvolk und ihrer Teilnahme an der Verehrung des Herrn keineswegs auch schon alles urtümlich religiöse und heidnische Denken aufgegeben hatten. Man kann den Namen des Herrn übernehmen, und kann im Namen des Herrn Dinge für richtig halten und tun, die in Wahrheit dem – freilich verkehrten – Urwissen des Menschen um die Geheimnisse des Lebens und des Todes und um die Notwendigkeiten des menschlichen Umgangs mit der Gottheit entstammen. Pflichtet hier David – wenn auch vielleicht nur unter Zögern – den Gibeonitern bei, so ist dies ein sprechendes Beispiel dafür, daß im Glaubensleben Israels, auch in dem seiner großen und zu vertiefter Erkenntnis Gottes geführten Männer, das Wissen um Gott mit dem natürlich religiösen Wesen und Denken vermischt war. Wer die Gefährdung auch der Gemeinde Jesu Christi auf diesem Gebiet kennt und wer um sich selbst weiß, wird es unterlassen, hier von primitiver Frömmigkeit oder „alttestamentlicher Vorstufe" des Glaubenslebens zu reden. Vielmehr wird er angesichts des alttestamentlichen Beispiels vor der auch uns jederzeit drohenden und offen stehenden Möglichkeit, Herr, Herr zu sagen und zugleich dem Wollen und Denken des natürlichen Menschenwesens zu erliegen, aufs tiefste erschrecken.

Auf königlichen Befehl werden Rizpas und Merabs[16] Söhne gefangen

[16] Merab war zunächst David zur Ehe versprochen, dann aber zu seiner Demütigung mit Adriel vermählt worden (1. Sam. 18, 17–19). Dessen Vater Barsillai (V. 8) hat trotz des gleichen Namens nichts mit dem Freund Davids (2. Sam. 17, 27; 19, 32 ff.) zu tun.

genommen und an die Gibeoniter ausgeliefert. Sie werden alle zusammen zu Tode gebracht; die Leichen bleiben unbestattet liegen oder am Pfahl hängen, eine Beute für das Getier und die Aasvögel. Ein seltsamer Zug in der Sühne-Hinrichtung! Verbietet doch die sicherlich auch altüberlieferte, vielleicht sogar schon von den Kanaanäern übernommene Rechtssatzung Israels, daß die Leichname der Hingerichteten oder Gehängten über Nacht ohne Grab bleiben (5. Mose 21, 23). Unbestattete Leichname verunreinigen Gottes Erbteil. Hier soll gerade durch die Aussetzung der Getöteten der Bann Gottes vom Lande genommen, alte Blutschuld gesühnt werden. Man wird nicht in Abrede stellen können, daß auch dabei das urtümlich religiöse Denken mit im Spiel gewesen ist, vollends wenn man V. 9 bedenkt, demzufolge der Beginn der Frühjahrsernte, der Anfang des Gerstenschnitts als Zeitpunkt für die Tötung der Sühnopfer gewählt worden ist. Es wird kaum von der Hand zu weisen sein, wenn Gressmann in dem grausigen Geschehen einen „Nachklang jener schaurigen, einst regelmäßigen Sitte der Menschenopfer" sieht, „welche die Fruchtbarkeit des Bodens gewährleisten sollten".[17] Ein uralter, fast verschollener Ritus, der sonst in der Zeit Davids längst nicht mehr üblich war, wäre dann aus Anlaß jener besonders drückenden Not wieder zum Leben erweckt worden.

Daß durch den Tod der sieben Männer die Hungersnot abgewendet werden und an Stelle des bisherigen Fluches neuem Segen die Bahn frei gemacht werden soll, zeigt sowohl der Zeitpunkt zu Beginn der Gerstenernte, als auch der andere Umstand, daß die Leichname bis zum nächsten Regenfall ausgesetzt bleiben. Während Gressmann dabei an die einsetzenden Herbstregen denkt und deshalb meint, die Leichname seien vom April bis Oktober an ihren Pfählen hängengeblieben,[18] spricht Hertzberg mit Hinweis auf entsprechendes eigenes Erleben in Palästina vom Eintritt eines „nachträglichen Spätregens", der nach der wahrscheinlichen Meinung der Erzählung geradezu um der mütterlichen Tat Rizpas willen geschenkt worden sei.[19]

Das einzig Lichte in diesem ganzen schauerlichen Vorgang ist die Tat der Mutterliebe Rizpas. Sie konnte nicht verhindern, daß ihre Söhne mit den fünf übrigen Verwandten ihrer Sippe sterben mußten.

---

[17] A.a.O. S. 148.
[18] Ebenda.
[19] A.a.O. S. 311.

Sie konnte ihnen auch nicht das schreckliche Los, daß ihr Leib kein Grab finden durfte, bis die Sühne wirksam wurde und wieder Regen fiel, ersparen. Aber sie hat in einer Hingabe ohnegleichen dafür gesorgt, daß die Leichen nicht dem Wild des Feldes und den Vögeln des Himmels zum Fraße dienten. Die Aufopferung dieser Mutter hat auch auf David ihren Eindruck nicht verfehlt (V. 11 f.). Kaum ist der Regen gefallen, die Sühne also angenommen und wirksam geworden, verfügt er die Bestattung der Gebeine der sieben Männer zusammen mit den bisher in Jabes zur Ruhe gebrachten Gebeinen Sauls und Jonathans im Familiengrab der Sippe Sauls.

David hat den Bürgern von Jabes Dank und Anerkennung dafür ausgesprochen, daß sie mit ihrer tapferen Tat (1. Sam. 31, 11ff.; 2. Sam. 21, 12b) Sauls und seiner Söhne Leiber der Schändung entzogen haben, welche die Philister ihnen zugedacht hatten (2, 4b ff.). Jetzt benutzt er, vollends durch die Mitteilung von der Muttertat Rizpas dazu bewogen, die Gelegenheit, auch seinerseits Saul und seinen Söhnen eine letzte Ehre zu erweisen und durch die würdige Beisetzung ihrer Gebeine im ehemaligen Sitz ihres Geschlechts ihnen eine gewisse Ehrenrettung zuteil werden zu lassen. Für den Israeliten, der – so jedenfalls in jener Zeit – kein Wissen um die Erweckung der Toten zum neuen Leben hatte, ja nach Gottes weiser Ordnung kein solches Wissen haben sollte,[20] liegt viel daran, daß er nach seinem Sterben „zu seinem Volk versammelt wird“ (1. Mose 49, 29–33; 4. Mose 27, 13; 5. Mose 32, 50), oder daß er „in seiner Stadt“, „in seines Vaters Grab“ bestattet wird (1. Mose 47, 29f.; 49, 29; 50, 5; Jos. 24, 30. 32; Richt. 8, 32; 16, 31; 1. Sam. 25, 1; 1. Kön. 2, 10). Wie von anderen, die einst zu einem wichtigen Dienst an Israel berufen worden sind, wie von Josua, Gideon, Simson, Samuel, gilt es nun auch von Israels erstem König, daß er im Erbteil Gottes, an dem seinem Geschlecht verliehenen Ort im Lande Gottes, begraben ist. Das Land, in dem jetzt für die ihm von Gott gesetzte Frist David die Herrschaft ausübt, birgt auch Sauls Leib und Gebeine. Und so wird auch damit kraftvoll bezeugt, was ein bleibendes Merkmal des Reiches unter David ist: Saul ist von David nicht zu trennen, der erwählte und mit Gottes immer neuem Erbarmen begnadete Gesalbte muß immer mit dem verworfenen Gesalbten zusammen gesehen werden, soll er und seine Herrschaft nicht in falschem Lichte erscheinen.[21]

[20] Vgl. Bd. 11I, S. 229f., Anm. 6.
[21] Vgl. Bd. 11I, S. 137. u. ö.

2. Taten der Krieger Davids im Philisterkrieg

2. Sam. 21, 15–22:

(15) Es kam noch einmal zu einem Kampf der Philister mit Israel. David mitsamt seinen Knechten zog hinab, und sie kämpften mit den Philistern. Da wurde David müde, (16) deshalb ließen sie sich in Gob[1] nieder. Da war einer unter den Raphasöhnen – das Gewicht seines Speeres betrug 300 Erz-Schekel,[2] und er war mit einem neuen Schwert[3] umgürtet – der sagte, er werde David erschlagen. (17) Da half ihm Abisai, der Sohn der Zeruja, und erschlug den Philister und tötete ihn. Damals beschworen Davids Männer ihn und sagten: „Du darfst weiterhin nicht mehr mit uns zu Felde ziehen, damit nicht Israels Leuchte verlösche."

(18) Darauf kam es noch einmal zum Kampf mit den Philistern bei Gob. Damals erschlug Sibbechai, der Husatiter, den Saph, welcher zu den Raphasöhnen gehörte.

(19) Und es kam noch einmal zum Kampf mit den Philistern bei Gob. Da schlug Elchanan, der Sohn des Jair, der Bethlehemit, den Goliath aus Gath; und der Schaft seiner Lanze war wie ein Weberbaum.

(20) Und es kam noch einmal zum Kampf bei Gath. Da war ein Mann von gewaltigem Wuchs, und er hatte je 6 Finger an seinen Händen und je 6 Zehen an seinen Füßen, zusammen 24. Auch er stammte von Rapha ab. (21) Wie er nun Israel Hohn sprach, da erschlug ihn Jonathan, der Sohn Simeis,[4] des Bruders von David. (22) Diese vier stammen von Rapha in Gath und fielen durch die Hand Davids und durch die Hand seiner Knechte.

Ebenso wie die unlösliche Zusammengehörigkeit mit dem von Gott verworfenen König Saul ist der Krieg gegen die Philister und die endgültige Zerschlagung der Macht dieses „Erbfeindes" der Israeliten ein charakteristisches Merkmal der Herrschaft Davids. Auch dieses Thema wird jetzt von der kleinen Zusammenstellung, die über einige unvergeßliche Taten aus den Philisterkriegen berichtet, angeschlagen. Das Stück 21, 15–22 enthält 4 äußerst knapp gehaltene Szenen. Jede derselben beginnt mit der wörtlich gleichen Wendung: „Und es kam noch einmal zum Kampf mit den Philistern" (V. 15. 18. 19. 20); lediglich die Ortsangabe wechselt. Den 3 ersten Kriegstaten bei Gob steht die letzte gegenüber, die sich bei Gath abgespielt hat. Die

---

[1] Statt „Nob" im hebr. Text.
[2] Mit LXX. Der hebr. Text wiederholt das Wort „Gewicht", was sinnstörend ist.
[3] Das Wort fehlt im hebr. Text.
[4] 1. Sam. 16, 9 lautet der Name „Samma".

Gleichheit im Stil wie auch im ganzen Aufbau der Episoden zeigt, daß hier eine Art Liste vorliegt, die längst in feste Form gegossen war und so in das Nachtragskapitel des Buches vom Reich eingefügt wurde. Das ergibt sich ebenso aus V. 22, der sich wie der Schluß eines Überblicks über den Tod besonders berühmter Männer aus der philistäischen Kriegerkaste „durch die Hand Davids und seiner Knechte" anhört. Der unvermittelte und fast wie eine Fortsetzung klingende Eingangssatz, der keinerlei Verbindung zu der vorangehenden Erzählung hat, legt überdies den Gedanken nahe, die Aufstellung könnte ursprünglich einen anderen Anfang gehabt haben,[5] in dem etwa eine kriegerische Tat von David selbst berichtet gewesen wäre, der ja dann im abschließenden Satz V. 22 neben seinen großen Kriegern mit Namen erwähnt wird.

Die 4 Szenen, die im heutigen Text vorliegen, nennen jeweils einen führenden Mann aus Davids Söldnertruppe als Besieger einer der Philistergrößen. Diese ihrerseits, die trotz der sie alle kennzeichnenden auffallenden Körpergröße bzw. waffenmäßigen Ausrüstung (V. 16. 19. 20) den Männern der Truppe Davids unterlagen, werden sämtlich als „Söhne des Rapha" bezeichnet. Wahrscheinlich will damit nicht gesagt sein, daß die 4 Philisterkrieger leibliche Brüder gewesen seien und einen gewissen Rapha zum Vater gehabt hätten. Rapha ist ein Mannesname mit der Bedeutung „der Langgestreckte" oder „der Niederstrecker" und nennt den Ahnherrn, von dem man die in biblischen Berichten öfter erwähnten riesenhaften Leute herleitete, die offenbar der vorkanaanäischen Bevölkerung angehörten; vgl. 1. Mose 14, 5; 5. Mose 2, 10f. 20 (dort werden die Emiter, Enakiter, Samsummiter als Sippen der Leute von Riesenwuchs erwähnt); Jos. 17, 15. So wären in der Zeit Davids die vier in Philisterdiensten stehenden Krieger, sozusagen als die „Letzten" aus der rätselhaften und unheimlichen Menschengruppe, gegen Israel angetreten und durch Israels König und seine Männer getötet worden.[6]

Die 1. der 4 Szenen ist an Einzelzügen reicher als die folgenden, ohne daß sich ein wirklich durchsichtiges Bild der Vorgänge gewinnen ließe. Es wird berichtet: David wurde im Lauf dieses Kampfes „müde".

---

[5] Hertzberg erwägt eine kurze Mitteilung von Davids Sieg über Goliath, a.a.O. S. 313.

[6] Besteht diese Überlegung zu Recht, dann ließe sich auch als Grund für die Anfertigung und Überlieferung der kleinen Liste von Davids Siegen über die Raphasöhne denken, daß man ein Zeichen der Größe und der Sendung eben Davids darin sah, daß es unter seiner Herrschaft gelang, die Letzten des Riesengeschlechts, das in die Tage der Vorzeit zurückreicht, zu erlegen.

Ob dies von einer Anwandlung körperlicher Schwäche des Königs oder von einer Ermattung seiner Truppe zu verstehen ist, läßt sich nicht entscheiden. V. 16 läßt an einen Rückzug bzw. an das Aufschlagen eines Feldlagers denken. Die offenbar schon in sich schwierige Lage Davids wird dadurch noch gefährlicher, daß einer dieser riesenhaften Philisterkrieger sie auszunützen gedachte und David in jähem Überfall erschlagen wollte. Man meint noch die Gefährlichkeit des beinahe geglückten Anschlags aus den Worten zu vernehmen, die erzählen, wie Abisai dazwischensprang, den König im letzten Augenblick rettete und den Philister erschlug. Ebenso aus der beschwörenden Bitte der Männer Davids an den König, er möge seine Söldner nicht mehr wie bisher persönlich in den Kampf führen (V. 17b). Ähnlich wie 18, 3 fürchten sie für sein Leben, das für Israel dasselbe bedeutet wie das Licht im dunklen Haus. Der V. 18 erwähnte Philisterbezwinger Sibbechai, in den bisherigen Erzählungen des 2. Samuelisbuches nirgends erwähnt, erscheint 23, 27 – nach der LXX-Lesart – in der Liste der 30 Krieger Davids.

Die 3. Szene, die Elchanans Sieg über einen der Riesenmänner im Philisterdienst berichtet, in der Darstellung so knapp wie die vorangehende, stellt die Erklärung vor ein ernsthaftes Rätsel. Der von ihm erlegte Philister trägt den Namen Goliath und ist überdies auch, was seine Bewaffnung anbelangt (V. 19), ganz der Gestalt des Gegners Davids 1. Sam. 17 gleich. Man fragt unwillkürlich: Ist es nicht in Wirklichkeit Elchanan, der Krieger Davids, der den Mann aus dem Riesengeschlecht überwältigte, während dann später der Ruhm dieser unerhörten Tat auf den König übertragen wurde? Wenn dies auch auf den ersten Blick als die nächstliegende Lösung für das Rätsel der zweifachen Überlieferung von der Besiegung des Goliath aus Gath mit der Lanze „wie ein Weberbaum“ erscheint, so gibt doch wiederum zu denken, daß angesichts der ungesucht klingenden Aussagen 1. Sam. 19, 5; 21, 10 Davids Sieg über „den Philister“ nicht leichthin in das Gebiet der dichterischen Phantasie, die auf den großen König alle Ruhmestaten häufen wollte, verwiesen werden kann. Stellt der Gestalter des Buches die beiden unvereinbaren Berichte nebeneinander, ohne irgendeinen Versuch, sie auszugleichen[7], und offenbar auch ohne darin eine Schwierigkeit zu empfinden, so wird man eher noch überlegen sollen, ob etwa „Goliath“ nicht in ähnlicher Weise wie „Rapha-

[7] Dieser Versuch ist 1. Chron. 20, 5 gemacht worden.

söhne" weniger ein Eigenname als vielmehr die Bezeichnung eines besonderen Kriegertyps gewesen ist.[8] Der Name hat jedenfalls die Bedeutung „Glanz" oder „Glänzender".[9]

Der 4. als Philisterbezwinger Genannte ist zugleich Davids Krieger und Davids Blutsverwandter. Besonders erwähnt wird hier die Veranlassung des Zweikampfes. Der Philister hatte Israel Hohn gesprochen. Dieser Zug erinnert an die Erzählung 1. Sam. 17, wo ebenfalls das Höhnen des Philisters über Israels und seines Gottes Schwäche der Anlaß zu Davids Eintreten für Gottes und Israels Ehre geworden ist, und wo so der Tod des großsprecherischen Kriegers anzeigt, wer in Wirklichkeit der Herr und Besitzer des Landes ist.

Einzelepisoden aus den Philisterkriegen also, die keineswegs ein Bild der Kampfhandlungen im ganzen geben, wohl aber einen Eindruck davon vermitteln, welch breiten Raum die Auseinandersetzung mit den bisherigen Herren des Landes Palästina im Herrscherleben Davids eingenommen hat, und über welch lange Zeiträume sich diese Kämpfe erstreckten. Der Bericht von den zwei Schlachten, die David gegen die Philister gewann (5, 17 ff.), gab ja ebenso wenig ein umfassendes Bild von dieser Seite des königlichen Werkes Davids. So steht denn im Nachtragsteil des ganzen Buches, das sich mit König David beschäftigt, ein, wenn auch in der Darstellung nicht umfassender, so doch in seiner Art sehr deutlicher und nachdrücklicher, erneuter Hinweis auf eines der besonderen Merkmale „des Reiches", das David gestaltet hat. Dieses Reich ist u. a. auch unter schweren Kämpfen mit der Macht, die bisher das Heft in der Hand hatte, geschaffen worden; es ist, sieht man auf die Aufeinanderfolge der herrschenden Mächte im damaligen Palästina, sozusagen der Erbe und Nachfolger der Philisterherrschaft geworden. Schon für Saul lag das Schwergewicht seiner königlichen Verantwortung im Kampf gegen die Philister. Manch großer Schlag gelang ihm gegen die bisher unumschränkten Herren des Landes. Aber die Entscheidung in diesem Ringen herbeizuführen, war ihm nicht gegeben. Er fiel in einer Philisterschlacht und verlor zugleich mit seinem Leben und der Krone auch alles bisher im Kampf für Israels Lebensrecht im Land Gewonnene (1. Sam. 31, vgl. Bd. 11 I, S. 248). Das Reich, welches David errichtete, hat sein Zeichen u. a. auch darin, daß diesem gelungen ist, was Saul verwehrt worden war:

[8] Vgl. auch Hertzberg, a.a.O. S. 314.
[9] Gesenius, a.a.O. S. 159.

die Philistermacht ist für immer gebrochen. Israel wohnt – zunächst – unangefochten im Lande. Dies macht der Nachtrag dadurch besonders anschaulich, daß er mit der Liste 21, 15ff. vor Augen stellt, welche gewaltigen Krieger die Philister ins Feld zu stellen vermochten. Aber sie sind dann doch gefallen „durch die Hand Davids und seiner Männer“ (V. 22).

3. Das Königslied

2. Sam. 22, 1–51:

(1) Und David redete vor dem Herrn die Worte dieses Liedes zu der Zeit, da der Herr ihn aus der Hand aller seiner Feinde, aus der Hand Sauls, errettet hatte, (2) und sprach:
Der Herr, mein Fels, meine Feste und der mich entkommen ließ!
(3) Gott, mein Fels, auf dem ich meine Zuflucht suche;
mein Schild und meiner Rettung Horn;
meine schützende Höhe und meine Zuflucht;
mein Retter, vor Gewalttat rettest du mich.
(4) Den Preiswürdigen rufe ich an, den Herrn,
daß von meinen Feinden ich Rettung erfahre.
(5) Denn umgeben hatten mich Wogen des Todes,
tückische Bäche mich jäh überfallen.
(6) Des Totenreichs Stricke umgaben mich,
Fangstricke des Todes griffen nach mir.
(7) Da mir Drangsal ward, rief ich den Herrn an
und zu meinem Gott muß ich schreien.
Und gehört hat er aus seinem Schloß meine Stimme,
mein Hilfegeschrei drang zu seinen Ohren.

(8) Und es wankte und bebte die Erde,
die Grundfesten des Himmels kamen in Bewegung,
gerieten ins Wanken, denn heiß war sein Grimm.
(9) Auf stieg Rauch in seiner Nase
und Feuer aus seinem Mund, das fraß;
glühende Kohlen brannten vor ihm her.
(10) Er neigte den Himmel und fuhr herab,
nachtdunkle Wolken unter seinen Füßen.
(11) Und er fuhr auf dem Cherub im Fluge
und erschien auf den Flügeln des Windes.
(12) Und er fügte Finsternis um sich zum Zelt,
Wassermassen, dickes Gewölk.
(13) Aus dem Glanze vor ihm brannten Kohlen voll Feuer,
(14) und donnern ließ vom Himmel der Herr
und der Höchste ließ seine Stimme vernehmen.
(15) Er sandte Pfeile und streute sie weit,
den Blitz, und mengte sie wild durcheinander.

(16) Und sichtbar wurden die Betten des Meeres,
entblößt wurden die Grundfesten der Erde
beim Schelten des Herrn
und vor dem schnaubenden Hauch seines Zornes.

(17) Er griff herab aus der Höhe und hat mich ergriffen
und zog mich aus Mengen von Wasser.
(18) Er entriß mich meinem starken Feinde,
meinen Hassern, die mir über waren an Kraft;
(19) als sie mich überfielen am Tag meiner Not,
da wurde der Herr mir zur Stütze.
(20) Und er führte mich ins Weite hinaus,
er riß mich heraus, da er Gefallen an mir hat.
(21) Und getan hat mir der Herr nach meiner Gerechtigkeit,
nach meiner Hände Reinheit mir vergolten.
(22) Denn bewahrt habe ich die Wege des Herrn
und nicht mich verfehlt an meinem Gott.
(23) Denn alle seine Rechtssätze stehen vor mir,
und seine Weisungen – nicht will ich weichen davon.
(24) Und ich bin aufrichtig vor ihm
und hüte mich vor meiner Verschuldung.
(25) So vergalt mir der Herr nach meiner Gerechtigkeit,
nach meiner Reinheit, die ihm vor Augen steht.
(26) Mit dem Gütigen gehst du in Güte um,
mit dem redlichen Mann handelst du redlich.
(27) Gegen den Reinen zeigst als der Reine du dich,
doch gegen den Verkehrten verkehrt.
(28) Dem elenden Volk schaffst du Freiheit,
doch blicken deine Augen auf Hohe – du machst sie niedrig.
(29) Denn du bist meine Leuchte, o Herr,
und der Herr erhellt mein finsteres Dunkel.
(30) Denn mit dir überrenne ich die Feindschar,
mit meinem Gott überspringe ich Mauern.

(31) Das ist Gott – gerade ist sein Weg,
die Rede des Herrn geläutert;
ein Schild ist er für alle, die zu ihm sich flüchten.
(32) Ja, wer ist Gott, wenn nicht der Herr?
Und wer ein Fels außer unserem Gott?
(33) Das ist Gott, meine Schutzwehr voll Macht,
er führt den Redlichen seinen Weg.
(34) Und er macht meine Füße wie der Hindinnen Füße
und auf Höhen läßt er mich treten.
(35) Er ist's, der meine Hände kämpfen lehrt,
daß mein Arm den ehernen Bogen spannt.
(36) Und du gabst mir deinen rettenden Schild,
und deine Antwort machte mich groß.

(37) Weit aus läßt du mich schreiten an meinem Ort
und nicht wanken meine Knöchel.
(38) Und ich verfolgte meine Feinde und vernichtete sie;
ich kehrte nicht um, bis sie vernichtet waren.
(39) Ich rieb sie auf und zerschlug sie, daß sie nicht mehr aufstehen
und fielen, so daß sie unter meinen Füßen sind.
(40) So hast du mich mit Kraft zum Kampf gegürtet,
du hast meine Gegner unter mich gebeuget;
(41) meine Feinde gabst du hin, daß sie mir den Nacken zeigten,
meine Hasser, daß ich sie vernichtete.
(42) Sie schrien um Hilfe, da war kein Erretter,
zum Herrn, aber er gab ihnen nicht Antwort.
(43) Wie Staub der Erde, so zerrieb ich sie,
wie Gassenkot zertrat, zermalmte ich sie.

(44) Und du hast mich befreit aus meines Volkes Kämpfen.
Du hast mich behütet, daß ich Haupt von Nationen wurde;
Volk, das ich nicht kannte – sie dienen mir.
(45) Die Söhne der Fremde müssen mir schmeicheln,
aufs Hörensagen unterwarfen sie sich mir.
(46) Die Söhne der Fremde mußten verfallen
und zitterten aus ihren Burgen hervor.[1]
(47) Es lebt der Herr, und gepriesen ist mein Fels,
hoch erhaben der Gott meines Heils.[2]
(48) Das ist Gott, der mir Rache gewährt,
der Völker unter mich bringt.
(49) Und er ist's, der mich herausführte aus meinen Feinden
und mich über meine Gegner erhöhte.
Von dem gewalttätigen Mann befreitest du mich.
(50) Darob will ich dich preisen, o Herr, unter den Völkern
und deinem Namen lobsingen,
(51) der das Heil seines Königs groß macht
und Gnade verleiht seinem Gesalbten,
David und seinen Nachkommen auf alle Zeit!

Gleich zu Beginn des Themas, das innerhalb des größeren Rahmens des gesamten deuteronomistischen Geschichtswerks[3] insonderheit vom 1. und 2. Samuelisbuche durchgeführt wird, findet sich an bedeutsamer Stelle ein Lied (1. Sam. 2, 1–10). Ebenso findet jetzt ein Lied seinen Platz in dem Schlußteil, mit dem die Darstellung der beiden Samuelisbücher ihre Abrundung erhält (2. Sam. 22). Die beiden Lieder oder

[1] So mit dem Paralleltext (hebr. „charag") Ps. 18, 46 an Stelle des wahrscheinlich verschriebenen „chagar" = gürten, was keinen Sinn gibt.
[2] Im hebr. Text steht zwischen den eng zusammengehörigen Worten noch einmal das Wort „Fels".
[3] Vgl. Bd. 11I, S. 4f.

Psalmen sind, so sehr sie sich nach Länge und Inhalt[4] unterscheiden, von derselben Art. In der Fachsprache geredet, handelt es sich beidemal um einen Hymnus oder ein Danklied eines Einzelnen zum Lobpreis des Gottes Israels und Herrschers der Welt[5]. Wichtiger jedoch als die Einsicht in ihre gattungsmäßige Zusammengehörigkeit scheint das andere, daß je in den Schlußsätzen in betonter Weise von dem „König Gottes, seinem Gesalbten" geredet wird. Diese Beobachtung kann doch wohl ein Hinweis darauf sein, daß die beiden Lieder über ihre Verwandtschaft in der Form hinaus im Blick auf das Thema der Samuelisbücher „zusammengehören"; daß sie einander entsprechen wie die Aufnahme und die abschließende Durchführung des entscheidenden „Motivs" in einem Musikwerk oder wie der Einstieg in ein gewaltiges Bergmassiv und die Ankunft auf der Gipfelhöhe, von der aus das Ganze übersehen werden kann. Jenes Lied, das „Hanna betete" (1. Sam. 2, 1), bildet den Auftakt, schlägt das Thema all der folgenden Erzählungen an und weist die Richtung, in der diese gehört werden wollen. Was 1. Sam. 1 vom Erleben im Haus eines Israeliten, von der Not einer Frau, die nicht Mutter in Israel werden konnte, und ihrer Begnadung durch die Gewährung ihrer Bitte um einen Sohn berichtet wird, sprengt den Rahmen eines privaten Familienschicksals aus Israels früher Zeit. Die Geburt Samuels, den Gott gegeben hat und der ihm von der Mutter zurückgegeben wurde (1.Sam. 1, 11. 27f.), und der Mann, der aus diesem Kinde werden wird, gehört in den alles Vordergründige und alles Irdische umgreifenden Zusammenhang der Herrschaft Gottes. Er hat die Welt mit Himmel und Erde gebildet, um darin sein Werk durchzuführen, um allen gegebenen Machtverhältnissen unter den Menschen und Völkern zum Trotz seine Macht zu erzeigen und um seine Herrlichkeit in der Heraufführung des Heils seiner Erwählten zu offenbaren. Und dieses sein Werk auf Erden befiehlt Gott in die Hand seines Gesalbten, des Königs (1. Sam. 2, 10). So zwingt das Lied im Eingang der Samuelisbücher, bei all den Berichten vom Untergang des Hauses Elis, vom Verlust der Bundeslade, vom prophetischen und richterlichen Dienst Samuels den Blick auf den König, den Anwalt und irdischen Zeugen der Königsherrlichkeit des Herrn zu richten. Dieser Heilskönig erscheint zuerst in der Gestalt und Person des Gesalbten Saul, hernach in der Gestalt Davids; doch

[4] 2. Sam. 22 ist das Danklied eines Königs, was so von 1. Sam. 2 nicht gesagt werden kann.

[5] Vgl. Hertzberg, a.a.O. S. 18, 317. Weiser, die Psalmen, 1. Teil in „Das A.T. Deutsch", Göttingen 1950, S. 116, 118.

kann nicht übersehen werden, daß auch mit dem an die Stelle des verworfenen Saul erhöhten David nicht schon die volle Einlösung des Erwarteten gegeben ist, daß vielmehr die Worte: „Er wird richten der Welt Enden und wird seinem König Stärke verleihen und das Horn seines Gesalbten erhöhen" auch über das Wunder des Aufstiegs Davids zur Macht und über den Glanz seiner Herrschaft hinaus auf einen *anderen* weisen, in welchem Gott es beschlossen hat, den Kreis des Erdbodens zu richten mit Gerechtigkeit (Apgsch. 17, 31).

Das Lied wiederum, „dessen Worte David vor dem Herrn redete" (2. Sam. 22, 1), bildet mit den anderen Stücken des Nachtragteils den krönenden Abschluß des mit 1. Sam. 2, 1 ff. angeschlagenen Themas. Wie aus der Wendung: „Als der Herr ihn aus der Hand seiner Feinde und aus der Hand Sauls errettet hatte" (V. 6) hervorgeht, blickt dieses 2. Lied, das Danklied des Gesalbten, auf den Weg, den David geführt wurde, und auf die lange Kette der Erzählungen von 1. Sam. 1 an zurück. Auf seine Weise hat es eines der Merkmale – vielleicht muß sogar gesagt werden: das entscheidende Merkmal – des durch David gestalteten Reiches ans Licht zu bringen. Nämlich: dort, wo nichts zu hoffen war (V. 5–7), und dort, wo die Überzahl und die Übermacht der Feinde es unmöglich erscheinen lassen mußte, jemals ein Reich und eine Königsherrschaft zu errichten, die Zeugen der Herrschaft Gottes sein könnten (V. 17–19; 32–43), dort ist das unfaßliche Wunder geschehen. Der bereits dem Tode und dem Totenreich Preisgegebene und der von Feinden rings Umstellte ist ins Weite und in die Freiheit geführt. Der von einem Kampf in den anderen Verwickelte ist zum unbestrittenen Herrn von Völkern gemacht und findet Gehorsam und Unterwürfigkeit selbst bei Fremdstämmigen (V. 20; 44–46). Auf den ersten Blick könnte das Lied den Anschein erwecken, als sei mit der Ausgestaltung des Reiches unter David das Ziel der Wege Gottes erreicht und als werde die Königsherrschaft des Herrn aller Welt vollgültig durch Davids Reich dargestellt. Doch läßt sich ja im Aufbau dieses Dankliedes des Königs nicht übersehen, daß dem Gesalbten Gottes wohl eine überaus gewichtige Rolle im Werke des Herrn zukommt, und daß sich ihm die Erwählung und Liebe Gottes überwältigend zugewendet hat, daß aber dennoch allein Gott, der Herr, das A und O ist und allein *sein* Werk und *seine* Herrschaft das Feld behält und zu preisen ist. Der König, dem Gottes rettende Hilfe widerfährt, ist immer einzig der Empfangende. Er ist lediglich Werkzeug in der Hand und in den Welt und Zukunft umspannenden Plänen Gottes.

Wer in Wahrheit der König ist und wessen Herrschaft in allem gnädigen Geführtwerden des Gesalbten in Wirklichkeit hervortritt, macht das Danklied in seinem Anfang und Schluß und ebenso in seinem Verlauf deutlich. In einer erregenden Häufung von sinngleichen Worten wird die bergende und allem überlegene Herrlichkeit des Herrn im Eingang des Liedes gepriesen (V. 2–4). Der Name des Herrn, der durch all seine im Lied besungenen Taten gekennzeichnet wird, erscheint am Schluß als der allein der preisenden Erhebung Würdige (V. 50). Und die schlechthin unbegreifliche und in aller gnadenhaften Zuwendung für Feind und Freund furchtbare Majestät des Herrn wird in einer der entscheidenden Strophen des Liedes mit hinreißenden Farben und gewaltigen Bildern besungen (V. 8–16). Überdies haben die Erzählungen des 2. Samuelisbuches zur Genüge dargetan, nicht nur welch kompliziertes Gebilde Davids Reich darstellte, sondern auch welche Krisen es trotz aller Machtfülle erlebte, und wie David selbst durch seine Versündigung und durch die Schwäche gegenüber seinen Söhnen diese Krisen und Erschütterungen mit herbeiführte. Gehen diese Berichte dem Lied Kap. 22 vorauf, so kann dieses auch darum nicht dahin verstanden werden, als wäre Davids Reich die vollendete Ausgestaltung der Herrschaft Gottes. Ist vollends die Beobachtung zutreffend, daß sich die Lieder 1. Sam. 2, 1 ff. und 2. Sam. 22 entsprechen, so gilt die im „Lied Hannas" festgestellte, über Davids Zeit und Herrschaft hinausweisende Botschaft von der zukünftigen Vollendung des Reiches Gottes auch für das „Lied Davids". Hat doch auch schon die Weissagung Nathans über Davids bleibendes Haus (Kap. 7) den Blick auf die Zukunft gerichtet, in der Gottes Werk seine Endgestalt zum Heil der ganzen Menschheit erhalten wird. Schließt denn „das Lied Davids" mit den übrigen Berichten und Erzählungen des Anhangs (2. Sam. 21–24) die Darstellung „des Buches vom König" und des „Buches vom Reich" ab, so nennt es die Person Davids und die Gestalt seines Reiches *Zeugen* für die Königsherrschaft Gottes auf Erden. Diese hat sich hier ein Aufmerken heischendes, aber doch nur vorläufiges „Zeichen" und Bild gegeben, um ihre endgültige Verwirklichung einem ganz anderen vorzubehalten, nämlich Jesus Christus, unserem Herrn, „der geboren ist aus dem Geschlecht Davids nach dem Fleisch, und nach dem Geist, der da heiligt, eingesetzt ist als Sohn Gottes in Kraft durch die Auferstehung von den Toten" (Röm. 1, 3 f.).

Wie für 1. Sam. 2, 1–10, so ist auch für 2. Sam. 22 über die Verfasserfrage nichts Sicheres auszumachen. Die atl. Forschung konnte feststellen, daß die Gattung des „Dankliedes eines Einzelnen", zu der unser Lied zu rechnen ist, im alten Orient längst gebräuchlich war und daß so „dem Psalm grundsätzlich hohes Alter zuzubilligen ist".[6] Es spricht nichts gegen die Annahme, daß das Lied in der frühesten Königszeit Israels, genauer in den Tagen Davids entstanden ist und bei bestimmten gottesdienstlichen Feiern am Heiligtum in Jerusalem Verwendung fand.[7] Ob jedoch David, der ja unbestrittenermaßen Dichter war und mit Wahrscheinlichkeit auch Psalmen geschaffen hat,[8] selbst der Dichter des Liedes ist, oder ob es ein Mann seiner Zeit und vielleicht seiner Umgebung auf den großen König dichtete, bleibt ungewiß. Auch der einleitende Satz V. 1 will wohl nicht in erster Linie David als den Verfasser, vielmehr das Lied als einen zusammenfassenden Rück- und Überblick zu dem ganzen Geschehen um David, als „den theologischen Kommentar zur Davidsgeschichte"[9] kennzeichnen. Das Lied erscheint in nur durch Kleinigkeiten verschiedener Fassung als Psalm 18 im Psalter wieder. Die Forschung erklärt die Unterschiede damit, daß 2. Sam. 22 den älteren Text von Psalm 18 da und dort abgewandelt hat, vielleicht in Berücksichtigung anderweitiger Überlieferungen,[10] vielleicht auch um des Zusammenhangs mit der Darstellung der Samuelisbücher willen, dem das Lied hier dient. Bei der Übersetzung schwankt man häufig, ob die Zeitformen der Tätigkeitswörter des hebr. Textes im Deutschen in der Gegenwart oder in der Vergangenheit wiedergegeben werden müssen.[11] In solchen Fällen wurde in der obigen Übersetzung die Vergangenheit gewählt, eben weil das ursprünglich vielleicht in Gegenwartsaussagen gefaßte Lied in unserem Zusammenhang einen Rückblick auf die Herrschaft Davids gibt und zusammenfassend zur Darstellung bringen will, was durch die Gnadenerweisung Gottes an David im Lauf vieler Jahre geschehen ist.

Der Eingang des Liedes spricht von der bergenden Macht und Güte des Herrn (V. 2–4). Das Besondere dieses Bekenntnisses ist einmal

---

[6] Hertzberg, a.a.O. S. 317.
[7] Ebenda, S. 318 und Weiser, in der Auslegung von Ps. 18, a.a.O. S. 117.
[8] Sicherlich dürfen nicht alle mit „Psalm Davids" bezeichneten Lieder im Psalterbuch David zugeschrieben werden, zumal das hebr. „le david" nicht den Verfasser bedeutet, vielmehr eine wie immer geartete „Beziehung" zwischen dem Liedinhalt und dem Weg und Geschick dieses Gesalbten Gottes feststellen will. Andererseits ist das häufige Inbeziehungsetzen von Psalmliedern mit David wohl ein Hinweis darauf, daß David auch der Dichter von solchen Liedern gewesen ist. Vgl. S. 185 Anm. 17
[9] Hertzberg, a.a.O. S. 319.
[10] Weiser, a.a.O. S. 116.
[11] Vgl. nachher S. 258.

das gehäufte „mein“ bei jeder Nennung Gottes – ein Zeichen für das unlösliche Band, das den Gesalbten mit seinem Gott und das Gott mit seinem Gesalbten verbindet. Sodann fällt die überreiche Fülle der Beinamen auf, mit denen der König vor Gott bekennt, wie er sich ihm geoffenbart und an ihm gehandelt hat. Die Beinamen sind fast durchweg als Bilder aus der palästinischen Berglandschaft und aus dem Kriegerleben geformt. Wort um Wort und Bild um Bild stellt den uneinnehmbaren, nach allen Seiten Sicherheit bietenden Felsgipfel vor Augen. Es ist, als sähe man den Krieger inmitten seiner Truppe auf steil emporragender Felszinne seinen Feinden Trutz bieten, die ihn von allen Seiten bedrohten, bedrängten und jagten und die nun doch von ihm lassen müssen, weil er jedem Zugriff und Überfall entzogen ist. Dies also die Deutung der wahren Lage Davids und die Sicht, in der allein sein Königtum gesehen werden kann. Es ist keineswegs die nächstliegende und jedermann in den Sinn kommende Sicht. Menschlich gesehen hat David auf seinem Weg zum Königsthron weder in seiner Heimat noch in der Wüste Juda noch in Kegila noch in Ziklag solche schützende Zuflucht gefunden (vgl. 1. Sam. 21; 23; 26; 27). Und als der Thron errungen und sein Bestand durch große Eroberungen befestigt war, hat es sich erwiesen, daß weder der Thron des Großreichs ein sicherer Besitz, noch die Bergstadt Jerusalem eine uneinnehmbare Feste ist (2. Sam. 15ff.). Dennoch ist David der Beschirmte, ob er von Schlupfwinkel zu Schlupfwinkel gejagt, oder ob ihm die Krone Judas und Israels angeboten wird, ob er als Führer seiner Söldner im härtesten Kampfgewühl steht, oder ob er auf deren Bitte an sicherem Ort bleibt. Und in jedem Fall ist Gott sein bergender Herr, ob er in der Stadt Davids sicher wohnt, oder ob er seine Burg vor dem anrückenden Absalom räumen muß. Denn so vieles auch nach David greift, und so viele Hand an ihn legen wollen, ist er doch nie gegriffen worden. Wie kann dies verstanden, gedeutet, erklärt werden? Als Glück, als Zufall? Gott hat sich den David „gegriffen“. Der Herr ist vor und hinter ihm – unsichtbar und doch in lebendiger Wirklichkeit, im Bilde geredet: meine Burg, mein Fels, meine Feste, meine Fliehburg! – dies ist der Gott Israels, lebendig erwiesen in Davids Weg. So steht es mit David. Er ist vollkommen von Gott aufgenommen und übernommen und darum ein Zeuge des unnahbar nahen, heiligen Gottes, der nahe ist dem, den *er* erwählt, unnahbar für die, welche seinen Erwählten anfassen wollen.

Mit V. 5 geht das Danklied zur Schilderung über; zunächst zur Schilderung der Bedrängnisse, in die der König geraten (V. 5f.) und in denen ihm nur noch der Schrei nach Gottes rettendem Eingreifen geblieben ist (V. 7), danach zur Schilderung des machtvollen Erscheinens des Herrn, durch das die auswegslose Not gewendet wurde (V. 8–20). Wie die Forschung erkannt hat, gehört die „Erzählung"[12] von Not und Rettung zu den regelmäßig in den Dankliedern wiederkehrenden Stilformen. Diese Psalmen wurden ja in Israel, ähnlich wie die entsprechenden Lieder in den heidnischen Völkern des alten Orients, für den Gottesdienst geschaffen und dort ständig gebraucht, vielleicht darf man sogar sagen: aufgeführt. Für ein solches „Danklied des Königs", wie wir es in 2. Sam. 22 = Psalm 18 vor uns haben, hat man sich den Vorgang des Näheren so vorzustellen, daß der König inmitten der vor Gott versammelten Gemeinde die Worte des Liedes psalmodierend gesprochen hat. Die „Erzählung" (vgl. V. 5–20) will jedoch nicht allein, auf Vergangenes zurückblickend, berichten, was an Not und Angst erlitten worden ist, und wie Gottes Eingreifen alles zum Besten gewandt hat. Vielmehr soll solches Berichten von ausgestandener und überstandener Bedrängnis den betenden König und die lauschende Gemeinde lebendig in die Gegenwart des Herrn führen. Er, der so gnädig auf den Plan trat, ist in der Stunde des Gottesdienstes in eben der wunderbaren Weise in seinem Volk gegenwärtig und unter ihm wirksam, wie es die erzählenden Worte schildern. Im hebr. Text wird dies bei unserem und anderen Psalmen dadurch deutlich, daß laufend Aussagen in der Vergangenheitsform mit solchen in der Gegenwartsform[13] miteinander abwechseln. Was berichtet wird, ist vollendet, perfekt, geschehen; zugleich aber, da Gott der lebendig Wirkende ist, tritt es als gegenwärtige Wirklichkeit in der gottesdienstlichen Stunde vor die Gemeinde. Die Fassung unseres Dankesliedes, wie sie Ps. 18 vorliegt, ist stark durch diese Gegebenheiten des gottesdienstlichen Brauchs geprägt. Dagegen wird in der Fassung von 2. Sam. 22 – worauf Hertzberg aufmerksam macht[14] – oft entgegen derjenigen von Ps. 18 eine 3. Zeitform[15] verwendet (erstmals V. 7b), die das Berichtete

---

[12] Weiser, a.a.O. S. 31; 118.

[13] Die hebr. Sprache kennt, genauer gesagt, die Zeitform des Perfektums und des sog. Imperfektums; mit jenem spricht sie von abgeschlossenen Vorgängen, mit diesem von solchen, die noch nicht zum Ziel gelangten, die noch „unvollendet", also im Gange sind.

[14] A.a.O. S. 319f.

[15] In der hebr. Sprachlehre heißt sie „konsekutives Imperfekt", das zur Darstellung historischer Vorgänge dient.

nicht als gottesdienstlich gegenwärtig, sondern als in der Geschichte Davids tatsächlich vorgekommen verstanden haben will. Demzufolge muß die in V. 5ff. gegebene Schilderung der Not als zusammenfassende Deutung der Not aufgefaßt werden, die eben für David als den von Gott Erwählten kennzeichnend ist. Mit den denkbar stärksten Ausdrücken wird in V. 5ff. diese Not als die völlige Preisgabe in den Tod geschildert. Bilder von unheimlichen Fluten zeichnen, wie der Tod nach dem König gegriffen hat (V. 5). Bilder aus dem Jagdleben geben wieder, wie das Totenreich ihn bereits gefangen genommen hat, so daß ihm, gleich dem Wild in der Schlinge, kein Ausweg mehr offenblieb.[16] Es blieb ihm nur noch das eine, zum Herrn zu schreien. Und – wo keiner sonst die Stimme des dem Untergang Geweihten vernehmen konnte über dem Lärmen der Feinde (V. 4. 18f.) und dem Tosen der Todesfluten – der Herr hat sie gehört in seinem Palast. So weit nach menschlichen Begriffen der Ort der Toten vom Wohnort Gottes entfernt ist, so nahe ist in Wirklichkeit der Palast des Heiligen beim Gefängnis des Todes, und so nahe ist das „Ohr" des Herrn am Munde dessen, der aus der Todesflut seine Stimme zu ihm erhebt. Und dies alles ist denn nun Deutung der Lage Davids. Er war den Toten gleichgemacht, eine scheinbar sichere Beute des Totenreiches. Er war dies nicht schon deshalb, weil er wie jedes Geschöpf dem Tode entgegengehen muß. Nicht von dem allgemeinen Schicksal des Menschengeschlechts, einmal sterben zu müssen, ist V. 5ff. die Rede. Vielmehr ist damit insonderheit das „Schicksal" Davids beschrieben. David ist von dem Augenblick an dem Tode so nahe gekommen, als ihn Gottes Wahl zum König Israels bestimmte. Dadurch wurde er in die auf Tod und Leben gehende Auseinandersetzung mit den Philistern verwickelt, bei der er als Sauls Söldnerführer und später als regierender Herrscher über ganz Israel Kämpfe um Kämpfe zu bestehen hatte, bei denen sein Leben oft in äußerster Gefahr war (1. Sam. 17, 33. 44; 18, 17. 25; 2. Sam. 21, 15–17). Seitdem drohte ihm der Tod von der Hand Sauls, so daß nur ein Schritt zwischen ihm und dem Tode war (1. Sam. 18, 6ff.; 19, 1; 20; 26). Und auch noch auf der Höhe seiner Macht ist David bei der Erhebung Absaloms nur mit knapper Not dem Tod entgangen (2. Sam. 15, 14; 17, 1ff.; 18, 3). Durch die *Berufung Gottes* wurde David, anders als Sterbliche sonst, so völlig zum Vertrauten des Todes. Sein *Amt* hat ihn in diese ständige Nähe des Todes geführt. Als der

[16] Ein ähnliches Bild gebraucht Jesus in dem Wort von den „Toren der Totenwelt", die seine Gemeinde nicht für immer im Tode zurückhalten können (Matth. 16, 18).

Gesalbte wurde er in Todesdunkel geworfen – und, auf sein Rufen hin, aus dem Tode gerissen. Und damit ist David ein leibhaftiger Hinweis oder eine Abschattung des „Sohnes Davids", des wahren Trägers des Gesalbten-Amts, der als der Christus nicht nur wie David in die Nähe des Todes kam, sondern dessen Beruf es war, zu sterben und den Tod für die Versündigung aller zu erleiden (Matth. 3, 13–17; Matth. 20, 22; Luk. 12, 50; Mark. 8, 31ff.; 9, 31; 10, 33; Mark. 10, 45; Joh. 6, 51ff.; 10, 12; 18, 36ff.), um sein Leben wiederzunehmen (Joh. 10, 18).[17]

Diese beständige Bedrohung des Königs durch den Tod hat nicht mit dem Sieg des Todes geendet. Das ist ein Wunder und das Werk des Herrn. Denn allein Gott, der Herr, ist dem Tode überlegen und kann ihm den Raub, der ihm schon sicher zu sein scheint, entreißen. Wie dies geschah, daß der Tod seine Beute fahren lassen mußte, und daß der König dem Leben wiedergegeben wurde, schildern V. 8–20 in majestätischen Bildern vom Eingreifen des Herrn.[18] Das Besondere dieser „Erzählung" ist, daß Gott, umtost, umwölkt und umglänzt von all den erschreckenden, furchtbaren und grandiosen Zeugen seiner Majestät, gekommen ist, seinem Gesalbten in dessen tödlicher Verlassenheit beizuspringen. Feuergluten, Wolkenballung, Hagelgeprassel, Sturmesheulen, Donnerkrachen und Blitzgefunkel, Erd- und Himmelsbeben zeigen das Erscheinen der ewigen und herrlichen Majestät an, deren Gestalt selbst dem Menschenauge nicht sichtbar wird. Alle diese Bilder geben die gewaltigsten unter den Erscheinungen und Katastrophen im Naturlauf und Weltall wieder und sind die dichterische Ausgestaltung sowohl der schreckhaften Erfahrungen des Menschen mit den Gewalten des Erdbebens, des Gewitters, der Vulkanausbrüche, als auch des uralten menschlichen „Wissens" um vorgeschichtliche Weltkatastrophen. Für das Ohr eines Israeliten (und eines jeden ernsthaften Bibellesers) freilich sind diese Bilder weit mehr als grandiose „Verdichtung" menschlicher Erfahrung der Naturgewalten. Sie erinnern an den Anfang des Volkes Gottes, da Gott so majestätisch und

[17] Wie David mit seinem Weg durch Todesschatten und Rettung aus dem Tod den Christus vorausverkündigen muß, so haben umgekehrt die Apostel Jesu und die Gemeinde des Herrn mit ihrem Weg teil an Jesu Christi Gang in den Tod und aus dem Tod. Vgl. 2. Kor. 1, 3–11; 4, 7–12; 5, 1–10; 6, 9f.; 12, 10; 13, 4).

[18] Weiser, a.a.O. S. 119, zeigt zu Ps. 18, wie die auch in anderen biblischen Zusammenhängen (5. Mose 33, 2; Richt. 5, 4ff.; Jes. 30, 27ff.; Hab. 3, 3ff.; Ps. 97, 2) gegebene Schilderung des majestätischen Herabfahrens und Eingreifens Gottes der hörenden Gemeinde im Heiligtum zum Bewußtsein bringen wollte: Gott, der Herr, ist zur Stunde so unter uns gegenwärtig, wie ihn die breit ausmalenden Worte erkennen lassen.

furchterregend am Sinai hervorgetreten ist und sich zu seinem Herrn gemacht hat (2. Mose 19). Sie erinnern an Stunden in der Geschichte des Volkes Gottes, in denen es mit ihm zu Ende zu sein schien, und wo der Herr so eingriff und das drohende Ende in einen neuen Anfang des Lebens verwandelte (Jos. 10, 11; Richt. 5; 1. Sam. 7, 10). Der Herr bleibt nicht in weltweiter Abgeschiedenheit fern von dem Ort, da sein Gesalbter Drangsal leidet und von Feinden umdroht ist. Er „neigt" den Himmel, um auf solcher himmlischen „Heerstraße" zur Erde herniederzufahren, daß dort das Unterste zu oberst gekehrt wird (V. 16). Und der Herr sieht nicht sozusagen in erhabener, göttlicher Gelassenheit aus seiner Höhe den Kampf und das Leiden des Gesalbten, um ihm, ohne mit dem Herzen beteiligt zu sein, von ferne her zu „helfen". Der Schrei des Königs in seiner Ausweglosigkeit entfacht in Gott den grimmen Zorn. Mit betont und bewußt vermenschlichenden Zügen, die doch zugleich alle Maße menschlicher Zornerregung übersteigen, wird Gottes Zürnen geschildert: Der heiße Atem der Leidenschaft steigt wie Rauchdampf aus seiner Nase, fressendes Feuer loht aus seinem Mund. Es ist ja sein Gesalbter, den „die Feinde" dort auf der Erde zu vernichten im Begriffe sind. Es ist das Werkzeug seiner göttlichen Planung mit der Welt, dem „die Feinde" nach dem Leben stehen. So sind diese die Feinde des Herrn, und so will der Herr in weisem und heiligem, nicht etwa sinnlos hervorbrechendem Zorn seinen Heilsplan vor ihnen schützen. So kraftvoll das Lied herausstellt, daß der Herr sich persönlich für seinen Gesalbten „einsetzte" und ihm in seinen Nöten wirksam zu Hilfe und nahe kam, inmitten der Bedrängnis auf den Plan trat, so deutlich wehrt es doch zugleich jedem allzu massiven, Gott ungut ins Menschliche herabziehenden Gedanken. Auf die gewaltige Schilderung V. 8–16 folgt das stille und erhabene „Bild" V. 17–19, wie der Herr „aus der Höhe" nach dem einem Ertrinkenden gleich um sein Leben Ringenden gegriffen und ihn herausgezogen hat.[19] Diese ganze Darstellung des Erscheinens Gottes will nun aber nach der Absicht des Liedes in der Fassung von 2. Sam. 22 als Deutung der Geschichte Davids verstanden werden. Die Erzählungen vom Weg Davids zeigen von 1. Sam. 16 an den Gesalbten bedroht durch Saul, verwickelt in hitzige Kämpfe, oft von Feinden

[19] Es legt sich nahe, an 1. Kön. 19, 11. 12 zu denken, wo die Schilderung von den grandiosen Zeugen von Gottes Macht wahrhaft erschütternd zu dem „Hall verschwebenden Schweigens" (M. Buber) übergeht, unter dem Elia der Gegenwart des Herrn bewußt wird.

umringt; sie enthalten aber keine Schilderung solch handgreiflichen Erscheinens des Herrn. Ja, in der ganzen Kapitelreihe, in denen man das ursprünglich selbständige Werk von „Davids Thronnachfolge" zu erkennen hat, ist es sogar bis auf wenige Sätze (2. Sam. 11, 27; 12, 24; 17, 14) vermieden, der göttlichen Hand und Regierung Erwähnung zu tun. Es ist nicht selten die Rede davon, daß David den Herrn befragte und die erbetene Weisung empfing (1. Sam. 22, 15; 23, 9; 30, 7; 2. Sam. 2, 1; 5, 19. 23), daß er das Antlitz des Herrn suchte (2. Sam. 12, 16; 21, 1) oder daß er den Herrn bat (2. Sam. 15, 31), mit anderen Worten: diese Erzählungen zeigen von David nichts anderes, als was auch sonst den Verkehr des Menschen mit Gott und Gottes mit dem Menschen kennzeichnet. Es wird nun aber aller Verharmlosung dessen, was zwischen Gott und David vorging, gewehrt, wenn unser Lied die Geschichte Davids durch diese verdichtende Schau von V. 8–20 in das wahre Licht rückt. Sah auch kein Mensch, sah auch David selbst nicht, daß der Herr ihm unter solch grandioser, äußerlich wahrnehmbarer Machtentfaltung genaht ist, so ist doch in Wahrheit der Herr allezeit über ihm gewesen; er hat nie den Griff seiner Hand um ihn gelockert. Der Herr, der am Sinai Gottes Volk ins Leben gerufen hat, ist als derselbe – wenn auch von Menschensinnen nicht wahrgenommen – um der Bewahrung seines Volkes willen in der Geschichte Davids, seines Gesalbten, auf den Plan getreten. Der Herr, der Himmel und Erde geschaffen hat, hat Himmel und Erde in Bewegung gebracht und hat sich selbst mit seiner heiligen Person eingesetzt, damit sein Gesalbter nicht sterbe, sondern lebe. Und so ist David wiederum ein Hinweis, ein Schattenbild und Zeuge des „Sohnes Davids", der in niedriger Gestalt seinen Weg auf Erden vollendete, der von Feinden, Spöttern und Lästerern bis in seinen Tod hinein umgeben war, der „Fleisch wurde" und dennoch die „Herrlichkeit als des eingeborenen Sohnes vom Vater" an sich trug und den Seinigen zu „schauen" gab (Joh. 1, 14). Auch Jesus, und Jesus erst recht, ist nicht erkannt, wenn man in ihm einen jüdischen Lehrer, einen Propheten (Matth. 16, 14) oder einen guten Menschen (Mark. 10, 18) sieht. Vielmehr wird Jesus in seiner Person und seinem Werk nur von dem erkannt, der in ihm und durch ihn den Vater sieht und der ihn als uns zur Rettung gekommen weiß (Joh. 14, 9f.; 2. Kor. 5, 19).

Die erfahrene Rettung aus aller Feindesdrangsal wird in V. 20ff. als die Tat des Herrn geschildert, der seine erwählende Gnade dem Gesalbten zugewendet hat, weil er ihn durch und durch aufrichtig und dem Willen und Gebot Gottes gehorsam erfunden hat. Mit starken Worten wird die Gerechtigkeit, Reinheit, Fehllosigkeit, untadelige Bewährung des Königs zum Ausdruck gebracht, auf die der Herr mit der geschehenen Rettung antwortete.

Es scheint, als verkehre sich jählings das Lob der Güte Gottes in ein Rühmen der guten Taten des Menschen.[20] Doch erweist sich dies bei näherem Zusehen wirklich als bloßer Schein. Der König spricht voll Dankbarkeit aus, daß der Herr den Menschen seines Volkes und damit auch ihm als dessen Haupt „seine Wege“ kundgetan und vorgelegt, seine Rechte und Weisungen vor die Seele gestellt hat (V. 22f). Wege, Rechte und Weisungen sind handgreiflicher Ausdruck dafür, daß der Herr den Bund mit seinem Volk geschlossen hat und mit dem ganzen Ernst des gnädigen Gottes von den Erwählten und so Geliebten das Gehen und Bleiben in diesen Ordnungen erwartet. So gewiß es auch im Volke Gottes keinen einzigen gibt, der fleckenlos rein vor Gott stünde und an dem Gott nicht die Spur eines Tadels fände (Hiob 4, 17 ff.), so gewiß besteht ein nicht zu übersehender Unterschied zwischen denen, die Gottes Bund in acht nehmen (V. 21–25), und solchen, die ihn in Hochmut und Überhebung oder in Unwahrhaftigkeit und Geringschätzung verachten (V. 27. 28). Und ebenso gewiß ist es kein Zeichen wirklichen Glaubensstandes vor Gott, wenn man alles in den einen Topf unterschiedsloser Sündigkeit wirft, statt in der Wahrheit zu bleiben und gläubig gläubig, gehorsam gehorsam, falsch falsch und hochfahrend hochfahrend zu nennen. So bekennt der König seine Gerechtigkeit nicht im Wahn des Selbstgerechten, der sich selbst nach selbsterwähltem Maßstab beurteilt und das Lob zuerkennt. Vielmehr spricht er das andere aus, daß Gottes Bundesschluß mit Israel und seine eigene Berufung ins Amt des Gesalbten für ihn die Herstellung eines Rechtsstandes und Rechtsverhältnisses in sich schließt, ihm eine „Gerechtigkeit“ zugewiesen hat, der er nun seinerseits mit ganzer, aufgeschlossener Hingabe nachgekommen ist. Gott verlieh ihm die

---

[20] Forscher, die in diesem „Unschuldsbekenntnis“, mit dem der Beter sein gerechtes Tun in die Mitte rückt und darauf pocht, Gedankengänge einer späteren Zeit entdecken zu müssen glauben, wollten V. 21–25 und V. 26–31 als nicht originale Einfügung aus dem eigentlichen Danklied entfernen; vgl. Weiser, a.a.O. S. 117, 121. Demgegenüber zeigen Weiser (ebenda) und Hertzberg, a.a.O. S. 321, daß dieser Bekenntnisabschnitt völlig im Rahmen der „Aufführung“ des Dankliedes im Gottesdienst bleibt und keineswegs der Ausdruck überheblicher Selbstgerechtigkeit ist, sondern ein Glaubensbekenntnis des Königs darstellt, der sich von Gott wertgehalten weiß, weil er in dem von Gott gestifteten Bunde und dessen heilsamen Ordnungen und Schranken geblieben ist und bleibt.

Königsgerechtigkeit[21] und der König hat es als seine vornehmste Aufgabe betrachtet, diese Gerechtigkeit mit seinem ganzen Tun durchzuführen und auszuüben.

Daß das „Unschuldsbekenntnis" (V. 21–25) das volle Gegenteil selbstgerechten Eigenlobes ist, wird in den folgenden Sätzen (V. 26–31) vollends deutlich. Hier wird Gottes „Gerechtigkeit" gepriesen. Hier wird die dem Herrn eigene Wesensart und Handlungsweise ins Licht gerückt. Er ist ein Gott, dessen Weg, d. h. dessen Tun und Regieren kein Tadel trifft. Ein Herr, auf dessen Wort unbedingt Verlaß ist, weil es nicht lügt, nicht täuscht, sondern sagt, was Gott meint und will (V. 31). In seiner Gerechtigkeit ist Gott unerbittlich und geht er seinen Weg gerade. Er läßt seiner nicht spotten. Wer ihm widersteht, erfährt seinen Widerstand. Wer wider ihn aufsteht und hochfahrend ihn übersieht, erfährt seine alles zerbrechende Macht. Und wieder bewahrt Gott seine Güte einem jeden, der sich gehorsam in seinen guten Ordnungen hält. Das sind aber alle, die sich auf ihn angewiesen wissen, die sich deshalb nicht als die Hohen gebärden, sondern „dem elenden Volk" zurechnen (V. 28). Sie erfahren, was auch im „Liede der Hanna" (1. Sam. 2, 1–10) und in vielen Zeugnissen des Alten und Neuen Testaments ausgesprochen ist, daß Gott die Niedrigen und Elenden gnädig ansieht und erhebt (vgl. Luk. 1, 47 ff.). Als Glied und als Haupt dieses Volkes, das um solchen Weg und solches Handeln Gottes weiß, bekennt der König den Herrn als die *Leuchte*, ohne die sein Los nur das Elend wäre, und die sein sonst nur „Finsternis" zu nennendes Leben erhellt. Er nennt ihn den Gott, der ein Schild für jeden ist, der zu ihm seine Zuflucht nimmt. Wieder will dieser Abschnitt des Dankliedes dazu helfen, das für David Eigenartige im rechten Licht zu sehen. David hat sich, wie vor allem Kap. 11 f. unverblümt sichtbar wurde, in schwerste Schuld verstrickt. Nathan hat ihn einen „Verächter des Wortes Gottes" genannt, der getötet und der Uria die Frau weggenommen hat (12, 9). Diese Verschuldung wird durch die mit V. 20–31 gegebene Deutung des Glaubensstandes Davids weder fortgewischt noch wegerklärt. Vielmehr zeigt sie – fast nach der Art des Pauluswortes Röm. 5, 20 –, daß da, wo die Sünde mächtig geworden ist, die

---

[21] Es mag in diesem Zusammenhang an die heute freilich nur noch wenig gebräuchlichen Wendungen der deutschen Sprache wie „Apothekergerechtigkeit" u. a. erinnert werden, die besagen, daß der Inhaber des betr. Hauses die Aufgabe der Heilmittelherstellung verliehen bekam, der er mit allem fachlichen Wissen und Können nachkommen muß.

Gnade sich doch viel mächtiger erzeigt hat. David hat sich, als ihm seine Sünde gegen Gott und Menschen aufgedeckt worden ist, rückhaltlos als Sünder bekannt (12, 13a). Er hat, wenn er auch Gottes Gebot zerbrochen hat, nicht wider Gott rebelliert. Er ist, wenn auch tief gefallen, im Bunde Gottes geblieben, hat sich der Ordnung des heiligen Gottes gebeugt und ist nicht aus der Gnade gewichen. So ist ihm die Sünde weggenommen worden. Seine Gerechtigkeit, Unschuld und Reinheit ist wiederhergestellt worden. Er hat seine „Gerechtigkeit" damit wahrgenommen und „erfüllt", daß er Gottes Urteilsspruch und ebenso das Wort der Vergebung angenommen hat. Der „Sohn Davids" aber, auf den der als Sünder dennoch gerechte, weil gerechtfertigte David wiederum hinweist, hat im vollen Maß erfüllt, was V. 20–25 von der Gerechtigkeit, Unschuld und Reinheit des Gesalbten gesagt wird (1. Petr. 1, 19; Hebr. 9, 14), und ist in letztgültiger Weise der Zeuge und das Ebenbild des Gottes geworden, der sich dem Elenden zuwendet und die Finsternis ins Licht hebt. Er hat „alle Gerechtigkeit erfüllt" und hat seine Gerechtigkeit damit wahrgenommen, daß er unter denen, die der Täufer Johannes ihrer Verlorenheit überführte, die Taufe im Jordan auf sich genommen hat (Matth. 3, 13–17). Durch dieses Einen Gerechtigkeit ist die Rechtfertigung des Lebens über alle Menschen gekommen (Röm. 5, 18). Jesus, der von keiner Sünde wußte, wurde von Gott für uns zur Sünde gemacht, auf daß wir würden in ihm die Gerechtigkeit, in der Gott wirkt (2. Kor. 5, 21).

Von Gottes wunderbarer Weise, sein Wort zu halten und seine Gnade an dem gehorsam und „niedrig" vor ihm Bleibenden zu erzeigen, geht das Lied sodann zu der wunderbaren Macht über, die der Herr in der Führung des Königs bewies und die er ihm auf seinem Weg geliehen hat. Ein Preis der Einzigartigkeit des Herrn, der nicht seinesgleichen hat und neben dem es niemand gibt, der des Gottesnamens würdig wäre (V. 32), faßt das V. 20–31 von Gott, dem Herrn, Geschehene zusammen und ist zugleich der Eingang zu dem Gebet V. 33–46, in dem der König voll staunenden Dankes sein Standhalten in allem Kampf (V. 33–37), sein Siegen über die Bedränger (V. 38–43) und sein Thronen über Völkern (V. 44–46) als die Tat bzw. das Geschenk Gottes bekennt. Dieses Gebet, dessen Worte, Bilder und Vorstellungen vom altorientalischen Hofstil getränkt sind,[22] ist die Deutung von Davids Kriegertum, seinen Siegen, seiner Königsherr-

[22] Vgl. Weiser, a.a.O. S. 122.

schaft und seines Großreichs. Vom Söldnerführer und Kriegsmann David ist in den Erzählungen von 1. Sam. 16 an viel die Rede gewesen. Kampf und Krieg waren ein Element seines Lebens und seines Weges bis zum Thron und wieder, als er die Krone Judas und Israels empfangen hatte. Die Berichte lassen erkennen, daß David ein hervorragend fähiger, tapferer, wendiger Krieger gewesen ist, den Israels erster König und nachher der Philisterherrscher gern in ihre Dienste genommen haben (1. Sam. 18, 5; 27, 2ff.), für den seine Söldner durch dick und dünn gingen (1. Sam. 22, 2; 27, 2; 30, 9; 2. Sam. 2, 3; 5, 6ff.; 18, 3), und der selbst einem viel zahlreicheren Aufgebot des Feindes nicht das Feld räumte (2. Sam. 5, 17–25). Der ihn unter seinen Zeitgenossen zum berühmten Kriegsmann macht, ist Gott. Gott macht den Arm seines Gesalbten stark, lehrt ihn, den Bogen zu spannen, gibt seinem Fuß Schnelle, seine Feinde zu überraschen, und läßt seinen Geist die rechten Entschlüsse finden.

In den Erzählungen beider Samuelisbücher wurde von großen Siegen berichtet, die David über seine Gegner errang. Die Kap. 2. Sam. 5. 8 zeigen ihn insonderheit auf dem Gipfel der Macht in Palästina, als den Herrscher eines Großreichs, dem von Westen, Osten und Norden Tribute gezahlt werden. Der Sieger wurde David, weil der Herr ihm den Sieg gab und seine Feinde unter ihn brachte (V. 40). Zum großen Herrscher über Völker ist er geworden, weil der Herr ihn zum Haupt für Völker gesetzt hat (V. 44). Und auch in dieser Gestalt des nicht zu Überwindenden, des mit Sieg Beschenkten und in die Herrschaft Gesetzten ist David wieder der Vorbote des wahren Gesalbten Jesus Christus. Freilich ein Vorbote, dessen Gestalt sich zu der des Kommenden auch in jeder Hinsicht im Gegensatz befindet. Denn Jesu Stärke und Macht besteht nicht darin, daß er das Schwert führt, vielmehr darin, daß er der anderen Schwert und Gewalttat wider sich und die Seinigen herausfordert (Matth. 10, 34), und daß er als König des Reiches, welches nicht von dieser Welt ist, leidet (Joh. 18, 36f.). Seinen Sieg gewinnt er nicht so, daß er seine Feinde zerschmettert, sondern so, daß er für sie bittet und für sie stirbt (Luk. 23, 34; Röm. 5, 6–10). Und seine an jenem Tag offenbar werdende Königsherrschaft erhält er als die Frucht seines Gangs in die Erniedrigung am Kreuz (Phil. 2, 6–11), und er übt sie aus, um nach der Unterwerfung aller Gewalten, die das Menschengeschlecht und die Kreatur von Gott trennen, als der Sohn dem untertan zu sein, der ihm alles unter die Füße gelegt hat, „auf daß Gott sei alles in allem“ (1. Kor. 15, 24–28).

Zu solchem Dienst Gottes war David nicht berufen. Sein Weg und Lebensgang, sein Königtum bezeugt nur in dem einem Menschen gegebenen Maß die Herrlichkeit und Majestät des Herrn. Der Name des Herrn, der das Leben hat und der das Leben seines Gesalbten aus aller Bedrohung durch die Feinde gerettet hat, wird gepriesen und ist allein des Lobpreises würdig. Mit dem Blick auf den Lebendigen und auf den Herrn, der sich durch sein majestätisch herablassendes Handeln an David einen Namen gemacht, besser: seinen Namen neu bestätigt hat, schließt das Danklied des Königs, das in der Fassung von 2. Sam. 22 die Davidsgeschichte deutet und das entscheidende Merkmal der Königsherrschaft Davids ins Licht rückt.

4. Der Königsspruch

2. Sam. 23, 1–7:

(1) Und das sind Davids letzte Worte:
Spruch Davids, des Isai-Sohnes,
Spruch des Mannes, der hoch gestellt,
des Gesalbten von Jakobs Gott,
des Lieblings der Gesänge Israels:
(2) Der Geist des Herrn läßt sich durch mich vernehmen,
und sein Wort ist auf meiner Zunge.
(3) Es spricht der Gott Jakobs,[1]
zu mir redet Israels Fels:
„Der herrscht über Menschen gerecht,
der Herrschaft übt in Gottes Furcht,
(4) ist gleich dem Lichte des Morgens
beim Aufgang der Sonne,
am Morgen ohne Wolken;
und wie[2] erglänzt vom Regen
das Grüne aus dem Boden.“
(5) Denn ist nicht so mein Haus mit Gott?
Hat er doch ewigen Bund mir gesetzt –
geordnet gesamt und bewahrt.
Denn alles mein Heil und all mein Begehr –
läßt nicht er es aufsprießen?[3]

---

[1] So mit LXX-Handschriften statt „Israel“ im hebr. Text. Da die 2. Vershälfte vom „Felsen Israels“ redet, legt es sich nahe, im Verseingang entsprechend V. 2 „Gott Jakobs“ zu lesen.
[2] Mit LXX, die hier erneut das Vergleichswort bietet, während der hebr. Text die holperige Übersetzung ergäbe: Vom Schein vom Regen des Grüns . . .
[3] Nach dem Vorschlag der Textforschung.

(6) Der Verderber dagegen gleicht den Dornen,
die man weggeworfen zuhauf;
denn in die Hand nimmt man sie nicht,
(7) und keiner faßt sie an.
Man stattet sich aus mit Eisen,
mit Hölzern, lang wie ein Spieß;
mit Feuer verbrennt man sie sicher
da, wo sie zu liegen kamen.[4]

Der Überlieferung von Gottes Heilstaten an Israel, wie sie in den 5 Büchern Mose gesammelt und gestaltet sind, sind zwei Reihen von Sprüchen prophetischen Charakters eingefügt, die von Eigenart, Weg und Geschick der Stämme des erwählten Volkes künden. 1. Mose 49 erzählt, wie der Stammvater Jakob vor seinem Sterben verkündigte, was ihm über seinen „Söhnen" und damit über den Stämmen Israels zu sagen und festzusetzen aufgetragen worden ist. Ehe sich der Redende dem Schicksal der einzelnen Söhne zuwendet, stellt er seine Autorität ins Licht; er fordert willige Ohren für sein Wort: „ ..höret, ihr Kinder Jakobs, und höret auf Israel, euren Vater!" 5. Mose 33 berichtet von dem „Segen", mit dem Mose, der Mann Gottes, die Kinder Israel vor seinem Tod segnete. Auch hier wird auf die Autorität, die Mose als dem Übermittler des Gesetzes, des Erbes der Gemeinde Jakobs, zukommt, verwiesen; freilich erst, nachdem zuvor in wenigen, gewaltigen Sätzen von der majestätischen Herablassung der unnahbaren Herrlichkeit Gottes und von seiner seinem Volk nahegekommenen Liebe die Rede war. Auch von David sind „letzte Worte" überliefert. Sie bekommen im Anhang zum 2. Samuelisbuch ihren Platz, weil sie mit den übrigen darin vereinigten Stücken zur Kennzeichnung von Reich und Herrschaft Davids dienlich sind. Wie die Bezeichnung „letzte Worte" aufzufassen ist, läßt sich nicht mit Sicherheit ausmachen. Möglicherweise will der Erzähler bzw. die von ihm aufgenommene Überlieferung damit zum Ausdruck bringen, daß *der große König Israels*, ähnlich wie *Israels Stammvater* und sein *Bundesmittler*, prophetische Worte von gestaltender Kraft und letzter Gültigkeit für das Volk Gottes gesprochen hat. Es ist aber auch das andere denkbar, daß der Spruch wirklich als Davids „letzte Worte", d. h. als sein Testament anzusehen ist, in denen der König an seinem Lebensabend die für die Zukunft seines Hauses und die Herrschaft seiner

---

[4] Die Übersetzung ist nur ein Versuch, dem hebr. Wortlaut gerecht zu werden; vgl. Gesenius, a.a.O. S. 816.

Nachfolger entscheidende Erkenntnis ausspricht und festlegt. „Stilistisch und inhaltlich altertümlich“,[5] hindert der Spruch in nichts, in David seinen Verfasser zu sehen;[6] die Sprache, in der sich „rauhe kriegerische Kraft mit zartester Poesie“ vereinigt, ist das Kennzeichen von „Davids Seele“.[7]

Viel stärker, als dies bei 1. Mose 49, 1; 5. Mose 33, 1 der Fall ist, trägt die kleine Dichtung die Art des Seherworts, des Prophetenspruches an sich. Die Wendung „ne'um“[8] im einleitenden Satz V. 1f., mit dem sich der König als von Gott erleuchteter Prophet kundgibt, findet sich so nirgends bei den Gestalten der großen Propheten Israels. Sie beginnen zwar häufig ihre Rede mit demselben Ausdruck „ne'um“, verwenden ihn aber nur in der Verbindung mit dem Namen des Herrn, wenn sie ihren Hörern zurufen: „Spruch des Herrn: ... !“ Als die Autorisierung der Aussage eines Menschen findet sich „ne'um“ neben 23, 1 nur noch in der Einführung des 3. und 4. Spruches des Bileam, welcher auf Befehl des Moabiterkönigs Israel fluchen sollte, jedoch von Gott gezwungen wurde, wider Willen über Israel das Wort gesegneter Zukunft zu sprechen (4. Mose 24, 3f. 15f.), und im Spruch Agurs (Sprüche 30, 1). 4. Mose 24, 3. 15 findet sich überdies wie 2. Sam 23, 1 die Bezeichnung des prophetisch Erleuchteten als „Mann“ (hebr. „gäbär“).[9] Der Spruch, zu dem der Mensch den Mund auftut, ist von oben empfangen. Bileam empfängt das Wort, die Augen wurden ihm geöffnet. In diesem Zustand prophetischer Schau wird er Hörer der Rede Gottes. David nennt sich das Werkzeug *des Geistes des Herrn*, der ihm sein Wort auf die Zunge legt. Gottes Geist bedient sich Davids. Welches Wunder, da er doch von sich aus „Fleisch“ ist und „nach dem Fleisch“ nicht mehr als der Sohn des Isai (V. 1b)! Aber es ist ein Wunder, dessen Grund erkennbar ist. Hat doch „der Gott Jakobs“ den Sohn Isais zu seinem Gesalbten gemacht und ihn damit „hoch gestellt“. Der Herr, welcher Jakob das Land zu besitzen und ein großes Volk vor Gott zu werden zugeschworen hat (1. Mose 28, 13f.), hat sein Wort gehalten. Er hat es jetzt damit bestätigt und eingelöst, daß David der König wurde und in Gottes Auftrag den Besitz des Landes für Israel sicherstellte und das Reich schuf. Mit dieser Sendung ward David „der Liebling der Lieder Israels“. Der Sinn

[5] v. Rad, Theologie des A.T. Bd. I, Kaiser, München, 1957, S. 309.
[6] Vgl. Hertzberg, a.a.O. S. 324,
[7] Vischer, a.a.O. Bd. II, S. 278f.
[8] Zu deutsch: „Seherspruch“; vgl. Vischer, a.a.O. S. 277.
[9] Vischer gibt dafür die diesen Stellen gemäße Übersetzung „Ermächtigter“, a.a.O. S. 277.

dieser überraschenden Selbstbezeichnung ist nicht mit Sicherheit auszumachen. Im Blick auf das vorausgehende Kapitel ließe sich wohl vorstellen, daß David als der König von Gottes Gnade, als der Gesalbte und Ermächtigte wie im „Königsdanklied", so auch in anderen Liedern Israels zum Anlaß und Grund des Jubelns und Lobens vor Gott wurde. Ebenso aber kann (vgl. 1. Sam. 16, 14ff.;[10] 2. Sam. 1, 19ff.; 3, 33f.) gemeint sein, daß David als der begnadete Dichter im königlichen Amt Israel zum Gegenstand seiner Lieder machte und in seiner Weise „das Lied von Israel" als dem Wunder Gottes sang. Es schließt sich eins ans andere in bedeutsamer Folge: David, nach dem Fleisch der Sohn Isais, durch die Berufung des Gottes Jakobs zum Gesalbten in Israel bestellt, mit der Gabe des Dichters ausgestattet, wird zum Werkzeug des Geistes Gottes; er wird zum Propheten, der, ähnlich wie Jakob und wie Mose, in letztgültiger Weise das Wort des Herrn über die Zukunft nicht nur des Herrschers in Israel und seines Hauses, sondern des Volkes Gottes auszusprechen hat. Keinesfalls sollte übersehen werden, daß V. 3a ausdrücklich auf den „Gott Jakobs" und „den Felsen Israels" hingewiesen ist, der mit den „letzten Worten Davids" *sein* Testament für das Geschlecht Jakobs und für Gottes Volk der Öffentlichkeit vorlegt.

Der Inhalt des Spruches hat, wie Vischer[11] mit Recht sagt, „hochpolitischen" Charakter. Im Gewand der orientalischen Gleichnisrede[12] und zweier einander entgegengesetzter Bilder,[13] wird die Gestalt des wahren Herrschers beschrieben und kundgemacht. Er ist der „Gerechte", welcher „in der Furcht Gottes" sein Herrscheramt versieht. Gegenüber den unter uns üblichen und weithin einseitigen, ja verdünnten Vorstellungen bedarf es sorgsamer Beobachtung der biblischen Sprache, um der ganzen Fülle des Wortes „gerecht" ansichtig zu werden. Gott der Herr, getreu seinem Willen, das Heil des Menschen zu schaffen und es ihm in seinem Bunde zu gewähren, setzt den Menschen durch seinen Spruch in sein „Recht" ein. Auf diese Weise wird der Mensch zum Gerechten (hebr. „zaddik") gemacht. Allein auf diesem Grunde beruht es, wenn der Mensch sich in der von Gott gesetzten Bundesordnung hält und seinen Verkehr mit Gott wie mit seinen Mitmenschen „gerecht" oder fromm gestaltet.[14] So sind denn beide

[10] Vgl. Bd. 11I, S. 136.
[11] A.a.O. S. 278.
[12] Hebr. „maschal", was Gleichnisrede, Rätselspruch, Sprichwort bedeuten kann.
[13] Vgl. Ps. 1 „der Baum am Wasser" – „die Spreu im Winde".
[14] Vgl. Theol. Wörterbuch zum N.T. Bd. II, S. 179f.

Wendungen: „Der gerecht herrscht" und: „Der in der Furcht Gottes herrscht" sachlich gleichbedeutend, wie sich schon aus dem Gesetz der hebr. Dichtung, dem sog. Gleichlauf der Glieder, ergibt. Gott wendet sich dem Menschen zu und schließt den so Erwählten in die Gerechtsame seiner Bundesordnung ein. Er weckt dadurch in ihm die Gottesfurcht, von der geleitet er sich hütet, Gott zu mißachten und damit sein – des Menschen – herrliches „Recht" zu verlieren.

Dieser Herrscher in der Furcht Gottes, der als Gerechter über den Menschen königlich waltet, wird mit zwei seltsam ineinander verschlungenen Bildern dargestellt (V. 4). Mit wenigen Worten beschwört der Dichter vor dem Auge der Hörenden das Bild eines strahlenden Morgens, an dem die Sonne, von keiner Wolke und keinem Nebel verschleiert, über der Erde aufgeht. Und sogleich folgt, bildmäßig in kühner Gegensätzlichkeit, sachlich das Gleiche zur Darstellung bringend, die Schilderung des jungen Grüns, das im Frühling aus dem Boden geschossen ist und, vom Regen abgewaschen, in der Sonne glänzt. So erquickend Sonnenaufgang am wolkenlosen Morgenhimmel und Glanz des frisch benetzten Grüns dem Menschen ins Auge fallen, so wohltätig ist der gerechte und gottesfürchtige Herrscher. Spricht das erste Bild vom sieghaften Auftreten des Gerechten, so erinnert das zweite an das belebende und segnende Walten Gottes, durch das dem Herrscher die Reinheit in der Furcht Gottes verliehen wird, so wie Regen das Gras des Erdbodens zum Glänzen bringt.

Und dieser Herrscher ist kein bloßes Gedankengebilde, menschlichem Sehnen entsprungen und von menschlicher Dichtkunst gestaltet. An diesem Herrscher, an seinem Dasein und Kommen ist nicht zu zweifeln. Der Herr hat einen „ewigen Bund" mit David geschlossen, „geordnet und bewahrt" (V. 5), d. h. „eine wohltätige Abmachung" verfügt, „die für alle Zukunft für das Verhältnis beider Partner zueinander eine neue Rechtslage begründet hat".[15] Mit anderen Worten: es ginge nicht mit rechten Dingen zu, wenn man auf den gerechten Herrscher vergeblich warten müßte. Und umgekehrt: Gott selbst hat sich rechtskräftig darauf festgelegt, diesen gerechten Herrscher zu senden. Er hat den Menschen aus freien Stücken in seiner Gnade sozusagen einen „Rechtsanspruch" auf diesen wahren Herrscher gegeben.

David gegenüber hat sich Gott festgelegt, daß der wahre Herrscher erscheint. Ist David dieser gerechte und in Gottes Furcht regierende

[15] v. Rad, a.a.O. S. 309.

König? Ja, denn David spricht auf Grund des Bundesschlusses Gottes mit ihm in diesem Prophetenspruch von sich. Er ist im Vertrauen auf Gottes Zusage dessen gewiß, daß der Herr „sein Heil und all sein Begehr" aufsprießen läßt (V. 5). Freilich darf nicht übersehen werden, wie Davids Worte keineswegs direkt und deutlich von seiner eigenen Person reden. Es sind seine „letzten Worte", sie bilden sein Testament. Ein Sterbender stellt im Testament jedoch nicht allein fest, was war oder was er geworden ist, sondern er blickt in die Zukunft und sagt, was nach ihm sein wird. Gottes Bund ist geschlossen. Der Bund wird unverrückt eingehalten von dem, der ihn verfügte. Er ist ein ewiger Bund. Der Bund begann mit David. Die Gestalt des gerechten und Gott fürchtenden Herrschers ist erschienen. Sie verschwindet nicht von der Erde, wenn David die Augen schließt, und wenn ein anderer auf seinem Thron sitzt. Die Christenheit jedenfalls sieht in David die erste Abschattung des gerechten Herrschers und vernimmt in den eigenartig verschlüsselten Worten seines Testaments die Botschaft von dem kommenden Herrscher, der in ganzer Wahrheit gleich der Sonne unter den verfinsterten Menschen aufgeht. Sie sieht in den Worten und Bildern des prophetischen Spruches Davids den Menschen Jesus vorgebildet, welchen Luk. 1, 78 „den Aufgang aus der Höhe" nennt, durch Gottes Barmherzigkeit zu Gottes Volk gesandt.

Die Gestalt des wahren Herrschers, den Gott versprochen hat, gegeben hat und geben wird, erhält V. 6f. ihr Gegenbild in dem Verderber, der seine Herrschaft im Widerstand und Widerspruch gegen Gott ausübt. Er gleicht den dürre gewordenen Dornen, die über den Steppenboden geweht werden und so stachelig sind, daß die Leute, welche Brennmaterial daraus machen wollen, sie mit eisernen Geräten zusammenraffen müssen. Das Bild erinnert an die Beschreibung des selbstherrlichen Königtums, die Jotham in seiner Fabel anläßlich der Königswahl Abimelechs durch die Sichemiter gegeben hat (Richt. 9, 7 ff., besonders V. 14f.). In der Reihe der späteren Könige Israels, *einschließlich* derer aus dem Geschlecht Davids, erscheinen nicht wenige, die nach der Erkenntnis der Propheten Gottes und nach dem Urteil der Geschlechter, die das große Gericht über Israel im Untergang der Reiche Israel und Juda (2. Kön. 17; 25) und in der Wegführung gesehen hatten, Israels Verderber und Totengräber genannt werden müssen (vgl. 1. Kön. 18, 18; 21, 20; Jer. 22; ferner das bei jedem König wiederkehrende Urteil in 1. und 2. Kön.).

Zunächst freilich wird der Spruch Davids mit V. 6f. jene „Verderber“ im Auge haben, die in Davids Lebensgang wider ihn aufstanden, seine Herrschaft abschütteln oder erschüttern wollten und denen das Schicksal solcher verwehter und verbrannter Dornen bereitet wurde. Jedoch reicht die Kraft der Worte Davids über die Verderber seiner Zeit hinaus. Sie gelten für alle, deren Herrschaft zum Verderben Israels beigetragen hat. Sie gelten für alle, die Gottes Volk und das Menschengeschlecht vergewaltigen und in Anfechtung und Not stürzen. Und die Worte werden wahr gemacht durch den Einen, Jesus Christus, der sein Werk damit krönt und beendet, daß er alle Mächte und Gewalten unter seine Füße zwingt (1. Kor. 15, 20–28; 50–57).

5. Davids Krieger

2. Sam. 23, 8–39:

Dies sind die Namen der Krieger, die David zugehörten, Jischbaal, der Hachmoniter,[1] das Haupt der „Drei“. Der schwang seinen Speer[2] über achthundert, erschlagen auf einmal. (9) Nach ihm kommt Eleasar, der Sohn des Dodo, der Achochiter[3] unter den 3 Kriegern. Als er mit David in Pas Dammim[4] war, und die Philister sich dort zum Kampf gesammelt hatten, da flohen die Männer Israels bergauf,[5] (10) er aber stellte sich und wütete unter den Philistern, bis seine Hand ermattete und sie im Krampf das Schwert umklammerte. So verschaffte der Herr großes Heil an jenem Tage, und das Kriegsvolk konnte umkehren, hinter ihm drein, lediglich um noch zu plündern.[6] (11) Und nach ihm kommt Samma, der Sohn des Age, der Harariter. Die Philister hatten sich in Lechi[7] gesammelt, und dort war ein Ackerteil voll Linsen. Die Kriegsleute aber hatten vor den Philistern die Flucht ergriffen. (12) Er aber stellte sich mitten auf den Ackerteil, ließ ihn sich nicht entreißen und erschlug die Philister. So verschaffte der Herr großes Heil.

(13) Drei von den Dreißig zogen im Anfang der Ernte[8] hinab und kamen zu David zur Feste Adullam,[9] während das Lager der Philister in

---

[1] So nach LXX-Handschriften und 1. Chron. 11, 11.
[2] Mit 1. Chron. 11, 11 deutlicher als im hebr. Wortlaut.
[3] Mit der Parallele 1. Chron. 11, 12 als Ortsname statt wie im hebr. Text als Vatername gefaßt.
[4] Mit dem Paralleltext 1. Chronik 11, 13.
[5] Sinngemäß verdeutlichende Übersetzung des einfachen hebr. „sie gingen hinauf“.
[6] D.h. die gefallenen Philister auszurauben.
[7] So der Ortsname nach einer LXX-Handschrift.
[8] So mit einer etwas anderen Anordnung der sonst sinnlos aufeinanderfolgenden hebr. Worte.

der Ebene Rephaim aufgeschlagen war. (14) David war gerade in der Feste, und ein Posten der Philister lag in Bethlehem. (15) Da kam über David ein Verlangen und er sagte: „Wer will mir aus der Zisterne von Bethlehem, die am Tor ist, Wasser zum Trinken bringen?" (16) Da durchbrachen die 3 Krieger das Lager der Philister, schöpften Wasser aus der Zisterne von Bethlehem, die beim Tor liegt, nahmen es und brachten es zu David. Der aber wollte es nicht trinken, sondern goß es dem Herrn aus[10] (17) und sagte: „Das sei ferne von mir vor dem Herrn, daß ich so etwas tue. Es ist das Blut der Männer, die hingegangen sind und ihr Leben wagten." Und er wollte es nicht trinken. – Das vollbrachten die Drei unter den Kriegern.

(18) Abisai, der Bruder Joabs, der Sohn der Zeruja, der war Oberhaupt der Dreißig.[11] Der schwang seinen Speer über 300 Erschlagene, und er hatte einen Namen unter den Dreißig. (19) Mehr als die Dreißig war er geehrt, und er wurde ihr Oberster. Aber an die Drei kam er nicht hin. (20) Und Benaja, der Sohn Jojadas, war ein streitbarer Mann, groß an Taten, aus Kabzeel. Der erschlug die beiden „Löwen von Moab"; auch stieg er hinab und erschlug den Löwen in der Zisterne am Schneetag. (21) Er hat auch den Ägypter erschlagen, einen Mann, der etwas vorstellte; und in der Hand des Ägypters befand sich ein Speer, er aber ging mit dem Stecken zu ihm hinunter und riß den Speer aus des Ägypters Hand und tötete ihn mit dessen eigenem Speer. (22) Das verrichtete Benaja, der Sohn Jojadas, und er hatte einen Namen unter den dreißig Kriegern. (23) Mehr als die Dreißig war er geehrt, aber an die Drei kam er nicht heran. Und David setzte ihn über seine Leibtruppe. (24) Asahel, der Bruder Joabs war unter den Dreißig...

Elchanan, der Sohn Dodos, aus Bethlehem, (25) Samma, der Haroditer, Elika, der Haroditer, (26) Chelez, der Paltiter, Ira, der Sohn des Ikkesch, aus Thekoa, (27) Abieser aus Anathoth, Sibbechai,[12] der Husatiter, (28) Zalmon aus Achoach, Maherai aus Netopha, (29) Cheleb, Sohn des Baana, aus Netopha, Itthai, der Sohn des Ribai, aus Gibea in Benjamin, (30) Benaja, der Pirathoniter, Hiddai aus den Tälern am Gaasch,[13] (31) Abibaal[14] aus Araba, Asmaweth aus Bachurim,[15] (32) Eljachba aus Schaalbim, Jaschen aus Gimso,[16] Jonathan, Sohn des (33) Samma, der Harariter,[16] Achiam, der Sohn des Scharar, der Harariter, (34) Eliphelet, der Sohn des Achasbaj, einer aus dem Geschlecht Maacha, Eliam, der Sohn des Ahitophel, aus Gilo, (35) Chezro, der Karmeliter,

---

[9] So mit einer LXX-Handschrift; vgl. V. 14, ebenso 1. Sam. 22, 1 und Band 11I, S. 181, Anm. 1.

[10] Als eine Art Trankopfer.

[11] So, statt „drei" im hebr. Text, mit der syrischen Übersetzung des A.T., da vom Sinn erfordert.

[12] So mit LXX-Handschriften und der Parallele 1. Chron. 11, 29.

[13] Ein Berg im Gebiet Ephraims.

[14] Vgl. die Parallele 1. Chron. 11, 32, wo der Name „Abiel" lautet, also die Gottesbezeichnung „el" ‚statt „baal" verwendet ist.

[15] Vgl. die Parallele 1. Chron. 11, 33 und den textkritischen Apparat der Biblia Hebraica dazu.

[16] Nach den Untersuchungen Elligers; vgl. Hertzberg, a.a.O. S. 327.

Paarai aus Arab, (36) Jigeal, der Sohn des Nathan, aus Zoba, Bani, der Gaditer, (37) Zelek, der Ammoniter, Nachrai aus Beeroth, beide Waffenträger Joabs, des Sohnes der Zeruja, (38) Ira aus Jatthir, Gareb aus Jatthir, (39) Uria, der Hethiter – insgesamt 37.

David ist nicht ohne seine Krieger zu denken. Er selbst war schon von jungen Jahren an „Krieger vom Fach". Er gehörte in die Welt des Söldnertums, das schon seit langem eine gewichtige Rolle in der Geschichte des alten Orients gespielt hatte, und das König Saul bei der Bildung des israelitischen Staatswesens und bei seiner Auseinandersetzung mit den Philistern übernommen hatte (1. Sam. 13, 2; 14, 52). Zunächst hatte David eine führende Stellung in der Söldnertruppe Sauls innegehabt (1. Sam. 18, 5). Nach dem Zerwürfnis mit Saul und seiner Entfernung vom Hof wurde er der Führer einer ansehnlichen Truppe, mit der er lange Jahre auf eigene Faust kriegerische Unternehmungen durchführte (1. Sam. 22, 2; 23, 1ff.; 25), um sich zuletzt an deren Spitze in den Dienst des Philisterkönigs von Gath zu begeben (1. Sam. 27). Diesem Krieger David wurde die Krone Judas (2. Sam. 2, 1–4; vgl. 2, 12ff.; 3, 1; 3, 22) und später auch die Krone der Israelstämme angetragen und übertragen (5, 1ff.) Und auch da bediente er sich bei seiner Politik wie bei seinen militärischen Unternehmungen weithin des Instruments dieser Söldnertruppe, und ihr hatte er zum großen Teil seine Erfolge zu verdanken (5, 6ff.; 5,17–25; 15, 13ff.; 18, 1ff.).

So kann es denn nicht überraschen, daß im Nachtrag des Buches der Abschnitt 23, 8–39 eingefügt ist, in dem von den Vornehmsten der Kriegerkaste aus der Umgebung Davids die Rede ist. Die Liste der Krieger (23, 18–39), der einige Anekdoten von besonders hervorragenden Kriegern vorangestellt sind (V. 8–17), hebt einen wichtigen Zug im Bilde Davids hervor: sie zeigt ihn im Glanz des Herrschers, dem solch heldenhafte Paladine zur Verfügung stehen. Eine eingehende Untersuchung zu V. 18–39[17] machte außerdem deutlich, daß man in dieser Liste ein „originales Dokument"[18] zu sehen hat, in dem sich die langen und verschlungenen Wege Davids von seiner Verstoßung durch Saul bis zur Erhebung auf den Thron Israels abzeichnen und erkennen lassen. In der Schar der „Dreißig"[19] werden

[17] K. Elliger, Pal. Jahrbuch 31; 1935, S. 44ff.
[18] Vischer, a.a.O. Bd. II, S. 255.
[19] Man kannte diese Einrichtung längst zuvor in Ägypten; das ägyptische Vorbild wurde von den kanaanäischen Stadtkönigen, die lange Zeit hindurch ägyptische Vasallen gewesen waren, nachgeahmt. Vgl. Vischer, a.a.O. Bd. II, S. 256. Hertzberg, a.a.O. S. 327.

die Waffengefährten Davids offensichtlich entsprechend ihrem Eintritt oder ihrem Dienstalter aufgeführt, so daß sich an den Orten ihrer Herkunft der Weg Davids während seiner Verfolgung durch Saul ablesen läßt. Die ersten 10 kamen aus dem judäischen Gebiet und dürften im Anfang der Freischärlerzeit Davids zu ihm gestoßen sein (V. 24b–29a); für die nächsten werden Heimatorte genannt, die in Benjamin und anderen nördlichen Gebieten Israels liegen (V. 29b bis 32a). Die V. 33–35 Genannten weisen in die Zeit, während der David mit seiner Truppe in die südlichen Steppengebiete ausweichen mußte; aus ihr berichten Einzelheiten Erzählungen wie 1. Sam. 25. Zu diesen – insgesamt 23 – zählt die Forschung auch die in den vorausgehenden Anekdoten erwähnten „Drei", sowie die 3 Söhne der Zeruja: Abisai, Asahel und den seltsamerweise nicht aufgeführten Joab[20] (V. 18f. 24) nebst Benaja (V. 20–23). Die Forscher sehen in ihnen zusammen die Schar der „Dreißig", wie sie sich vermutlich bis zu der Zeit, da David Vasall des Philisterfürsten wurde, zusammengefunden und um den Stadtkönig von Ziklag gruppiert hat. Läßt sich so die älteste Gestalt der Kriegerliste Davids vermutlicherweise wiederherstellen, dann hätte man in den V. 36–39 Genannten solche Männer zu sehen, die später in die Gruppe der Dreißig aufgenommen wurden. Die Angaben über die Heimatorte weisen teilweise in die ostjordanischen Gebiete, die David während seiner späteren Königszeit unterworfen hat. Diese neuen Namen würden damit einerseits den Gedanken nahelegen, daß man sich die Dreißig nicht als ein für allemal feststehende, sondern der Erweiterung fähige Einrichtung vorzustellen hat.[21] Andererseits sind die über die ersten Dreißig hinaus Erwähnten in ihrer Person ein beredter Hinweis auf die Zunahme der Macht Davids während seiner Herrschaft über ganz Israel und das von ihm geschaffene Großreich. Ebenso scheint es, daß Joab und seine beiden Brüder, ferner Benaja und die im jetzigen Bericht in Form jener Anekdoten (V. 8–12) geschilderten „Drei" während der Jerusalemer Zeit Davids nicht mehr den Dreißig zugerechnet waren, vielleicht weil sie mit anderweitigen Aufgaben betraut wurden. Bei Benaja wird

---

[20] Er wird als Bruder dieser beiden erwähnt und ist so deutlich als ein den Dreißig zugehörender vorausgesetzt.

[21] Dies legt sich auch schon dadurch nahe, daß der V. 24 genannte Asahel schon in Davids Hebroner Zeit gefallen ist (2, 23) und dann doch wahrscheinlich durch einen neuen Krieger ersetzt werden mußte. Uria (V. 39) schied ebenfalls durch seinen Tod aus, und es ist mindestens zu erwägen, ob die Nennung von weiteren Namen 1. Chron. 11, 41bff. als Hinweis darauf zu verstehen ist, daß die Gruppe der Dreißig jeweils nach solchen Ausfällen auf den vollen Bestand gebracht wurde. Vgl. Hertzberg, a.a.O. S. 330f.

dies V. 23b ausdrücklich hervorgehoben. Für Abisai und Joab, der vielleicht eben aus diesem Grund im ganzen Abschnitt nicht aufgeführt ist, steht es nach all den im 2. Samuelisbuch aufgenommenen Berichten fest[22]. Die V. 39b genannte Gesamtzahl 37 umfaßt die Namen der Drei (V. 8–12), 2 Brüder Joabs und Benaja, sodann die Namen der in der heutigen Gestalt der Liste erwähnten Dreißig und setzt als 37. den Namen Joabs voraus.

Von den „Drei", an die selbst die Vornehmsten und „Geehrtesten" der Dreißig, wie Abisai und Benaja, „nicht herankamen" (V. 19. 23), wird in anekdotenhafter Form berichtet. Alle drei sind durch eine unvergeßliche Kriegstat bekannt geworden. Nur ganz knapp ausgeführte, aber sehr anschauliche und eindrückliche Bilder[23] zeichnen jeden der Krieger einsam auf der Walstatt; so Jischbaal, wie er triumphierend seinen Speer schwingt über den 800 Toten, die, von seiner Hand erschlagen, ringsum den Boden bedecken; so Eleasar, wie er, verlassen von der Truppe und allein am Feinde geblieben, um sich schlägt, bis seine Hand im Krampf sich nicht mehr vom Griff des Schwertes lösen kann; endlich Samma, der, ebenfalls von der Truppe im Stich gelassen, ein Linsenfeld allein gegen eine Überzahl von Feinden behauptet. Ehe man eine Zahl wie die V. 8 genannte – 800 Erschlagene – als der übertreibenden Fabulierlust entsprungen erklärt, ist es wohlgetan, sich an das zu erinnern, was die Sagen der nordischen Völker von den Berserkern zu erzählen wissen, die in der Raserei des Kampfes die Stärke von vielen hatten und Taten vollbrachten, die dem gewöhnlichen Menschen nicht möglich sind. In Israel gibt es den „Rasenden" nicht nur in der Gestalt des von Gottes Geist erfaßten Propheten, der Dinge sieht, weiß und sagt, die anderen Sterblichen verborgen sind, und die sich denn auch im Äußeren seltsam gebärden (vgl. 1. Sam. 19, 18ff.; 2. Kön. 9, 11), sondern auch in der Gestalt des Kriegers, „auf den der Geist Gottes überspringt" (1. Sam. 10, 6; 11, 6ff.), und der so, mit übermenschlichen Kräften begabt, übermenschliche Krafttaten vollbringen kann. Gerade im Zusammenhang des „Heiligen Krieges", durch den der Herr seine Gewalt erweist und ein Land für sein Volk beschlagnahmt (vgl. 2. Mose 14, 14; 15, 3; Ps. 46,

---

[22] Vgl. W. Vischer, a.a.O. Bd. II, S. 256.

[23] Ähnlich wie bei den 21, 15ff. zusammengestellten Berichten läßt sich denken, daß sie dem Buch „der Kriege des Herrn" (4. Mose 21, 14) entnommen wurden, das seinerseits besondere Heilstaten aus Jahwehs Kriegen dem Gedächtnis der Nachwelt vorstellen wollte.

8. 10), kam es im Lauf der Geschichte Israels immer wieder dazu, daß Menschen so mit dem „Geist des Herrn" erfüllt wurden. Offensichtlich hat man auch manchen der von David geführten Kriege als eine Fortsetzung jener mit der Herausführung aus Ägypten begonnenen „Kriege des Herrn" gesehen und hat von übermenschlichen Taten der Krieger Davids gewußt und erzählt. Sie sind damit, gleich dem König selbst, als Krieger des Herrn und Werkzeuge des „rechten Kriegsmannes Jahweh" gekennzeichnet. Daß besonders die in Auseinandersetzung mit den Philistern geführten Kriege Davids in diesem Zusammenhang mit der Herrschaft Gottes gesehen wurden, ist vollauf begreiflich. Ging es doch dabei in der Tat um Sein und Nichtsein für Israel und um die Gültigkeit des Namens Gottes, der als Gott Jakobs und als Gott seines Volkes Israel der Herr aller Welt heißen will und ist. Daß von zweien dieser „Drei" übermenschliche Taten aus dem Philisterkrieg berichtet werden (V. 9f.; 11f.), weist in diese Richtung, vor allem aber das in dieser Hinsicht ganz eindeutige Urteil V. 10b. 12b, daß „der Herr an jenem Tag großes Heil verschafft hat." Die Krieger Davids werden nicht als „Helden" im üblichen Sinn dieses Wortes, vielmehr als Werkzeuge des Herrn in seinem Heilshandeln an Israel und an der Welt gezeichnet.

Der Form nach ähnlich, der Sache nach jedoch ganz anders sind die Anekdoten über Abisai und Benaja (V. 18–23). Abisai ist als der Bezwinger von 300 Feinden bekannt geworden. Es ist begreiflich, daß David diesen tapferen Mann gern bei gefährlichen Unternehmungen bei sich hatte und mit großen Aufgaben betraute (1. Sam. 26, 6; 2. Sam. 18, 2). Benaja, später der Oberste von Davids Leibgarde (8, 18; 20, 23), gilt als der glorreiche Bezwinger der 2 moabitischen „Löwen", vermutlich so genannte hervorragende Moabiterkrieger. Er hat sich auch das Bravourstück geleistet, einem bei Schneefall in die Zisterne geratenen Löwen nachzusteigen und ihn allein zu erlegen. Endlich weiß man von ihm die Tat gegen einen riesenhaften und schwer bewaffneten Ägypter, den Benaja mit seinem Stock angriff und, nachdem er ihm den Speer entrissen hatte, erschlug. Tapfere Taten tapferer Krieger, die jedoch nicht an die Drei herankamen. Es ist immerhin möglich, daß dieses Urteil nicht so sehr eine Rangordnung nach dem Maß der Tapferkeit und Heldenhaftigkeit zum Ausdruck bringen will, sondern die tapferen Taten Benajas und Abisais von den „Heilstaten" der Drei unterscheiden soll.

Bei einem der 5, 17ff. erwähnten Philisterkämpfe spielt die Erzählung V. 13–17. Die Philistermacht ist aufmarschiert; in Bethlehem ist eine kleinere Besatzungstruppe postiert. Davids Wunsch, Wasser aus der Zisterne am Tor Bethlehems zu bekommen, ist seinen Männern Befehl. Ohne Rücksicht auf ihr Leben brechen sie durch die im Feld lagernden Philister, dringen im feindbesetzten Bethlehem ein, schöpfen das Wasser und bringen es ihrem Führer und König. Ein sprechendes Zeichen für die blinde Ergebenheit und Anhänglichkeit dieser Männer gegenüber David, die dieser durch seine Führergabe zu erwecken und lebendig zu erhalten verstanden hat. – Für David ist es andererseits bezeichnend, daß er nicht allein, wie später von Alexander d. Gr. berichtet wird, das kostbare Naß wegschüttete, sondern daß er dieses „Blut" seiner Männer als eine Art Trankopfer „dem Herrn" ausschüttete. So zeigt sich denn David als ein Mann, der echtes Kriegertum, in dem er seinen Männern verbunden war, mit echter Ehrfurcht vor Leben und Leistung seiner Krieger und mit echtem Wissen um Gott vereinigt hat. Er dankt mit dem Trankopfer dem Gott Israels, daß er ihn zum Herrn über solche Gefährten machte, daß ihm solche Leute wie diese drei (V. 17b) geschenkt wurden. Die Namen der drei Tapferen, die in Bethlehem eindrangen, werden nicht genannt. Da es sich um Bethlehem, also die Heimat nicht nur Davids, sondern auch seiner Vettern handelt, legt es sich nahe, an die 3 Söhne der Zeruja zu denken, während der Gestalter des Buches an die V. 8–12 erwähnten „Drei" gedacht haben mag.[24]

Der Glanz der Krieger Davids läßt den König als die „Leuchte Israels" (18, 3; 21, 17) in seiner ganzen Herrlichkeit erstrahlen. Doch schließt die Liste der Dreißig mit dem Namen des Uria, der nicht *für* den König, sondern *durch* ihn und seine gemeine Hinterlist gefallen ist. Der Name erinnert mehr als deutlich daran, daß „die Leuchte", die in der Person Davids für Israel gegeben war, nicht nur hellen Glanz ausstrahlte, sondern schwere Schatten warf. Ganz anders der „Sohn Davids", der sich mit 12 „Jüngern" umgeben hat.[25] Sie waren keine Helden und vollends nicht die Männer, die in allem treu zu ihrem Herrn gestanden wären (Mark. 14, 10f.; 14, 50; 14, 66ff.). Sie haben nicht den Meister erwählt, sie setzen nicht mit ihrem Tun ihn ins Licht, sondern er hat sie erwählt (Joh. 15, 16), und sie leben in seinem Licht (Joh. 8, 12). Und so sind sie Werkzeuge, durch die Er,

---

[24] Vgl. Hertzberg, a.a.O. S. 329.

[25] W. Vischer macht in feiner Weise auf diesen Zusammenhang aufmerksam; a.a.O. Bd. II, S. 256f.

der das Heil und die Versöhnung der Welt in Person ist, die Menschen aller Zeiten und Nationen bittet, sich mit Gott versöhnen zu lassen und als Gottversöhnte zu leben (2. Kor. 5, 18ff.).

6. Der Erwerb des Tempelplatzes in Jerusalem

2. Sam. 24, 1–25:

(1) Und wiederum entbrannte der Grimm des Herrn über Israel und er stiftete David gegen sie auf mit den Worten: „Mach dich dran und zähle Israel und Juda!" (2) Und der König sprach zu Joab und zu den Obersten[1] der Heermacht: „Zieht durch alle Stämme Israels von Dan bis Beerseba und mustert die Kriegsfähigen, daß ich die Zahl des Kriegsvolkes erfahre!" (3) Joab aber sprach zum König: „Es möge der Herr, dein Gott, zum Kriegsvolk, wie es hier und dort vorhanden ist, noch 100mal soviel hinzutun, daß die Augen meines Herrn Königs es selbst sehen – aber warum hat mein Herr König an dieser Sache Gefallen?" (4) Jedoch das Wort des Königs blieb Joab und den Obersten der Heeresmacht gegenüber fest, und so zog Joab samt den Obersten der Streitmacht vom König weg, um das Kriegsvolk, um Israel zu mustern. (5) Sie überschritten den Jordan und begannen[2] bei Aroër und von der Stadt an[2], die mitten im Tal liegt, auf Gad und Jaser zu[2] (6) und kamen nach Gilead aufs Land der Hethiter zu, auf Kades[2]; dann kamen sie nach Dan, und von Dan wandten sie sich nach Sidon[3]. (7) Hierauf gelangten sie zur Feste Tyrus und all den Städten der Hiwwiter und Kanaaniter. Darauf zogen sie zum Südland von Juda, nach Beerseba. (8) So zogen sie durchs ganze Land und kamen nach 9 Monaten und 20 Tagen wieder nach Jerusalem. (9) Und Joab gab die Zahl des gemusterten Volkes an den König; sie betrug für Israel 800000 wehrfähige Männer, die das Schwert ziehen konnten, und an Judäern 500000 Mann.

(10) Hernach aber schlug David das Gewissen, weil[4] er das Kriegsvolk gezählt hatte, und David sprach zum Herrn: „Ich habe schwer gesündigt mit dem, was ich getan habe; und nun, Herr, nimm doch die Schuld deines Knechtes weg, denn ich habe eine große Torheit begangen." (11)[5] Und das Wort des Herrn erging an den Propheten Gad, Davids Seher. Das lautete: (12) „Geh und sprich zu David: So spricht der Herr: Dreierlei lege ich dir auf. Wähle dir eines davon, daß ich's

---

[1] So deutlicher entsprechend der Parallele 1. Chron. 21, 2. Vgl. auch gleich V. 4.
[2] Mit einer LXX-Lesart.
[3] LXX.
[4] Mit einer LXX-Lesart.
[5] Der Satzanfang des hebr. Textes muß sinngemäß nach V. 12 stehen.

dir antue!“ (13) Als nun David sich des Morgens erhob,[6] kam Gad zu David und sagte es ihm an und sprach zu ihm: „Sollen dir 3 Jahre[7] Hungersnot in deinem Land kommen, oder willst du 3 Monate fliehen müssen vor deinen Widersachern, daß der Feind dich verfolge, oder sollen 3 Tage Pest in deinem Lande sein? Nun überlege und sieh zu, welche Antwort ich dem, der mich gesandt hat, zurückbringen soll!“

(14) Da sprach David zu Gad: „Mir ist sehr angst. Doch wollen wir in die Hand des Herrn fallen; denn reich ist sein Erbarmen; aber in Menschenhand will ich nicht fallen.“ (15) Da verhängte der Herr Pest über Israel von dem Morgen an bis zur festgesetzten Zeit, und es starben aus dem Kriegsvolk von Dan bis Beerseba 70000 Mann. (16) Und der Engel des Herrn reckte seine Hand gegen Jerusalem aus, um es zu verderben. Da reute aber den Herrn das Übel und er sprach zu dem Engel, der das Vernichtungswerk am Volk verrichtete: „Genug! Ziehe jetzt deine Hand ab!“ Aber der Engel des Herrn befand sich bei der Tenne Arawnas, des Jebusiters. (17) Da sprach David zum Herrn, als er des Engels ansichtig ward, der auf das Volk einschlug: „Siehe, ich bin es, der gesündigt hat, ich, der Schuld auf sich geladen hat. Aber diese, die Herde, was haben sie getan? Deine Hand liege auf mir und meines Vaters Haus!“

(18) Und Gad ging zu David hinein an jenem Tag und sprach zu ihm: „Gehe hinauf, errichte dem Herrn einen Altar auf der Tenne Arawnas, des Jebusiters!“ (19) Da ging David nach dem Worte Gads hinauf, wie der Herr befohlen hatte. (20) Als Arawna aufblickte, sah er den König und seine Knechte zu sich her schreiten – Arawna aber war beim Weizendreschen.[8] Da kam Arawna heraus[9] und warf sich vor dem König nieder, mit dem Angesicht zur Erde. (21) Und Arawna sprach: „Warum kommt mein Herr König zu seinem Knecht?“ David erwiderte: „Um von dir die Tenne zu kaufen, dem Herrn einen Altar zu errichten, damit der Seuche unter dem Volk Einhalt geboten werde.“ (22) Da sprach Arawna zu David: „Es nehme doch und bringe dar mein Herr König, was er für gut hält! Siehe, da sind Rinder zum Brandopfer und die Dreschbretter und das Geschirr der Rinder zum Brennholz. (23) Alles das übergibt Arawna, o König, dem König.“ Und Arawna sprach zum König: „Der Herr, dein Gott, sei dir gnädig!“ (24) Der König aber sprach zu Arawna: „Nein, vielmehr kaufen will ich von dir um Kaufpreis; ich will nicht dem Herrn, meinem Gott, Brandopfer darbringen, die mich nichts kosten.“ So kaufte David die Tenne und die Rinder für 50 Silber-Schekel. (25) Und David baute dort einen Altar für den Herrn und brachte Brand- und Schlachtopfer dar. Da ließ sich der Herr für das Land erbitten, und der Seuche, die auf Israel lastete, ward Einhalt geboten.

---

[6] Des besseren Sinnes wegen von V. 11a hierhergezogen.
[7] Mit LXX gegen 7 Jahre im hebr. Text.
[8] Ergänzung aus 1. Chron. 21, 20.
[9] Nämlich aus der Tenne.

Wie das 1. Samuelisbuch schließt auch das 2. mit einem Kapitel voll düsteren Ernstes. Das „Buch vom König" berichtet an seinem Ende, wie Israels erster König, betroffen und verzagt gemacht durch das Schweigen des Herrn (28, 5f.), seine Verwerfung damit besiegelt, daß er sich selbst den Tod gibt (31, 1ff.). Das „Buch vom Reich" gibt mit seiner letzten Erzählung ein, wenn auch ganz anderes, so doch nicht weniger in Düsternis und Schatten getauchtes Bild von David, der an Sauls Statt zum König in Israel erhoben worden ist. Von außen betrachtet ist die Lage des Königs hier und dort eine völlig andere. Während Saul, von Feinden umringt und von seinen Männern verlassen, einsam untergeht und noch im Tode der Schändung durch die siegreichen Philister preisgegeben wird, steht David 2. Sam. 24 als der Beherrscher eines Großreichs auf dem Gipfel seiner Macht vor uns, als er das entscheidende Mittel seiner Machtstellung, das Aufgebot der Krieger in Israel und Juda, mustern läßt.[10] Aber der Grimm des Herrn ist gegen Israel entbrannt, und eben die von David befohlene Musterung des Kriegsvolks ist Zeichen, Folge und Erscheinungsweise des göttlichen Zorns. Der siegreiche und mächtige Herrscher Israels ist selbst mit seinem gottlosen, überheblichen Tun das Werkzeug des Zorns, mit dem Gott sein Volk trifft. Und da von Gottes Zorn in der Bibel nirgends im Sinn eines sinnlosen Wütens und Rasens (trotz solcher vermenschlichenden Bilder, vgl. z. B. 22, 8ff.), sondern im Sinn des Preisgegebenseins von Gott, der „Gottverlassenheit", die Rede ist (vgl. Röm. 1, 18ff.), tritt die Parallele zwischen 1. Sam. 31 und 2. Sam. 24 stark ins Licht. Saul wurde von Gott verlassen, und so kam er um. Über das Israel, welches David auf die Höhe der Macht geführt hat, kommt Gottverlassenheit; was David unternimmt, ist, so begründet und sinnvoll es nach den Erfordernissen seiner Politik immer sein mag, selbst der Ausdruck dieser Gottverlassenheit. Ein eigenartiger Gegensatz zum Königsdanklied (Kap. 22). Dort wird Gott dafür gepriesen, daß sein Grimm wider die *Feinde* des Königs entbrannte, und dieser selbst herrlich gerettet wurde. Hier jedoch, im letzten Kapitel des Anhangs, der wesentliche Merkmale des Davids-Reiches ins Licht rücken will, ergeht Gottes Zorn gegen *sein Volk* und trifft es mit dem Tun seines Königs aufs allerschwerste (V. 1. 10. 15. 17). Das Letzte, was im 2. Samuelisbuch gesagt wird, ist also dies, daß Israel in der

[10] Wie v. Rad in seiner Arbeit „Der heilige Krieg im alten Israel" S. 37f. ausgeführt hat, könnte es sich um eine Unternehmung des Königs gehandelt haben, den Heerbann zu ändern oder aufzulösen; vgl. auch v. Rad „Theologie des A.T." S. 316.

Gestalt, die es durch David bekam, dennoch von Gott verlassen werden und Gottes Zorn hervorrufen kann, und daß der Gesalbte, der von Gott zur Höhe Geführte und vielfach Gesegnete, als König schweres Leid über sein Volk bringt. Dieses Reich ist durch Gottes Führen und Bewahren geworden. Es kann aber niemals mit dem wahren Reich Gottes gleichgesetzt und verwechselt werden. Es ist nur ein fernes Abbild und ein schwacher Hinweis auf das wahre Reich. Und es bedarf eines ganz anderen Gesalbten und „Königs der Juden" (Joh. 19, 19), damit dieses wahre Reich komme und vollendet werde; es bedarf einer anderen „Politik" für Israel und die Menschen überhaupt, damit das Reichsvolk nicht Gottes Zorn, sondern Gottes Liebe erfahre (Matth. 13, 1ff.; Röm. 5, 6–19).

Gewiß ist die Erzählung nicht einzig durch die düsteren Züge geprägt. Der Grimm des Herrn wandelt sich in Gnade, und nachdem Gottes Zorn erlitten ist, wird eine Stätte der Versöhnung gegeben und errichtet (V. 18ff.). Doch fehlt auch in der Erzählung von Sauls Tod und Schändung der versöhnliche Zug nicht ganz (1. Sam. 31, 11–13), so daß auch darin die Entsprechung der beiden abschließenden Kapitel sichtbar wird.

Der Eingang dieser eigenartigen Erzählung spricht von einem *erneuten* Ergrimmen des Herrn und macht damit erkennbar, daß 24, 1ff. auf 21, 1–14 zurückblickt und wahrscheinlich auch in einem früheren Stadium mit jener Erzählung vom Tod der Sauliden *einen* Zusammenhang gebildet hat. Gleich jener unterscheidet sie sich deutlich nach Stil und Mitteln der Darstellung von der Kapitelreihe 7; 9–20. Die Eigenart dieses einst selbständigen „Werkes von Davids Thronnachfolge" besteht darin, daß fast ausschließlich die tatsächlichen Vorgänge vorgeführt werden und nur ganz selten einmal auf die alles lenkende Regierung Gottes hingewiesen wird (vgl. oben S. 238). Demgegenüber ist bei 24, 1ff. wie schon bei 21, 1ff. zu beobachten, wieviel unverhüllter und selbstverständlicher von den geheimnisvollen Hintergründen des Geschehens die Rede ist. Rätselhaft ist gleich zu Beginn das Entbrennen des Grimmes des Herrn; im Unterschied zu 21, 1ff. deutet nicht das leiseste Wort einen Grund dafür an. Noch rätselhafter ist, daß das Unternehmen Davids, die verfügbaren Krieger im Volk zu zählen, so dargestellt wird, als wäre sie durch eine ausdrückliche Weisung Gottes, etwa im Orakel, veranlaßt (V. 1). In ähnliche Richtung weist es, wenn V. 16f. ein Bote des Herrn, ja V. 16b sogar „der Engel des Herrn", also die sichtbare Verkörperung Gottes selbst (vgl.

1. Mose 21, 11 ff.; Richt. 6, 17 ff. u. a.) als der Vollstrecker der Peststrafe genannt wird.

Diese das Geheimnis und das Eingreifen Gottes nachdrücklich betonende Darstellungsweise mag damit zusammenhängen, daß Kap. 24, 1 ff. eine gewichtige Rolle im Wissen und Reden des Volkes über das später von Salomo errichtete Heiligtum in Jerusalem gespielt hat. Die Erzählung weckt fast den Anschein, als stelle sie eine Art Stiftungsbericht dar, der den überraschenden Vorgang erklären soll, daß es in der ehemals heidnischen Jebusitersiedlung Jerusalem und der nachmaligen Davidsstadt zur Errichtung eines Altars kam, auf dem die Opfer für Israels Gott dargebracht wurden.[11] Gibt denn die Erzählung keine Begründung für das Entbrennen des göttlichen Zorns, und läßt sich dafür keine Erklärung finden, so ist doch dieser rätselhafte Zug gleich im Eingang des Berichts voll erklärlich, wenn es sich um einen Bericht von solchem Gewicht handelt. Ein so bedeutungsvolles Ereignis, wie die Errichtung einer heiligen Stätte an dem bisher ganz gewöhnlichen Ort, die Errichtung des Altars, an dem der Herr sich dienen und Gaben darbringen läßt, muß schon tiefere Hintergründe haben als den Einfall eines großen, menschlichen Königs. Den „Gnadenort" gewährt und gebietet der Herr (V. 18), der seine, wenn auch menschlicher Erkenntnis verborgenen Gründe hatte, Israel zu zürnen, und der dem König zuvor den verhängnisvollen und folgenschweren Schritt befohlen hat (V. 1). Wenn denn nach dem Bericht Gott selbst in seinem Zorn den König auf einen Weg führt, der eine gottvergessene Überheblichkeit darstellt und einem auch dem Gesalbten nicht erlaubten Eingriff in das Herrenrecht des Heiligen Israels gleichkommt, so erinnert das an manche ähnlichen, rätselhaften Berichte des Alten Testaments (vgl. 1. Mose 32, 25 ff.; 2. Mose 4, 24 ff.; 1. Sam. 16, 14; 1. Kön. 22, 15 ff.), in denen Unheil und böse Tat eines Menschen auf Gottes Zorn und unerforschlichen Ratschluß zurückgeführt werden.[12] Die Vermutung v. Rads, daß die von David befohlene Zählung und Musterung „einem militärischen Zweck, also einer Art Heeresreform diente", macht vollends durchsichtig, daß David sich damit an der altheiligen Einrichtung des Heerbannes des Kriegs-

---

[11] Die Fachsprache gebraucht dafür den Ausdruck „hiëros logos"; er bedeutet: Geschichte von der Entstehung der heiligen Stätte; vgl. Hertzberg, a.a.O. S. 333; v. Rad, a.a.O. S. 316.

[12] 1. Chron. 21, 1 führt das Sündigen nicht mehr auf Gottes Veranlassen zurück, sondern nennt als den Verursacher der sündigen Überheblichkeit Davids den Satan.

herrn Jahweh vergriff und damit Schuld auf sich lud und eine schwere Bestrafung des Volkes Gottes verursachte. Auch der andere Zug, den V. 3 hervorhebt, daß Joab dem König die geplante Zählung widerriet, wird dadurch um so verständlicher. Sonst nicht gerade ein Mann der Bedenklichkeit (vgl. 3, 27; 18, 14; 20, 9f.), weiß er doch als Heeresoberster um die Bedeutung des altheiligen Heerbanns und um die Gefährlichkeit jedes Versuchs, an dessen Bestand zu rühren und ihn zu ändern. Er warnt David mit allem Nachdruck. Er, der vor keiner Bluttat zurückschreckt, fürchtet sich vor den Folgen des Vorhabens des Königs. Er, der sich sonst wenig vor Gott scheut, redet vor David in beweglichen Worten von Gott, der sein Wort, David zu segnen und seine Macht in Gestalt eines zahlreichen Volkes zu mehren, einlösen wird, auch ohne daß David dies bis zum letzten Mann berechnen kann. Und er, der ohne Besinnung oftmals tut, was ihm selbst Vorteil verspricht, warnt den König, in dieser Gott beleidigenden und ihm vorgreifenden Weise seinen „Vorteil" bzw. seine Interessen als Regent wahrzunehmen. Joabs Worte sind jedoch in den Wind geredet. David bleibt bei seinem Verlangen. Und – so ist doch wohl zwischen den Zeilen zu lesen – Gott bleibt bei seinem Grimm wider Israel, um es in ein furchtbares Strafgericht zu verstricken, auf wunderliche Weise aus dem Verhängnis zu führen und eine Stätte zu schaffen, an der man seines gnädigen Waltens gewiß werden kann.

Ausgesprochenermaßen nüchtern und rein sachlich wird sodann V. 4b–9 von der Durchführung der Heeresmusterung berichtet. Man erfährt von dem Abmarsch des militärischen Kommandos unter der Führung Joabs aus Jerusalem. In großen Zügen wird der Weg, den Joab mit den Obersten durch das Großreich nahm, beschrieben. Er führt vom Süden des Ostjordanlandes (V. 5) über dessen ganze Ausdehnung nach Norden (V. 6) und über die ehemals kanaanitischen, nunmehr von David unterworfenen Gebiete in den äußersten Süden des judäischen Stammlandes (V. 7). Wie umfassend und zeitraubend das ganze Unternehmen gewesen sein muß, läßt sich aus V. 8 erschließen, wonach Joab mit seinen Leuten fast 10 Monate für seine Aufgabe gebraucht hat. Die großen, freilich rund angegebenen Zahlen (V. 9) zeigen die Macht, über die David verfügte. Der König aber – offensichtlich von Gottes Geist berührt und gestraft – wird seiner Sünde inne (V. 10). Wie vorher sein Heerführer Joab erschrocken ist, so erschrickt nun, da das Werk getan ist und ihm die Zahlen genannt sind, auch David; er bekennt, ähnlich rückhaltlos wie 12, 13, ja diesmal, ohne von einem Boten Gottes daran gemahnt zu sein, seine Schuld[13] und erbittet Gottes Vergebung.

Inzwischen hat schon Davids Seher Gad (vgl. 1. Sam. 22, 5) von Gott die Weisung erhalten, David aufzusuchen und ihm anzusagen, daß nach Gottes Willen die Sünde gesühnt werden muß. Das Gericht wird nicht einfach vom Herrn aus verhängt und vollstreckt. David wird selbst und verantwortlich von Gott beteiligt, so daß die Strafe nicht eben wie ein übermächtiges Verhängnis über ihn kommt. Er empfängt und bejaht sie bewußt mit einem für Gottes Weg offenen Herzen. Dies ist ein besonders wichtiger Zug in der Erzählung – wie uns scheint, nicht nur in dem von v. Rad[14] dargelegten Sinn. Er erinnert an das 12, 1ff. berichtete Geschehen, wo Gott alles daran gelegen ist, daß David zur *Erkenntnis seiner Sünde*, zur Bejahung seiner Schuld und Bestrafung geführt werde. Ist Gott unerbittlich gerecht, so daß er Sünde nicht übersieht, so ist eben nach der biblischen Botschaft seiner Gerechtigkeit nicht schon damit Genüge getan, daß der Sünde die entsprechende Strafe auf dem Fuße folgt. Vielmehr ist der Herr in der Art gerecht, daß er den Sünder ganz in seinem ihm von Gott verliehenen Personsein ernst nimmt, daß er ihn sucht, sein Gewissen, sein „Herz", wie die Bibel sagt, gewinnen will, daß er das Heil des Schuldigen im Auge hat und so den Sünder „heimsucht". Gott will Liebe, Vertrauen und Furcht des Menschen aus der Ichgebundenheit erlösen und für sich gewinnen. Das kann nur so geschehen, daß Gott diesen Menschen von der Argheit seines Sichwollens überführt und daß *so* der Mensch in die Möglichkeit versetzt wird, im bewußten Nein zu sich selbst und im Ja zu Gott, Gottes Richterspruch und dessen gerichtliche Folgen recht zu heißen.

Drei Strafen legt Gad in Gottes Auftrag David vor, unter denen er zu wählen hat: 3 Jahre Hungersnot,[15] 3 Monate Bedrängnis durch Widersacher, 3 Tage Pest. Es ist wichtig, mit Hertzberg zu erkennen,

[13] Er nennt sein Vorgehen „töricht". Es ist hier nicht der sonst zur Bezeichnung einer Gottes vergessenden Bosheit und Selbstherrlichkeit dienende hebr. Ausdruck „nebala" verwendet; doch besagt das hier gebrauchte hebr. Wort zumindest „das vorsätzliche Verletzen einer sakralen (d. h. heiligen) Ordnung", v. Rad, a.a.O. S. 316.

[14] Er findet, a.a.O. S. 316, in der David freigegebenen Wahl den Sinn, daß der König „nicht wie irgendeiner in seinem Volk bestraft wird. Seine bevorzugte Stellung als Gesalbter Jahwehs kommt darin zum Ausdruck, daß er seine Strafe selber wählen darf, d. h., daß er vor völlig singuläre Entscheidungen gestellt wird . . .", mit denen . . . „er noch sehr viel zum Guten oder Bösen wenden kann".

[15] Es ist offenkundig bei allen 3 Strafen die Dreizahl der Jahre, Monate und Tage wesentlich, weshalb die 7 Jahre des hebr. Textes sicher, wie es oben in der Übersetzung geschah, zu korrigieren sind.

daß dem Unterschied in den Zeiten die Verschärfung in den Strafen selbst entspricht und daß „man keine Strafe für leichter oder schwerer halten kann“.[16] So „wählt“ denn auch David (V. 14) nicht nach klugem Ermessen das am leichtesten zu Ertragende und zu Verschmerzende. Ja, er wählt nicht unter den 3 Straftaten aus, sondern erbittet ein Gericht, bei dem er mit seinem Volk in die Hand Gottes fällt. Er bittet darum, weil er in Gott das Erbarmen lebendig weiß (V. 14b). Auch wenn Gott gerecht straft und richtet, ist er als der Erbarmer am Werk. Diese denkwürdige Antwort Davids ist nicht nur ein Zeugnis für die Tiefe seiner Erkenntnis Gottes, sondern bestätigt in ihrer Weise das zu V. 12f. Gesagte, daß Gott immer, auch im Strafen und Gerichtshandeln, das Herz seiner Menschen sucht, weil er sich ihrer erbarmt (vgl. 2. Mose 33, 19; 34, 6f.). Mit der Form seiner Bitte überläßt David Gott die Wahl der Strafe. Und Gott verhängt den Ausbruch der Pestseuche in Israel, die in dem ganzen bei der Musterung erfaßten Gebiet, „von Dan bis Beerseba“, eine ungeheure Menge Menschen dahinrafft und durch die die vom König vorher stolz erhobene Kriegerzahl furchtbar dezimiert wird. Der Herr gebietet das Wüten der Seuche (V. 15), und er gebietet ihrem Wüten Einhalt (V. 16) – vielleicht will die Erzählung sogar so verstanden sein: vor dem Ende der 3 Tage.[17] Ehe die Pest nach Jerusalem übergreift, wird sie beendet. Sehr anschaulich schildert dies die Erzählung, indem sie die Gestalt des Engels, dem das Verderben übertragen ist, am Rande der Davidsstadt, bei Arawnas Tenne, stehen sieht, und indem sie zeigt, wie Gott dem Verderber befiehlt, die bereits nach den Bewohnern Jerusalems ausgereckte Hand zurückzuziehen.

Nach V. 17 ist wohl an ein David zuteil gewordenes Gesicht zu denken. Es stellt ihm die Gestalt des Boten Gottes bildhaft vor das inwendige Auge. Er *sieht*, was er nach allem bisher Geschehenen und ihm Gesagten *weiß*, daß hier nicht eine zufällige Seuche im Volk wütet, sondern daß Gott es für seine, des Königs, Versündigung straft. Und er *sieht*, was er weiß und womit er rechnen muß, daß Gottes harter Griff auch ihn selbst und sein Haus tödlich bedroht. Und da

---

[16] A.a.O. S. 335.

[17] Die auf den ersten Blick Gott sehr vermenschlichende Redeweise: „Und ihn reute das Übel“ will hier so wenig wie in den gleichartigen Aussagen der Bibel etwa Gott menschenähnliche Launenhaftigkeit und Unberechenbarkeit zuschreiben. Vielmehr wird damit stark das Walten Gottes als einer lebendigen Person, als eines Gottes, der ein Herz hat und sich erbarmt, hervorgehoben. Vgl. Jer. 26, 3. 13; 18, 8; Ps. 106, 45; Joel 2, 13. – Eichrodt, Theologie des A.T. Bd. I, S. 104f.

wird er aus einem Menschen, der Gottes Erbarmen kennt, zu einem Fürsprecher, der wie Mose (2. Mose 32, 30 ff.), Samuel (1. Sam. 12, 23) und später Esra (Esra 9) für das bedrohte Volk Gottes in die Bresche springt und sich ins Mittel legt. Er bittet Gott, die schuldlose Herde, d. h. zunächst seine Umgebung am Hof und in der Stadt Jerusalem, aber auch sein ganzes Volk zu verschonen und die Strafe an ihm und seinen Angehörigen zu vollziehen.

Gottes Antwort auf dieses Gebet überbringt wiederum der Seher Gad. Er gibt dem König die Weisung, an bisher unheiligem, d. h. dem alltäglichen Gebrauch dienenden Ort einen Altar zu bauen. Wo bisher der Jebusiter Arawna, also ein heidnischer Mann, seinen Weizen drosch, soll künftig der Altar stehen und sollen Opfer dargebracht werden. Der Seher nennt in Gottes Auftrag die für das Heiligtum vorgesehene Stätte. Das Gesicht, in dem David den Würgengel an diesem Ort, der Tenne des Jebusiters, stehen sah, macht ihm die Wahl des Ortes begreiflich und macht sie auch den Hörern des Stiftungsberichts vom Heiligtum in Jerusalem verständlich. So alltäglichen Zwecken dieser Ort auch gedient hat, so ist es doch ein Ort, an dem es Gott gefallen hat, seinem Gesalbten seine Erscheinung zu gewähren. Wie Mamre (1. Mose 18, 1 ff.) und Bethel (1. Mose 28, 10 ff.), so ist auch die Tenne bei Jerusalem eine Stätte, da Gott einem seiner Erwählten erschienen ist.[18]

Der Schluß der Erzählung schildert anschaulich die Begegnung des Königs mit dem Besitzer der Tenne (V. 19–24). Arawna, verwundert darüber, was den König zu ihm, dem kleinen Manne, führt, und was der Herrscher des Reiches auf der Tenne, in der ein einfacher Bauer seine Arbeit verrichtet, sucht, fragt in unterwürfiger Haltung nach Davids Begehr. Kaum hat er den Plan des Königs vernommen, erklärt er sich bereit, ihm die Tenne zur Opferstätte und seine Rinder mit allem Zubehör als Opfer kostenlos zu überlassen. Jedoch, so wenig Abraham die zur Begräbnisstätte ausersehene Höhle bei Hebron als Geschenk haben wollte (1. Mose 23), will David umsonst in den Besitz der Tenne kommen (V. 24). Er will den Platz für den Altar um den vollen Kaufpreis erstehen, um ihn in Wahrheit sein eigen nennen zu können. Hat David die Stadt Jerusalem den früheren Besitzern mit Gewalt und kraft des Rechts des Stärkeren weggenommen (5, 6 ff.),

---

[18] Sollte es damit zusammenhängen, daß V. 16b plötzlich von „dem Engel des Herrn" die Rede ist, der bei der Tenne Arawnas dem erleuchteten Auge Davids erschienen ist, während V. 16a und 17 nur den Engel erwähnen?

so hat er sie zum Wohnsitz der Lade nur darum machen können, weil der Herr ihm die Überführung dieses alten Heiligtums in seine Burg gestattet hat (Kap. 6). So will er jetzt vollends den Altar für die Darbringung an den Herrn auf redliche Weise erwerben. David sieht den Zusammenhang so, daß der Bau des Altars und die Darbringung des ersten Opfers daselbst Gott versöhnen und ihn zur Beendigung der Seuche bewegen soll (V. 21). Die Erzählung aber hat V. 16 mit Nachdruck den Zusammenhang anders geschildert. Der Herr hat sich über Jerusalem und Israel erbarmt und der Seuche Einhalt geboten. Zum Zeichen seiner Güte schickt er Gad zum König und läßt ihm den Bau des Altars gebieten. Eigenartigerweise sagt jedoch der abschließende V. 25b, wie auf den Altarbau und die ersten Opferdarbringungen hin die Seuche aufgehört habe. Ein Vergleich mit 21, 14b legt den Schluß nahe, daß V. 25b aus dem Bedürfnis entsprungen ist, den beiden früher in einem Erzählungszusammenhang überlieferten Berichten 21, 1ff. und 24, 1ff. den gleichen bzw. einen ähnlichen Abschluß zu geben.

Das letzte Wort im „Buch vom Reich" ist denn dieses: Das Reich, bedroht durch den Zorn Gottes und durch den schuldig gewordenen David in schweres Verhängnis verstrickt, erhält durch Gottes Erbarmen, das auch bei seinem Zürnen und Richten sein innerster Beweggrund ist und bleibt, die heilige Stätte. Der Altar auf der Tenne Arawnas ist ein Zeuge dafür, daß es Versöhnung des Menschen mit Gott gibt, die Gott selbst ermöglicht und darreicht. Die Könige aus Davids Geschlecht und das Volk Israel, welches durch Jahrhunderte dorthin seine Wallfahrten machen wird, können erkennen, daß Gott, der Herr, gewillt und bereit ist, die Gaben der reuigen und dankbaren Sünder entgegenzunehmen.

Das letzte Wort im Buch vom Reich blickt zugleich im größeren Rahmen des „deuteronomistischen Geschichtswerks" zu dem Bericht in 1. Kön. 1ff. hinüber, in dem zunächst mit dem letzten Abschnitt des Thronnachfolgewerkes die Übernahme der Regierung durch Salomo (Kap. 1. 2) und im weiteren Verlauf der Ausbau des Heiligtums auf der Tenne Arawnas durch die Errichtung des „Hauses für den Namen des Herrn" (Kap. 6ff.) geschildert wird.

Es blickt aber auch – dies jedenfalls für das Verständnis der Gemeinde Jesu Christi – zu dem „Buch von der Geburt, der ‚Abstammung' Jesu Christi" (Matth. 1, 1) und den Schriften des Neuen Testaments hinüber. Hier wird verkündigt, wie *das* Reich, *die* Herrschaft Gottes in der Person und mit dem Werk des Sohnes, der ein Mensch geworden ist, auf dieser Erde begonnen wird. In diesem Reich gibt es keinen Altar außer dem Kreuz, an dem der König des Reiches sich selbst zum Opfer gegeben und die Versöhnung der Welt vollbracht hat, die nun in seinem Namen allen Menschen verkündigt und angeboten wird. (2. Kor. 5, 17–21 Hebr. 9, 11–14; 13, 10–14;).

Dicht beieinander stehen im 2. Samuelisbuch das richtende und gnädige Walten Gottes. Vom Geheimnis der mit dem Gericht geeinten Gnade wird David, wird sein Leben und ganzes Werk getragen. Im Gang Jesu zum Kreuz und in der Frucht, die daraus ward, wird dieses Beieinander von Gericht und Gnade in letztgültiger Erfüllung den Menschen vor Augen und Gewissen gestellt, damit sie sich gläubig Gottes Gericht und Gnade in Jesus unterwerfen und so zum wahren Leben gerettet werden.